中国社会科学院 学者文选
李琮集
中国社会科学院科研局组织编选

中国社会科学出版社

图书在版编目(CIP)数据

李琮集／中国社会科学院科研局组织编选．—北京：中国社会科学出版社，2007.4（2018.8 重印）

（中国社会科学院学者文选）

ISBN 978-7-5004-6113-5

Ⅰ.①李…　Ⅱ.①中…　Ⅲ.①李琮—文集②经济学—文集
Ⅳ.①F0-53

中国版本图书馆 CIP 数据核字（2007）第 035336 号

出 版 人	赵剑英
责任编辑	田　文
责任校对	张报婕
责任印制	王　超

出　　版	中国社会科学出版社
社　　址	北京鼓楼西大街甲 158 号
邮　　编	100720
网　　址	http://www.csspw.cn
发 行 部	010-84083685
门 市 部	010-84029450
经　　销	新华书店及其他书店
印刷装订	北京市十月印刷有限公司
版　　次	2007 年 4 月第 1 版
印　　次	2018 年 8 月第 2 次印刷
开　　本	880×1230　1/32
印　　张	14.5
字　　数	347 千字
定　　价	79.00 元

凡购买中国社会科学出版社图书，如有质量问题请与本社营销中心联系调换

电话：010-84083683

版权所有　侵权必究

出版说明

一、《中国社会科学院学者文选》是根据李铁映院长的倡议和院务会议的决定，由科研局组织编选的大型学术性丛书。它的出版，旨在积累本院学者的重要学术成果，展示他们具有代表性的学术成就。

二、《文选》的作者都是中国社会科学院具有正高级专业技术职称的资深专家、学者。他们在长期的学术生涯中，对于人文社会科学的发展作出了贡献。

三、《文选》中所收学术论文，以作者在社科院工作期间的作品为主，同时也兼顾了作者在院外工作期间的代表作；对少数在建国前成名的学者，文章选收的时间范围更宽。

中国社会科学院
科研局
1999 年 11 月 14 日

目 录

前言 ·· (1)

第一部分 世界经济

关于世界经济学研究对象的一些意见 ·················· (3)
世界经济发展的若干规律
　　——兼谈21世纪世界经济前景 ···················· (17)
半个世纪世界经济发展的若干启示 ······················ (34)
未来的世界
　　——2020年的世界前景 ·························· (51)
走向21世纪的国际经济关系 ·························· (73)

第二部分 经济全球化、地区化

论经济全球化 ······································· (89)
论经济地区化 ······································· (111)
经济全球化的新发展和问题 ··························· (133)
经济全球化的波动和前景 ····························· (155)
世界经济新增长周期的全球化和地区化 ················· (164)

第三部分　当代资本主义

对帝国主义的垂死性的认识 …………………………（177）
论当代资本主义世界结构性经济危机 ………………（192）
当前发达资本主义国家经济的重大变化 ……………（207）
当前资本主义发展的两种趋势 ………………………（224）
资本主义百年回眸 ……………………………………（236）
西方转向知识经济 ……………………………………（245）

第四部分　发展中国家经济

发展中国家的"增长与发展" …………………………（259）
评"依附论"
　　——关于南北经济关系的若干问题 ………………（276）
"后发资本主义"刍议 …………………………………（294）
全球经济大转变中的第三世界
　　——回顾与展望 ……………………………………（310）
经济全球化潮流中的发展中国家 ……………………（325）

第五部分　跨国公司

当前全球企业兼并热潮评析 …………………………（339）
跨国公司组建战略联盟 ………………………………（349）
知识经济发展中的跨国公司 …………………………（359）
跨国公司的企业文化 …………………………………（372）

第六部分　世界经济与中国

我国经济改革、开放和发展的若干国际比较 ………（389）
经济增长方式从粗放型向集约型的转变 ……………（410）

经济全球化与我国经济发展中若干战略性问题 …………（422）
对外开放与建设有中国特色社会主义
　——中国"入世"之际的思考 ………………………（428）

作者主要论著目录 ……………………………………（443）
作者年表 ………………………………………………（447）

前　言

我从1956年开始搞世界经济研究工作,迄今已整整50年了。这个《文集》是我发表过的文章选编而成的。这些文章所论及的问题都是当时为人们所关注的有关世界经济的重要理论问题和现实问题,有些文章的论点也曾引起过人们的重视。当然,它们都是在当时条件下完成的,不可避免地带有那个时期的印记。

在这半个世纪中,我亲身经历了我国的世界经济和国际问题研究从起步到繁荣发展的曲折进程。这个《文集》中的文章,也可看作是我在我国世界经济研究发展的这条路程中跋涉前行留下的一些足迹。

我记得在这个过程中,同行们曾对世界经济能不能算作是一门独立的学科进行过认真的讨论。不少人对此持有肯定的意见。20世纪80年代初,在钱俊瑞先生的倡议下,马克思主义世界经济学的工作才有组织、有步骤地开展起来。我也参与了这一工作。80年代后期至90年代,有多种版本的《世界经济学》先后问世,标志着世界经济基础理论研究和学科建设有了重要进展。我个人也对世界经济的一些重大理论问题格外关注,并与其他几位学者合作编著了一部《世界经济学新编》，于 2000 年出版。在这前后一段时间内，我还独自或与他人合作，出版了十多部有关专著。发表的专论就更多了。

在这个过程中，我也意识到，世界经济作为一门独立的学科，它具有一系列明显的特点，首先，它既有理论性，又有很强的实用性。研究世界经济，必须紧紧跟踪和适时反映不断变化的世界经济形势；其次，必须把我国纳入世界经济体系之中，密切联系我国迅速发展的改革开放和建设的实际，做到有的放矢；最后，作为一门学科，其研究对象应有明确的界定，但其研究的范围和所涉及的问题，应是广泛的，包括国民经济、部门经济和国际经济关系的各个领域。我个人也是这样做的。因此，我的作品包括了除原苏东以外的广泛范围，主要是发达资本主义国家、发展中国家、国际经济关系，以及经济全球化、地区化等。这本《文集》所收入的文章，也分为这几部分。但因篇幅所限，每一部分都只选了少数几篇理论性和综合性的文章。

理论研究贵在创新。必须在马克思主义基本原理指导下，努力研究新问题，提出新见解，得出新结论。当然，这并不是轻而易举的，必须下功夫。我认为对于世界经济的研究来说，要做到创新，一是要紧紧跟上时代前进的步伐，抓住世界经济的新动向、新趋势、新问题，集中力量，认真研究；二是重视西方学者们研究和讨论的热点问题，有分析地吸收他们的理论观点中有价值的成分，以丰富我们自己的理论；三是对任何问题，都不能孤立地去观察。就世界经济来说，就不能与世界政治、科技、文化相脱离；而世界经济中的各个方面、各个领域、各个局部的问题，也都要从它与其他有关方面的联系中去考察；最后，必须从纷繁复杂的"大千世界"的令人眼花缭乱的现象中，仔细分辨、去伪存真，深入探究其实质，毕竟，只有求深，才能创新。我自以为是努力这样做了，但个人能力实在有限，深感不能尽如人意。

学术研究要求个人持之以恒和锲而不舍的勤奋，但个人离不开集体。我愿借此《文集》出版的机会，对我50年学术生涯中给我以指导的前辈，与我共同切磋的同事，关心、支持和帮助我的朋友们，致以诚挚的谢意！

李 琮

2006 年 7 月 15 日

第一部分
世界经济

关于世界经济学研究对象的一些意见

世界经济学,在我国还是一门尚在创建之中的新学科。许多学者为这门学科的建立作出了贡献。特别是近十多年来,陆续有多部世界经济学著作问世,这些著作各有特色。但它们的研究对象、范围和理论体系颇不相同,说明作者们在这些问题上的认识仍不尽一致。这里,我提出对世界经济学研究对象的一些初步意见,供讨论。

一 世界经济是世界规模的经济有机体

世界经济学的研究对象是世界经济,正如经济学的研究对象是经济一样。这样说,表面看来是一种同义反复,似乎没有说明什么问题,但也并非毫无意义,至少它引导人们去进一步思考:什么是经济?什么是世界经济?

对于经济一词历来有多种解释。其中主要是如下两种理解:一是强调"社会生产关系",二是特指"物质资料的生产和再生产过程"。实际上,这二者是统一的和不可分的。马克思在论述资本主义再生产过程时指出:"把资本主义生产过程联系起来考察,或作为再生产过程来考察,它不仅生产商品,不仅生产剩余价值,而且还生产和再生产资本关系本身:一方面是资本家,另一方面是雇佣工人。"① 可见,我们可以把经济理解为社会生产和再生产的过程,包括物质资料和劳务等非物质资料的再生产,也包括一定的生产关系的再生产。由此推而论之,所谓世界经济就是再生产过程越过国界,扩大到全世界,在世界范围内完成其全过程,即世界范围内进行的物质再生产过程和一定的生产关系的再生产过程。

谈到什么是世界经济这个问题时,中外学者几乎少有例外地都把它看做是一个世界规模(或全球规模)的经济体系,或者说是一个世界性的有机整体。例如,美国经济学家瓦西里·里昂耶夫在他所著《世界经济的结构》一文中写道:世界经济可以看做是由许多相互依赖的过程所构成的一个体系。原苏联经济学家 B.B. 苏辛科等(1978)编写的《世界经济》一书也认为,世界经济是"处于复杂的相互作用和相互依存之中的各国经济的总和"。日本的大崎平八郎、久保田顺在 1970 年出版的《世界经济论》中也指出:所谓世界经济,是世界各主要国家国民经济通过世界规模的紧密的相互联系—相互依存—竞争—对抗关系而形成的经济结合体。

我国学者也有同样的认识。如有学者说:世界经济是"一个客观存在的全球规模的经济体系",是"一个矛盾统一的整体"(陶大镛,1998)。有学者认为世界经济是一个极其庞大而复杂的有机整体。世界经济不是各国国民经济机械的总和,而是在国际分工与世界市场基础上世界范围内的生产力、生产关系同与其相适应的交换关系的体系(韩世隆,1988)。有学者指出,

---

① 《马克思恩格斯全集》第 23 卷,人民出版社 1972 年版,第 634 页。

国际资本、国际收支、世界经济结构和世界经济体系等。

世界经济一旦形成，它就作为一个客观实体不断发展，有其内部特有的矛盾、特有的运动方式和运动规律。这些矛盾和规律，都不是国民经济内部矛盾和规律在世界范围的简单延伸。

但是，世界经济的形成并不意味着国民经济随之消失。即使到世界经济已进入了其发展的更高阶段、各国国民经济的相互依存空前加强和密不可分的今天，各国国民经济仍旧相对独立地存在着，并作为世界经济的组成部分对整个世界经济的发展产生重大影响。

二 世界经济学的研究对象——国际生产关系

通过对世界经济内涵的上述说明，世界经济学的研究对象似乎已经明确了，但还有一些重要问题应进一步加以阐述。如上所述，世界经济的形成是由于再生产过程越出国界，在世界范围内展开，世界经济是在世界范围内再生产过程各个环节所构成的有机总体。那么，经济学研究的对象是生产关系，世界经济学研究对象的重点也应是世界范围的生产关系或国际生产关系。

实际上，有的学者早就把世界经济看做是世界范围的生产关系。如布哈林就曾指出："世界经济是全世界范围的生产关系和与之相适应的交换关系的体系。……生产者之间建立的联系，不管是什么形式，不管是直接还是间接建立的，只要这种联系已经建立起来，而且具有了巩固的性质，我们就可以说它是一个生产关系的体系，也可以说是一种社会经济的成长（或形成）。……世界经济是一般社会经济的种类之一。"（布哈林，1983）

我国许多学者，在论及世界经济学时，都提出把国际生产关系作为这个学科的研究对象。例如，钱俊瑞对世界经济学研究对象的理解虽然过于宽泛，但他也强调"马克思主义世界经济学……特别要研究世界经济的整体，要研究不同时期不同形态的国际生产关系"（《世界经济百科全书》，1987）。有的学者也指出，世界经济"是一种更高形态的国际经济关系，是在各个国民经济及其组成部分的基础上结合起来的一种全球规模的经济体系"。而世界经济学要研究的，就是这种"更高形态的国际经济关系"和"全球规模的经济体系"（陶大镛，1998）。

我国有的学者认为，世界经济学的研究对象应该是"生产的国际关系"。持这种观点的学者多援引马克思在《〈政治经济学批判〉导言》中所提出的政治经济学应如何"分篇"的设想，其中包括"（4）生产的国际关系。国际分工。国际交换。输出和输入。汇率。（5）世界市场和危机"[①]。他们认为马克思所提出的"生产的国际关系"是一个"核心概念"，在这个概念中包含着世界经济的基本理论问题，应成为世界经济学的研究对象。

"国际生产关系"与"生产的国际关系"这两个词，从字面上看只是词序有所不同，但实际上，其含义是大有区别的。应当怎样理解马克思在这里所写下的"生产的国际关系"这一概念呢？我们认为，马克思当时研究资本主义经济问题并建立完整的经济科学的理论体系时，是把资本主义作为一种生产方式，并没有区分其"国内"生产关系或"国外"生产关系。正如前苏联著名学者瓦尔加所说："马克思有意识地把整个资本主义社会看做'一个国家'，把资本主义市场看做统一的世界市场。在这个分析阶段上，他不去考虑资本主义社会分为各个独立的国家领土这一事实；他也不去考虑国内市场同国外市场的区别。"（瓦尔加，1975）但是，马克思对资本主义生产方式的研究和剖析又

[①] 《马克思恩格斯选集》第2卷，人民出版社1995年版，第26页。

是以当时先进的资本主义国家，即英国作为典型。马克思在《资本论》第一版序言中说："我要在本书研究的，是资本主义生产方式以及和它相适应的生产关系和交换关系。到现在为止，这种生产方式的典型地点是英国。因此，我在理论阐述上主要用英国作为例证。"① 据此，应该认为，马克思的"分篇"设想，主要是从国别经济，特别是英国经济出发的。其中，除第（1）部分是"一切社会形式"都适用的"一般抽象的规定"之外，第（2）、（3）部分都是一国（主要是英国）内部的问题，到第（4）部分，马克思计划研究和阐述的"生产的国际关系"，也应该是一国生产的国际关系。因为在马克思的时代，世界市场刚刚形成，虽然国际分工、国际交换、输出和输入、汇率等范畴也都已出现，但世界范围的经济体系还处在萌芽状态，马克思并没有给自己提出建立世界经济学的任务。他的上述写作计划，都是政治经济学的各组成部分。因此，我们不能把马克思所写下的"生产的国际关系"当做世界经济学的研究对象。特别是今天，在世界经济作为一个独立的世界规模的经济体系已经发展到如此高度，更不能把马克思在150年前写下的"生产的国际关系"拿来作为世界经济学的研究对象了。

但是马克思当时为自己所提出的"分篇"计划，对我们有深刻的启示。他提出的"生产的国际关系"，对我们联系后来世界经济的发展实际，确定世界经济学的研究对象，是有指导意义的；他所提出的国际分工、国际交换、输出和输入、汇率等等，已经是世界经济学的基本范畴。因此，我们可以从马克思的设想中找到建立独立的世界经济学的依据和线索。但马克思并没有提出把"生产的国际关系"作为世界经济学的研究对象，而是把

---

① 《马克思恩格斯全集》第23卷，人民出版社1972年版，第8页。

它作为研究资本主义生产方式这一总的计划的一个组成部分。

事实上,"生产的国际关系"和我们认定为世界经济学的研究对象的"国际生产关系",是各有其特定含义的两个不同概念。"生产的国际关系"指的是国家生产的外部关系,这里,国家被看做是一个独立的主体。而"国际生产关系"或世界生产关系,则应理解为世界范围的生产关系。其中包括国家之间的关系,但这时的国家已被看做是世界经济有机整体的组成部分,而不是游离于世界经济体系之外的独立体系了。

我国有些学者早已把"生产的国际关系"和"国际生产关系"加以区别。他们专门探讨了"国际生产关系"同"生产的国际关系"的含义,认为二者应是两个不同概念,不能等同起来。他们指出,"生产的国际关系"主要是指生产的国际化,生产的国际条件与各国在生产中的相互关系。至于国际生产关系,这个概念所包括的内容较"生产的国际关系"丰富和广泛得多。它是超出国家与民族界限的、世界范围的生产关系。从狭义上看,主要是指世界范围的生产资料所有制形式。它包括从世界经济产生和形成以后,在不同历史时期与在同一历史时期不同社会制度下各个国家与国家集团的生产资料所有制形式。从广义上讲,国际生产关系这个概念,除了指世界范围各个国家与民族的生产资料所有制形式外,还包括三个方面的重要内容。第一,就是上面所说的"生产的国际关系"。第二,与国际生产关系相适应的国际交换关系。在生产国际化同资本国际化的条件下,不同社会制度下的各个国家与民族"相互交换自己的活动",主要是通过商品、货币与资本在世界市场上的流通,这是国际交换关系的主要内容。第三,国际产品分配形式。它是以前述几项内容为转移的。在不同的国际生产条件下,在不同的国际生产资料的所有制形式与不同的国际交换关系下,有不同的国际产品分配形式

（韩世隆，1988）。这些学者把生产的国际关系和国际生产关系明确加以区分，对二者的具体内容进行了说明后认为，马克思主义世界经济学的研究对象应该是广义的国际生产关系。这是完全正确的。

三 与国际生产关系有关的两个问题

为了对世界经济学的研究对象有更加明确的理解，还有必要对与国际生产关系有关的两个问题进行讨论。

应当说明，国际生产关系与生产的国际关系既有区别，又有联系。二者的联系在于国际生产关系是以各国生产的国际关系为基础形成的。如果没有这个基础，国际生产关系就成了空洞的概念。但是，这并不是说，国际生产关系是生产的国际关系的机械组合或简单相加，而是由各国生产的国际关系互相交织、互相制约和互相影响而形成的统一的体系。因此，国际生产关系，既是以生产的国际关系为基础，又是超越各个国家生产的国际关系的世界范围国际生产关系的有机整体。例如，在当代世界，发达资本主义国家有其生产的国际关系，但发达资本主义国家之间，以及它们与发展中国家之间的关系，并不是孤立地存在和发展，而是互相联系、互相制约和互相影响的。发达资本主义国家在发展中国家争夺商品销售市场、投资场所和自然资源，既是它们与发展中国家之间的关系，也是它们之间的关系。发达资本主义国家与社会主义国家之间的关系同样如此。各不相同国家生产的国际关系互相交织、互相制约和互相影响构成统一的国际生产关系体系。

1. 谈到国际生产关系，必然涉及世界生产方式问题。一般来说，生产力与生产关系的统一，构成社会生产方式。众所周知，在世界经济形成和发展的一定历史阶段，世界经济是统一的资本主义世界经济，世界生产方式自然也是统一的世界资本主义生产方式。问题在于，自从出现了社会主义国家之后，世界上存在着两种不同的生产方式，作为世界经济的研究对象，即国际生产关系，自然就包括不同社会制度国家之间的关系在内。这时的世界生产方式，也是两种不同生产方式并存的局面。对于这种情况，有人称之为"复合型生产方式"。但是，采用"复合型"这样的冠词来说明当今世界多种不同生产方式并存的情况，似乎不太确切，并且易引起误解。有可能使人以为，当今世界除了社会主义和资本主义两种不同的社会制度和不同的生产方式之外，还有一个既非资本主义，又非社会主义，而是由二者"复合"而成的生产方式。这当然是不可能的。其实，任何国家内部都存在着多种不同的生产方式。但我们不能说这些国家是"复合"的生产方式，因为在诸多不同的生产方式中，必有一种占统治或主导地位，它决定着这个国家的社会生产方式的性质。同样，在当今的世界虽然存在着两种不同的社会制度或生产方式，但仍是以资本主义占主导地位。当然，在世界范围内不同社会生产方式之间的关系与一国内部的情况并不完全相同。国内不同的生产方式是在同一政府管理之下，而世界范围则没有这样一个统一的世界政府。不同的生产方式由不同国家的政府为代表互相发生联系。考虑到这一点，可以说当代世界的生产方式是"不同社会生产方式同时并存、互相作用、互相影响以及互相竞赛"。这样的提法似更符合当今的实际。

2. 有的学者还提出世界再生产过程的"二次性"。认为"世界经济是在主权国家干预下人们的生产、分配、交换、消费的全过程，是由各国再生产过程外部联系所构成的二次再生产过程"（褚葆一、张幼文，1989）。如此说来，作为世界经济学研究对象的国际生产关系，也是"由各国再生产过程外部联系所构成的二次再生产过程"了。但我们认为这种提法是不恰当的。

据我们理解，所谓"二次再生产"的意思，是相对于各国国内再生产而言的，即由各国内部再生产过程越过国界而构成的再生产。换言之，即各国再生产本身在国外的延伸。但是，前面我们已经说过，一旦各国再生产过程超越国界，也就构成了世界范围的再生产过程。而这个世界规模的再生产过程，又把各国的再生产过程囊括在内，使后者成为它的组成部分。因此，从世界经济学的角度看问题，世界再生产过程具有其相对独立性，而不能说具有"二次性"。

说到这里，我们想到马克思在《〈政治经济学批判〉导言》中的一个重要论点。他在该文的第 4 部分（生产、生产资料和生产关系……）中，提醒人们注意"不该忘记的各点"。其中第 3 点是："第二级的和第三级的东西，总之，派生的、转移来的、非原生的生产关系。国际关系在这里的影响。"[①] 由于马克思对这一论点没有作进一步说明，引起了后人的不同理解，前苏联学术界还曾对这个问题展开过热烈的讨论。这里由于篇幅所限，不能详加介绍。我们对此的理解，仍然是与前面所提的"生产的国际关系"的理解是一致的，即在马克思时代，再生产过程刚刚开始跨越国界，还没有明显地形成一个具有独立意义的、超越各国国内再生产过程的世界再生产过程。当时，马克思仍然主要从一国国民经济的角度看待这种现象，认为国内再生产和国内生产关系是原生的，是基础，而他所说的生产的国际关系，是"第二级和第三级的东西，总之，派生的，转移来的，非原生的生产关系"。但是，在世界经济已经形成并经过一个半世纪的巨

---

① 《马克思恩格斯选集》第 2 卷，人民出版社 1995 年版，第 27 页。

大发展之后的今天,我们就不能再把世界经济和国际生产关系理解为第二级和第三级的了。

四 世界经济学研究涉及的领域

世界经济学对国际生产关系展开研究时,不可避免地要涉及一系列领域和问题。世界经济学的研究对象应是确定的,而它们涉及的领域则较宽。

1. 世界经济学研究国际生产关系,不能不涉及生产力,因为生产关系从来是与生产力联系在一起的,二者是社会基本矛盾的两个方面。在二者的关系中,生产力是主要方面。有怎样的生产力,也就有怎样的生产关系。但生产力又是在一定生产关系下存在和发展的。生产力决定生产关系,生产关系又对生产力起着巨大的反作用。但归根结底,生产力是推动人类历史发展的决定力量,是社会由低级形态向高级形态发展的最终原因。因此,马克思主义经济学在以社会生产关系作为其研究对象时,充分估计到生产力的作用。同样,世界经济学以国际生产关系为主要研究对象,也必须充分考虑到生产力的决定性作用,特别是在当代成为第一生产力的科学技术的作用。如果忽视科学技术和生产力,则世界经济的发展和变化就是难以理解的了。

2. 世界经济学研究国际生产关系,必然涉及国别经济,因为如前所述,国际生产关系是在各国生产的国际关系的基础上形成和发展的。当然,由于各个国家的经济是相对独立的实体,应该对它们进行研究,但这是国别经济学的研究对象。

3. 国际生产关系体现在国际生产以及商品和各种生产要素的国际流动之中,因此,这些当然都是在世界经济学的研究中必然要涉及的问题。国际生产以及商品和资本的国际流通,又主要是由跨国公司进行的，跨国公司是世界生产和流通领域越来越重要的主体。因此，在研究当代国际经济关系时，对跨国公司应该给予足够的重视。但是，国际生产、商品和资本的国际流动以及跨国公司也都是独立的学科，即国际贸易学、国际金融学、国际投资学以及跨国公司学等研究的对象。在这些部门学科中，对这些领域，既进行理论的研究，也进行实际业务和政策的研究；而在世界经济学中，这些领域只作为国际生产关系的承载者，或其实现的渠道，或纽带进行理论研究。

4. 国际生产关系是国际问题的基础，而基础与政治、意识形态和文化思想等上层建筑是互相联系的。因此，对国际生产关系的研究，不能不涉及国际政治、意识形态和文化思想等方面。但这些也是独立学科，如国际政治学、国际关系学等的研究对象。世界经济学只是在国际政治对国际生产关系发生反作用这一意义上，对它们有所涉及。

5. 国际生产关系并不是静止不动的，它有其形成和发展的历史。世界经济学特别着重于现实国际生产关系的研究。但对其历史发展不能不有所涉及。然而，对国际生产关系的历史进行专门研究，则是世界经济史这个专门学科的任务。

参考文献

［俄］B. B. 苏辛科等：《世界经济》（中译本），莫斯科 1978 年版，第 6 页。

陶大镛：《陶大镛文集》，北京大学出版社 1998 年版，第 80 页。

韩世隆：《世界经济简明教程》，四川大学出版社 1988 年版，第 6 页。

宋则行、樊亢主编：《世界经济史》（上卷），经济科学出版社 1998 年版，第 1 页。

布哈林：《世界经济和帝国主义》（中译本），中国社会科学出版社

1983年版，第33页。

《世界经济百科全书》，中国大百科全书出版社1987年版。

瓦尔加：《现代资本主义和经济危机》（中译本），三联书店1975年版，第131—132页。

褚葆一、张幼文：《世界经济学原理》，中国财政经济出版社1989年版。

（原载《世界经济》2000年第3期）

世界经济发展的若干规律

——兼谈 21 世纪世界经济前景

一 世界经济的发展是有规律的

目前,世界正在跨入 21 世纪。人们都抱着种种希冀和祈盼对这个新世纪作这样和那样的展望和预测。然而,对世界的未来进行展望,必须有所依据,其中,最重要的是其发展规律。

这里且说世界经济。世界经济是世界范围多种经济行为主体以一定关系结合成的矛盾统一体。这里所说的经济行为主体有国家、跨国公司、国家组成的经济集团、国际经济组织等等,其中最重要的是国家。近代世界经济可以认为是从 18 世纪中叶第一次产业革命后形成的,当时出现了世界市场,各国经济也就开始联结起来,形成统一的整体。从那以后,这个整体的内部联系日益紧密。

这个世界经济整体的发展是有一定客观规律的。

今天重新提出世界经济的发展有其客观规律这个问题,并不是多余的。这是因为,一个时期以来,人们对客观规律问题有所忽视。原因之一在于,第二次世界大战后迄今的半个世纪,世界经济发生了深刻的巨大的变化，各种新现象、新动向、新问题层出不穷，简直令人眼花缭乱。例如，发达资本主义国家经济在经历了五六十年代的较快增长之后，于70年代初突然陷入了"滞胀"的泥潭。它们苦苦挣扎了10年，才勉强脱身。又如，美国这个超级大国在战后初期曾在世界经济中居于统治地位，但好景不长，其地位一路下滑；今天它仍要"领导"世界，但已感到力不从心。在发达资本主义国家中，日本的变化更为惊人，从50年代后期开始，日本经济持续腾飞，十多年间国民生产总值年平均增长10%以上。到1968年，就成了西方世界中仅次于美国的第二号经济大国。可是，进入90年代，却一蹶不振，欲进不得，以至今天人们开始议论日本是否进入了"零增长"时期。再看看发展中国家，半个世纪以来，它们为发展独立的民族经济，改变落后面貌，实现现代化而历尽坎坷。80年代，不少国家还曾跌入债务危机的陷阱，发展几近停滞，整整失去了10年的时光。然而，东亚一些发展中国家和地区，却一直保持快速增长的势头，80年代就脱颖而出，成为新兴工业化国家和地区，为世人所瞩目。最令人震惊的是原苏联。第二次世界大战后半个世纪内的大部分时间，它以一个超级大国的巨大实力与美国进行争夺世界霸权的斗争，造成冷战对峙的局面。但它的经济状况却每况愈下，改革又未奏效，从而导致经济危机，社会混乱，政治动荡，终于联盟解体。至于这半个世纪内世界贸易的失衡，国际金融市场的震荡更是屡见不鲜。

　　世界经济现象的这种纷繁复杂，变化多端，使人易于产生一种误解，以为其发展充满了混乱性，偶然性，没有任何规律可循。

　　另一个原因在于，战后以来，各类国家都为促进经济的发展而制定某种发展战略、方针、政策，实行某种计划、措施，加强了对经济的宏观调控。国际经济组织和由大国组成的集团，如"七国集团"还联合起来，对世界经济和国际经济关系进行干预和调控。这也使人们易于产生一种误解，认为经济的发展似乎全凭人的主观意志的安排，没有什么客观规律。

尽管存在以上情况，世界经济的发展，归根结底还是有其不以人们意志为转移的客观规律。

既然世界经济的发展是有规律的，那么，为什么看上去却如此变幻莫测呢？本来，任何事物，特别是复杂事物，其发展规律都不是像昼夜的交替和水往下流那样直接表露，而是通过种种表面现象曲折地表现出来。而现象总是纷繁多样的。因为世界经济总体的发展，不能不受其组成部分变动的影响，也不能不受世界政治、军事、意识形态关系的影响，更不能不受人的主观意志的影响。其中各种力量的分化和组合，各种因素的作用和反作用，不能不使世界经济呈现变幻不定的景象。但是，无论这些现象多么复杂，甚至脱出常轨，从根本上说，世界经济是按其本身的客观规律发展的。

至于各国对本国经济和世界经济进行宏观调控的种种努力，当然会对世界经济的发展过程起重大作用，如动员各种力量去实现某种既定目标，减少或避免某些消极和破坏性后果等。然而，人的主观愿望必须符合客观规律的要求，否则，必将劳而无功，甚至终遭碰壁，使发展受到重大挫折。这种教训，半个世纪以来，不论中外，都所在多有，不胜枚举。

世界经济的发展规律，当然是指世界经济作为一个矛盾统一的整体发展的规律。除此之外，世界经济的各种行为主体，如各类国家，各地区经济集团，跨国公司，以及世界经济的各活动领域，如国际贸易、国际金融等，也都有各自的发展规律。这些规律也都对世界经济的发展产生这样或那样的影响。由于当代世界经济中，发达资本主义国家仍居主导地位，因此资本主义经济规律对整个世界经济的发展又具有重大的甚至决定性的影响。

半个世纪以来，人们也为揭示世界经济发展的底蕴，探求其发展规律而付出了巨大努力。无论在国内或国外，经济学都是最受关注和发展最快的学科之一。然而，世界经济的发展变化是如此迅速，深入研究其发展规律，以便把握其发展趋向，抓住其所提供的机遇，促进发展，仍然是摆在我们面前的重大任务。本文拟提出世界经济发展的基本规律，就个人的认识作简略的说明。并与此相结合，对21世纪经济的前景作粗略展望。

二 生产力的加速发展

生产力是社会发展的主导因素，也是世界经济发展的主导因素。推动世界经济发展的根本力量来自生产力。

生产力的发展是加速度的，即从总的趋势看，它越来越快，当然，它的发展也并非没有起伏，而是时快时慢，呈波浪形运动，在波浪的高峰，往往会出现生产力的质的飞跃。所有这一切，自从第一次产业革命以来，特别是第二次世界大战后，表现得特别明显。

第二次世界大战后生产力的发展速度，超过了过去任何时期。如果说资本主义制度诞生后，特别是第一次产业革命后的一百年内，生产力的发展超过了过去人类历史上生产力发展的总和，那么，第二次世界大战后的半个世纪内，生产力的发展又超过了自从产业革命以来至今200年的总和。正是因为生产力的空前大发展，战后的世界经济的面貌，才发生了如此巨大的变化。

战后生产力的质的飞跃，集中表现为50年代开始的新的科技革命。这是世界近代史上第三次科技革命，也是空前宏伟的一次科技革命。这次科技革命,在五六十年代,主要发生在核能、半导体、计算机、喷气技术、航空航天、石油化工、电视机等家用电器等领域,导致当时发达资本主义国家经济的较快增长和产业结构的深刻变化。自从80年代中期至今,这场革命在微电子、光纤通讯、信息技术、新材料、宇航技术、生物工程等领域展开,它有力地推动发达国家从工业社会进入信息社会。

半个世纪以来科技革命的迅猛发展和生产力的飞跃,促使新产业、新产品、新工艺不断涌现,劳动生产率水平大大提高,社会财富大量增加。

为什么生产力会加速发展呢?

首先,现代科学成为生产力越来越重要的因素。如果说人类自远古到近代的千万年间,生产力是建立在人的经验的基础上,那么,到了近代,生产力已是建立在科学的基础上,科学成了生产力最根本、最重要的因素,以至可以说科学是第一生产力;而科学的发展,是从人对自然的理论认识到生产实践,又从实践到理论的往复循环过程。这是一个实践和理论互相促进的过程,因而是加速的过程。

其次,人类所掌握的生产力和科学技术知识是不断积累的。一定时期的生产力,总是在前一时期已有成果和已达到的水平的基础上继续发展的。因此,它不断加速前进,不断创新,日新月异。

再次,生产力的社会性不断加强,科学技术的研究和开发的社会化也不断加强。19世纪,它基本上还是科学家和发明家个人的事业。到19世纪末20世纪初,垄断组织和高等院校把大量科技工作者集中起来,有组织地开展科技研究,科技成了集体的事业,效率自然要高得多。第二次世界大战后,国家又成了科技事业的组织者和推动者。国家拨出巨资,制定计划,组织全国的力量,联合攻关,效果比过去更加提高。近十多年来,科技事业的国际合作又有了广泛发展。国家之间,跨国公司之间均在一些重大高科技项目上加强合作,其效果又远远超过过去任何时候。

最后,世界矛盾不断发展,竞争不断展开。这些矛盾和斗争包括经济竞争、政治斗争、军备竞赛,都时而缓和、时而激化,有时则十分剧烈。斗争的结局,关键在于科学技术。因此,这些矛盾和斗争是推进科学技术和生产力加速发展的强大力量。

可见,生产力的加速发展,是客观规律。过去如此,今后它仍将加速发展下去。展望21世纪,生产力将有新的飞跃。目前世界各国都在为迎接这种飞跃作准备。其表现之一就是把促进科技发展作为一项关系国家民族的未来的重大战略来抓,增加投入,集中力量,制定计划,务求走在科技革命的前列。如美国1994年8月发表的科技政策表明,要将民用技术的总开支增加到GDP的3%(1990年为2.6%);1994年4月,欧洲也通过了《第四个科技发展和研究框架计划》,总投资为123亿欧洲货币单位;1994年6月,日本政府提出以加强基础研究为特色的"新技术立国"政策,同年11月又发表《科技白皮书》,决定将研究与开发费用增加一倍;韩国也提出了"科技立国"的口号,并决定到1996年把科研经费增加到GDP的3%(1990年为1.83%)。各国都根据科技发展趋势和本国情况,集中发展一定科研领域、项目和产品。为此,它们不断预测今后最有影响、最有市场、最重要的科技项目和产品。如美国《时代》周刊1995年7月12日载文预测今后10年将对社会产生重大影响的10项技术有:氢燃料电池汽车、高温超导、遗传工程、仿生学、环球个人电话、话音启动计算机、纳米技术、光电子学、虚拟现实和新材料。

当然,生产力的发展也受社会经济和政治状况以及国际形势的影响。当经济发生危机或陷入困境和政局动荡时，科技的发展也会受到不利影响，生产力也会受到阻碍和破坏，如 70 年代西方国家的经济滞胀，对生产力的发展就起了消极影响。但是，这类现象是一时的。总的来说，生产力的加速发展是必然的历史趋势。

三　产业结构的多样化和逐步升级

随着生产力的加速发展，产业结构也不断发生变化，不断趋向多样化和逐步升级，这是世界经济发展的又一规律。其表现首先是三大类产业在经济中所占比重的消长变化。人类的生产活动首先是在农、林、牧、渔等第一产业中进行。农业社会持续了很长的历史时期。从 18 世纪中叶产业革命开始了工业化过程，即开始从农业经济向工业经济的转变，第二产业得到大发展。到 19 世纪末，先进资本主义国家先后完成了工业化，成了工业国。第二次世界大战后，工业经济高度发达，在此基础上，各种服务业即第三产业迅速扩大。目前美国的第三产业已占 GDP 的 75% 左右，日、欧等国也占 55% 以上。社会开始向后工业社会转变。庞大的第三产业包括商业、交通运输、通信、银行、保险、医疗保健、教育、科研、广播电视、旅游、文娱等等。其中有直接间接为生产服务的，也有为居民生活服务的，它们对生产率的提高、经济和社会的发展、居民生活质量的改善，都起着十分重要的作用。第三产业部门繁多、功能各异。从其发展趋势看，今后很可能，也有必要进一步加以划分。如把与信息技术有关的部门，包括通讯、微机软件、广播电视、出版发行等列为第四产业，把与人力开发有关的部门，如科技、教育、保健、旅游、文娱体育等划为第五产业。

产业结构的不断多样化和逐步升级，还特别表现在新技术产业的兴起和迅速发展。这些新技术部门分布于上述三大类产业之中，也有的是跨产业的，如计算机部门，硬件属第二产业，软件属第三产业；又如宇航部门，航天器的制造属第二产业，而其利用则多属第三产业。与新产业部门迅速发展的同时，传统部门的发展相对缓慢，有的几近停滞，但并没有消失。它一部分被转移到发展中国家去，另一部分则保留下来，并在新技术基础上得到改造。

在目前的高科技发展热潮中，各国政府纷纷采取措施，推动科技产业化。在这方面，日、美、欧等国家和地区正在展开激烈争夺。美政府利用冷战后军转民的时机，大大促进科技产业化步伐，在以信息高速公路为龙头的信息产业、航空航天产业和其他一些高科技产业中的领先地位得以加强。欧洲过去在科技产业化和发展高科技产业方面落后于美国；近些年来，日本也失去了赶超美国的势头，它们都怀有巨大的危机感，力图扭转局面。科技产业化步伐有加快趋势。

多年以来，发展中国家也在进行产业结构的多样化和逐步升级。由于发展中国家生产力水平低，有些国家至今仍保留着殖民地时期形成的单一的、畸形的落后产业结构，主要生产和出口一种或少数几种初级产品。但是，这种状况也在发生变化，许多国家都在实行产业多样化和升级，首先是发展初级产品加工业和劳动密集型产业，随后发展资本密集型产业和技术密集型产业。这种情况，在新兴工业化国家和地区，以及工业化迅速进行并已具有相当工业基础的国家，表现特别突出。例如，目前新兴工业化国家和地区的产业结构正在接近发达国家，它们也正在大力发展高科技产业。韩国的目标是，在 90 年代，高技术产值年平均增长 19%，到 2000 年，这部分产值占全国产值的比重从 1990 年的

12.3%提高到32.7%。在中国台湾省的制造业中,资本密集型与技术密集型产业比重也迅速上升,现已近60%,最近台湾又提出"工业升级"的口号。新加坡也提出"第二次工业革命"的口号,把信息技术、电子计算机、航空航天技术、生物工程和新材料等高技术产业作为重点。东盟国家以及印度、巴西等国也都纷纷采取措施,促进科技产业化的发展。

由于各国产业结构都在趋于多样化和高级化,整个世界产业结构也在不断多样化和高级化。在今天的产业结构的变化问题上,不能仅从一国内部来观察,而必须从世界范围内来观察,因为它已经成为"地球规模的蜘蛛网"。这就意味着,各国乃至全世界的产业结构一方面在不断多样化和高级化,另一方面也在不断深入进行专业化分工。

四 国际劳动分工的不断深化

生产力社会性的加强,不仅表现在产业结构的变化上,还特别表现在国际劳动分工的不断变革上。

第一次产业革命后,世界市场开始形成,通过世界市场,不同国家被纳入一定的国际分工体系之中。当时国际分工的基本特点是:先进国家,主要是英国和欧洲其他国家,从落后国家进口原料,主要是天然纤维等农业原料,同时向落后国家输出制成品,主要是轻纺产品。这是一种垂直性国际分工,国际交换是不等价交换,甚至是赤裸裸的掠夺。到19世纪后半期第二次科技革命时期,国际劳动分工发生变化。这时,先进资本主义国家不仅从殖民地进口农业原料,而且占有和开采那里的矿物资源,以发展自己的重工业。为了确保矿物原料来源,它们向殖民地大量进行资本输出。这样的国际分工仍然是垂直分工,是比过去更加扩大和加深了的垂直分工。而各先进资本主义国家，则根据自己不同的条件，侧重发展不同的工业部门。在它们之间，形成了一定的水平分工。这种情况一直延续到第二次世界大战。战后，发展中国家大力发展自己的民族经济，特别是开始发展自己的制造业，产业结构不断多样化。出口商品构成也随之发生变化；初级产品占全部出口额的比重逐步下降，制成品的比重上升。70年代，发展中国家的出口尚以初级产品为主。目前，制成品已占其出口额的60%左右。这样，它们与发达国家之间的分工关系中，水平分工成分增多，垂直分工成分相应减少。特别明显的是新兴工业化国家和地区以及某些工业化水平较高的发展中国家，与发达国家之间已是水平分工为主了。至于发达国家之间，水平分工更是进一步深化。这不仅表现在各国重点发展的工业部门不同，而且表现在各国相同部门内部，生产的产品品种、型号不同，甚至是同一产品的各种零部件和不同工序也在不同国家完成。

国际劳动分工从垂直型到水平型的转变，以及水平分工的不断深化，是世界经济发展的又一客观规律。世界各国都不能不参加这一不断扩大和加深的国际分工体系，在其中占有一定位置，并从该位置出发，与其他多国发生交往。

应该指出，战后国际劳动分工的深刻变化，与跨国公司的大发展密不可分。自从50年代末，现代跨国公司开始大发展以来，其数量迅速增加，从70年代初的约7000家增至90年代初的3.5万家，同期其子公司数量从2.73万家增加到20万家。这些子公司在海外进行生产，就地销售。其销售额已大大超过世界出口总额。这些子公司之间，以及子公司与母公司之间，都有一定的过细的专业分工。而这种跨国公司内部的分工却表现为各国之间的分工。或者反过来说，当代的国际劳动分工，在很大程度上是跨国公司内部分工的外在表现。

目前以信息技术为中心的科技革命正在蓬勃发展,不仅新产业部门,而且新技术产品将不断涌现。与此同时,跨国公司正在继续发展,不仅发达国家的公司愈益扩大其跨国经营,而且越来越多的发展中国家的公司也将跨越国界,进行跨国经营,加入跨国公司的行列;不仅大公司几乎全部成了跨国公司,而且越来越多的中小公司也在开展其海外业务。故此,可以预见,进入21世纪时,国际劳动分工,必将进一步深化,特别是各产业部门内部的国际分工必将大大发展起来,成为当代国际劳动分工的突出特点。

五 世界市场的不断扩大

自从世界市场形成以来,它就不断扩大。世界市场的扩大,尤以第二次世界大战后的半个世纪表现得最为突出。在战前长时期内,世界市场主要是商品销售市场。战后,除商品市场外,劳务市场、金融市场、资本市场、技术市场、劳动力市场等都迅速形成和发展起来,并且互相联系,形成了一个完整的世界市场体系。这个市场体系不断完善,迅猛扩大。世界市场的扩大超过了生产的增长。

首先是商品市场的扩大,这表现在世界进出口贸易额的增长上。近半个世纪来,世界贸易额的增长率一般超过世界生产(世界GDP)的一倍。有时超出更多。如80年代下半期,世界出口额年平均增长9%,而世界GDP年均增长为3.5%。进入90年代,世界经济增长大大减缓,1991—1994年平均增长约1.5%,但世界贸易额增长率约为4%。据世界银行预测,1994—2000年的16年间,世界GDP年平均增长率为3.5%,而世界贸易额增长率为6%—7%;据一些经济学家们估计,到

2000年，世界产品出口可达6万亿美元，再过10年，即到2010年，还将再翻一番。

金融市场的迅速扩大，表现在短期资金流动量以惊人速度增长，其规模比商品贸易额要大几十倍。资本市场，特别是对外直接投资，也在迅速增长。全世界每年对外直接投资额，在80年代初约为1000亿美元，现在已超过2000亿美元。而全世界对外直接投资累计已超过2万亿美元。据估计，今后10年，世界对外直接投资累计可达6万亿美元。

可见，世界市场的不断扩大，是世界经济发展中的具有规律性的现象。

世界市场的迅速扩大，与科技的空前进步和生产力的飞跃发展、世界经济的增长、产业结构的多样化和不断升级、国际劳动分工的不断加深、越来越多的国家加速进行工业化、世界人口的增长和一些国家居民生活的改善等，都有密切关联，与跨国公司的大发展更直接相关。因为无论是世界贸易、国际金融业务、国际投资等，在很大程度上是跨国公司内部的经营活动。如世界商品贸易，约有60%是跨国公司的母公司和子公司以及各子公司之间的"贸易"；世界对外直接投资80%以上是跨国公司在国外设立子公司和分公司所进行的投资。

战后世界市场的迅速扩大，还与世界贸易和资金流动的限制逐步放宽，逐步实行"自由化"有关。在这方面，关税及贸易总协定（现在是世界贸易组织）和其他国际经济组织，都起了一定的积极作用。此外，各国都顺应这一世界潮流，大力发展外向型经济，实行面向世界市场的方针，也是促使世界市场不断扩大的重要原因。

应该指出，战后的世界市场，是少数发达工业国占有主导和统治地位。展望21世纪，虽然这种情况在短期内不会有根本改变,但发达国家本身的市场已趋于饱和,它们将越来越把自己未来的发展寄托在发展中国家的市场上,特别是一些人口众多,有一定工业和科技基础,正在进行改革、开放和加快发展的发展中大国,如中国、印度、印尼、泰国、韩国、巴西、阿根廷、墨西哥、智利、南非等国。这些国家正在成为世界新兴市场。这些新兴市场巨大潜力的发挥,将对未来世界市场的继续迅速扩大起着越来越显著的作用。

六 经济生活国际化、全球化和地区化的不断加强

自从世界市场形成后,各国经济的交往就越来越密切,经济生活开始国际化。尔后,随着生产力的提高和经济的发展,其国际化程度也不断加强。第二次世界大战后,各国经济的互相联系,不仅通过商品贸易渠道和信贷资本输出渠道,而且有了由上述各种国际经济活动所组成的发达的世界市场体系,而这个世界市场体系又不断迅速扩大,各国对外经济活动占本国 GDP 的比重不断提高,对本国经济发展所起的作用不断加强。例如全世界出口额在世界 GDP 中所占比重已从 70 年代初的 10% 左右提高到 1992 年的 15.5%。不论是发达国家或发展中国家都把对外贸易看做是本国经济增长的重要推动力。这样,各国经济相互依赖关系就更加紧密,共同组成了全球经济的整体,经济国际化达到了更高的阶段,即全球化阶段。

经济国际化是随着生产社会化和国际劳动分工的深化而同步进行的。战后经济国际化进入全球化的新阶段,也是与国际劳动分工从传统的垂直型向水平型转变和水平分工迅速加深相适应的。因此,经济国际化的不断加强是世界经济的一个客观规律,而全球化不过是这一规律在当代历史条件下的表现。

但是，在全球化情况下，各国经济并不是没有任何独立的意义了。相反，各国都力图加强各自的经济实力，以便在与他国的经济关系中和在全球经济中占有有利地位，并且从经济全球化加强的过程中，取得更大的利益。对于各个国家来说，只有本国的利益才是高于一切的。为了追求国家更大利益，各国之间就免不了发生矛盾和冲突。因此，在经济全球化的情况下，各国经济虽然已融合为全球经济的整体，但是，各国经济在相互加强依赖和合作的同时，还免不了发生新的摩擦和斗争。

各国对外经济关系的发展在地区上是不均衡的。各国通常都是与同一地区相邻或相近的国家关系更密切些。这是因为它们之间的交往更便利些，地区内各国的历史、文化和宗教相同或相近，更易于互相接近，也更易于找到共同利益。因此，在共同利益的基础上，由国家出面协调政策和行动，促进地区合作，以至签订经济合作协议，把同一地区各国组织起来，成为一个地区经济实体，即地区经济一体化组织，也就是自然的了。第二次世界大战后，最早成立的地区一体化组织是欧洲经济共同体。现在它已发展成包括 15 国在内的欧洲联盟。此外，还有 1994 年成立的以美国为中心，有加拿大、墨西哥参加的北美自由贸易区。亚太地区各国也正在亚太经济合作组织框架内酝酿成立某种一体化组织。除这些大地区组织之外，还有为数更多的由发展中国家组成的地区一体化组织，如东南亚国家联盟、拉美南方共同市场、海湾合作委员会、南部非洲共同体等，共约 30 个。经济地区化和地区经济一体化，实际上是经济全球化在当前历史条件下的一种具体表现或一个发展阶段。它的出现和发展，与全球化一样，是世界经济发展的客观必然。

展望 21 世纪，经济全球化和地区化这两种趋势都将不断加强。在促进全球化方面，世界贸易组织等国际经济组织将发挥更大的作用；而在促进地区化方面，欧盟、北美自由贸易区等各大地区组织都有不断扩大其范围的趋向，值得注意。如欧盟将向东欧、地中海和北非扩张；北美自由贸易区则将囊括整个拉丁美洲。这样，就将形成大地区经济组织中包含有小地区经济组织的复杂局面。在此过程中，各国之间的经济合作与斗争也都将不断加强。

七 世界经济发展的不平衡

政治经济发展不平衡是资本主义的绝对规律。这已是尽人皆知的了。但是，事实表明，不仅资本主义发展不平衡，而且整个世界经济的发展也是不平衡的。

自从18世纪中叶，资本主义统治了全世界，直到第二次世界大战。世界发展不平衡主要表现在一些资本主义大国之间力量对比的迅速变化上，最初是英国独占鳌头，到19世纪中叶以后，法、德、美加速赶了上来，接近乃至超过了英国。再往后，俄、日也加快了追赶的脚步，加入了大国角逐的行列。第一次世界大战后，出现了第一个社会主义国家苏联；第二次世界大战后，也出现了中国等更多社会主义国家，殖民地也纷纷独立，成了独立的发展中国家。这时，世界经济发展不平衡的情况就更复杂了。首先是美苏两个超级大国发展不平衡。这两个超级大国都拥有远远超过其他国家的实力。但在几十年的争霸斗争中消耗巨大，国力日衰。其中苏联由于经济体制僵化，改革又遭失败，终于解体。其次是重要发达资本主义国家之间发展的不平衡，战后一定时期内，美国的国力相对削弱，而日本和德国这两个二战中的战败国，却在美国的扶植和保护下，迅速重新崛起，还在70年代，就已成了资本主义世界的第二、三号经济大国，并开始与美国分庭抗礼。应当指出，美国的力量虽然相对削弱，但至今它仍是世界上独一无二的最强大的超级大国。而且美国与英国不同，它的潜力巨大，它的削弱也是一个长期的和曲折的过程。例如，进入 90 年代，以信息技术为中心的高技术群加快发展，美国在这方面的领先地位突出，国际竞争力加强。而日本经济反而陷入更严重的困难之中。这是当代资本主义大国经济发展不平衡的又一个波折。再次是资本主义国家和社会主义国家间发展的不平衡，战后直到 60 年代，苏联、中国等社会主义国家的经济科技曾迅速发展，令人刮目相看。但是到 60 年代以后，社会主义国家经济体制束缚生产力发展的弱点日益严重，加上指导思想和决策失当，经济发展迟缓，落在了发达资本主义国家后面。到 80 年代末 90 年代初，东欧和苏联相继发生剧变。唯独中国，从 70 年代末起毅然改变战略，实行以经济建设为中心和改革开放的战略方针，经济开始突飞猛进，国力日盛，为世人所瞩目。复次，发达国家与发展中国家之间发展不平衡。战后长期以来，发展中国家经济虽有发展，且其增长率在六七十年代还高于发达国家，但按人口平均的国内生产总值来衡量，与发达国家的差距逐步扩大。特别是在 80 年代，大多数发展中国家经济陷入严重困境，生产停滞，与发达国家之间的差距更加扩大。进入 90 年代，发展中国家的改革取得初步成效，困难有所克服，经济呈现新的活力，增长速度明显高于发达国家，南北差距开始出现缩小的迹象，发展中国家迎来了经济振兴的新时期。最后，当代世界经济发展不平衡，还特别表现在发展中国家之间的发展速度差异悬殊和两极分化上。有的国家和地区，以东亚的"四小龙"为代表，从 60 年代初就开始出现快速增长势头，它们迅速完成工业化，成为新兴工业化国家和地区。现在，它们的经济水平已接近发达国家。在它们之后，在东亚、拉美、非洲，还有一些国家，正在快速发展，在21世纪初，可望成为新兴工业化国家。但另一方面，有一些国家，长期以来，经济发展迟滞，加上人口增长率高，人均国内生产总值（GDP）水平低下，贫穷落后面貌少有改变，成为最不发达国家。按照联合国确立的标准，目前最不发达国家有48个，它们中的多数不仅与发达国家的差距日益扩大，与新兴工业化国家的差距也日益扩大。

当代世界发展的不平衡，除表现在各国力量增长的不平衡外，还表现在各经济区发展的不平衡。长期以来，东亚地区的发展最快，远远超过世界其他地区，为世界经济平均增长率的一倍以上。今后这种趋势仍将保持。根据国际货币基金组织和世界银行对未来10年世界发展的预测，1994—2003年，世界经济年平均增长3.5%，而东亚为7.6%。国际舆论认为，世界经济增长的重心正在转向东亚。

由上可见，当代世界经济发展不平衡的情况更加复杂，也更加强化了。

世界发展的不平衡，导致世界经济政治格局不断发生变化。苏联解体后，世界格局开始从原来的两极向多极化转变。所谓多极化，现在看来，是美、日、德、中、俄五极。但这五极力量相差很大，其中美国是唯一的超级大国。所以，当前世界实际上是一超多强的格局。多极化的世界格局的最终形成，尚有待时日。

世界各国间的发展不平衡，今后矛盾和斗争有更加错综复杂和剧烈的趋势。

（原载《世界经济与中国》一书，经济科学出版社1996年版）

半个世纪世界经济发展的若干启示

自从第二次世界大战结束，至今已经半个世纪，现在世界正趋向 21 世纪的门槛。此时，人们都在抱着种种希冀展望未来。但是为了预见未来，就不能不回顾过去，因未来不过是历史的延续。要想未来更美好，就必须先向历史学习。西谚有云："不从历史中吸取教训的人就会犯同样的错误。"何况近半个世纪世界的发展，无论从哪个角度看，都是前所未有的。本文拟就近半个世纪世界经济的发展进行一番回顾，看一看我们应从中得到什么启示。由于文章篇幅所限，这里提到的只有历史启示的一部分，并不是全部。

一　科学是第一生产力

在社会的发展中，生产力起着决定性的作用。但是在漫长的历史时期，人类的生产活动凭借的是人本身的自然赋予的能力，再加上逐步积累的一些经验，生产力的水平低下，虽逐步有所提高，也是很缓慢的。到了近代，情况大不相同了。这时，在生产力的发展中，科学的因素起着愈益重要的作用，生产力的水平迅速提高，发展也越来越快。以至于应该认为，科学是第一生产力。要促进经济的发展和实现经济现代化，科学是关键。

近代历史还表明，科学本身的发展，也有加速的趋势。同时，它的轨迹又不是平直的，而是波浪式的，时快时慢，有时会出现高潮，形成科技革命。一般认为，从18世纪中叶产业革命算起，至今已出现三次科技革命。最近这一次就发生在第二次世界大战后时期。这次新的科技革命在深度和广度上，都大大超过前两次。它导致生产力的空前飞跃，成了推动近半个世纪世界经济大发展的基本因素，科学作为第一生产力的作用表现得格外突出。

在这次科技革命中，人类拥有了以电子计算机为代表的崭新的生产手段，它不仅大大节省了人的体力，而且节省和在一定程度上代替了人的脑力。

在这次科技革命中，人类社会生产的领域大大扩大，从开发无际的宇宙空间，到探索物质结构最深处的奥秘，从掌握具有独特性能的新材料到改造或重组生物的基因。

近半个世纪来，由于科学技术的飞跃发展和一批批新成果在生产中的应用，生产力水平大大提高，产业结构发生了深刻改革，第一产业的比重大大下降，第二产业的比重也不再提高，第三产业则空前扩大。目前发达国家第三产业在国内生产总值中所占的比重一般都在60%上下，美国则达到70%以上。与此同时，新技术部门不断形成，并迅速成长，新产品层出不穷，单位产品的原材料和能源消耗愈益减少，科学技术含量愈益提高，产品的更新换代大大加快，质量不断改进。

在当代科学技术迅速进步基础上进行的扩大再生产，已不再是"外延式"的，而是"内涵式"的；经济也不再是粗放型的，而是集约型的。目前西方发达国家的经济就是高度集约型经济。

据估计,在它们的经济增长中,科学技术因素所起的作用在70%左右。只有这种类型的经济,才是高质量的、高效益的和具有高度竞争力的现代化经济。

现代科学技术的高度发展,使生产对自然资源的依赖程度相对减少,而对科学技术、知识信息和人的智力的依赖大大加强。近半个世纪内,有些自然资源相当贫乏的国家,如日本和东亚新兴工业化国家和地区,由于重视科学技术和大力开发人的智能潜力,生产迅速发展,现代化水平不断提高。

半个世纪以来科学技术和生产力的大发展,劳动生产率的空前提高,是战后发达国家和一些发展中国家工人工资得以提高,社会保障制度逐步完备,居民生活得以改善的基础。

半个世纪世界经济的发展还告诉人们,要实现以现代科技为基础的经济现代化,需要的不是一般的只能干粗活的体力劳动者,也不是只有一点传统经验和技艺的人,而必须培养和造就大批具有现代科学知识、掌握专门技能、脑力和体力结合的新型劳动者,以及大批高水平的科学家、工程技术人员和各种专家。只有这样的人,才是现代社会的中坚,才是现代生产力的代表,才体现着现代社会发展的方向。而为了培养这样的劳动者,就必须大力发展教育事业。

半个世纪来,关于科学是第一生产力,科学是促进经济和整个社会现代化的关键,以及要发展科学技术和社会经济,就必须大力发展教育事业的道理,已经越来越为人们所领悟,成为人们的共识,不仅发达国家和新兴工业化国家和地区,而且一些发展中国家都在对科技教育增加投入,以更大的力量推动其发展。

当然,科技与经济二者是互相影响的。当经济繁荣、增长加快时,科技事业也会得到更大的促进。反之,经济困难,科技的发展也就必然受到制约。如美国在60年代下半期,经济繁荣,用于科技研究与开发的支出占国内生产总值的比重曾一度接近3%；而到70年代，当美国经济陷入"滞胀"时，科技方面的支出所占比重也就明显下降。80年代中期以来，特别是冷战结束之后，各国又开始增加对科技的投入，改革科技体制，制定雄心勃勃的发展高科技的计划，确定一定时期内要突破的重要领域和要达到的目的，组织全国的力量，采取新的措施，以便在现代科技的前沿阵地展开的新一轮角逐中占据领先地位。不仅发达国家，即使是新兴工业化国家和地区，以及一些发展中国家，也把自己的未来寄托在现代科技和教育事业上，如韩国提出了"科技立国"的口号，我国也提出了"科教兴国"的口号，并正把这种口号落实到行动中。

二 发展政府宏观调控下的市场经济

战后半个世纪以来世界经济发展给人们的又一重大启示是，现代经济应是政府宏观调控下的市场经济。这一点，现在也已成为人们的共识，但是人们获得这种认识，却并不那么容易，而是经历了艰苦的探索过程，用去了几十年的时间。

对于市场经济，社会主义国家在相当长的时间内持否定态度。当时人们把市场与私有制联系在一起，从而认为它是资本主义所特有的东西。社会主义则要用计划取代市场，而且是中央高度集中的、无所不包的计划。然而，实践表明，实行这种计划经济体制，虽然有时便于动员全国的资源，集中投入某些重大项目上去，以实现某种特定目标，但就社会经济的整体来说，这种体制，不能很好地实现生产要素的合理配置，不能发挥地方、企业和个人的积极性，不能促进生产力的迅速发展，不能保证社会生产和人民生活日益增长和日益多样化的需求，因而经济发展日益落后，经济结构畸形，效率低下，人民生活得不到改善。邓小平同志总结了社会主义国家发展经济的经验教训，破除了认为只有计划才是社会主义的错误观念，他明确提出："计划经济不等于社会主义，资本主义也有计划；市场经济不等于资本主义，社会主义也有市场。"① 这是人们认识上的一大飞跃。中国在1978年底中共十一届三中全会以后，开始进行经济体制改革，逐步从计划经济向市场经济转轨。这一变革，使生产力得到大解放、大发展，十多年来，中国经济充满活力，蓬勃发展，成就斐然，为举世所瞩目。

在资本主义国家，情况恰恰相反。那里早已是市场经济了，而且是所谓"自由市场经济"。西方资产阶级学者曾认为市场是万能的，主张实行自由放任方针，让市场这只"看不见的手"充分发挥作用，不受任何约束和干预。但是长期的实践也告诉他们，在市场力量的自发作用下，社会再生产只能处于无政府状态，社会总需求和总供给，生产和消费，以及各部门、各环节之间，往往发生失调，严重时就会导致经济生活混乱，危机不可避免。20世纪30年代一场灾难性的大危机和随后出现的特种萧条，终于打破了自由市场万能的神话。为了从危机中寻找出路，资本主义国家开始试着由政府对经济进行干预和调节。第二次世界大战期间，更实行战时管制经济。战后，人们进一步认识到，政府对经济的干预和调控不仅是危机和战争等特殊时期所必需，而且是现代市场经济的本质要求。战后半个世纪以来，发达国家生产力的空前提高和经济的大发展，与政府对经济的宏观调控是分不开的。

社会主义从计划经济转向市场经济，这无论在理论上或是实

---

① 《邓小平选集》第3卷，人民出版社1993年版，第373页。

践上，都是一次根本性变革。资本主义从自由市场经济转向政府宏观调控，同样也是一场大变革。两种不同制度的国家从完全不同的基础出发向着同一方向进行变革，这一事实反映了政府调控下的市场经济是现代经济发展的客观要求。就连广大发展中国家，在经过一段时期的徘徊之后，到 80 年代，也走上了政府宏观调控下的市场经济之路。虽然它们情况更加多样，步调不一，但这一方向是确定的。大量事实证明，无论哪一类国家，朝这个方向实行适当的体制改革，生产力就得到解放和发展，经济就获得较快增长。不实行这一变革，或变革不成功，经济就不能正常发展，甚至难免走向崩溃，前苏联的解体就是明证。

不仅如此，半个世纪以来世界经济的发展还表明，这种变革，无论在社会主义国家或资本主义国家都非一日之功。一旦着手实行变革之后，就要使这一过程不断深化下去。这是因为，这种革命解放和发展了生产力，而生产力的发展又不断为经济体制的改革提出新的要求，半个世纪以来世界经济发展的历史，就是经济体制不断变革的历史。

对于经济体制需要不断改革和调整，当初人们并不是那么自觉的。在社会主义国家，人们对体制改革就曾发生过种种疑虑和争论，有人担心这样会走向资本主义。20 世纪 30 年代美国资产阶级中有人也曾对罗斯福的新政表示反对，甚至把它看做是社会主义。到了战后，当凯恩斯主义已经成为西方经济思潮的主流时，资产阶级经济学家又把它奉为至宝。五六十年代，西方国家奉行凯恩斯主义，把政府调控的重点放在缓和危机、稳定经济、促进增长、实现"充分就业"上，为此，各国政府都实行增长战略，不断扩大财政开支，放宽信贷，以刺激经济，取得了一定成效，但却导致财政赤字连年扩大，种下了通货膨胀的种子。到了 1973 年底，一场石油危机，终于把西方经济拖入资本主义历史上前所未见的"滞胀"窘境之中。面对这种特殊困难的局面，资产阶级经济学家大感困惑，政府决策者也束手无策。只是经过多年的痛苦摸索，才决定放弃凯恩斯主义那套做法，改行新自由主义的主张，试图用紧缩货币供应，削减财政开支，减少税收，鼓励投资等办法，促进生产，进而缩小财政赤字，控制通货膨胀。这是西方政府对经济宏观调控方针的一大变化。80年代，西方国家的通货膨胀受到了抑制，但财政赤字继续连年扩大。90年代初西方发生的衰退，又暴露出它们经济体制的某些方面存在着种种问题，如日本经济学家中村哲说："日本在战后建立的、并取得相应成功的体制即将达到极限。"[①] 他指的主要是日本政府对经济限制过多，国内市场过于封闭，以及公司实行的终身雇佣制，"年功序列制"等。日本经济审议会于1995年6月13日发表了1995—2000年的新经济计划的中期报告也提出了一个为消除"战后经济社会体制的弊病"的"行动计划"。欧洲国家的劳动工资体制和社会保障体制也面临严重问题，非进行改革不可。美国的财政、税收、社会福利以及科技、教育体制都存在着种种弊病，需要改革。总之，经济体制的改革不是一蹴而就的事，需要持续进行下去。

不仅各类国家无不走上政府宏观调控下发展市场经济的道路，而且世界经济作为一个整体，也是一样。只是这里的市场，是无所不包的统一的世界市场，而宏观调控则需各国协调一致，联合进行。像世界贸易组织，就是为此而建立的。当然，由于各国的利益不同，要求各异，联合起来对世界经济进行管理，其困难可想而知。但政府对经济进行宏观调控，这是现代经济发展的

[①] 中村哲著：《近代东亚经济的发展和世界市场》，商务印书馆1994年版，第4页。

客观要求，既然各国都要对国内经济实行调控，它们就必须联合起来对世界经济进行调控，这也是现代世界经济发展的客观趋势。

三 基本社会制度和具体经济体制的区分

如上所述，半个世纪以来，各类国家，都趋向发展市场经济，同时实行政府的宏观调控，这些国家是否就没有什么区别了呢？社会主义与资本主义两种不同制度之分也消除了呢？

完全不是这样。为了说明这个问题，必须弄清基本社会制度与具体经济体制（还有政治体制等）二者之间的关系。长期以来，人们对这个问题的认识并不清楚，甚至把二者混为一谈，或者只知有社会制度的不同，而不知有各种体制差异性和多样性。半个世纪以来世界经济的发展给人们的重大启示之一，是明确了二者之间的联系和区别，廓清了在这个问题上的种种模糊认识。

所谓基本社会制度，指的是不同社会形态或不同社会生产方式的本质的特征。如原始公社制、奴隶制、封建主义制度、资本主义制度、社会主义制度，每一种社会制度都是在前一种社会中孕育成熟，又都对前一种社会制度进行了根本性的变革，与前一种社会制度有着本质上的不同。这种变革首先是生产关系的变革，如所有制关系、分配关系等，随之，上层建筑也发生相应的变革。以社会主义与资本主义来说，前者以公有制为主导，实行按劳分配原则，消灭人剥削人的现象，消除了社会两极分化和阶级对立的根源，这与资本主义制度是正相反的。基本社会制度既然反映了一定社会的本质特征，具有质的规定性，则只要这种社会存在，其基本制度也就不会发生变化，因此，它又具有长期性和稳定性。

至于体制，指的是基本制度在政治、经济、社会、科技、文化、教育等领域的具体表现形式，或各部分、各领域的组织管理方式。与基本社会制度相比，体制具有多样性、相对性、派生性和可变性，社会制度相同的国家因具体情况不同或社会发展水平不同，体制也会各不相同。例如同是社会主义国家，在农业体制上就可能不一样。中国现阶段实行家庭联产承包责任制，他国就不一定也采取这种体制。其他如财政体制、税收体制、银行体制以及其他各方面、各领域的体制，也莫不如此。各国领导者的任务，是在坚持基本社会制度的原则条件下，根据本国的国情和国际环境，建立自己的一套特有的体制和模式。他国的做法和经验可以借鉴和学习，但不能照抄照搬。

然而，这个看来是如此简单的道理，人们在相当长的时间内并不十分清楚。特别是社会主义国家，过去只强调社会主义的基本制度，认为只要坚持这种基本制度，其无比优越性就会发挥出来，殊不知要坚持社会主义制度，就必须结合本国情况，全力探索体现这种基本制度的适当方式，建立一套适当的体制，形成具有本国特色的模式，才能使其优越性逐步得到发挥。由于把基本制度和具体经济体制混为一谈，就误以为计划经济是社会主义的本质，长期坚持，而把市场经济认定为资本主义制度，加以排斥。由于把制度和体制二者不加区分，或只知道有制度，而不知道有体制，则认为各国的社会主义是千篇一律，一模一样，而且一旦建立，就基本完善，没有必要进行改革。而不知在坚持社会主义制度的前提下，必须对体制进行改革，只有进行体制改革，社会主义制度才能不断自我完善。由于对社会制度与具体体制不加区分，就只知道社会主义与资本主义两种不同制度的根本对立，而不知道在坚持社会主义制度的前提下，还应该向资本主义学习一些有益的东西，特别是它们管理现代化大生产的方法，它们对经济进行宏观调控的经验，等等。总之，由于在社会制度和具体体制的联系和区别问题上认识不清，使我们走了很大的弯路，遭到不小的损失。

实际上，人类社会现象也和自然界一样，都不是像从一个模型里复制出来的那样一模一样，而是多种多样，多姿多彩。且看资本主义制度，它在不同国家，早已表现出不同的特色，如在从自由竞争阶段进入垄断阶段，即帝国主义阶段时，各帝国主义本质相同，但表现形式则各有不同。英国是殖民帝国主义，法国是高利贷帝国主义，俄国是军事封建帝国主义，日本是天皇制的军国主义的帝国主义。第二次世界大战后，资本主义从一般垄断阶段进入国家垄断资本主义阶段，这时，各国都实行对经济的宏观调控。但在具体手段、方法、程度、重点以及政府调控与市场的结合方式上，都各具特色，从而形成形形色色的不同模式。

近半个世纪以来，人们对社会制度和具体体制的联系和区别，在认识上有了突破，在实践中，也通过不断摸索，进行体制改革，力求建立适应本国国情的经济体制、政治体制和其他各方面体制，以促进经济和社会的发展。在这种探索中，不同制度的国家可以也应当互相借鉴和学习。例如，资本主义国家利用经济杠杆对经济进行调控的经验，它们的金融体制、税收体制、外贸体制等，都有值得社会主义国家学习的东西，而资本主义国家在对经济实行某种计划化管理方面，在国民收入的分配方面，在组织全国力量完成重大科技和建设工程项目方面等，也都从社会主义国家得到了一些有益的启示。不同制度国家在体制的建立和变革方面互相学习，取长补短，与两种不同制度的"趋同"说，完全是两回事，不能混为一谈。

四 经济全球化和地区化

随着社会生产力的发展，生产社会化程度也不断提高。还在 18 世纪中叶第一次科技革命时期，世界市场开始形成；19 世纪第二次科技革命时期，不仅商品输出加速，而且资本输出规模不断扩大，经济生活进一步国际化。以后，这个过程继续不断加强，到第二次世界大战后，特别是近 25 年来，经济国际化又进入了一个更高阶段。即全球化阶段。如果说经济国际化主要表现在流通领域，国际劳动分工主要是垂直分工，则到了全球化阶段，不仅流通领域，如商品出口、劳务出口、金融活动、借贷资本输出等，空前扩大，而且直接生产过程也跨出国界，成为国际化的了。而直接生产过程的国际化，又与对外直接投资的大发展有着直接的关系。这时的国际劳动分工以水平分工为主。

在全球化阶段，世界经济舞台上的主要角色是跨国公司。战后，首先是美国的大公司，从 20 世纪 50 年代末开始大量对外进行直接投资，当时主要投资对象是西欧，在那里设立子公司、分公司和企业，就地生产，就地销售。这些大公司就成了跨国公司。到 60 年代末，欧洲的大公司也开始在欧洲、中东和非洲等地区进行直接投资。进入 80 年代，日本的大商社，也步美欧后尘，在亚太和其他地区进行跨国经营。随后，亚洲新兴工业化国家和地区以及像印度、巴西等发展水平较高的发展中国家的大公司，也跨越国界，成了跨国公司。近半个世纪，是跨国公司大发展的时期，据联合国有关机构的统计，70 年代初，全世界共有跨国公司约 7000 家，国外公司 27300 家；80 年代初，分别增至 1.5 万家和 3.5 万家；到 1992 年，跨国公司又增加到 3.5 万家，国外分公司多达 17.5 万家；1995 年，又分别增加到大约 4 万家和25万家,可见其发展是如何之快,其经营活动的领域也不断扩大,从制造业到金融业和其他服务行业。目前跨国公司的大发展仍在继续。每一个大跨国公司的"业务"都遍及全球各地。数以万计的跨国公司以及纵横交错的内外联系和经营渠道,编织成一张全球性的巨网,世界各国、各地区都被网罗在内。世界经济真正成了一个不可分的全球性整体,各国经济成了全球经济整体的组成部分。

跨国公司的大发展和经济全球化,大大促进了世界经济的发展。近50年来,世界经济的发展,商品、劳务、金融、资本、技术、人员的国际流动规模的扩大,无不与跨国公司的发展和经济全球化有关。

但是,经济全球化并不意味着全球各国、各地区之间经济关系的均衡化。就一个国家而言,它的对外经济关系,往往首先以它所在地区各国为重点对象。这是由于同一地区各国之间地缘关系密切,交往比较便利,又往往有同样的历史文化渊源,自然比较易于进行合作。这样就形成了一个个相对独立的经济区。在此基础上和一定条件下,同一地区各国还可能达成某种合作协议,建立起一定形式的地区一体化组织。这样,就又出现了世界经济地区化、集团化的倾向。目前全世界已建立的区域性经济组织大约有30个,其中尤以欧洲联盟、北美自由贸易区和亚太经合组织规模最大,实力最强。从而使世界经济无形中出现了"三分天下"的局面。

无论是经济全球化还是地区化,都要求各国实行对外开放的政策,把本国经济与世界经济和地区经济衔接起来,积极参与全球经济活动。只有这样,才能吸收他国对自己有益的东西,才能使本国在广阔的世界市场上去驰骋,经受激烈竞争的考验,更快地成长,才能利用国际分工所提供的历史机遇与他国实现优势互补,从而促进本国经济的发展和现代化。否则,如果闭关自守,与世隔绝,就只能抱残守缺,自甘落后。特别是发展中国家,如果不实行对外开放政策,则无从利用后发优势,无从扩大出口和取得本国所缺乏的资金、生产设备、技术和先进的管理经验,要实现现代化,是很困难的。实际上,这方面的经验教训,早在一百多年前就已经有了。日本于1868年实行"明治维新",开始向西方学习,加速了本国的发展和现代化进程,在不长的时间内,就成为繁荣强盛的资本主义国家,而大清帝国,则顽固地坚持闭关锁国的国策,不思改革和进取,结果,还是被帝国主义列强闯开大门。第二次世界大战后,这方面的经验教训就更多了。

战后,有一些发展中国家在一定时期内在不同程度上实行内向政策,甚至自我封闭,也有多种主客观原因,如它们刚刚获得政治独立,仍对西方国家的对外扩张抱有戒心;它们的经济力量薄弱,许多工业处于幼稚阶段,需要着意保护等。此外,也是由于它们对应如何处理本国与世界市场的关系问题,有一个认识过程。即使发达国家,在历史上也实行过贸易保护主义。直到今天,有些发达国家,虽然高喊自由贸易,但它们只要求别国向它们开放市场,让它们的商品自由进入,而它们自己却以种种借口,巧立名目,实行某种保护主义。发展中国家为了本国经济的独立发展,实行一定的贸易保护政策,更是无可厚非。然而,实行某种保护主义,与闭关自守,自我封闭,是不同的两回事。在经济全球化和地区化条件下,不能闭关锁国,而只能实行对外开放,这个道理已经成了各国的共识。80年代以来,广大发展中国家在实行经济改革的同时,几乎都实行对外开放政策,都在采取措施,大力促进出口,吸引外资,积极发展对外经济关系,加强区域合作,参与多边贸易体系的活动。这是大势所趋,今后这种趋向还会不断加强。

五 世界经济发展不平衡的挑战

众所周知，资本主义政治经济的发展是不平衡的，而且随着资本主义的发展，这个规律的作用也愈益加强。其重要表现是最先进的国家发展迟缓，而后进国家则步伐加快，甚至飞跃前进，逐渐赶上并超过前者。由于各国实力对比发生变化，到一定时刻，就必须进行利益再分配。为此，它们之间的矛盾和冲突就趋于激化，以致非诉诸武力不可。战前半个世纪的历史充分证明了这一点。

战后迄今的半个世纪，世界经济的发展使我们对发展不平衡的规律有了进一步的认识。不仅资本主义政治经济发展是不平衡的，其他各类国家，包括社会主义国家和发展中国家，发展也都是不平衡的。

先看看社会主义国家。过去人们曾认为，发展不平衡是资本主义特有的规律，社会主义国家的发展则是平衡的，各社会主义国家应该"对好表"，齐步走。其实，这只是说得好听，实际上根本不可能。在社会主义国家实行计划经济的情况下，特别是像前"经互会"那样，一组国家纠集在一起，实行统一的计划管理，这似乎为"对表论"提供了一点根据，但即使在当时，实际情况也并非如此。至于社会主义国家转上市场经济轨道后，由于各国主客观条件不同，发展就更不可能整齐划一了。

再看看发达资本主义国家，与过去一样，战后它们的发展仍是不平衡的。但这个时期这个规律最突出的表现是作为超级大国的美国力量逐步削弱，而战败国日本和德国则迅速重新崛起，在不长时间内在经济上大大缩小了与美国的差距，以致它们之间的关系从过去的主从关系,变成了现在的伙伴关系或对手关系。回想在战争结束之初的十几年间,"美国世纪"到来之说曾风行一时,确实,当时美国的军事、工业、金融和政治力量是如此强大,它在资本主义世界上的统治地位是如此牢固,以致很少有人怀疑这种局面不久会发生变动。可是,发展不平衡规律是不可抗拒的。曾几何时,美国这个超级大国的处境每况愈下,力量逐步削弱。虽然,半个世纪以来,美国的科技、军事、经济、政治等各方面都有不小发展,许多领域仍处于世界领先地位。总的来说,它仍是当今世界上最强大的唯一超级大国,但它的力量相对削弱的事实也是不可否认的。虽然它仍然不放弃要"领导"世界的奢望,但它愈益显得力不从心。

发展中国家与发达国家之间发展也是不平衡的。如果说战前亚非拉广大落后国家处于殖民统治之下,成为发达资本主义国家经济发展和资本积累的源泉,因而注定贫困落后,那么战后这些国家已成为独立的主权国家,走上了独立发展的道路,投身于世界经济发展的大潮之中,世界经济发展不平衡的规律在它们身上也有突出的表现。这特别表现在发展中国家作为一个群体与发达国家的经济差距的变化上。80年代以前,发展中国家的经济平均增长率比发达国家要高一些,但其人口增长率也高。结果按人口平均国内生产总值衡量,发展中国家与发达国家之间的差距并未见缩小。80年代,许多发展中国家陷入发展危机,经济增长大大放慢,与发达国家的差距明显扩大。进入90年代,不少发展中国家的经济改革和对外开放政策初见成效,发展中国家迎来了新的经济振兴时期。近两年来,它们的国内生产总值平均年增长率达5%。据预测,今后一定时期,这样的较高增长率可以保持下去,因而它们与发达国家的差距开始趋于缩小,这是一个有重大世界历史意义的变化。

发展中国家之间发展也是很不平衡的。最引人注目的一种现象就是以亚洲"四小龙"为代表的一些国家和地区持续高速增长,跑在发展中国家的最前面,终于脱颖而出,成了新兴工业化国家和地区,迅速缩小了与发达国家之间的差距,以至跻身于发达经济的行列。这一事实给予人们以极大启示:发展中国家尽管经济落后,发展起点低,但只要有正确的指导思想和战略方针,充分发挥本身优势,抓住有利时机,经过艰苦奋斗,是可以在不太长的时间内,改变贫穷落后面貌,成为繁荣富强的现代化经济的。但是,如果不是这样,那就不可能实现这个转变,只能长期落后,甚至愈益落后。

近半个世纪以来,世界经济发展的不平衡不仅表现在世界各国的经济力量对比的消长上,而且表现在各经济区或经济集团发展的不平衡上。如众所周知,在世界各地区中,东亚地区经济最具活力,经济增长最快,近二十多年来,年平均增长率高达7%左右,比世界平均水平高一倍以上。结果,这个地区在世界经济中的地位愈益提高,对世界经济发展的带动作用愈益加强。

苏联解体后,世界两极格局终结,开始向多极化格局转变。从目前情况看,这个多极格局实际上是由美、日、德、中、俄构成的五极格局,从长远看,印度、巴西等国也有可能成为多极世界中新的"极"。

综上所述,半个世纪以来,不平衡发展的规律作用的范围更广大了,作用更强了,表现也更复杂了。世界发展不平衡导致各国力量对比在不断发生变化,随之而来的是世界范围内的竞争也趋于激化。在当前条件下,任何国家要想立足于世界,要想加快发展,跻身于先进国家之列,为推动世界的前进起更大作用，就必须对世界形势有清醒的认识，对人对己都有正确的估量，有紧迫感、危机感、忧患意识和奋发图强的精神。

（原载《经济评论》1996年第5期）

未来的世界

——2020年的世界前景

前 言

20世纪即将成为历史,世界即将进入21世纪。我们正处在新旧世纪的交接点上。此刻,人们不免要回顾过去,更渴望探索未来,以便看清自己前进的方向,明确一定时期内要达到的目标,更有信心地走向前方。

人类总是憧憬未来,对未来抱有这样或那样的期望。自古至今,任何时代,莫不如此。20世纪以来,特别是第二次世界大战后的半个世纪。对未来的研究和预测更加迫切,形成了一种专门的学科——未来学,预测未来的著作越来越多,引起了人们的广泛注意和极大兴趣。出现这种现象的原因之一,是历史的发展到了今天,世界前进的步伐大大加快,世界的变化令人目不暇接,有时令人惊异和感到猝不及防。惟其如此,人们就更加迫切需要预测和展望未来,以便在走向未来的路程上,预先有所准备,减少被动和失误。古人云:"凡事预则立,不预则废","宜未雨而绸缪,勿临渴而掘井"。

当前人们尤感需要预测未来,其所以如此,因为现在冷战已经结束,世界已进入了一个新时期。这是与过去的冷战时期颇不相同的时期。人们渴望了解,这是一个怎样的时期,它为世界、为各个民族和各个国家,提供了怎样的机遇,又带来怎样的挑战。

对未来的预测和展望,有限于某一领域、某一方面的,如科技的发展,人口的增长,国际贸易的扩大等;也有综合的,包括多方面的。本文拟以世界经济为重点,旁及其他。

对未来的预测和展望,在时间跨度上,也长短不一,但多不会为期过短,譬如5年,这是编制发展计划所采用的时间跨度。未来预测的任务与编制计划不同。它主要是指出未来世界前进的大趋势和大方向,勾画未来世界的轮廓,它的时间跨度要长得多,至少在10年以上。但预测的时间越长,不确定的因素也就越多,前景也就越加模糊,因而越加不易把握。时代前进得越快,人们越希望对前景看得更远些;但同时也越难以看得更远些。这确实是一个矛盾。到现在,人类还不拥有倍数越来越大的时代望远镜。本文对未来的展望,拟从1995年作为起点,向前推进25年,即到2020年。25年是四分之一世纪,是我们循常情可以企及的。虽然,在这段时间内,世界发展中不确定和不可预料的事也绝不会少。

对未来的预测和展望,应是科学的,即有根据的。这种根据,一方面,是过去历史的实际发展。未来的发展,是历史发展的继续,年代可以更迭,世纪可以交替,但历史不能割裂。另一方面,是冷战结束和世界进入新时期后,几年来所出现的新的趋势。这些新的趋势,有的已经十分明显,今后还将持续下去;有的则还只是一种萌芽,或一种苗头,今后很可能成长起来。以上,是事实根据,与此同时,还必须有理论根据,那就是世界发展的规律，例如科学技术和生产力加速发展的规律，经济运动的周期性规律，世界发展不平衡规律等等。此外，在对未来进行预测和展望时，参考和借鉴他人的种种预测文献，吸收其中合理的成分，自然也是十分重要的。

但是，即使同样掌握充分的客观根据，各人对未来前景的看法也会并不一致，甚至大相径庭，所谓"仁者见仁，智者见智"，本文只是笔者个人的一些见解，聊备一格而已。

本文限于篇幅，将主要写出对未来25年前景的论断，至于分析论证，因"说来话长"，为了节省篇幅，只好从简或从略了。

一 科学技术和生产力将实现新的飞跃，发达国家经济发展将发生新的质变，从工业经济转变为信息经济，并进入新的长波的上升阶段

（一）当前科学技术革命正处于新的高潮之中，这个高潮还将持续下去。如果说，过去半个世纪，科学技术的进步超过了人类有史以来全部成就的总和，那么，今后四分之一世纪的新的进步，又有可能超过过去半个世纪。这是人类社会生产力的新的飞跃。

当前的科技革命，以微电子技术为中心，包括一系列高科技领域，诸如光纤通信、宇宙空间开发、海洋开发、环境保护、生物工程、新能源、新材料等等。这些新技术有的已经应用于生产，有的则仍在实验和探索过程中，预期未来25年，将遍地开花结果。

未来25年，现代信息网络（"信息高速公路"）将最终遍布全球，占世界人口近三分之一的人将实现计算机联网，多媒体将

进入千家万户,现代个人无线通讯网络也将普及。

超级智能计算机将大显神通。

基因工程的成果将广泛应用于种植业、畜牧业、养殖业和医学,产生难以预料的效果。

核聚变将从试验阶段走向实际应用阶段,从而开辟人类拥有取之不竭的能源的新前景。虽然,未来25年,石油、煤炭和其他传统能源将仍占世界能源需求的主要地位。

人类将进一步向太空和海洋深处进军,边探索,边开发,从中取得新的资源。

今后25年科学技术和生产力的新飞跃将进一步证明,人的创造力是无穷的,生产力的发展是无止境的,增长是没有"极限"的。

(二)以信息技术为中心的高科技革命,正在推动工业经济向信息经济转变。未来25年,在发达国家,这一历史性转变将基本完成。

信息经济不同于工业经济的特点,正在开始一一显示出来,这些特点是:

(1)产业结构的新变革,如果说工业经济的产业结构是以传统工业部门占主导地位,则信息经济的产业结构将以信息技术和其他高科技产业占主导地位。传统工业部门不会消失,而将广泛采用信息技术和其他高科技成果,从而获得根本改造,其生产水平将大大提高。

目前三大产业的划分,在信息经济时代,已不适应产业结构的变革,与信息技术(信息的收集、整理、传播、应用)有关的产业和与人力开发有关的产业(科研、教育、培训、文娱、医疗、旅游)等,将独立出来,分别成为第四产业和第五产业。

（2）在信息经济中，企业生产将高度自动化、信息化，各种机器人和电脑将广泛使用，大量代替人的体力和脑力劳动。企业管理进一步合理化。公司将成为把分散在各地的企业单位联系在一起的协作网络。现代化的、为信息网络联系起来的中小企业将大量增加。

（3）信息经济是高度集约化经济，劳动生产率将提高到新的水平；经济效益将全面提高，单位产品的原材料和能源的消耗将大大下降，单位产值的资本投入比率也将大大降低，产品的花色、品种、型号、规格、性能将更加多样化，质量将大大提高，以满足生产和生活的日益增多的需求。这些产品的价值主要来源于科学技术与劳动的结合。

（4）信息经济要求劳动者掌握更丰富的科学知识，具有更高的技术水平和文化素质。在就业人员中，专门技术人员、科学家、工程师、设计师、经济师人数将大增。企业家和管理人员必须是精通经营管理的专家，他们精明、干练、信息灵通，有随机应变的能力。

这些掌握现代科学技术和具有管理才能的大批新型劳动者，构成社会的基本力量，是现代生产力和生产关系发展方向的代表。任何人要想与时代同步前进，必须掌握和不断更新知识，否则将被时代潮流所淘汰。

（三）从现在开始，经济将进入又一个长波的上升阶段。

资本主义经济的运动，不仅有为期10年左右的再生产周期，而且还有大约50年一次的长周期，或称康德拉季耶夫长波。长波由各为大约25年的上升和下降两个阶段组成。从1789年到1994年的205年间，资本主义经济已经历了四次长波，最近一次是第二次世界大战结束迄今的50年。其间从战争结束到1973年为其上升阶段，1973年至1993年为其下降阶段。而从1994

年开始到 2020 年的大约 25 年，是又一次长波的上升阶段。世界经济进入了一个新的发展时期。

这个长波的上升阶段，世界经济的增长率会略高于前一阶段。如果说 1973—1993 年世界经济（世界国内生产总值）年平均增长 3.5%，则 1994 年后的 25 年，年平均增长率将近 4%。这主要是因为发展中国家经济将有较快增长，而在世界经济中占主导地位的发达国家经济年平均增长率仍只近 3%，不可能更高。这是因为西方发达国家经济早已是成熟的，它们将致力于质的提高，而不是追求量的增长。它们的储蓄率、积累率、投资率都不会提高，而只能下降。它们的失业率将保持在高水平上，许多国家仍将为财政赤字和内外债务所困扰，国际贸易和国际储备的失衡，以及金融市场的动荡仍将不可避免。西方发达国家将像过去一样，一方面对付去而复来的经济衰退和危机，另一方面又随时警惕和力图平抑通货膨胀，以防其死灰复燃。

长波的上升阶段到来的主要标志，是上述工业经济向信息经济的转变，以及随着这一转变而来的世界市场的扩大，国外直接投资的迅速增加以及发展中国家的经济振兴。

（四）为了促进经济的发展和向信息经济的转变，西方国家将继续进行经济体制的改革和经济结构的调整，重点是力求减少失业，又抑制通货膨胀；减少国家财政赤字，又促进经济发展；调整社会收入分配和改革社会福利政策，又保证社会稳定；为适应高科技的发展和经济信息化的要求，政府将大力进行教育和科技体制的改革，增加这些方面的投入，以加强新一代人才的培养，为经济和社会的新发展准备大批的合格人才。

二 经济全球化的过程将加快进行，各国间经济、科技的合作和竞争、协调和冲突均将加强

（五）世界已进入经济全球化时代，经济全球化趋势不仅不可逆转，且将加快进行，其重大推动因素，一是科技和生产力的新飞跃，工业经济向信息经济的转变，全球信息高速公路网络的建设；二是越来越多的国家实行经济外向化和贸易自由化政策。

经济全球化进程的加快，具体表现在以下各方面：

（1）世界贸易额继续高速增长，增长率仍将高于世界生产总值一倍左右，平均年增长率可达7%—8%，到20世纪末，世界商品出口总额将达5.6万亿美元，到2020年又将翻两番，世界出口总额占世界国民生产总值的比重，将从1995年的15%提高到2020年的32%。各国经济和世界经济的发展，都将在更大程度上依靠对外贸易。

（2）随着经济的繁荣，世界市场体系加速扩大。除世界商品市场外，世界劳务市场，包括银行、保险、科技、运输、通讯、人才和劳动力等市场均将不断扩大，且比商品市场的扩大更快。目前世界劳务贸易额约占世界贸易额的大约五分之一。20年后可超过三分之一。

（3）作为各国经济联系最有力的纽带的对外直接投资，也将以更快速度增长，其数额可能从目前每年1700亿美元增加到2020年的6000亿—7000亿美元，而世界对外直接投资累积总额可能从目前的大约2万亿美元增加到7万亿—8万亿美元。

（六）今后25年，是跨国公司大发展和最活跃的时期。

跨国公司在过去25年已增长数倍，母公司总数从60年代末

7000多家增加到目前的3.5万家，其国外分公司、子公司数从2.73万家增加到20万家。今后，全球现代信息网络的建设，将为跨国公司进行全球经营提供更加便捷的通讯手段，未来25年跨国公司的数目还将增长数倍，不仅大公司，众多中小公司也可以成为跨国公司；不仅制造业的跨国公司迅速增多，服务业的跨国公司将有更大的增长；不仅发达国家的跨国公司继续增多，发展中国家的跨国公司也将日益增多。

（七）跨国公司的发展，经济全球化的加强，日益强烈地要求各国间加强合作和协调。今后，无论是跨国公司之间，或是国家之间，在科技研究和开发、生产和劳务、贸易和金融、人才培养和环境保护等各方面，各种形式的合作，包括双边的和多边的、单项的和多项的，都将加强。

然而，由于各国经济水平高低不一，经济实力强弱不等，经济优势与劣势各异，各国都有自己的特殊利益、要求和目标，都力求得到与自己力量相当甚至超过本国力量的一份利益，从而斗争也将加剧。特别是发达国家之间为占领更大份额的市场和投资场所、为取得在一定地区和一定领域的主导地位、为尽量扩大自己的经济势力范围而进行的斗争，正方兴未艾，未有穷期。

但是，因为在经济全球化条件下，各国经济间依赖空前加强，谁也离不开谁。虽然矛盾和斗争可能十分激烈，但往往最终会达成妥协，不会轻易走向破裂。

（八）经济全球化和跨国公司的大发展，要求贸易和投资自由化。目前各国关税壁垒的降低和废除，众多自由贸易区的建立，以及乌拉圭回合协议的签署和实施，都将促进世界贸易和投资的自由化。

但是，自由化也并非完全"自由"，各国都有自己的利益要保护。不仅如此，以美国为首的某些西方国家过去和现在都没有严格按照国际协议和规定办事,它以它自己的标准来衡量他国是否对它开放市场,并以咄咄逼人的态势,把自己的规定强加于人;世界贸易组织并没有足够的力量,对这种行为进行有效的干预。无论在国际经济组织内部,或是在其他范围和场合,为建立体现平等互利原则的新的世界经济秩序,还有待各国进行坚持不懈的努力。

三 世界格局向多极化转变,作为"极"的世界大国数目将增多,国际关系将更加错综复杂,各国间的竞争与合作,对抗与妥协并存

(九)冷战结束后,世界格局开始从原来的两极向多极转化。作为"极"的国家首先是当前世界唯一的超级大国美国,此外,日本、德国、俄罗斯和中国以其综合国力来衡量,已经是或者在不太长的时间内将成为世界大国,而且从更长一些时间看,譬如到2015—2020年,印度和巴西也有可能成为世界大国,即成为多极世界格局中的"极"。

这些作为"极"的大国,对世界形势的发展变化有重大影响,但它们任何一国,都不能单独在世界事务中起决定性的作用,不能支配整个世界。

(十)美国是最强大的国家,今后25年,它将保持其唯一超级大国的地位。

20世纪50年代是美国春秋鼎盛时期。以后则逐步下滑,力量相对削弱。但冷战的结束,信息革命高潮的兴起,又使它迎来了一个小小的"中兴"时期。今后25年内,美国作为世界头号科技大国的地位不会动摇,美国经济在向信息经济转变中,将居于领先地位。它的军事力量更是其他国家难以匹敌。惟其如此,

美国将力图继续在世界上起指挥和领导作用。然而，在多极化的世界中，美国干预世界事务的力量显得越来越不够，它也会越来越感到力不从心。这一方面固然是因为世界格局和世界形势已经大变，另一方面美国本身的弱点也日益暴露，特别是它的社会弊病和文化的消极因素，使它对世界的吸引力逐步削弱。

但美国并不甘心放弃或削弱自己在世界的特权地位。它将采取各种手段，包括与日本和欧洲联手主宰世界。霸权主义和强权政治仍将存在。

（十一）日本和德国在 90 年代初的经济衰退中遭受了严重打击，元气大伤。它们的经济体制和结构也都存在着一系列困难和问题。今后若干年是它们进行艰难的改革、调整和重新谋求振兴的时期。

日本和德国正在从地区大国走向世界大国，从经济大国走向政治大国。为此，它们正在毛遂自荐，争当联合国安理会常任理事国，力求在国际事务中发挥更大的影响。它们的这一目标 21 世纪初有可能实现。它们成为军事大国，也并非完全不可能。

日、德依然要在安全方面、经济和科技方面依赖美国，但又越来越不甘心屈从美国。它们谋求独立和自行其是的倾向将愈益加强。今后它们与美国之间又联合又斗争的活剧将不断演出。

（十二）俄罗斯在政治、经济体制转变中遭受了出乎预料的困难、动荡和危机，三年多来，国内生产总值大约下降了一半，国力大衰。预计 20 世纪末，它的经济才可能稳定下来，开始恢复，进入 21 世纪后再过几年，才可望有新的发展。

俄罗斯仍然是一个大国。但它是一个畸形的大国。它的军事力量仍仅次于美国，但它的经济水平却与一个中等发展中国家相仿；它在某些科技领域处于领先地位，但民用生产落后；它的劳动力素质较高，但劳动生产率和人民生活水平都较低。在它于

21世纪获得重新发展之前和以后的一定时期内，它的这种特点将一直保持着。

今后25年，是俄罗斯摸索自己前进道路的时期。俄肯定不会再走回头路。但也不一定会走上完全西化的道路，很可能形成某种社会民主主义的变种。

俄罗斯对西方在经济上有依赖和乞求的一面，但在政治上又不会屈从西方。俄即使是最终建成自由市场经济和"民主社会"，这也并不意味着它一定会成为西方的一个容易相处的伙伴。

（十三）中国的经济力量正在迅速增强，这种势头，在今后25年内将保持下去。但今后经济的平均增长率不会一直保持两位数的水平。在20世纪剩下的几年内，大约为9%；21世纪的前20年，大约为8%，如果能保持这样的增长率，则在21世纪的前20年内，中国国内生产总值又可增长3.7倍。这样，在经济规模或经济总量方面，中国将成为仅次于美、日的世界第三大国。中国将在亚太地区乃至世界经济的发展中起到更大的积极作用。

到20世纪末，中国将初步建立社会主义市场经济体制，21世纪的前10年，这种新体制将基本建成。中国与世界经济将实现接轨。

但在以人均国民生产总值衡量的经济水平方面，即使到2020年，中国在发展中国家中，也只居中游。

中国将不断增强与其他国家，首先是亚太国家的经济贸易合作关系，同时，也将遇到激烈的国际竞争。其他大国，首先是美国，仍将以各种借口对中国施加压力，加以限制和阻挠。

在对外关系方面，中国仍将坚持和平共处五项原则，实行独立自主的和平外交政策和灵活的策略。中国将成为亚太地区和世界的日益重要的和平和稳定力量。但某些国家对中国的疑虑、担心和戒备仍难完全消除。

（十四）印度和巴西是仅次于中国的发展中大国，都拥有较完整的工业体系，较高的生产水平，也拥有较强的科学技术力量，发展潜力巨大。它们正在进行经济改革和面向世界市场。近年来，它们的经济出现加快增长趋势，预计到2020年，它们都将从地区大国成长为世界大国。

在印度和巴西之后，印尼、墨西哥、南非也都可能成为世界大国，至少是准世界大国。

（十五）目前正在形成的多极化世界格局，完全不同于19世纪70年代前曾一度存在的英国一家称雄天下的一极格局，也不同于在那之后直至第二次世界大战几个大国互相争夺的多极格局，更不同于第二次世界大战后由美苏两个超级大国争霸世界的两极格局。当前的世界大国和今后可能出现的新的世界大国，在经济发展水平、社会制度、文化传统、价值观念等方面都不相同，力量很不平衡，力量对比不断变化，它们实行不同的战略和政策，有着不同的追求，在世界上起着不同的作用。它们之间的关系错综复杂，政治的、经济的、意识形态的矛盾、摩擦和冲突在所难免。

由于这些大国中，没有一个能在"管理"世界中起主导作用。各大国又难以联合起来领导世界，因此，直到2020年，世界新秩序也未见得能建立起来。未来25年，世界将处在无序状态，局势的动荡不安也将在所难免。

（十六）但今天世界已从冷战的紧张气氛中解脱出来，世界形势趋于缓和。今后25年，世界和平是有保障的，世界大战不会爆发。

今后各国之间的较量，是综合国力的较量，其中起主要作用的是经济和科技。经济和科技力量的较量关系到国家的兴衰,因此,必然是紧张激烈的;而且在经济和科技较量中,因为有国家的直接参与,往往还会动用政治和意识形态手段,因此这种较量绝不会只是经济的和科技的,而将带有浓厚的政治色彩。

但是,在经济全球化的条件下,由于各国之间经济依赖关系空前密切,经济的矛盾和斗争激化到一定程度,又往往会互相妥协,以免两败俱伤,未来时代是合作与斗争同时并存,对抗与妥协交互进行的时代。

四 地区化趋势加强,欧、美、亚太三分天下之势形成,亚太世纪的前景显现

(十七)早已出现的经济地区化和地区一体化趋势,今后将继续加强。目前,全世界大约有地区一体化组织35个。今后这个数目不会再大增,而将朝着提高实际效益,协调内部关系方向发展。

在现有地区一体化组织中,最重要、最大的是欧洲经济联盟、北美自由贸易区和亚太经济合作组织。这三大经济区,占世界国民生产总值的80%,它们的建立,使世界形成三分天下的局面。以俄罗斯为中心的独联体也有可能建成横跨欧亚的另一大地区性组织。

除此之外,在其他地区一体化组织中,著名的有东南亚国家联盟(东盟)、南亚区域合作联盟、拉美一体化协会、"南锥共同体"、中东的海湾合作委员会等等。

今后将逐步形成大经济区互相交叉(如亚太与美洲),大经济区包容小经济区的复杂局面。

(十八)三大地区经济一体化组织,均将朝着横向扩大和纵

向深化的方向发展。

（1）欧盟的成员现已增加到15国，今后还有可能把地中海、东欧和北非国家吸收进来。欧盟将根据联盟条约（《马斯特里赫特条约》），朝着建成经济货币联盟和政治联盟的目标前进。但各国出于利害权衡和主权让渡等方面考虑，步调不会完全一致，内部分歧和矛盾不可避免。

（2）北美自由贸易区，已按照成员国达成的协议建立。同时，根据1994年12月召开的美洲国家首脑会议决定，争取在21世纪初建立包括中、南美洲在内的美洲自由贸易区，但其中美国与其他国家之间关系的协调是一大难题。

（3）亚太经济合作组织原是论坛性组织，1994年11月茂物会议后，开始朝着制度化方向发展。茂物宣言把亚太实现贸易和投资自由化的时间表定为"发达国家是2010年，发展中国家是2020年"。届时，这一广大地区将建成自由贸易区，同时，成员国也将陆续有所增加。

即使如此，这个地区各国（地区）经济发展水平、政治体制、民族、历史、文化、宗教各不相同，加强相互理解和建立合理、公平的新秩序，尚需各方极大的努力。

东盟是亚太地区早已建立的重要次区域一体化组织，它计划扩大成包括印支三国和缅甸在内的十国集团，它与亚太经济合作组织的关系，也需不断协调。此外，亚太地区，在未来10年或20年，还很可能出现其他区域组织。

在亚太地区，存在着美、日等发达国家与发展中国家的"南北关系"，也存在着美、日争夺地区主导权的"西西关系"。这些关系，也需在斗争中不断协调。

在亚太地区，美国的存在将逐步减弱，日本将相对增强，中国将在地区经济发展和安全保障方面起更大作用，扩大的东盟十国的地位也将日益重要。

（十九）在三大经济区中，欧盟的一体化程度最高，但发展相对滞后，经济老化现象日益明显，包袱沉重；美洲增长较快，主要是拉美增长较快；亚太的活力最强，增长最快，主要是东亚发展中国家和地区增长最快。今后东亚地区可能保持7%的年平均增长率，相当于世界经济增长速度的两倍。

（二十）未来25年，亚太世纪，确切地说，亚洲世纪的曙光将出现在东方的地平线上，将成为世界经济增长重心，在世界经济中的份额将从目前的22%提高到2020年的27%—30%，其工业生产、对外出口、劳务、金融、对外投资在世界中所占比重也均将不断上升，对世界经济发展的影响也将越来越大，世界各国将对东亚地区更加关注。美国的全球战略重点将从欧洲转向亚太，日本的政策更将向亚太倾斜，欧洲也将与亚太加强经济合作关系，各大国在亚太的争夺将趋于激化。

东亚经济的快速发展，必将促进其社会的现代化和文化的繁荣。21世纪将迎来东方文化的复兴，亚洲将成为世界的新的文明中心。

东方文化，一方面自成体系，另一方面又不是故步自封的。它的优良传统将得到发扬，并将吸收其他民族文化包括西方文化的积极成分，逐步成为新的东方文化。

东方文化的复兴，必将反过来，大大促进亚洲经济和社会的现代化，也将为人类的进步作出更大贡献。

文化的差异，并不一定意味着将发生文明的冲突。但是，如果西方某个大国，如美国，以世界文明的代表自居，任其种族优越感发展下去，对其他民族的文化不予尊重，甚至实行文化侵略，作为实行民族压迫和推行强权政治的一种手段，那么，冲突就不可避免。

（二十一）东亚地区虽然发展势头强，但这里的发展中国家，不是经济尚落后的大国，就是经济水平较高的小国（地区）。经济的进一步发展，科学技术水平的提高，教育的发展，社会的现代化，文化的繁荣，都是十分艰巨的。21世纪初亚洲世纪的曙光虽将出现，但亚洲世纪的真正来临尚待时日。

五　发展中国家开始了经济的振兴，新兴市场逐步扩大，南北差距趋于缩小，南北相互依赖关系加强

（二十二）80年代，发展中国家的发展曾遭受严重的挫折，但它们在痛苦中积蓄力量，准备条件。90年代，发展中国家经济增长加快，开始了经济振兴的新时期。预计今后25年，发展中国家年均国内生产总值增长率可达5％以上。发展中国家在世界国内生产总值中所占的比重将逐步提高。

随着发展中国家经济的加快发展和它们在世界经济中地位的提高，它们在世界事务中的发言权也将增大。

发展中国家的加快发展和国际地位的提高，是未来世界的又一重大变化。

（二十三）发展中国家发展的动力主要来自其经济体制的改革和经济结构的调整。今后25年是发展中国家经济改革和调整取得不断进展的时期。

发展中国家的经济改革和调整，方向是建立市场经济体制。它们将根据本国的国情，参照其他国家的经验，逐步形成有本国特色的经济体制和发展模式。

（二十四）发展中国家的人口占世界人口的将近五分之四。市场潜力极其巨大。今后，这一巨大的市场潜力将逐步发挥，成为世界市场不断扩大的新源泉。

发展中国家出口的增长将快于世界出口平均增长水平，达到年均10%以上。发展中国家的出口额在世界出口总额中的比重，将从目前的21%提高到25年后的35%。

发展中国家的产品生产和出口结构正在发生巨大变化。它们将不再仅仅是初级产品生产和出口国。制成品在它们出口总额中所占的比重将不断提高，估计到2020年，这个比重可从目前的60%提高到80%以上。

但是，发展中国家的制成品仍主要是劳动密集型、资本密集型和一般或中等技术水平的产品。高技术产品市场则仍将为发达国家所独占。发展中国家与发达国家之间的劳动分工将从过去的原料与制成品生产的分工，转变为原料和一般制成品与高技术产品的分工。

（二十五）由于发展中国家经济增长率明显高于发达国家，虽然它们的人口增长率也较高，人均国民生产总值的年增长率仍高于发达国家。据估算，今后25年这个指标将分别为3%和2%。这就意味着，以这个指标来衡量的经济水平的南北差距将趋于缩小。

但是，由于发展中国家人口过多，人口增长率的下降缓慢，又由于目前南北差距过大，因此，今后南北经济水平差距虽可能缩小，这个过程也必然是缓慢的。但是，南北差距扭转了过去（主要是80年代）扩大的趋势，这也是具有十分重要意义的。

至于在科学技术水平方面，经济效益和质量方面，南北差距仍将继续扩大。

（二十六）发展中国家发展不平衡将更加突出。目前的新兴工业化国家和地区（亚洲四小龙）将于20世纪末21世纪初跻身于发达国家行列。21世纪的前10—15年内亚洲另一些发展中国家，如泰国、马来西亚、印尼则将成为又一批新兴工业化国家；拉美的智利、墨西哥、秘鲁、哥伦比亚、委内瑞拉、阿根廷、巴西等，也将在21世纪的前10—15年内成为新兴工业化国家，中东和非洲的一些国家，如约旦、黎巴嫩、摩洛哥、加纳，同样会成为新兴工业化国家，南非可更早成为新兴工业化国家。

发展中国家这种波浪式追赶是21世纪世界惹人注目的历史潮流之一。

但是，另一方面，在发展中国家中，尚有大约四分之一的国家，主要是那些最不发达国家，虽然也会有所前进，但步履维艰，赶不上疾速行驶的时代列车，恐再次丧失大好时机，因而将更加落后。这部分国家无论与发达国家或与新兴工业化国家之间的差距都将扩大。

（二十七）发展中国家仍然是与发达国家相对的国家群体。但由于发展中国家的发展不平衡和内部分化加剧，由于地区一体化趋势的加强，由于更多的发展中国家分别被吸收到以大国为中心的世界三大地区组织之中，因而这个国家群体之间的关系将趋于复杂化。

（二十八）今后随着发展中国家经济的加快发展，它们更加迫切地需要发达国家的资金、生产设备和技术；而发达国家由于发展相对缓慢，市场近于饱和状态，迫切需要占领发展中国家不断扩大的新兴市场，向发展中国家转移资本，并从发展中国家进口中间产品和一般制成品。南北依赖关系将更加密切。

发达国家把发展中国家看做是自己发展的新的动力来源，因而需要与发展中国家加强合作。但它们并不能平等地、合理地、公正地对待发展中国家，而要向后者施加种种压力、限制、歧视，损害发展中国家的权益，南北之间的矛盾和斗争将进一步展开。

六 21世纪，人口控制、环境保护等全球共同性问题将更加突出，世界将在这些问题面前，遇到严重的挑战

（二十九）科学技术的巨大进步，工业经济转变为信息经济，经济全球化的加强，发展中国家的崛起，开辟了世界发展的新的前景，给人类带来了巨大希望。

但另一方面，世界一系列问题也将愈益突出，这些问题包括大规模的贫困、民族主义的盛行、地区冲突和局部战争的连绵不绝、核扩散的危险、人口的继续膨胀、环境和生态平衡的破坏、艾滋病和毒品的继续蔓延等等。这些问题，需要各国和国际社会的更大努力，寻求有效解决的途径。21世纪的前25年，是人类为解决这些难题而需作出更大努力的时期，结局并不明朗，甚至可以说，并不乐观。

（三十）生产力的飞跃和财富的大规模积累，并没有使社会收入分配更加公平。各国都有少数巨富和大量穷人。目前全世界贫困人口约8亿人。25年后，这个数字并不会减少。

社会收入分配的不平等，大量贫困人口的存在，是许多国家政治和社会不稳定和动乱的重要根源，也是世界局势不安定的重要根源。

（三十一）冷战结束后，世界范围内民族主义迅速抬头，其表现包括新老极端民族主义，新老种族优越论、民族歧视、民族压迫、民族分裂、民族扩张等等。这些民族主义又与社会矛盾、边界和国土纠纷、宗教冲突等结合起来，表现得十分顽强和激烈，造成一系列国家和地区的不稳定，酿成地区冲突和战争。

未来是世界全局趋向缓和与局部紧张、动荡、战乱并存的时期。

（三十二）冷战结束，并没有导致全面彻底裁军，目前进行的裁军终是有限度的。与裁军的同时，某些大国正在加强研制更先进的新武器。至于一些地区，则正在公开或暗地进行军备竞赛。

《核不扩散条约》已有25年历史，167个国家成为签约国。但不能说该条约已产生圆满效果。21世纪核扩散的防止并没有保证。

（三十三）社会在加快进行扩大再生产的同时，人类自身也在以同样快的速度进行扩大再生产。半个世纪以来发生的"人口爆炸"仍在继续。今后世界人口将在不断增大的基数基础上迅速增加，预计将从目前的57亿增加到20世纪末的62亿，2010年的70亿和2020年的80亿，人口的如此大量增加，将对自然界和社会造成越来越严重的压力，过度的"城市化"将使城市的混乱和危机更加严重；住房、教育、医疗、用水、交通等将更加不敷需求，尽管人均收入增加，众多居民的生活质量并不一定会提高，甚至可能下降。

未来25年，世界粮食的生产和资源的供应不会匮乏或短缺，人类的发展不会走到"极限"。但是，食品和资源的分配将更加不平衡，一些发展中国家将出现更加紧急的状态。

（三十四）人类在改造自然和利用自然方面，取得了巨大成就，但同时，也严重地破坏了自然。自然界早已发出警告：河流、湖泊、海洋的污染，酸雨、空气中二氧化碳的增加、全球气候变暖，臭氧层被破坏，热带雨林减少，土地沙漠化和水土流失，自然灾害频繁，物种大量绝灭，凡此种种给人类的生存造成了日益严重的威胁。但是，人类为改变这种紧急状态而作的努力，迄今收效不大，情况仍在恶化。未来25年，这种恶化趋势难以得到根本扭转。然而，"物极必反"，环境和生态危机总有一天会得到解决。但是在这之前人类将付出惨重的代价和不可弥补的损失。

（三十五）在人口加速增长的同时，人类也在加快戕害和毁灭自己。艾滋病这个"超级瘟疫"正在全世界迅速蔓延。在找到有效预防手段之前，情况还将进一步恶化。据估计，未来25年内，世界艾滋病毒携带者将从目前的2000万人增加到2亿人；每年死于艾滋病的人数将从目前的20万人增加到100万人。

毒品同样在大规模泛滥。贩毒、吸毒者有增无已。

此外，社会秩序混乱，社会治安恶化，暴力事件增多，恐怖主义猖獗，黑社会横行，贪污腐化成风，社会道德沦丧，社会危机加深。

由于战乱和自然灾害，大量难民流离失所，目前每年离乡背井的难民数达4000万，今后也难以减少。

（三十六）半个世纪以来，联合国作了许多事情。但是，它在维护世界和平、促进世界发展、推动人类进步方面，往往显得无力和无奈。冷战结束后，联合国的工作有新的进展。但是，以派遣维持和平部队方式，武装介入一些国家内部冲突和一些地区冲突，已被证明并不总是成功的，有时简直是劳民伤财，结果适得其反。"人道主义援助"的效果也微不足道，甚至不受欢迎。

联合国面临改造的任务。其方向应该是：在维持和平和安宁的行动中，以适当方式推动冲突各方和平协商，不干涉各国内部事务，不侵犯国家主权；增强发展中国家在国际社会中的地位和作用，为促进发展中国家的发展作更大的努力；更加重视全球共同性问题的解决。

当前世界科学技术正在飞快进步，生产力正发生新的飞跃，但人类如要充分利用这一进步，促进世界和平与发展，尚需作出极大努力。目前世界经济与政治、经济与社会、经济与文化、人与自然,都处于极大失衡状态。今后 25 年,在全世界和各国面前,将出现前所未有的历史机遇,同时也将不可避免地遭遇严重困难。世界将在克服困难中有所前进,25 年后世界又将进入一个更新的阶段,但即使在那时,美好的未来仍不是近在咫尺。

(原载《太平洋学报》1995 年第 1 期)

走向 21 世纪的国际经济关系

　　冷战结束后,经济因素在国际关系中的地位和作用愈益突出。各国都在以更大的力量促进本国经济发展,同时面向世界市场,谋求在世界经济中占有更大份额。经济全球化和地区化趋势进一步加强。国际经济关系正在这种新的历史条件下走向 21 世纪。

一　国际经济关系若干发展趋势

　　90 年代初,西方经济发生新的衰退。1993 年衰退结束后,西方乃至全世界经济进入了一个相对稳定的增长时期,在 1994—1996 年的三年内,世界国内生产总值年增长率分别为 3.6%、3.5% 和 3.8%。各国通货膨胀率受到抑制。多数预测认为,这个新的增长期将持续到 20 世纪末。与此同时,世界经济正在发生一系列重大变化:发达工业国以信息技术为中心的高科技迅猛发展,有力地推动其经济从工业经济向信息经济转变;广大发展中国家在渡过 80 年代的严重困难和危机之后,经济增长加快,开始进入振兴的新时期;原苏联东欧国家在政治剧变和经济转轨过程中，经济遭到严重破坏。目前多数国家已渡过最困难时期，经济走上了恢复和发展的道路。在此基础上，国际经济关系大发展，并出现了一些值得注意的趋势：

1. 国际经济活动空前活跃，规模迅速扩大，商品和资本的国际流动大大加快，世界市场正在向深度和广度拓展。1994—1996年，世界贸易额以年平均8.5%以上的速度增长（这三年增长率分别为9.0%、8.7%和8.5%），大大超过前10年平均5.5%的水平。1995年世界贸易总额（包括商品和劳务贸易）首次突破6万亿美元大关。国际金融和国际投资增长更快。特别是对外直接投资以前所未有的势头增长，从1993年的1950亿美元增加到1995年的3150亿美元，创造了战后的新纪录。其他国际经济活动，如国际技术转让，国际人才和劳动力流动，国际信息交流，国际旅游业等，也都在迅速发展，达到了新的水平。国际经济活动的加速扩大，成了各国经济和整个世界经济增长的重要推动力之一，也是国际经济关系更加密切的重要纽带。

2. 跨国公司在国际经济活动中的作用增强。当前世界经济的行为主体是多元的，其中有跨国公司，民族国家，地区经济一体化组织和集团，国际经济组织等等。它们各自扮演着不同的角色，发挥着不同的作用。其中最基本、最重要的是跨国公司和民族国家。

跨国公司是上述多种国际经济活动的实行者或"载体"。当前世界贸易的大约三分之二是在跨国公司内部和跨国公司之间进行的。国际直接投资的80%以上，科技研究、开发和转让的90%以上也都是跨国公司进行的。跨国公司的"经营"活动，从微观角度看，是它们内部的联系，而从宏观角度看，就是国际经济关系。

近些年来，世界跨国公司兴旺发达，数量增加，实力增强，活动领域不断扩大。从 1980 年到 1995 年，世界跨国公司数从 1.5 万家增加到大约 4 万家；它们设在国外的分公司和子公司数从 3.5 万家增加到 27 万家。它们活动的领域正从传统的矿业、制造业扩大到金融、其他服务业和公共部门。它们的"国际化"程度（即在国外的资产和销售额占总额的比重）不断提高。

在这些跨国公司中，为数不多的巨型跨国公司占有显赫的地位。如 1995 年最大的 200 家巨型跨国公司所控制的经济活动不少于全球的 28%。这些跨国公司以其遍布全球的经营活动，编织成巨大无比、无所不包的全球经济网。世界各国、各地区几乎都被网罗在内。

3. 世界贸易投资趋向自由化。世界经济的相对稳定增长，国际经济活动迅速扩大，跨国公司的长足发展，各国经济关系愈益密切，客观上要求在世界范围内为商品和资本的自由流动开辟道路。为此，世界各国都在降低或消除关税和其他贸易壁垒，以便扩大和加强与其他国家经济关系，汇入全球经济发展的大潮之中。1993 年 12 月，关贸总协定乌拉圭回合谈判达成协议和《新世界贸易协定》诞生，关贸总协定为世界贸易组织所取代，为世界贸易和国际经济的合作开辟了更广阔的前景。虽然从几年来的实际情况看，世界自由贸易仍然阻碍重重，贸易保护主义仍横行无忌，人们对自由贸易的实现及其所能带来的好处，还只是一种期望，世界单一市场的形成更是遥远未来的事。但贸易和资本流动趋向自由化，是大势所趋。

4. 经济全球化加快发展。近些年来，国际经济关系愈益密切，相互依赖愈益加强，经济全球化也加快发展。所谓经济全球化，指的是生产和资本在全球范围的大规模扩张，使经济成为一个全球整体，各国、各地区的经济都成了这个整体的组成部分。它们之间的经济关系，已不仅仅是互相往来，而是互相结合，互相交织。在全球化的加速发展中,近年来兴起的建设全球信息网络的热潮,起着异乎寻常的促进作用。目前,信息网络以发达国家为中心,正在迅速扩大到全世界。电脑等信息技术设备的普及和信息网络的铺设,为经济全球化提供空前便捷的现代化手段。我们的星球正在像人们所比喻的那样,成为一个"地球村"。

5. 世界经济多极化。经济全球化进程的加快,绝不意味着各国经济的均衡发展,相反,世界经济的发展是很不平衡的。早在冷战时期,已经出现世界经济多极化的趋向。当时,除了美、苏两个超级大国之外,日本、德国、中国经济力量迅速增强。在世界经济中的地位不断提高。冷战结束后,世界经济向多极化过渡步伐加快,已基本上形成了美、日、欧、中、俄五极格局。今后,其他大国,如印度、巴西以及其他一些地区经济集团,也很有可能成长为多极世界中新的"极"。

6. 经济地区化加强。经济全球化的加速,更不意味着各国与其他国家之间的关系的均衡发展。相反,各国的对外经济关系也是很不均衡的。事实是,各国一般都以所在地区相邻或相近国家为其发展对外经济关系的重点对象。这既是因为它们的地缘关系密切,也是因为它们在历史上往往已有更多的交往,文化特征也有更多的相近之处。如果这些国家在经济水平上大体相同,共同经济利益较多,则它们就更易于缔结一定的经济合作契约,成立地区一体化组织。早在五六十年代,地区一体化组织就不断建立。但只是在近十年内,这种趋势更为加强。不仅原有的地区经济组织得到加强,而且建立了一些新的地区经济组织。在这一些地区经济组织中,最大的是欧盟(EU),北美自由贸易区(NAFTA)和亚太经合组织(APEC),除此之外,还有几十个次区域性一体化组织,如东南亚国家联盟、中美洲共同市场、南部非洲共同体、南锥体共同市场等。这些经济区的性质、目标、模式多种多样，关系复杂。有的经济区互相重叠，有的则大经济区包容次经济区。

上述国际经济关系的各种趋势，今后都将继续发展下去。这些趋势的发展有着有别于过去历史时期的不同特点，主要是：（1）一方面，国际协调和合作加强；另一方面，国际矛盾和斗争也趋于激化；（2）无论是国际经济合作或斗争，都一方面在全球范围展开，另一方面又在地区内部以及各地区之间展开；（3）由于国家对国际经济关系的更加广泛的参与，国际经济与政治密切结合。国际经济关系政治化，国际政治关系经济化。

当前的国际经济关系错综复杂，头绪多端。下面着重谈谈西方发达国家之间和南北间的经济关系。

二 西方国家间的经济合作和斗争

当前的世界经济，仍然是发达资本主义国家占主导地位。这些国家（OECD成员国）占世界国内生产总值的70%，占世界贸易总额的70%，占世界对外直接投资的90%。美、日、西欧等少数经济大国，凭借其强大的经济和科技力量，一方面，进行全球扩张；另一方面，它们之间又互为合作伙伴和角斗对手。

西方国家之间的经济关系历来十分密切。例如，美国的进出口贸易，60%以上是与日、欧、加等发达国家进行的。对外直接投资也是一样。近些年来，发展中国家所吸收的外资有所增加，但西方发达国家仍然既是最主要的对外直接投资国，也是主要的外资直接吸纳国。1995年，它们所吸收的对外直接投资约占当年世界全部对外直接投资的三分之二。北美把欧洲作为主要的投资场所，而欧洲则把美国作为投资的首要目标。为了对它们之间的经济关系进行协调，同时对世界经济实行"集体领导"，它们组成"七国集团"。这个集团建立迄今的二十多年来，每年都在首脑会议上讨论面临的各种问题，而且涉及的问题越来越广泛。如冷战结束后这几年来，它们不仅讨论了它们共同面临的严重失业、抑制通货膨胀、削减财政赤字、平衡贸易收支、缓和国际金融动荡、调整货币汇率等问题，而且还把环保、人口、核安全和核不扩散，促进前苏联国家经济转轨，促使发展中国家与全球经济接轨等等，都列入它们的议事日程。

但是，在经济全球化和地区化日益发展，世界格局向多极化方向转变的情况下，"七国集团"的局限性日益突出，它们的"集体领导"日益涣散和力不从心。与此同时，冷战后，西方国家之间的斗争也日益激化。如果说过去它们之间的斗争主要是为了争夺原料和能源等自然资源，则现在除此之外，更重要的是为了占领世界市场，争夺某些地区和领域的主导权，扩大经济势力范围，进而在全世界取得更大的优势地位。

在西方国家中，美国的实力仍然是最强大的。冷战结束后，美国是世界唯一的超级大国。90年代以来，美国的经济情况好于日、欧。在信息技术产业和其他高科技产业的发展方面，美国也领先于日、欧。美国的生产率水平近年来提高较快，明显高于日、欧，其国际竞争力从1994年以来已连续三年超过日本，居世界第一位。美国的汽车、计算机、半导体等一系列重要产品在世界市场上所占的份额也在扩大，其优势地位有所加强。战后长期以来美国经济力量相对削弱的状况有所扭转。这是资本主义发展不平衡过程中的一个新变化。但是，日、欧绝不甘心落后，正在通过改革和结构调整增强活力，奋起直追。日本经济最困难时期终将渡过，必将重整旗鼓，与美国一争高下。欧盟则在紧锣密鼓地推进单一货币计划，企图以联合的力量，与美、日相抗衡。这种情势，决定了它们之间斗争的激化。

美、日、欧之间的经济斗争,突出地表现在它们之间接连不断的贸易战。美国以对日贸易逆差扩大为借口,向日本施加压力,要求它开放市场。1994—1995年间,美国先是要求日本开放其大米市场,这一要求部分得到满足;继而又要求日本对美国开放汽车市场,否则就要对日实行制裁。日本坚决顶住美国的压力,声称要对美国实行报复,并向世界贸易组织提出申诉。双方剑拔弩张,各不相让。直到最后一刻,才互相妥协。然而汽车战刚刚告一段落,不满一周,美国又宣布对日本摄影胶卷进行"调查"。美国与欧盟的贸易摩擦也非止一端,特别在农产品贸易上的纠纷由来已久,乌拉圭回合全球贸易谈判中曾暂时搁置起来,不久又由美国发难,以"卫生标准"为借口,要禁止从欧盟进口牛肉,欧盟则准备迎接美国的挑战。这类纠纷和摩擦,今后仍将连绵不断,未有绝期。

西方发达国家之间的斗争,也表现在对地区主导权的争夺上。如英、法、德在欧盟内部的明争暗斗,美、日对亚太地区主导权的斗争。此外,它们之间的斗争,还表现在以各地区组织为依托,积极对外扩张,在全球范围内,争夺优势地位。美国的战略是一方面积极推进建立美洲自由贸易区计划,务求在2005年实现这一目标;另一方面,在亚太地区要求加快实行亚太经合组织范围内贸易和投资自由化;在大西洋地区,则准备建立包括欧洲在内的大西洋自由贸易区。美推行这样的战略计划,力图使人们相信,是为了有关国家和地区的共同发展。但许多国家和地区却以疑虑心情,抱着观望的态度。特别是欧、日,更是在这些地区,与美国展开争夺战。东亚是当前世界上发展最快、最富活力的地区,是世界贸易、金融和投资的新的中心。在这个地区,日、美占有优势地位,欧盟远远落后于美、日。它决心改变这种局面,推行"新的亚洲战略",并于1996年3月,与东亚共同举行首脑会议，欧盟各国领导人纷纷前来亚洲访问，这一切标志着欧亚经济关系的发展进入了一个新阶段。欧盟还以同样的方式向美国的"后院"拉美加强渗透。迄今，美、欧、日之间的新的较量还只是揭开序幕。随着世界走向 21 世纪，它们的角逐将全面展开。

三　南北经济关系的新发展

发达工业国家是世界经济的中心，而发展中国家则处于边缘地位。发达国家是经济全球化的主要推动者，而发展中国家则是被这一强大的历史潮流卷进来的。

纵观二战后至今半个世纪的历史，广大发展中国家虽然获得了政治独立，但经济力量孱弱，生产力落后，不得不依附于发达国家。南北经济关系是剥削与被剥削、支配与被支配、控制与被控制的关系，国际经济秩序从根本上说是不平等、不合理的。

发展中国家为改变这种不利处境，加快发展，进行了不懈的斗争。70 年代初，石油输出国组织曾把石油价格的决定权夺回自己手中，大幅度提高石油价格，西方国家受到极大冲击，发展中国家精神为之一振，争取建立国际经济新秩序的斗争一度蓬勃高涨。但到 80 年代，石油和其他初级产品价格回落，发展中国家遭到巨大损失，许多国家落入了债务陷阱，经济发展严重受挫，南北差距进一步拉大。

90 年代以来，形势发生了新的变化。发展中国家总结了过去的经验教训，实行经济体制改革和结构调整，抑制通货膨胀，大力发展市场经济，促进出口，引进外资。几年来，这些努力取得了一定成效。发展中国家经济开始摆脱困境，增长加快。随着冷战的结束，亚非拉许多国家和地区的武装冲突和局部战争也趋于平息。各国以更大的力量集中于经济发展。几年来，发展中国家的经济增长比发达工业国快一倍以上。人均国内生产总值增长率也明显高于发达国家。1995年分别为4.1%和1.5%，1996年分别为4.6%和1.4%。长期以来这方面差距不断扩大的趋势开始得到扭转。发展中国家的出口增长也比发达国家快得多。其占世界贸易总额的比重也从80年代中期的不到四分之一上升到目前的三分之一。过去发展中国家只是发达国家的原料供应地。现在，发展中国家出口的制成品占其商品出口的比重已达50%以上。发展中国家引进的外国直接投资也迅速增多，目前已占世界对外直接投资的三分之一以上。许多发展中国家的工业化步伐在加快，市场在不断开拓。它们正在成为世界经济发展的愈益重要的因素。

发达国家由于国内市场趋于饱和，失业严重，经济增长缓慢，不得不把希望寄托在发展中国家。它们的一系列生产部门在向发展中国家转移，对发展中国家的市场依赖加强。美国早已把十个发展快、潜力大的发展中国家看做是它要大力争取的"新兴大市场"，认为这是美国未来之所系。

但是，不公平、不合理的国际经济秩序仍然保持着，并没有发生根本变化。西方发达国家通过与发展中国家进行不等价交换，对发展中国家廉价劳动力的剥削，收取技术转让费用，以及负债国向它们偿付巨额利息，每年获得的利润数以千亿美元计。这是发展中国家由于落后而不得不付出的沉重代价。但发展中国家不能闭关自守。它们只能在加强南南合作的同时，发展与发达国家之间的经济贸易关系，以便引进它们所缺乏的资金、技术和经验，促进本国的发展。其效果如何，则取决于发展中国家的主观努力。

前面提到近些年来发展中国家经济增长加快，与发达国家的经济差距在量的方面出现缩小趋势。但是，当今西方国家高科技产业蓬勃发展。在这方面，它们占有绝对优势。例如在 1995 年世界信息技术市场的营业额达 5000 亿美元，其中发达工业国家占 90%。它们的 20 家大信息公司就垄断了世界信息市场的 70%，其中美国又占一半，而发展中国家所占份额则微不足道。总之，发达国家经济在质的方面，即其科技含量、其集约化程度、其生产率、其经济结构等等方面，与发展中国家相比，优势十分突出。而且这方面的差距，还可能扩大。

还应指出，目前发展中国家经济虽然走上了振兴之路，但发展是极不平衡的，两极分化过程仍在继续。有的发展中国家，主要是东亚国家和地区，多年来经济保持着高速增长。其中"四小龙"已接近和赶上发达国家水平。东亚其他国家也在阔步前进，成就斐然，为世人所称道。近年来，流入发展中国家的外国直接投资，约一半投向东亚地区。东亚地区在世界经济的增长中起着越来越大的推动作用。东亚发展中国家和地区与西方发达国家之间经济关系的性质开始发生变化。除东亚外，拉美、南亚、中东、非洲等地区，也都有一些国家在快步发展，正在脱颖而出，将成为又一批新兴工业化国家。但另一方面，还有为数不少的发展中国家，主要是被联合国列为"最不发达国家"的那些十分贫困落后的发展中国家，近 20 年来，其数目不仅没有减少，反而增多，目前已有 48 个。它们至今仍基本上是落后的农业国或矿业国，人均国内生产总值低下，甚至只及发达国家 1%。虽然，近年来，这些最不发达国家中，有一些也出现"起飞"迹象，但由于主客观条件的限制，前进道路上仍然困难重重。在全球化日益加快的情况下，这些国家有更加"边缘化"的危险。

四 国际经济关系与国家主权

任何国家发展对外经济关系，都必须国家积极参与和推动。在经济全球化、地区化日益加强的情况下，国家的作用尤为重要。因为所谓经济全球化，就是资本和市场的全球化，而无论是资本关系或市场机制，都是冷酷无情，优胜劣汰。任何民族和国家要生存和发展，都必须由作为民族、阶级和社会的唯一正式代表的国家，制定和推行正确的战略策略，采取适当的政策措施，与其他国家发展关系，从中获益。无论是加强国际合作或进行国际斗争，国家都是关键因素。

但是，西方有人宣称，随着全球化的日益加强，国家主权也不断受到"侵蚀"，以致逐步削弱和淡化。对这种说法，应进行分析。

固然，由于全球化的加强，各国经济的相互依赖也愈益密切。任何国家与他国发展经济关系，就不能只是按照本国单方面的愿望行事，而必须考虑对方的要求，与之一起找到双方利益的共同点，做到平等互利，共同发展。多国之间的关系，就更需要照顾到各国利益，找到各国都能接受的共同点。无论是国际经济组织，或是地区一体化组织，都是在各参加国都能接受的原则基础上达成协议而建立的。要参加这样的国际经济组织或地区一体化组织，就必须遵守其原则和规章，履行应承担的义务，而不能各自为政。从这一意义上说，国家主权主要是经济决策权确实受到了一定制约。但参加国之所以参加这些组织，是为了获得自己单干所不能得到的利益。而且各成员国在自己所参加的国际组织或地区组织中，都享有一定的权利，都有它的发言权和参与决策的权力。因此，不能简单地说国家主权受到侵蚀和削弱。

还应看到，在当前的现实条件下，全球化和地区化的加强在使国家主权受到一定制约的同时，还会产生一种相反的力量，使民族国家主权强化。这是因为，在当今的世界经济中，少数西方国家占有支配地位；国际经济秩序是不平等、不合理的；冷战结束后，形形色色的民族主义抬头，经济斗争激化，特别是超级大国变本加厉地推行霸权主义和强权政治。在这种情况下，各个国家特别是弱国小国，为使本国主权不受侵犯，进行斗争，犹恐不及，让人相信国家主权要削弱，其用心是昭然若揭的。

超级大国倚仗其强大的实力，在国际经济关系方面推行霸权主义和强权政治，从来都是以其权势凌驾于他国乃至国际经济组织之上。其霸道行径非止一端。如以一些与经济和贸易无关的问题，如人权、民主等为借口，向他国施加压力；或提出劳工、环保问题，并以自己的标准强加于人；把本国的法令，如针对古巴的赫—伯法和针对伊朗和利比亚的达马托法，强迫他国一体执行，否则就加以制裁；在乌拉圭回合协议通过后不久，美国就恢复使用单方面制裁"贸易设障国家"的"超级301条款"，动辄对他国施加压力，而它自己则在行动上尽量回避和无视世界贸易组织的规定，它只习惯于按照自己的"条款"制裁它选中的国家，而不愿受这个国际组织的任何约束。超级大国在国际经济关系中的蛮横无理和霸道行径，理所当然地受到世界普遍的不满和抵制。任何国家都不能允许本国主权受到侵犯，本国内部事务受他国干涉。

总之，在当前全球化和地区化不断加强的条件下，国际经济关系的加强，一方面，要遵从市场规律，扩大对外开放；另一方面，也要遵从处理国际经济关系的正确原则，即平等互利。

只有这样,国际经济关系才能有更大的发展,阔步进入 21世纪。

(原载《国际问题研究》1997 年第 3 期)

第二部分
经济全球化、地区化

论经济全球化

经济全球化和与此有联系的经济一体化、区域化等，是近些年来国内外学者特别关注并热烈讨论的重大问题。本文拟就其中一些重要问题谈一些看法。

经济全球化的形成和特点

有人把经济全球化的起源，追溯到15世纪。那时资本主义在欧洲开始萌生，欧洲的商人开始到其他大陆去经商。但是，当时的生产力水平尚低，工业还是手工生产方式，国外商业活动不是建立在大生产基础之上，不是生产社会化的必然要求。然而，这种带有掠夺性的贸易，是原始资本积累的源泉之一，是资本主义现代化大生产产生和世界市场形成的前奏，不妨把它看做是后来生产国际化和今天经济全球化的准备。

到了18世纪中叶，发生了人类近代史上第一次科技革命和产业革命。工业生产从手工业转变为机器大工业；生产能力成百倍地提高，原材料不再只是取自本地区，而是来自遥远的海外各地；产品也不再仅仅在当地销售，而是大量行销海外；资本家奔走于世界各地，努力开拓世界市场。当时国际经济活动的主要内容是商品输出，与此相适应，国际金融活动也开始发展起来，但其规模毕竟不大。这是生产国际化的初级阶段。

19世纪下半期，发生了第二次科技革命，先进资本主义国家的生产迅猛发展，产业重点从轻工纺织转向重工业，资本主义进入垄断阶段。垄断资本除了继续扩大商品输出外，还大量输出资本。各国间的经济交往更加密切，进入了经济生活国际化的新阶段。但是，这个阶段的资本输出，主要是借贷资本输出，对外直接投资不多。

第二次世界大战后，以电子技术为中心的新的科技革命，无论从深度和广度，或从对人类社会发展的影响来说，都远远超过前两次，从而使经济国际化又有了重大的新发展，出现了一系列新特点，达到了全新的历史阶段，即全球化阶段。这些特点是：

1. 国际分工以水平分工为主，并大大深化。如果说过去国际分工主要是垂直分工，则当代国际分工中，水平分工占有主导地位。在这种国际分工中，科学技术因素所起作用大大加强，甚至起决定性作用，自然资源的作用下降。这样的国际分工打破了自然条件的局限，形成了高度发展的全球分工体系，世界各国都被纳入这个全球分工体系之中，依据本身的条件，在其中占有特定的位置。在这种分工体系中，各发达资本主义国家都在大力发展制造业和服务业，特别是高技术产业。广大发展中国家仍然是农矿原料等初级产品的主要产地，但不少国家在工业化道路上已有不小进展，制造业有了不同程度的发展，有些发展中国家的产业结构不断升级，已建立了一些先进技术产业部门。发展中国家与发达国家之间垂直分工的成分也在缩小，水平分工则正在发展起来。

2. 世界商品贸易迅速增长，规模不断扩大。第二次世界大战后的半个世纪内，世界贸易增长速度大大高于世界生产增长的速度。据国际经济组织统计，从 1983 年到 1990 年，世界贸易平均增长 9%，比同期国民生产总值的增长率（3%）高出两倍。结果，世界贸易额在世界国民生产总值中所占比重不断提高，从 1980 年的 28% 提高到 1992 年的 33%。这就是说，目前，全世界的产值中约三分之一是在国际交换中实现的。

3. 劳务、货币、金融、技术、信息等世界市场也都一一发展起来，构成了完整发达的世界市场体系。而且其中一些市场扩大的速度很快，如近些年来世界服务贸易（包括银行、保险、运输、通讯、信息、技术、广告、旅游等等）的增长速度就超过了商品贸易，国际金融活动规模更是急剧扩大。在世界货币和股票债券市场上流动的短期资金数额猛增，其规模远远超过世界贸易总额。据统计，1989 年世界资金流动额高达 102 万亿美元，为当年世界贸易额的 20 倍。

4. 产业资本国际化有了长足进展，对外直接投资大幅度增加。据统计，1967 年世界对外直接投资总额为 1124 亿美元，1983 年增至 6000 亿美元，1990 年已达 17000 亿美元。在 1985—1990 年间，世界对外直接投资平均每年增长近 30%，大大超过世界贸易的增长。随着对外直接投资的增长，各国的海外生产和销售总额已远远超过出口贸易总额。世界对外直接投资和海外生产把各国经济更加紧密地结合在一起。

5. 在以水平分工为主的国际分工体系不断发展的基础上，各国的对外经济关系，不再是以某一个或某几个特定国家和地区为对象，而是以全球为对象；即不再是一元化的，而是多元化的；或者说不再是单方位的，而是多方位、全方位的。这样，各国间的经济交往，都是你来我往，互相交错。例如，美国汽车大量出口，同时又大量进口；在五六十年代，美国几乎是唯一的对外直接投资国，但自80年代以来，情况发生了根本变化。1987—1992年，美国在国外直接投资的市场价值上升了35%，达7760亿美元，而同期外国在美国的直接投资增加了一倍多，达6920亿美元。在技术转让方面，过去一个时期，确实只有美国是最大的技术提供国，日本和欧洲大量引进美国的技术。但近些年来，这种情况也开始发生变化，美国也开始引进他国技术，日本和欧洲国家也开始对外进行技术转让。各种经济活动的互相交叉，使各国经济互相依赖，互相融合，关系空前紧密。

6. 发展中国家成为独立的经济实体，积极参与世界经济活动。第二次世界大战后，殖民地、半殖民地、附属国获得政治独立，成了主权国家，从而有可能独立地参与世界经济活动。虽然由于它们经济落后，实力薄弱，在国际分工体系中和世界市场上，在与发达资本主义国家的经济关系中，容易处于不平等的依附地位，但它们毕竟成了当今世界经济体系中不可少的起重要作用的组成部分。140多个发展中国家积极参与世界经济活动，是使世界经济成为全球经济的重要标志之一。

值得特别提出的是，在经济全球化过程中，跨国公司起着关键作用。跨国公司实行全球经营战略，其巨大优势在于它有可能在全球范围内更合理地进行资源配置，实行高度科学的经营管理，从而最大限度地降低生产成本，提高劳动生产率和经济效益。

有人把跨国公司的历史，与生产国际化的历史看得一样久远。但当代跨国公司只是在第二次世界大战后随着经济全球化的逐步形成才得到迅速发展。20世纪50年代末，美国的大公司率先跨越国界，实行跨国经营，成为跨国公司；其后，西欧的大公司也开始成为跨国公司；70年代末，日本的"综合商社"也走向世界；80年代，新兴工业化国家和地区乃至像印度、巴西这样一些工业比较发达的发展中国家的一些大公司，也开始跻身于跨国公司的行列。世界跨国公司的数目不断迅速增加，据联合国有关机构的统计，60年代末70年代初，全世界跨国公司有7000多家，其国外分公司、子公司数目达27300家；1980年跨国公司达12000家，海外子公司数目达112000家；到1989年跨国公司已达35000多家，子公司150000家[①]。跨国公司的经营规模、对外直接投资数额、活动领域，都在不断扩大，"国际化"程度（即海外资产、销售额等在全部资产、销售总额中所占比重）在提高。近些年来，跨国公司还出现了互相合作、结成"联盟"、共同开发高新技术的新趋势。

　　跨国公司是当代国际经济活动中的行为主体。当代国际分工在很大程度上不过是跨国公司内部分工的外在表现。当代国际经济活动，基本上是由跨国公司所进行的。例如，跨国公司内部的"贸易"和它们相互之间的贸易，约占世界贸易的三分之二，世界劳务贸易几乎全部为跨国公司所控制；世界对外直接投资的五分之四以上是由跨国公司进行的；世界技术的研究与开发成果和技术转让的十分之九以上掌握在跨国公司手里。每一个巨型跨国公司都形成一张以母公司为中心、伸展到全球的经营网，数以千百计的这样的网，又交织成巨大无比、无所不包的全球经济的密网，把全球各个地区、各个国家都囊括在内。

　　以上种种新现象和新特点，都是过去所未曾有或很少有的。这些特点的出现，标志着经济生活国际化进入了一个新阶段。有的学者称之为"全面国际化"或"完全国际化"阶段。我认为，把它称为"全球化"阶段，似乎更确切些。因为这个阶段与前

[①] 周启元主编：《国际经济合作理论与实务》，吉林人民出版社1993年版，第249页。

一阶段相比，有着明显的差别：前一阶段，各国经济虽互相联系和交往，但尚未融合成全球经济的整体；而在现阶段，各国经济已不仅仅是一般地互相联系和交往，而是互相交织，互相融合，以至形成了全球经济的整体。在这种情况下，个别国家经济的重大变动，特别是在世界经济中占重大份额的大国经济的重大变动，都不可避免地通过各种渠道牵动或波及他国乃至全世界。

还应当指出，当代交通运输和通讯手段的革命，对促成经济全球化提供了必要的条件。特别是近几年西方国家又开始制定和实施"信息高速公路"计划，预计 21 世纪初，这种现代光纤通讯网络，将不仅遍布许多国家，而且遍布全球各大洲，世界因而将更加紧密地联系在一起。

经济全球化是生产社会化和经济国际化发展的新阶段。在这个发展过程中，起决定性作用的因素是生产力。随着生产力的提高，经济国际化程度也不断提高，到一定高度，就进入全球化阶段。这是一个经济发展的自然过程，具有客观规律性。而经济全球化又反过来有力地促进生产力的提高和经济的发展。从这个意义上说，经济全球化具有历史的进步性。至于这种进步所带来的前所未有的历史机遇和巨大利益，究竟为哪些国家、哪些阶级和集团所获取，那是另一个问题。

全球化与全球一体化

有的学者把上面所说的经济全球化视为全球一体化。我认为，这是两个不同的概念，它们有联系又有区别。一般说来，一体化是指事物的各个分散的部分组合成一个整体，国内外大多数学者都是按这种含义来理解的。既然如上所述，今天世界各国和各地区的经济已经结成一个全球的整体，那么把这种现象称为全球一体化，似乎是名正言顺的。但是，我们却宁可把它称为"全球化"，而不说是全球一体化。这是因为，当今世界经济的行为主体，除了跨国公司之外，还有民族国家、地区经济集团、国际经济组织等等，其中最重要、最基本的是国家，而国家又是其统治阶级和本民族利益的集中代表，阶级利益和民族利益总是通过国家的政策和行动顽强地表现出来。经济全球化使各个国家的经济联系和互相依赖空前紧密，但这并不等于各国的利益都能协调一致、互相合作。

各国间要真正确立比较稳定和牢固的协调和合作关系，就必须做到以下几点：（1）各国共同协调政策，统一步调，联合行动，在全球范围内对经济进行干预和调节；（2）为此，各国就必须达成和缔结一定的契约（协议、协定、条约等）；（3）为了保证和监督这些条约的遵守和执行，还有必要建立某种超国家机构；（4）各缔约方和参与国，必须根据共同的协议或协定承担一定的义务，这也就意味着，各国的主权（主要是经济决策权）受到某种约束和限制，这部分决策权转移到超国家经济机构那里去了。只有世界各国都做到以上各点，才能说是实现了全球经济一体化。中外许多学者正是这样来理解和说明经济一体化的。如我国有的学者写道："经济一体化的含义是参与者为了共同利益而让渡一部分民族国家经济主权、由参与者集体行使部分经济主权、实行国际经济调节的行为过程。"[①] 英国《经济学家》周刊载文说："世界经济已变得全球化了，但是，只有当货物、服务、资本和劳力可以自由活动，当各国政府对公司一视同仁、而

[①] 吴大琨主编：《当代资本主义：结构、特征、走向》，上海人民出版社1991年版，第409页。

不管其国籍如何时，才会实现充分的一体化。"①

可见，全球化与全球一体化是既有联系又有区别的两个概念。它们的联系在于：全球化是全球一体化的基础，只有在经济全球化的客观基础上，才会有全球一体化；而全球一体化则是在契约上和组织上把全球化固定下来，从而会大大推进全球化的进一步发展。二者的区别在于：全球化是导致经济成为全球整体的"自然"发展过程，是客观的状态；而全球一体化则是由世界各国在契约基础上建立起来的一定的经济组织形式，是人们（通过国家）主观意志的产物。所以即使把这二者都视为一体化，为了加以区别，有的学者又把前者称为"非制度性"一体化，而把后者称为"制度性"一体化。

在上述全球经济一体化的概念中，包含着各国对世界经济和国际经济关系共同干预和调节这一要点。众所周知，国家对经济的发展从来不是漠不关心的。但是，从资本主义生产方式产生和发展的历史看，只是在第二次世界大战以来，国家对经济的干预才成为经常性的、全面的，乃至成为当代资本主义经济不可或缺的内在成分和经济运行的内在机制。这时，资本主义进入了国家垄断资本主义的新阶段。

国家首先是对国内经济生活进行干预和调节。在这方面，半个世纪以来，它们已经走得相当远了。这对促进经济的发展、缓和经济矛盾、减轻经济的震荡和危机起到了一定作用。但是，在战后经济国际化大大加强以至发展到全球化的情况下，仅仅由各国分别对本国经济进行干预和调节，是远远不够的，还需要对它们的对外经济活动、国际经济关系乃至整个世界经济进行调节；但如果由各个国家分头对世界经济进行干预和调节，各行其是，

---

① ［英］《经济学家》周刊1993年3月27日。

互不相谋，那就只能是越干预越混乱。必须由各国联合起来，协调一致，共同进行，才能奏效。这就产生了全球经济一体化的客观要求。

近半个世纪是经济全球化时期，也是各国力图对世界经济和国际经济关系共同进行干预和调节的时期。在这一历史时期，用来规范和约束各国行为的国际公约和准则不断确立，难以数计；各种国际组织大量涌现，当中有政府性组织，也有非政府性组织；有经济组织，也有非经济组织。其中特别重要的是诸如国际货币基金组织、世界银行、关税和贸易总协定等重要国际经济组织。它们对世界经济和国际经济关系的发展起了一定的积极促进作用。但如把它们看做是全球性经济一体化组织，其作用就显得有很大局限性，首先，它们是在第二次世界大战结束后，由美国以其强大实力为后盾，按照它的意愿建立的。虽然后来越来越多的发展中国家参加了进去，但迄今少数发达资本主义国家特别是美国的特殊地位仍然保持着，发展中国家的发言权很有限；其次，这些组织的规章不严密，组织也很松散，所作出的决定对成员国并没有多大约束力；最后，这些国际经济组织都是专业性的，一般只涉及国际经济关系的某一个方面，其调节作用也只能限于某一专门领域。由于有这些局限性，如果把它们看做是全球性经济一体化组织，那也只能算作"准"全球性经济一体化组织，或初级形态的全球性经济一体化组织。虽然如此，在经济全球化条件下，这些组织的建立还是有其客观必然性和必要性的。它们为今后世界经济发展的远景指出了方向，人们在设想和规划未来时，从中可以得到有益的启示。

由此可见，目前全球经济一体化最多也只能说是处于萌芽状态。如果说，今天经济全球化已经是客观存在的现实，则全球一体化还只是一种"迹象"。全球经济一体化的进展之所以大大滞后，主要是因为世界各国情况千差万别，各国都有自己特殊的利益，都要极力维护、扩大各自的利益份额。要找到各国利益的共同点或"交汇点"，并在此基础上达成契约、建立全球性一体化组织，实非易事。即使各国间达成某种契约和建立起某种组织，仍然免不了矛盾斗争和利害冲突。

阻碍全球一体化发展的矛盾，归根到底是资本主义生产力与生产关系之间的矛盾。资本主义生产力发展到今天的水平，生产社会化已经达到全球化的高度，但是生产关系仍然是资本主义性质的。这个矛盾表现在各个方面：（1）各企业特别是各大跨国公司内部的组织极其严密，管理高度科学化，但世界市场仍然是无序的，世界经济充满混乱和动荡；（2）各国经济是有一定计划的，但世界经济则基本上是无计划的；（3）发达国家之间存在着根本的利害冲突，发展不平衡使它们之间的矛盾和冲突日益激化；（4）发达资本主义国家与发展中国家之间由于经济水平的巨大差距，由于不合理、不公正的旧的国际经济秩序的存在，而存在着根本的矛盾；（5）资本主义生产能力无限扩大的倾向和世界市场有限性之间的矛盾，导致周期性的经济衰退和危机；（6）国际资产阶级和资本集团与世界工人阶级和广大劳动人民之间的矛盾，等等。

随着生产力的提高和经济的发展，经济全球化必将逐步加强，从而对全球一体化的要求也将愈益强烈，全球一体化已是大势所趋。但由于上述种种矛盾，全球一体化的进展必然是艰难的和迂回曲折的。虽然不排除会出现某种进展，但只要资本主义制度还存在，全面的全球一体化就只能是可望而不可即的理想。那种认为经济全球化带来的只是世界的和谐，全球一体化会顺利进展、轻易实现的观点，并不符合实际。

全球化与地区化

经济全球化过程虽然囊括了全世界，但全球化在地区上的发展是不平衡的。

经济全球化在地区上的不平衡，首先表现在发达国家和地区与发展中国家和地区之间的不平衡。发达国家，如美、日、欧之间的经济联系更加紧密。跨国公司的活动，它们的子公司和分公司的地理分布，相对集中在发达地区。全世界的对外直接投资约五分之四集中在这些国家和地区，而广大发展中地区所占比重不大。这是由于发达国家和地区生产力水平高，制造业发达，科技基础雄厚，金融业发达，基础设施完善，市场广大，信息灵通，法制比较健全，这一切为跨国公司的投资和经营活动提供了更好的环境。发展中国家和地区有丰富的自然资源、充裕而低廉的劳动力，对跨国公司具有很大的吸引力，但是多数发展中国家生产力水平不高，经济不发达，基础设施不完善，市场尚待开拓。有些国家和地区社会不安定，政局动荡。凡此种种，使它们在当今国际经济活动中所占份额无法与发达国家相比。

其次，无论发达国家或发展中国家和地区的发展，都是不平衡的。第二次世界大战结束后的一定时期内，美国以其强大的实力，在世界上拥有无可比拟的优势地位，在国际经济的各个领域都起着支配作用。但随着时间的推移，美国的经济实力相对削弱，日本和西欧国家则相对加强，它们都要求在世界经济中占有与自己实力相当的份额。这些资本主义大国在向全世界扩张的同时，还特别以与自己相邻的地区为重点进行扩张，力求建立以它们为中心的经济区。发展中国家和地区的发展也是很不平衡的。由于主客观各种原因，有的国家和地区发展较快，在不太长的时间内完成了工业化,成为新兴工业化国家和地区;有的国家一时发展很快,后又遇到严重挫折;更有些国家则一直发展缓慢,甚至处于停滞状态,经济愈益落后。

最后,各地区内部经济关系与外部经济关系也是不平衡的。在这里,地缘经济因素在起作用。位于同一地区的各个国家,由于地理位置接近,交往便利,往往在历史上就有了较密切的经济联系,而它们与其他相距遥远的地区,经济联系就相对较少。

以上种种因素所导致的全球化在地区上的不平衡是自然形成的。这样,就无形中出现了经济地区化的倾向。如上所述,全世界所有国家一并参与的全面的全球经济一体化不易实现。但在各个相对独立的经济区内部,各国由于交往便利、经济联系更加密切,易于找到利益的共同点,从而易于达成某种协议,建立某种一体化组织。但究竟能不能实现这一点,还要看各地区的具体情况。例如地区内各国经济发展水平的高下、各国经济体制的异同以及一些非经济因素,如价值观念的差别、文化传统的特点等。更重要的是,各国所奉行的对外路线、方针、政策,是恪守平等互利、和平共处的原则,还是以大压小,恃强凌弱,牺牲他人,以邻为壑。这些是就地区本身条件而言。除此之外,对地区一体化组织的建立来说,外部环境也起重要作用。例如,如果世界市场竞争激化,贸易保护主义猖獗,对本地区各国构成很大压力,它们就易于产生建立地区一体化组织的要求;不仅外部经济环境会起作用,外部政治和安全环境也同样会起作用。

综上所述,经济全球化在各地区之间发展不平衡,从而产生了经济地区化的趋势;经济全球化要求实行全球一体化,但实际上只能在经济地区化的基础上,实行地区经济一体化。因此,可以认为,地区经济一体化,是全球经济一体化在当前条件下的具体表现。

近半个世纪内，地区一体化组织不断增多。据统计，20世纪60年代区域一体化组织有19个，70年代有28个，80年代达32个，共150多个国家参加了进去。在这32个地区一体化组织中，有28个是发展中国家建立的。但是，最值得注意的是以发达国家为主体建立的地区一体化组织，一个是由德、法、英、意等欧洲国家组成的欧共体（欧洲联盟），另一个是以美国为中心包括加拿大和墨西哥在内的北美自由贸易区。地处亚洲的日本和其他国家，多年来也在寻求建立本地区一体化组织的途径。由于西欧、北美、东亚这三个地区经济发达、地域广阔，人口占世界总人口的三分之一，国民生产总值占世界四分之三，出口占世界出口总额的70.4%（1992年），这三个地区形成三足鼎立的局面，才导致目前世界经济的地区化和地区一体化的局面。

目前出现的地区一体化组织，其一体化程度有高有低，具体形式多种多样，各具特点。但是，它们都是在当代历史条件下出现的，都具有两重性，即排他性和开放性。既然是一体化组织，则组织内各成员国必然根据共同达成的协议，共享更大贸易自由，互相提供更多的优惠，发展更紧密的经济合作关系，并从中获得更大利益。仅凭这一点，即使该组织对外不设置任何壁垒，客观上也会具有一定排他性，对组织外的国家和地区，构成更强的竞争和挑战。但是，另一方面，这些组织并不是也不可能是封闭的，而是开放的。因为这些地区性一体化组织是在经济全球化的大环境中产生的，它不能断绝与世界其他国家和地区的经济联系；这些地区一体化组织都是在跨国公司编织的全球经济网络之中，而跨国公司的活动是全球性的，不会被局限于一个地区范围之内；地区一体化组织的各成员国都被纳入了当代国际分工体系和市场体系之中，是它的组成部分，它们不仅与本地区，而且与全世界各地区、各国家都有依赖关系。

一方面具有排他性，另一方面又具有开放性；一方面要加强地区内部的经济关系，另一方面又不能不发展与地区外各国的经济联系。这就决定了各地区一体化组织之间既互相竞争、互相摩擦，又互相联系、互相合作。

地区经济一体化组织的建立，对世界经济的发展有重大影响。这种影响，也可以从两个方面来说明：一方面地区一体化对本地区经济的发展有一定的促进作用，因为地区一体化组织的建立，有助于资源在地区范围内进行优化配置，加强生产专业化和合作；有可能通过市场的扩大，发挥规模经济的效应，促进地区生产和贸易的增长；有可能通过加强地区内部的竞争，促进资本的集中和劳动生产率的提高。当然，这些经济效益的增大，只是一种可能性。至于它能不能变成现实，在多大程度上能够成为现实，还取决于其他多种因素和条件。另一方面，由于地区一体化组织多少具有一定的排他性，它对全球经济贸易的发展和合作，会产生一定的阻碍。

地区一体化与全球一体化之间又是什么关系？如上所述，地区一体化可看做是全球一体化在当代条件下的具体体现，因而有人又把地区经济一体化看做是走向全球一体化的必由之路，是达到全球一体化的漫长道路上的一步。但实际上，由于存在着根源于资本主义制度的那些矛盾，从地区一体化进入全球一体化是不可能的。

有人设想，通过地区一体化可以有两种方式或途径走向全球一体化：一种途径是经由地区一体化组织的扩大，另一种途径是各地区一体化组织的"联合"。这些途径都不现实。不错，现已成立的地区一体化组织都有扩大的倾向，但是，地区一体化组织的扩大是有限度的。超过这个限度，扩大到其他地区组织的范围内，就势必发生直接冲突。而且它们越是扩大，成员国越多，内部利益的协调也越困难,组织也就越松散。这是地区一体化组织的一个矛盾。欧共体成立以来的历史,提供了这方面的佐证。

再看看各地区一体化组织互相联合、最终实现全球性一体化的可能性。诚然,各地区组织之间不能不发展联系,但同时它们也进行激烈的斗争。这种斗争,不过是各国间特别是大国间的矛盾和斗争在地区层面上的展开。每个大国,都要以各自建立的一体化组织为依托,极力扩大自己的势力范围,占领更大的世界市场。它们之间可能在某些局部问题上互相妥协,取得一致,但不可能全面合作,消弭斗争,和谐相处。各地区性一体化组织真正联合成为一个全球统一的一体化组织,在目前条件下只是幻想。

何况,即使是以大国为中心的地区一体化组织互相联合起来了,在它们之外还有广大的发展中国家以及由这些国家组成的地区性一体化组织。它们的经济虽然不发达,在世界经济中所占的份额不太大,但它们地域广阔、人口众多、市场潜力巨大,它们正在为争取发展而努力。忽视它们的利益,以为发达国家的地区一体化组织进行联合就可以实现全球一体化,那也是不切实际的。

从以上的分析中,可以得出这样的结论:在资本主义制度下,经济一体化在某些地区范围内是可能的,而且已经成为现实,但在全球范围内却看不到实现一体化的前景。正如有些学者所说:"一体化经济联合只能在具备它形成的基础和条件的地方出现,世界一体化的条件,在资本主义体系范畴中是永远不会出现的。"① 生产力发展到今天的高度,要求实现全球一体化,但在资本主义条件下,真正的全球一体化又总是可望而不可即。这是资本主义历史局限性的又一重要表现。

---

① 吴大琨主编:《当代资本主义:结构、特征、走向》,上海人民出版社1991年版,第425页。

全球化与"全球主义"

经济全球化这一客观现象，反映到人们的头脑中，形成了一定的思想、观念、理论和学说。这些意识形态，又为统治阶级和集团所利用，他们以此为依据，提出一定的政治主张，制定出一定的战略、策略和方针政策，为本国和本阶级的利益服务。这一切统称为"全球主义"。由于经济全球化是近半个世纪特别是近20年来成为当代世界经济发展的一个重大趋向，引人注目，所以"全球主义"也是在这个时期形成并得到一定传播的。当代的"全球主义"，首先是由西方资产阶级特别是美国资产阶级学者和政治代表人物提出的。它不能不反映这些国家的统治阶级和集团的愿望和追求，特别是反映美国作为超级大国的利益和图谋。

"全球主义"除了有全球化这个客观基础之外，还有一定的历史渊源。早在19世纪末20世纪初，与当时的经济生活国际化相适应，就曾出现过所谓"世界主义"的思潮。现在的"全球主义"，就是过去流行一时的"世界主义"在新的历史条件下的继续和发展。

20世纪上半叶，许多著名思想家提出了"世界主义"理论。英国历史学家韦尔斯在其《世界史纲》最后一章的论述，堪称典范地表述了"世界主义"的理想，其他如美国学者斯特赖特、英国学者里夫斯、美国哲学家杜威和学者乔丹等也是赞成"世界主义"的。当时的一些著名政治家也以他们的政治主张和具体行动，表明他们是"世界主义"的实行者。其中突出的有竭力主张建立国际联盟的美国总统威尔逊，英国政治家、诺贝尔和平奖得主塞西尔，美国历史学家、出席凡尔赛和会的代表肖特韦尔，力主建立欧洲联邦的法国总统、诺贝尔和平奖得主白里安，以及后来倡议建立联合国的英国首相丘吉尔和美国总统罗斯福。"世界主义"的基本观点是：建立一个世界性的政治社会，即"世界共和国"，取消国家主权，并就如何建立"世界共和国"提出了许多方案。这一时期，的确建立了一批超越国家之上的国际组织，如欧洲共同体、海牙国际仲裁法庭、国际联盟、联合国①。

当前的"全球主义"与过去的"世界主义"是一脉相承的，所不同的是，它以第二次世界大战后新的科学技术革命的兴起、信息社会的到来、跨国公司的大发展、各国经济相互依赖的空前加强、经济全球化以及国际组织的大批建立等世界新发展和新现象，作为它的事实依据，认为实现"全球主义"的理想，条件似乎更加成熟。这一时期，阐述和宣传"全球主义"的西方学者，包括经济学家、社会学家、未来学家、历史学家等等，比过去更多了。而当今西方的政治家，特别是欧洲联盟的倡导者和美国的历届政府首脑，则更是一贯奉行类似的主张。

"全球主义"的主要观点和主张与世界主义并无二致，都是着力鼓吹"民族国家崩溃说"和"主权有限论"，主张建立"全球政府"。例如，《第三次浪潮》一书的作者、未来学家阿尔温·托夫勒就强调当今"民族国家的崩溃"，他说："当第三次浪潮汹涌澎湃地横扫全球的时候，民族国家，这个第二次浪潮时代关键的政治单位，正受到像钳子一样上下压力的夹攻。"他认为有一些力量试图把政治权力从民族国家向下转移到次国家的区域和集团中去，另外又有一些力量则试图把权力从国家向上转移到跨国性的机构和组织中去，"这两者加在一起，正促使技术高

---

① 参见《当代世界政治实用百科全书》，中国社会出版社1993年版，第94页。

度发展的国家崩溃，变为较小也较少权威的单位"①。

全球主义者认为，国家主权受到侵蚀或削弱的其他理由还有：由于各国相互依赖的加强，一国国内局势和某些事件的发展变化，特别是一国的对外行为，会影响他国或其他地区，甚至影响全世界。因此，他国和国际社会理应予以关切，必要时还应由国际社会进行干预。另一个理由是，现在人类面临的共同性问题愈益严重，如环境污染、人口剧增、艾滋病传播、恐怖主义猖獗等。这些问题，往往不是一国所能解决的，国际社会应予关注，必要时要共同采取措施加以解决。如此等等。

在经济全球化的历史条件下，生产力高度发展，全球经济网络密布，各国相互依赖加强，国际组织纷纷建立，各国之间的经济乃至政治、文化等各方面的联系空前密切，因之彼此间利益的一致和分歧也都增多了。这就要求各国通过平等协商，确认一致，解决分歧，减少和避免对抗，加强合作，以便在互利基础上促进共同发展。因此，全球化时代应是平等协商和加强合作的时代。各国通过协商达成的协议必须遵守，各种国际准则和国际规范应受到重视，共同的国际义务应该承担，在这个意义上，也可说是个别国家的国际行为要受到一定约束，它的对外关系要受到一定制约。但这既是为了本国的利益，也是为了世界的和平与发展以及全人类的进步。这是在新的历史条件下应大力倡导的国际主义。这种国际主义的基本精神与霸权主义和民族利己主义是不相容的，也与全球主义者关于国家主权受到侵蚀或削弱的说法不同。当然，应当看到，全球主义者所列举的上述种种现象都是存在的。但这是否意味着国家主权的削弱或受侵蚀呢？对此，不能

---

① ［美］阿尔温·托夫勒：《第三次浪潮》（中译本），三联书店1983年版，第383页。

一概而论，应分别进行考察。

先来看看那些试图把民族国家的权力"向下转移到次国家的区域和集团中去"的力量或对民族国家"离心的力量"的加强。我们看到，"区域的、地方的、种族的和宗教的团体"，不管它们要求拥有多少自治权、自主权，但能完全脱离国家管理者还很少见。因为正是由于科技和生产力的高度发展，一国内部经济在分散化的同时，还有各地区联系增强的另一面；与"市场分散"的倾向并存的，还有市场统一加强的倾向。正因为如此，直到现在，在"技术高度发达的国家"，我们并没有看到国家的"崩溃"，也没有看到国家权力的削弱。近些年来，随着苏联的解体，在世界一些地区出现了民族主义的浪潮。但是，即使像原苏联和南斯拉夫那样，不同的民族分别建立自己独立的国家，这从原联盟来看，它确是崩溃了，而对新独立的国家来说，它却是获得了自己的主权。

再看看对国家"自上而下"的压力。确实，随着全球化趋势的加强，各种国际性组织应运而生。一般说来，这是一种历史的必然，是历史的进步。这些组织都在各自的专业领域，由参与各方共同制定一些规章作为共同的行为准则，参加各方或成员国都有义务遵守。从这一意义上来说，各国的某些主权，主要是某些经济决策权，确是受到了一定限制或约束。在地区性一体化组织中，还可以看到成员国某些主权的转移。但是，应当指出，首先，这些国际组织成员国的局部主权受到一定限制或进行转移是自愿的，而它们之所以自愿，旨在获得更大利益；其次，在国际组织的超国家管理机构那里，各成员国都享有一份决策权。从这点上看，民族国家的主权，并不是无条件地受到限制或被转移出去的。

确实有不少因一国国内事态的发展或一国对外行为会影响他

国因而国际社会应予干预的问题。但对这类问题,在通常情况下,应该通过有关国家进行谈判协商加以解决。除非出现某个国家对他国主权或根本利益肆意侵犯、对他国内部事务粗暴干涉、对地区稳定和世界和平构成严重威胁等极端情况,通过协商不能制止,国际社会自应采取强制手段以恢复秩序。这种情况是特殊的、个别的,必须慎重行事,而且它并不属于"侵蚀"他国主权的性质,恰恰相反,是维护了各国应享有的主权。

从整体上看,全球共同性问题不是任何一个国家所能独立解决的。因此,需要全世界所有国家进行合作,共同采取措施,互相配合,为此,就必须进行国际协商;但从各国局部看,这些问题又是各国自己的事,首先要由各国从本国具体情况出发,采取措施加以解决。他国和国际社会可以给予帮助,但不能越俎代庖,更不能强加于人。

总之,对每一种现象都应进行具体分析,而不能从表面上看,笼统地说是民族国家的"崩溃"和主权的"侵蚀"。

当前除了全球化趋势之外,还有地区化趋势;因此,除了全球主义之外,还有地区主义,而无论在全球主义或地区主义中,都有民族主义顽强地存在着。如上所述,当代世界充满矛盾、摩擦和斗争,在复杂、激烈的斗争环境中,国家主权有受到某种约束和限制的趋势,同时又有加强的趋势。

且看一看事实,在漫长的冷战时期,两个超级大国为争夺世界霸权,不断向外扩张和加紧进行军备竞赛,恣意侵犯他国主权,而它们自己的主权并没有丝毫的削弱。冷战结束后,世界局势从紧张趋向缓和,但是矛盾和斗争仍然存在,许多地区冲突此伏彼起,局势动荡不定。在这种情况下,西方大国,特别是超级大国,仍然以世界的领导者自居,按照自己的意志,干预国际事务,把自己的价值观强加于人,以种种借口干涉他国内政,动辄以制裁相威胁,而它们自己的主权,却从未有丝毫的削弱。

全球主义者还提出了建立"全球政府"的主张。阿·托夫勒在他于 1990 年出版的《大未来》一书中,就主张要建立一个"世界政府"①。此外,1992 年联合国计划署第三次提交的《世界发展报告》的起草人,在《报告》的最后一节里,也提出这样的主张。他们认为,这样做是有基础的,这些基础便是业已建立的七国集团、国际经济组织、跨国公司、非政府组织和联合国组织。这一主张得到一些政治家的赞同。此外,还有人建议成立联合国参议院,成立一个"司法机构",或建立一支"宪警部队"。

建立"世界政府"的主张由来已久。在第二次世界大战前,这种主张因大国之间的矛盾和斗争,未能真正实现;世界大战的爆发,更使这一理想成为泡影。第二次世界大战后,虽然出现了更多的国际组织,特别是国际经济组织,它们在各自的领域中起到了一定的积极作用,但如前所述,它们的作用仅限于各国的专业范围。联合国的作用同样是有限的,而且始终是超级大国起支配作用。这些国际组织在国际经济秩序的除旧布新的斗争中无能为力。这种状况不彻底改变,却要在其基础上建立凌驾于各民族国家之上的"世界政府",怎么能不引起人们的疑虑呢?

全球主义者抓住了当代经济全球化的事实,但却有意无意地回避当今世界存在的种种尖锐复杂的矛盾;他们强调了科学技术和经济,却脱离了现实政治;他们往往以超脱阶级和政治的姿态,以全人类的代表自居出现。可是,不论他们的主观愿望如何,他们的主张却只能是适应了某些大国特别是超级大国的需要。

---

① [美]阿尔温·托夫勒:《大未来》(中译本),时报文化出版企业有限公司 1991 年版,第 457—458 页。

"全球主义"者提出的一个关键问题，是在经济全球化的历史条件下，国家是不是在消亡。马克思主义认为，国家和国家主权是历史现象，它们是在历史发展中产生的，也将在历史发展中消亡。但现在离那个时候还遥远得很。因为现代资产阶级国家是资产阶级特别是大资产阶级利益的代表。只要资本主义制度和资产阶级还存在，国家就不会削弱，更不会消亡。国家的消亡是在阶级消亡之后，而不会在这之前。马克思主义的这一基本论点并没有过时。

列宁曾经指出："在资本主义的发展过程中，可以看出在民族问题上有两个历史趋向。第一个趋向是民族生活和民族运动的觉醒，反对一切民族压迫的斗争，民族国家的建立。第二个趋向是民族之间各种联系的发展和日益频繁，民族壁垒的破坏，资本、一般经济生活、政治、科学等等的国际统一的形成。""这两个趋向都是资本主义的世界规律。第一个趋向在资本主义发展初期占优势，第二个趋向标志着资本主义已经成熟，正在向社会主义社会转变。"[①] 目前已到了经济全球化时期，各民族国家之间的互相依赖大大加强，形成全球经济的整体。它标志着资本主义更加成熟，正在进一步向社会主义转变。从资本主义转变到社会主义，这是一个相当长的历史过程。这个过程是十分曲折的，充满复杂的矛盾和斗争。在这个时期内，国家不会消亡，国家主权也不能削弱。

（原载《中国社会科学》1995 年第 1 期）

---

① 列宁：《关于民族问题的批评意见》，《列宁全集》第 20 卷，人民出版社 1958 年版，第 10 页。

论经济地区化

一 什么是经济地区化？

经济地区化（Economic regionalization），通常表现为同一地区各国，互相建立和发展密切的经济贸易合作关系，进而根据自愿的原则和本地区的实际情况，签订一定的经济贸易协议，建立本地区经济一体化组织，从而形成相对固定的、制度化的一体化经济区。对于这种地区性经济一体化组织，有人把它们看做是地区经济集团（Economic bloc）。因此，经济地区化也就是经济集团化。但集团这个词，并不能完全确切地反映当代经济一体化组织的实际情况及其特征，甚至可能引起种种误解，使人误以为这些地区经济组织是封闭的，具有很强的排他性，但实际情况并非如此。在历史上，确曾出现过某种经济集团。如20世纪30年代大危机之后，世界货币体系的金本位制瓦解，世界分裂为以几个主要发达资本主义国家的货币为中心的货币集团，或货币区（如英镑区、法郎区、美元区），它们之间有着天然的排他性。而现在的地区一体化组织，在产生的背景、原因、其性质和作用等方面，与那些集团都大不相同。还有人把地区经济一体化组织称为经济圈（Economic rim）。日本报刊上就经常出现"经济圈"一词。这个词也不尽确切，它使人有模糊不清之感。例如，《日本工业新闻》1997年2月19日刊载文章，认为世界市场"正在进入地区经济圈时代"。何谓"地区经济圈"？"日本振兴会对其最小的单位"下了如下定义："国与国之间以某种方式缔结有地区性协议。"这个定义，指出"经济圈"必须是国与国之间通过缔结地区性协议才能建立，这是不错的，但不免含糊，因为同一地区国与国之间的经济贸易协议，可能是各种各样的。这些协议可能是双边的，也可能是多边的；它可能是短期的，也可能是长期的；它还可能是有关各国全面经济贸易关系方面的，也可能只是某一专业部门或某一单项的。如果把这些都笼统地看做是地区经济圈，而经济圈的形成又是经济地区化的表现，就过于模糊了。

事实上，地区经济一体化组织的出现，从而经济地区化现象的出现，乃是第二次世界大战以后才有的。在这之前的世界历史上，并没有过这种现象。二战后，从50年代末期开始，越来越多的地区内各国间签订经济一体化协议，地区一体化组织先后建立，从而形成世界经济地区化。到80年代以后，地区经济一体化组织更是迅速增多，经济地区化趋势也不断加强。据统计，从1957年到1994年间，共达成了109项区域性贸易协议。世界贸易组织成立以来，即1995年后到1998年底，短短几年里，又出现了至少16个区域性贸易组织。目前，世界贸易组织（WTO）的所有成员国至少是一个区域性贸易组织的参与成员。[1]

这些地区一体化组织，其规模大小相差悬殊，地理范围大小不一，成员多少不同，合作方式各具特色，其一体化程度也大有

---

[1] 《经济参考报》1998年11月10日。

差异。按经济规模和地域范围大小来划分，有像欧盟、北美自由贸易区、亚太经合组织这样的大区域组织，有东南亚国家联盟、南方共同市场这样的次区域组织，以及像东亚"南方成长三角"（包括新加坡、马来西亚南方省份柔佛和印尼的廖内群岛），"北方成长三角"（包括泰国南方的克拉地峡、马来西亚北部以及印尼的苏门答腊）等小经济区。按一体化程度的高低，这些地区性组织则可划分为自由贸易区，关税同盟，共同市场，经济共同体，经济货币联盟。

综上所述，无论区域一体化组织规模大小，成员多少，一体化程度高低，一体化合作方式有何特色，它们都具有一些基本的共同点：（1）它们都是在同一地区内各国间发展经济合作的基础上建立的，如果不是同一地区内的国家，尽管有经济合作关系，也不可能形成地区性经济组织；（2）它们都是由政府出面，签订一定的经济一体化协议所建立的。这种国家间的协议，成为地区性一体化组织发展合作的机制。如果没有政府参与，而只是民间组织或企业间的经济往来，是不能形成地区一体化组织的；（3）为了按照协议，朝着一定目标，推进本地区各国之间的经济贸易合作，地区一体化组织往往需要建立一定超国家机构，或至少需要由各成员国领导人定期举行会议，形成制度；（4）同一地区的国家既然已经通过签订协议，建立一体化组织，则参加这个组织的各成员国，就享受协议所规定的权益，也必须尽协议所规定的义务。总之，按协议办事，而不能各行其是。这也就意味着，一体化组织的成员国，不能不把自己的部分主权，首先是某些经济决策权，让渡给这个一体化组织，由这个超国家组织去执行。这样，各国的主权就受到了某种制约或"限制"，也可以说，国家主权受到了某种"侵蚀"。但成员国部分主权的这种失落的同时，它们在地区一体化组织中，又都享有发言权和参与决策的权力，而这归根结底，是为了从中获得预期的利益。

二 经济地区化产生的原因

经济地区化和经济全球化是同时并存的两种现象。随着经济全球化的形成和发展，各民族国家在经济上互相联系和互相依存关系空前加强，密不可分，共同结合成为全球经济的有机整体。既然如此，为什么又会出现经济地区化这样一种现象呢？是什么原因推动世界各个地区建立经济一体化组织，从而形成世界经济地区化的局面呢？

从根本上说，促成经济地区化的原因，与经济全球化一样，即生产力和生产社会化水平达到今天这样的高度，致使经济活动大大超越国界；不仅商品流通，而且生产要素的流通，都超越国界；不仅再生产的流通过程超越国界，而且直接生产过程本身也超越国界；交通运输和通讯手段的新的飞跃发展，特别是信息化、网络化，大大促进了这个过程，加强了各国之间的经济交往。此外，80年代后，各国先后实行经济改革、产业结构调整和升级，以及进一步实行对外开放，贸易和资本流动自由化趋势的加强等等，都推动了各国经济融入世界经济整体的过程。然而，当各国经济生活互相结合成为全球经济的整体的同时，为什么又出现了各个地区建立自己的相对独立的经济实体的现象呢？

首先，经济全球化，固然把全世界各个国家，在经济上紧密联系起来。因此，一般说来，各个国家都应与其他国家建立和发展全方位的合作关系。但是事实上，对任何国家来说，它的对外经济关系都不是均衡的，而是有疏有密。通常的情况是，各个国家与处于同一地区的其他国家的联系总是要更密切些。这是由于它们地理上相邻或相近，往来较方便；它们在历史上可能早已有了密切交往的渊源；此外，同一地区各国在文化、宗教、语言、风俗、习惯等方面，也可能有较多的共同或相近之处，易于互相沟通，因此，当经济生活要求跨越国界，走向全球时，各国首先趋向于与本地区的邻国建立更加密切的合作关系，并在此基础上，达成某种一体化合作协议，组建地区经济组织，这是十分自然的。

其次，随着经济全球化趋势的加强，各国之间的竞争日益激化。为了促进本国经济的发展，增强本国经济的实力和竞争力，提高本国的国际地位，各国单干往往感到势单力薄，特别是中小国家，更是如此。外部的压力迫使它们联合起来，加强合作，以求一方面实现地区范围的各国间的优势互补，促进资源在本地区内更有效的配置，从而促进各国的共同发展；另一方面，对外则可以一个地区组织的资格，争取更大的发言权和更有利的国际地位。这种情况，无论在发展中国家或在发达国家中都可以看到。许多地区的发展中国家，即使它们之间的经济联系并不太密切，而与发达国家，特别是原宗主国也许更加密切，但为了在与发达国家发展关系中提高自己的地位，它们也趋向于组织起来。许多由发展中国家建立的地区经济组织，其建立的动机和目的，就在于此。如拉丁美洲的"南方共同市场"（包括巴西、阿根廷、巴拉圭和乌拉圭四国）面对北方强大的邻国美国，加强经济上的一体化合作，增进其独立发展，就是一个例子。即使是发达国家，如果感到一国力量有限，也趋向于联合起来，成立地区组织。如欧洲的发达国家多是中小国家，在第二次世界大战后，就面临着生存和独立发展问题。它们最早建立一体化组织，是完全可以理解的。

最后，国力强大的西方大国，也倾向于建立本地区的经济一体化组织。它们所追求的目标，除了通过市场的扩大，实现地区内资源的有效配置，促进本国的经济发展外，还在于争取在本地域内起主导作用，使本地区其他国家更多地依附于自己，形成以自己为核心的势力范围，并以此为依托，向其他地区乃至全球扩张。

由上可见，在经济全球化条件下，促使各地区建立经济一体化组织，推动经济地区化的发展，有其主客观原因。因此，经济地区化作为一种趋势，也有其客观必然性，今后这种趋势仍将继续发展和加强。

当然，对经济地区化趋势的发展，也有一些起阻碍或制约作用的因素，不利于它的发展，这些因素主要有：

1. 同一地区各国国情差异显著，经济水平差距过大。在这种情况下，即使各国都有加强合作的愿望，也有可能发展相互之间的合作关系，如双边关系和多边关系，但如达成一致的协议，并在此基础上建立制度性地区一体化组织就困难得多。因为各国差别过大，具体利益要求就会有更大分歧，所追求的目标重点也各不相同。如果使如此不同情况和不同要求的国家之间的关系，用协议加以规定，其难度之大可想而知。要达到这一点，需要更长一些的互相协调的过程。如亚太经济合作组织的情况就是这样。在这个地域如此广阔（横跨太平洋两岸），成员如此众多（目前有21个成员），各国情况如此多样（有发达国家，也有发展中国家，它们之间的人均国内生产总值相差十几倍或几十倍，更不用说文化和价值观的歧异了），就只能一步步向前走，欲速则不达。

2. 地区内各国之间的关系，特别是政治关系不正常，甚至由于边界、领土争端或民族、宗教冲突而使国家关系长期恶化，地区安定不能确保，也必然会影响经济合作的发展。这种情况，在亚、非、拉发展中国家和地区，并不鲜见。例如南亚区域合作联盟（包括孟加拉国、印度、巴基斯坦、尼泊尔、斯里兰卡、不丹、马尔代夫七国）自1985年正式成立以来，在经济合作方面虽有一些进展，但由于印度和巴基斯坦这两个最大的成员国之间，在克什米尔问题上尖锐对立，不时爆发武装冲突，1998年，两国先后进行核试验和导弹发射，加强军备竞赛，不能不严重影响该地区经济组织的正常发展。

3. 经济形势恶化也会影响地区经济合作的发展。通常的情况是，当某个或某些地区乃至整个世界经济形势良好，经济增长较快，生产、贸易和投资等都在扩大时，则经济全球化和经济地区化趋势都会得到加强；相反，当地区或世界经济形势恶化时，各国就都倾向于首先考虑各自的应对策略，分歧可能增多，贸易保护主义趋于增强，经济全球化和地区化就都会受到影响。当然，在某地区各国都面临经济困难时，也有可能促使它们加强协调和合作，以联合的力量，克服困难。但在多数情况下，这只是良好的意愿。在实际上，往往是民族主义情绪占上风。这样，一体化合作就会受到削弱。例如，在1997年东南亚发生猛烈的金融风暴之后，各国经济均陷入严重危机，经济大幅度下降。面对严重的形势，各国自顾不暇，东盟的一体化合作不能不受到消极影响。1998年在河内举行的第六次东盟首脑会议通过的《宣言》，也毫不讳言地指出："我们承认目前影响我们的经济和社会的经济和金融动荡已使我们这些国家和我们的东盟已取得的许多成就受到严重挫折。"尽管这种挫折只是暂时的。

4. 不按照客观实际办事，只顾追求形式，不注重实际效果，也会影响地区一体化合作的顺利进展。例如，一个国家同时加入多个不同的地区经济一体化组织，其中每个组织所据以建立的协议，都可能是有吸引力的，但凑在一起，就可能互不配合，为实施造成困难。这种地区一体化协议和一体化组织不可能有多大生命力，最终难免名存实亡。在过去几十年内，这种情况屡见不鲜，至今仍然存在，特别是在拉美和非洲地区，更是如此。《联合国技经贸信息网》于1998年11月12日发表一篇文章，就指出这个问题。文章说："对地区市场完整性危害最大的因素是局部协定的增多，在某种情况下，这些协定相互排挤，甚至互相矛盾。在其他情况下，这些协定没有列入地区间贸易中具有巨大潜力的因素。"这种种情况，都不能不影响地区经济一体化的健康发展，也不能不影响各地区组织之间关系的加强。

尽管存在着上述种种消极因素，不利于经济地区化的发展，但经济地区化有其客观基础和推动力，它仍将按照它本身的逻辑不断前进。

三 经济地区化与经济全球化之间的关系

经济地区化和经济全球化的产生有同一根源，它们都是生产力的高度发展的产物。同时，二者的产生和发展，还都有各自特殊的因素在起作用，因此形成了同时并存的两种现象或两种趋向。为了揭示经济地区化的性质，说明其特点，有必要对经济地区化与经济全球化之间的关系进行分析。

首先，多数学者认为，经济地区化是经济全球化过程中必然要走出的一步。只有通过这一步，才能最后真正实现全球经济一体化。也有人认为，经济地区化是经济全球化的具体实现形式。这两种说法，都有一定道理。

认为经济地区化是走向全球经济一体化的一个步骤，是因为经济全球化虽然已成为现实，但全球经济一体化却仍是遥远的未来的事。这样说的前提是把经济全球化和全球经济一体化二者看做是既有联系又有区别的两个概念。简单地说，经济全球化是一个随着科学技术和生产力的提高而发展的客观过程；而全球经济一体化则是在经济全球化发展的基础上，由世界各国政府出面，签订一体化合作协议，对各国经济政策进行协调，对全球经济的运行进行管理和宏观调控。如果按照这样的理解，则可知，全球经济一体化是相当困难的。经济全球化要求实现全球经济一体化，但这个要求绝非短期内所能实现。试想，全世界这么多不同的国家，它们的经济、政治、文化大有差异，它们的利益、目标、要求各不相同，因而矛盾重重，要找出它们都可接受的共同原则基础，达成某种一体化协议，并建立全球经济一体化组织，其困难可想而知。这无异于要成立一个全球政府。目前的联合国和世界贸易组织、世界银行、国际货币基金组织等，虽然是由世界各国广泛参与的，它们也有一定的规章，它们在管理全球经济事务中也发挥一定的作用，因此，可以认为它们象征着全球经济一体化已露端倪，但只是"象征"和"端倪"，而远不是全球经济一体化。因为这些国际经济组织都不具有全球政府的性质，它们的作用也是大有局限性的。可以设想，随着这些国际机构的改革和加强，会不断开辟走向全球经济一体化的道路。这只是一条道路。此外还可能有另一条道路，即通过经济地区化的扩展，最终走向全球经济一体化。因为经济地区化，实际上已是地区经济一体化，即已经是在各地区建立了经济一体化组织，如果这些组织彼此联合，或者互相交叉，互相包容，互相衔接，从而扩大到全球，岂不会实现全球经济一体化？从这个意义上说，经济区域化就应看做是朝着全球经济一体化迈出的一大步。当然，这只是一种推论，实际上，这条道路是否行得通，尚需今后的实践来检验。即使有此可能，这也必然是一条漫长而艰难的道路。因为实现区域经济一体化并不难，而从区域一体化到全球一体化则是一大飞跃，要实现这一飞跃，则是十分困难的。

再看看另一种说法，即认为经济区域化是经济全球化的具体表现。这种看法与上面那种看法基本是相同的。只是说法不同而已。持这种看法的人也认为，全球经济一体化是一个长期的过程，这个过程发展的每一步，或每一阶段，都会有与当时条件相适应的具体表现，目前阶段充其量是走向全球经济一体化的起步阶段，只能表现为经济区域化，或区域经济一体化。

其次，经济地区化是在经济全球化的大背景和大环境下形成和发展的，它必然要受经济全球化的影响，因而表现出一定特征。其中重要特征之一是地区经济一体化组织的开放性。

目前已建立的地区经济组织，不论其一体化程度的高低，也不论其采取怎样的合作方式，其内部各国间的合作关系总是要比它们与本地区外各国之间的关系更加密切。它们之间互相开放的程度要更高一些，商品、资本和其他生产要素的流动要更自由一些，国与国之间的壁垒要更少一些，甚至完全取消贸易和投资的各种限制。这样的经济区，无形中会对其他地区产生某种排他性。但是，经济全球化的大环境又要求各地区经济组织不能与其他地区断绝联系，形成封闭的地区经济集团，相反，它们都要与其他地区、其他国家保持和发展关系，互相既竞争又合作，而不是绝对对立。因而，各地区经济组织，基本上是开放性的，面向全球的。

在这里，那些导致经济全球化形成和发展的因素起着重大作用。只要指出经济信息化和跨国公司的不断发展就够了。目前经济信息化正在加强，信息的传播不受国家的局限，也不受地区的局限，它要走向全世界，因为不论是信息网络，或者是通讯卫星，其服务的范围，都是全球性的。因此各国和各地区的经济活动也不能不是全球性的。同样，大跨国公司的活动，也不是局限在某个地区范围之内，而是全球性的。每一个跨国公司都建立了自己的全球生产和营销网络，都实行全球经营战略。数以百计的巨型跨国公司所建立的"业务"网络，互相纠结、交织，成为一个巨大无比的全球经济网络。任何国家和地区都被罗致在这个巨大无比无所不包的网络之中，这就决定了它们的经济不能囿于本地区，而必须面向全球。

事实上，任何一个地区经济组织，不论其规模多大，其内部各成员国之间的优势互补性和资源配置的有效性，都是有局限性的。任何地区性经济组织，都不可能做到自给自足。都必须从地区外寻找必要的资源和市场作补充。否则就不能发展。例如，像欧盟这样的由发达国家建立的地区一体化组织，就越来越感到对世界原材料、能源和市场的依赖。得不到外部资源和市场，它一天也不能生存；由发展中国家组成的经济一体化组织，又感资金、技术的缺乏，而这些又不是在本地区内部能得到解决的，必须从他国，主要是发达国家引进。总之，任何地区性经济性组织的内部合作，都不可能完全代替与地区外的交往。这就决定了它们必须是开放性的。

最后，经济地区化与经济全球化的互相影响，都有两重性。先看一看经济全球化对经济地区化的影响。一方面，前者的发展对后者有促进作用。这是因为全球化意味着全球市场竞争的日益激烈。这种激烈的竞争，对任何国家都是一个巨大的外部压力，它迫使同一地区各国加强合作，以求增强经济实力和竞争力；全球化的发展又意味着市场自由化的逐步加强，这又会对地区化造成一种压力。如果地区经济组织内部贸易和投资的自由程度与全球市场自由化程度相差无几，那么，地区一体化的优势就将减弱，甚至没有必要再维持这个组织了。这也就迫使地区经济一体化程度不断加深。但是，另一方面，全球化的不断加强，全球竞争的激化和全球市场自由化程度的提高，在全球经济缺乏必要的统一管理和宏观调控的情况下，对各国和各地区组织，都有潜在的风险和危机。如果这种风险和危机一旦成为现实，就会对地区组织的发展造成巨大的破坏和挫折。

再看看经济地区化对经济全球化的影响。这也具有两重性。一方面，由于各地区组织内部实行更高程度的自由化和更密切的合作，而这些地区性组织又都是开放性的，面向全球的，则它们的发展自然会在总体上促进经济全球化的发展。但是，另一方面，地区性经济组织的加强，其一体化程度的提高，其保护主义和排他性趋向也可能有所加强，从而对经济全球化的进程产生一定的负面影响。对这种负面影响，有人已开始表示担心，指出："经济'集团'的出现有导致世界分裂的危险。在这个分裂的世界中，集团成员国之间实行自由贸易，其他国家间实行常规贸易的原则将占上风。"总之，地区一体化协定和一体化组织，可以促进，也可以妨碍世界各国加强相互依赖的经济全球化的进程。

综上所述，经济全球化和经济地区化这两种既有联系又有区别的过程或趋势，在其发展中，互相促进，又互相制约。从总体上说，它们都将不断发展，但发展过程又必然是迂回曲折的。

四 地区经济组织内部和外部的关系

地区经济组织内部的关系，是指其各成员国之间的关系。而外部关系，则主要是指各地区组织相互间的关系。各地区经济组织是在其内外关系的不断调整中发展的。一般来说，任何地区经济组织，无论其内部或外部关系，都存在着合作和斗争两方面。但在内部，通常是各成员国之间的合作关系占上风，在合作中有斗争；而在各区域经济组织之间，则通常是竞争关系是主要的，在竞争中有合作。

各地区性组织内部和它们相互之间的既合作又竞争的关系，是当今世界经济发展的强大机制，它有力地促进了各地区经济组织和整个国际经济关系的发展。

先看看区域经济组织的内部关系。之所以说其内部各成员国之间的合作关系占上风，是因为，如前所述，地区组织的成立，就是为了取得集体合作的优势，以便更快地求得本身的发展，对外提高其国际地位。为此，各成员国非加强合作不可。否则，如果它们之间的斗争关系占上风，它们就不可能走到一起，共同建立这个一体化组织，即使建立了，也不会长期维持下去，迟早要走向解体。

地区经济组织就是以成员国之间的合作为基础而不断得到发展的。而地区组织的发展，又使各成员国都得到利益。这种利益，一般来说，来自地区市场的扩大、各成员国之间的优势互补和地区内资源的有效配置。显然这种利益是它们各自单干所难以获得的。这具体表现在区域内部贸易额的更快增长上。如欧盟在其前身欧共体刚刚成立之初，成员国之间的内部贸易占其对外贸易总额的五分之二以上，此后由于内部贸易比对区外贸易增长快，这个比重也不断提高，目前已占三分之二以上。这个数字意味着，对各个成员国来说，都拥有扩大了的地区内市场，都享有与他国的优势互补的利益，也都加强了规模经济的优势。这自然会对各国的发展产生积极的促进作用。这是各国间合作关系加强的基础。在北美自由贸易区，也有类似的情况。自1994年1月自由贸易协议生效以来，美国与加拿大的贸易额连年增长，如1996年美对加商品出口额增长4.4%，进口额增长7.9%，分别达到1326亿和1565亿美元，使两国成为世界上最大的双边贸易伙伴。在1994—1996年美对墨西哥出口增加了37%，仅1996年美对墨出口就增加了

22.6％，墨西哥已成为美国第三大出口市场，当年美从墨进口增长18.2％，墨也从中受益匪浅。其他一些中小区域一体化组织也莫不如是。例如，南方共同市场自从建立到1996年的5年间，内部贸易额每年增长35％。东盟内部合作关系也愈益加强，取得了重要的成就。

区域组织内部的合作关系，将随着其一体化程度的提高而愈益加强。如果说关税同盟这样的低级形式的一体化组织，各成员国只能通过发展相互的贸易获利的话，那么在共同市场内部，各成员国就有可能通过商品和各种生产要素的自由流动而获得更大利益，从而也意味着它们合作关系的更为加强。但是，另一方面，在区域组织内部，各成员国之间也免不了存在种种矛盾和斗争。因为各国都力求少让出一些主权，少承担一些义务，少付出一些代价，而多得一些利益。何况各国具体情况不同，所追求的利益不一，因此，斗争是不可避免的。而且随着一体化程度的提高，在合作关系加强的同时，矛盾和斗争也趋于激化。虽然，通常这种矛盾和斗争的激化会力求保持在一定限度之内，即不致因此而导致地区组织的解体，而又能实现一体化的升级。最明显的例子是欧盟。自从它提出向单一货币过渡，最终建成经济和货币联盟的目标时起，以英国为首的一些国家就表示异议，不愿走上这条道路。1999年1月1日单一货币欧元启动时，只有11个国家参加，英国、爱尔兰、丹麦、瑞典留在了这个"欧元区"之外，就是矛盾激化的表现。

再看看各地区组织之间的关系。一般说来，它们之间的关系以竞争和斗争为主。这是因为，它们的成立，就是为了以地区各国联合的优势，增强本身的力量，提高与其他地区和国家进行较量的地位，至少在以西方大国为核心的地区经济组织之间，情况是这样。

战后最早建立的经济一体化组织出现在西欧。1957年西欧六国（比利时、法国、联邦德国、意大利、卢森堡和荷兰）在罗马签订无限期有效的《欧洲经济共同体条约》（通称《罗马条约》），于1958年1月1日条约正式生效，建立了"欧洲经济共同体"，该组织又于1967年7月1日，与早先就已建立的欧洲煤钢共同体及欧洲原子能共同体的主要机构合并，成为"欧洲共同体"或"欧洲共同市场"。这个地区经济组织的建立，其目的就是为了通过加强各成员国在经济上的联合，促进自身的经济发展，确保西欧在世界上的独立存在，提高西欧在世界市场竞争中的地位。当时，面对着苏联的威胁和美国的控制，西欧这些发达的中小国家，如果各自单干，是没有前途的。即使在成立共同体之后的一定时期内，也没有构成对强大的美国的挑战。相反，美国也愿意看到西欧在经济上的联合，以便一方面加强以美国为首的西方国家共同对付苏联威胁的实力，另一方面又便于通过对外投资等手段，向西欧进行扩张，加强对西欧盟国的控制。但是，随着欧共体的成长壮大，和美国实力地位的逐渐削弱，美国终于感到，它也有必要建立自己的地区经济组织。美国先后于1989年与加拿大签订了美加自由贸易协议，成立了美加自由贸易区；随后，于1993年，又与墨西哥签署自由贸易协议，建立了美、加、墨参加的北美自由贸易区。

随着地区一体化组织的扩大和加深，各地区组织之间的合作，固然可能加强，因为它们相互间有可能提供一定的机遇；而斗争则会进一步升级，因为任何一个地区组织一体化的加深，都会对其他组织提出新的挑战，从而使斗争加剧。这种关系，最突出地表现为欧、亚、美三大经济区之间的合作和斗争。

例如，美国推动建立美洲自由贸易区，从一开始就是为了对付欧洲联盟的紧锣密鼓的一体化进程。随着欧洲单一货币的启动，美国也更加紧了它的努力，以期在预定的2005年最终建成这个北起阿拉斯加，南至火地岛，由34个国家参加，拥有8亿人口，国内生产值总额将达9万亿美元的世界最大的自由贸易区。

但是，欧盟对此不会袖手旁观，它积极促进与南方共同市场的贸易，目前南方共同市场与欧盟的贸易已超过了同美国的贸易。欧盟为了巩固和更进一步加强与南方共同市场的合作关系，双方将朝着在未来建立一个自由贸易区的方向前进。1997年，在圣保罗举行的世界经济讨论会上，欧盟委员会副主席马林宣布，欧洲联盟打算在1999年同南方共同市场签署建立自由贸易区的协定。此外，欧盟还正在与拉美里约集团（12国）、中美洲一体化组织增加接触，发展关系。美国要使拉美现有各地区经济组织与全美洲自由贸易区融为一体，而欧洲则力图阻挠美国这一目标的实现。欧盟与美国在争夺拉美的斗争中，针锋相对。虽然欧盟和南方共同市场在经济和社会发展方面都存在着差异，但相信它们有办法解决有关问题。而对南方共同市场和其他拉美一体化组织来说，它们发展与欧盟的合作关系，也是为了一方面获得实惠（如欧盟及成员国给予中美和南美的经济援助已分别达9.75亿和6亿美元）；另一方面，更是为了提高自己在与美国进行的谈判中讨价还价的地位。

欧盟与亚洲的经济关系，无论在贸易或投资方面，都远远落后于日本和美国。随着美国着力在亚太经合组织范围内推动亚太地区的自由化进程，欧盟更感到形势对自己不利，于是便选定东盟和中国，作为加强合作的重点对象，以便进军亚太，与美国加强争夺。还在1994年7月，欧盟即公布了题为《新的亚洲战略》的文件。文件对欧洲在亚洲"行动太晚"敲起了警钟。在这之后，欧盟立即采取行动，高级官员频频来访，企业家积极探索在亚洲展开经营活动的途径，有关研讨会频繁举行。为了进入亚洲，欧盟对亚洲表现出了与美国不同的态度，美国采取"压"的手段，挥动人权、民主大棒，迫使亚洲开放市场。欧洲则采取"较为妥协"的态度，把重点放在"商业机会"上，把人权放在次要地位。有评论说：欧洲人正与亚洲人形成更为平等的"伙伴关系"，而美国则仍坚持建立以美国作为领导前提的关系。1996年3月，在曼谷举行了第一次亚欧会议，由欧盟15国和亚洲10国领导人参加，舆论认为，这是"欧洲决心与亚洲建立相当于亚太经合组织这样体制的一个重要行动"。1997年7月亚洲发生金融危机后，美国资本乘机加强对东亚的渗透，欧盟也不肯落后，大力增加对东亚的投资。

美国和欧盟在非洲也展开了新一轮争夺。与欧洲相比，美国在非洲的投资少，增长速度慢且投资面甚窄。在苏联解体后，前苏联在非洲的力量基本消失，美就力图促使非洲实行市场经济改革，以确保自身的利益，战胜欧洲竞争伙伴。美国前商务部长罗思·布朗早在1996年访问非洲5国时就说过："我们希望继续促进（非洲的经济）改革，希望美国公司不断抓住做生意的机会。"美国在一份名为《对非洲国家的贸易和发展政策》的官方文件中把对非洲贸易称为"美国贸易竞争的最后一块地盘"。为此，美国越来越多的高级官员出访非洲各国。1997年6月美总统克林顿在丹佛举行的西方8国首脑会议上，号召非洲国家按照国际货币基金组织和世界银行提出的模式促进经济改革，评论认为"这一倡议，意味着美国在非洲旧的投资政策结束，并要帮助该大陆继续发挥其经济能力"。实际上，"这个倡议并非是为非洲着想，而是为了美国的利益而对付欧洲竞争者的"。

五　经济地区化的发展趋势

地区经济组织内部和外部关系，是推动其不断发展的重要机制，在这些机制的共同作用下，地区性一体化组织表现出扩大和加深的趋势。

一般说来，当某一地区内若干国家建立一体化组织后，该地区的其他国家就会感到孤立和有一定压力，它们也就会要求加入该组织。此外，这个地区性组织的建立，对其他地区各国，同样会形成压力，甚至使它们感受到一定威胁，因此，也就会刺激和推动它们加快建立本地区的经济一体化组织。这就会形成一种"连锁反应"，使地区经济组织在不长的时间内得到广泛发展，遍及全球。冷战的结束加速了地区经济化的进程，地区经济组织的建立出现高潮。

但是，地区经济一体化组织的数量总是有限度的。目前地区一体化组织已遍布世界各地，绝大多数国家已经被纳入地区性经济组织之中，有些国家甚至不仅参加一个组织，而是参加两个或更多组织。地区经济组织的数量不可能无限地增多，它总会接近极限。在这种情况下，特别值得人们关注的，是地区一体化组织的扩大和深化，而这也是今后地区一体化组织发展的重要趋势，地区经济组织之间的合作和斗争关系，在它们扩大和加深的过程中，将表现得愈益明显。

仍以欧盟为例。自从1958年欧洲经济共同体成立以来迄今40年，这期间，该组织经历了不断扩大和加深的过程。1968年7月1日，六国关税同盟建成。1973年1月1日，英国、丹麦、爱尔兰3国加入，这个关税同盟成员国增加到9国。1979年3月13日开始正式实施建立欧洲货币体系方案，是其一体化加深的重要一步。1981年1月1日希腊又成了共同体的正式成员。1986年葡萄牙和西班牙也加入该组织，其成员国增加到12个。1993年1月1日，建成内部统一的大市场，成员国之间实现了货物、劳务、资金和人员的自由流通，是其一体化加深的又一步。1995年1月1日，挪威、瑞典、荷兰3国加入共同市场，该组织成员国增加到15国。1999年1月1日，在这个统一的市场上使用单一的货币（欧元），成立欧洲中央银行，这意味着成员国（英国、丹麦、希腊、瑞典暂未加入）要采取协调一致的经济、财政和金融政策，也意味着欧洲经济和货币联盟的建立。欧共体这40年的发展、成长过程，可以很清楚地看出它的规模逐步扩大和一体化程度逐步加深的轨迹。目前欧盟仅实行单一货币的11国，其经济规模已达5.5万亿欧洲货币单位（欧元），与美国（6.8万亿欧洲货币单位）已相差不多，大大超过了日本（3.7万亿欧洲货币单位）。欧盟扩大和加深的过程至此并未结束，它还将继续前进，一方面，未加入欧元区的4个成员国迟早要加入；欧盟还要深入发展，并朝着建设政治联盟的方向前进；另一方面，欧盟将向中欧和东欧地区扩展，不久的将来，就会出现一个规模超过当前北美自由贸易区的强大经济体。

北美自由贸易区于1994年初成立，当年年底召开了美洲首脑会议，确定了西半球于2005年实现美洲贸易自由化，即建成包括北美、中美、南美在内的美洲自由贸易区。与此同时，在美国总统克林顿的倡议下，当年11月，在美国西雅图召开了亚太经合组织领导人非正式会议，美国提出建立太平洋自由贸易区的设想，虽为其他多数成员所拒绝，但此后，这个组织的领导人非正式会议每年召开一次，并于1995年的茂物会议上，通过《宣言》，决心在2010年，该组织发达成员实现贸易和投资自由化，2020年，其发展中成员达到这个目标。可见，无论在美洲或在亚太，地区化也都在朝着扩大和加深的方向发展。亚太经合组织最初成员经济实体只有12个，后逐步增加到15个、18个，目前已增加到21个。

地区一体化组织的扩大和深化趋势，在某些由发展中国家建立的次区域组织中也有表现。如东盟自1967年成立之初，成员国只有5国（印度尼西亚、马来西亚、菲律宾、新加坡和泰国）。后文莱加入。40多年来，该组织内部互助合作逐步加强，1997年7月，越南、老挝、缅甸正式加入，成为其正式成员，成员国增加到9个。最近柬埔寨也已经加入。1993年，东盟成员国首脑会议即已决定，该组织在2003年将建成自由贸易区。1997年爆发的东亚金融危机，对东盟各国经济造成严重破坏，但它们并没有中断朝着这个目标前进的步伐。相反，1998年12月在河内召开的东盟首脑会议上，通过了今后6年内（1999—2004年）加强东盟一体化的广泛"行动计划"，目标是加快建立自由贸易区的步伐。其中发达的成员国从2005年起把关税降低到5%，对越南（2006年）、缅甸和老挝（2008年）则适当宽限。

地区经济一体化组织的扩大，必然会出现两个或两个以上区域经济组织部分重叠和交叉以及大区域组织包容和涵盖次区域组织的情况。如亚太经合组织就包括了北美自由贸易区和东盟等。

地区经济组织的这种扩大和加深的趋势，是由它们内部的运动机制决定的，是合乎逻辑的。因为地区组织的扩大和一体化程度的提高，既有必要也有可能。其必要性在于只有扩大和加深，才能增强其与其他地区组织的竞争实力。其所以可能是因为如果该组织实行一体化合作取得成就，必然会对相邻的其他国家产生吸引力，它们也就希望参加，分享其利益。这样就产生了地区组织不断扩大的趋势。而一个地区组织的扩大，必然加大对其他地区组织的压力，促使它们扩大。与此同时，地区组织总要朝着提高一体化程度的道路前进。因为当它经过努力，实现了一定的一体化目标之后，如果不向更高的一体化形式前进，它的活力就将枯竭，发展就会停顿，只有不断深化内部一体化合作，才能不断挖掘本身内部的潜力，加强自己的活力，不断开拓新的前景。而且一个地区组织一体化程度提高，也同样会对其他地区组织产生一种"模仿"效应，促使它们提高一体化程度，如欧盟实行单一货币之后，在北美、东亚和南方共同市场，都有人议论实行单一货币的可能性。由此可见，地区一体化组织的扩大和深化，都是十分自然的。

但是，任何区域一体化组织的扩大和深化，都不是没有限度的。先说其地区范围的扩大和成员的增加，并不是无限的。因为地区组织越大，成员国越多，内部矛盾也就越多，相互关系也就越复杂，也就越难协调，一体化合作也就难以加强。相反，组织会趋于更加松散。欧盟之所以能在不断扩大的同时，其一体化合作关系也不断加强，乃是因为其成员国经济水平大致相当。如果它有朝一日把东欧国家吸收进来，就必须给予它们以更多的"特殊待遇"。德国《法兰克福汇报》（1997年12月15日）一篇评论文章谈及欧盟"东扩"的问题时就说："这个过程结束时，欧盟将发生质变，一个拥有25个或更多成员国，接近5亿人口的统一欧洲将出现在人们面前。它的范围将从巴伦支海到黑海之滨，但其最后状态和未来边界仍不能确定。首先东扩迫使欧盟进行内部改革和更新，'新欧洲'将更加灵活，但也将更加松散。"同样，如果以美国为核心，把中南美洲国家组织起来，建立美洲自由贸易区，也必须给予这些发展中国家以一定"特殊照顾"。否则，它们的利益受到损害，它们是不愿加入这个组织的。

再说一体化程度的提高，也不是没有限度的。因为一体化程度越高，就要求成员国把越多的主权让渡给超国家组织。这对它们来说，难度也就越大。即使像欧盟这样的地区性组织，其内部条件都有利于它一体化水平的提高，一体化每升级一步，也给各成员国及其企业提供了更多获利的机会，但同时，也都使它们之间的竞争更加激烈，优胜劣汰的自然法则的作用也发挥得更加充分。到了实行单一货币、建立经济和货币联盟时，仍有英国等4国，由于种种原因，主要是对国家主权的考虑，而在其门槛前趑趄不前。即使它们迈进了这个门槛，欧洲联盟内部也少不了新的利害冲突。

（原载《太平洋学报》1999年第2期）

经济全球化的新发展和问题

经济全球化是当今世界发展的重大趋势之一,它对世界经济和国际关系的发展变化起着越来越大的作用,因而成为人们十分关心和学者们热烈讨论的问题。但是,学者们对全球化及与其有关的一些概念,如国际化、一体化等,理解不尽一致,观点和结论也就难免产生分歧。我曾就这些问题谈过我个人的一些认识①,这里不再重复。本文拟着重说明近10年来,特别是进入90年代、冷战结束以来,经济全球化的新发展,并据此对全球化今后的趋向进行一些探讨。

一 经济全球化的新发展

多数学者认为,全球化是一个历史过程。但有人把这个过程的开端,追溯到久远的年代,譬如有人提到500年前哥伦布的历史性环球航行和"新大陆"的发现,就开辟了全球化的新纪元。这并非没有道理。因为人类社会的历史是一条奔腾不息的长河,

---

① 李琮:《论经济全球化》,《中国社会科学》1995年第1期。

"抽刀断水"是不可能的，企图用笔割断历史同样也是徒劳的。特别是历史上的重大事件，总会对后来世界的发展产生这样或那样的影响。然而，对于一种具有特定的质的规定性的新现象、新发展、新变化来说，我们只能既看到它的历史联系，又必须把它放在它所产生和发展的特定条件下去加以考察。就以全球化来说，我以为它是从经济生活的国际化发展和转变而来的，经济国际化是从世界市场的形成开始的，而哥伦布的地理大发现又为世界市场的形成提供了必不可少的前提条件。但是经济国际化向全球化的转变则始于第二次世界大战后，而且这个转变和全球化的发展也有一个过程。在战后初期，世界各国经济之间的相互依赖尚远远不如今天这样密切；那时，跨国公司还处于发展的初期，其阵容、力量和作用还远远不如今天这样强大；当时，像今天这样巨大的全球性资本市场，还是难以想象的。但是，这一切都沿着它们自己的轨迹不断发展。到了80年代中期以后，特别是进入90年代以来，全球化的步伐大大加快。所以，我们所谈的全球化的新发展，指的就是近10年来的新发展。

先让我们看一看这一时期国际经济关系各个领域迅速扩大的情况：

——90年代初，西方国家发生了又一次经济衰退，衰退结束后，经济增长迟缓。但是在这种情况下，世界商品和服务贸易依然保持着6%的年均增长率，1995年更高达8%。这一年世界贸易额接近6万亿美元。据估计，今后10年，世界出口平均每年仍将增长7%，这是自60年代以来最快的增长速度。

——金融市场的扩大更是惊人。目前，外汇市场每天的交易额为1万亿美元或更多，比6年前几乎高1倍。虽然在10年前，就已有经济学家指出了这种苗头，但像目前这样的迅猛增长，仍然令人惊异。

——10 年前，世界对外直接投资总额只有 6500 亿美元，而目前已高达 2.3 万亿美元，并仍在继续大幅度增长。

以上各个领域的迅猛扩大，再加上国际通信、运输、旅游业等同样迅速的扩大，把世界各国经济更加紧密地联系在一起，各国的依赖关系更加密切，全球经济"一体化"的步伐大大加快，程度更加提高。

世界银行和其他一些国际经济组织把国际贸易、金融和对外直接投资在世界国内生产总值中所占的比重，作为衡量全球一体化程度的指标。由于这些国际经济活动规模的扩大速度，超过了世界生产总值的增长，它们在世界生产总值中所占比重也就不断提高。这种现象在近 10 年来更加突出。据世界银行估计，在 1985—1994 年的 10 年间，世界贸易在世界生产总值中所占比重的年均增长率为 1.2%，比前 10 年（1975—1984 年）的 0.3% 快 3 倍。同期，外国直接投资占世界生产总值的比重也提高了 1 倍，大大快于以前各个时期。这说明，各国经济对世界市场的依赖程度和各国经济之间的依赖程度加强了。

但是，为了说明全球化的加快发展，还必须看到在上述数字背后跨国公司的大发展。因为经济全球化作为国际化的新的发展阶段，其特点已不再是国与国之间的经济"往来"，而在于各国经济的互相结合、互相交织，形成了全球经济的有机整体。在这个整体中，各国别经济都占有一定位置，但也都是这个整体的不可分割组成部分。而在这个特点的形成和这种结构的转变中，起关键作用的是跨国公司。

近十多年来，是世界跨国公司的空前大发展时期。据联合国跨国公司研究中心的统计，1980 年，世界跨国公司共有 1.5 万家，它们在国外开设的分公司大约有 3.5 万家。而据联合国 1995 年发表的世界投资年度报告说，目前跨国公司已增加到大约4万家，它们在国外的分公司已大约有25万家。跨国公司这种大发展的势头，目前仍在有增无已。

跨国公司是当今国际经济的行为主体，它们控制着全球生产的40％左右，国际贸易的50％—60％，国际技术贸易的60％—70％，科技研究与开发的80％—90％，国际投资额的90％。[①] 事实上，当前的国际经济关系，在很大程度上是跨国公司内部的"关系"。这些跨国公司，特别是其中几百家占统治地位的巨型跨国公司都在全球范围内编织自己的生产网络、贸易网络、投资网络和金融网络。而这些"经营"网络，又纵横交错，形成了巨大的、无所不包的全球经济网络。各国之间的经济关系，在很大程度上不过是跨国公司内部经济关系的外在表现。正是在这种情况下，各国之间的经济关系，才不再像过去那样，是简单的国际往来，而是互相结合、互相交织，既是全方位的，又是密不可分的，世界经济也就成了全球经济的整体。

近一时期，跨国公司的大发展，除了表现在其数量的猛增之外，还出现了一系列引人注目的新变化。如越来越多的大跨国公司在互相激烈的竞争中结成"联盟"；跨国公司的"国际化"（即国外资产、国外销售额占其总资产和总销售额的比重）的程度趋于提高；越来越多的具有专业化生产优势的中小企业跨越国界，在世界市场上扩张其经营活动，加入跨国公司的行列；跨国公司的经营领域不断扩大，从制造业迅速进入金融、商业、通信、交通运输、旅游等服务业。

上述一些资料说明了近十多年来，特别是90年代以来，经济全球化的新发展。其实，这种新发展是如此显著和广泛，以至

[①] 郜红华：《浅谈世界跨国公司发展的特点和趋向》，《国际观察》1996年第3期，第14页。

几乎在世界任何国家、任何地方，都可以感受到。世界舆论都说，现在世界变得更小了，也更"密集"了，并形象地比喻为"地球村"。而这一切都是近十年来的事。"全球化"这个词也是80年代中期在西方报刊上首次出现。进入90年代，联合国秘书长加利宣布："世界进入了全球化时代。"

二 全球化新发展的动因

究竟是什么原因促使经济全球化有了如此长足的新发展？要回答这个问题，应该首先明确，一般地说，什么是全球化的动因？对此，国内外学者也有各种不同的说法。例如，在外国学术界中，有人强调资本主义在全球化过程中的"核心作用"；有人把技术及其改造能力看做是全球化的首要动力；有人试图证明全球化是政治因素的产物，特别是"自由主义"的全球秩序的存在；也有人提出全球化过程包括经济、政治、军事、文化等多个侧面，每个侧面都是全球化的动力。① 对于这些说法，这里不拟进行评论，但从中可以看出，全球化确实是一个复杂的过程，在这个过程中，有多方面的因素在起作用。但是，我认为，推动全球化形成和不断发展的根本力量，来自现代科学技术和生产力的进步，而促进近10年来全球化巨大新发展的同样有多方面的因素，特别是80年代末以来，世界发生了一系列重大转变，有力地推动着经济全球化的发展，但归根到底，促成全球化新发展的，是这一时期以信息技术革命为中心的高科技的迅猛发展。

80年代后期，特别是冷战结束后，信息技术、航天技术、基因技术、新材料技术等高科技迅猛发展，这些高新技术的产业

---

① 岳长龄：《西方全球化理论面面观》，《战略与管理》1995年第6期。

化也大大加快,形成了近半个世纪以来新科技革命的又一高潮。之所以会出现这一新高潮,一方面是因为现代科学技术的发展到了今天,实现又一次飞跃的条件已经成熟;另一方面也是因为,冷战时期两个超级大国军备竞赛的不断升级以及冷战后时期各大国综合国力的较量,一再昭示人们,高科技的发展,乃是国家盛衰、民族兴亡之所系。故此,各国无不投入巨大的力量,促进科技研究与开发,特别是重大的高科技项目的突破。

当前科技的飞跃发展,有力地促进着跨国公司的发展和全球化的进程。

——跨国公司要想在全球各地扩大经营,在世界市场的竞争中获胜,必须在高新技术方面不断创新,生产出技术和知识含量高的新产品。而这些高技术产品和生产设备,由于其技术要求高和结构复杂,又要求跨国公司把各种零部件和工艺过程分别由其海外子公司承担。这也就促进了国际分工的深化,促进了国际经济关系的更加扩大和经济全球化的发展。

——高技术产品的研制和推向市场,需要巨额投资,即使是大跨国公司要想独立承担,往往也感到力不从心。何况在通常情况下,各公司并不是在高技术项目的所有方面都具有优势。这是促进跨国公司广泛结成"联盟"的重要原因。最近美国斯普林特公司与德、法的电信公司共同出资20亿美元组建国际合资公司,为世界50多个国家的用户提供信息服务。而在此之前,日本与韩国的大跨国公司在半导体和下一代液晶显示器装置研制方面的合作,欧洲各国公司在电子、航天等方面的合作,不胜枚举。

——高新技术的迅猛发展,要求企业组织管理体制和经营方式进行根本变革,目前出现的趋向之一是制造业大公司不仅把越来越多的零部件分配给海外各地的子公司去研制和生产,还把越来越多的零部件承包给其他企业，其中包括许多外国企业。例如美国的波音公司就让日本的航空航天公司承包了波音777新型飞机最大一笔部件的加工任务。其他部件则由意大利、澳大利亚、韩国和加拿大等国的公司提供。这些供应商不仅从事生产，而且要从事科研和技术创新。这也是因为，在对产品质量的要求越来越高的情况下，产品的研制费越来越多。据说波音777型飞机的研制费就耗资约50亿美元，大公司把零部件承包出去，则可以减轻研制费的负担。

——前面提到目前有越来越多的中小公司也积极开展跨国经营，这与当前科技的新发展有直接关系。这些中小企业中，固然有一些早已以其独具特色的、高质量的产品享誉世界，但是，新一代的中小公司中，多是掌握或利用专门的高新技术，生产某种独特的高技术产品，在世界市场上一显身手。

——高科技的研究与开发，不仅要求企业之间加强合作，而且也要求各国之间的合作。因为在一些耗资巨大、需要各种专门设备和人才的大科技项目上，一国单干也往往是困难的。为了集中人力物力，在技术上优势互补，减少重复研究，各国就走向合作。重大合作项目往往由政府出面签订国际协议，例如1994年美国克林顿政府与日本就智能制造系统、光电子学和民用工业技术合作等计划签订了三项协议。

高科技的发展，除了通过促进跨国公司的发展以及企业之间、政府之间科学技术的合作，推动经济全球化的进程之外，特别重要的是，信息技术革命提供了信息传播的最新手段，这主要是指90年代初各国开始竞相建设的"信息高速公路"的现代信息传输网络，这种信息网络随着计算机技术的发展早已出现、逐步成长，并于1995年以超出人们意料之外的速度迅猛发展成全球"互联网络"。这是比任何其他媒体都更有利于人们相互交流、相互作用的信息网络。据估计,截至1995年12月末,它已扩大到155个国家和地区,覆盖面遍及五大洲,用户达4000万。现在仅北美经常使用互联网络的人数就已达2400万人。连接日本、香港地区和澳大利亚的第一条亚太地区干线网也已开通,并即将扩展到韩国、中国台湾省和新加坡。连接欧、亚、非三大洲的环球光纤网1995年也已动工铺设。互联网络的应用范围在不断拓宽。特别是企业利用它可在全球发布广告,推销商品,扩大交易,跨国公司可利用它更加便捷和有效地实施全球经营战略。

互联网络的建设,对世界经济和国际关系的深远影响,目前还难以充分估计。但有一点是可以确定的,即它为经济全球化提供新的信息技术条件,从而对全球化进程产生更大推动力。今后全球化的步伐必将进一步加快。

上述种种事实说明,近10年来科学技术革命的新高潮是经济全球化新发展的根本动因,"技术进步使国家的边界更易于渗透了"①。但是,除此之外,这一时期,特别是冷战后世界发生的一系列重大历史性变化,也有力地促进了经济全球化的进程。

——90年代以来,发达国家在经济衰退和结构性困难的困扰下,经济增长缓慢,失业率(特别是欧洲)居高不下,政府财政赤字庞大,国债日益沉重,国内市场呈现饱和状态。这种情况与高科技的迅猛发展形成反差。为了谋求出路,它们以更大力量争夺世界市场、扩大经济势力范围和世界经济的主导地位。

——东欧剧变和苏联解体后,在经济上朝着市场经济转轨,对外则打破了过去在"两个平行市场"理论指导下形成的封闭状态,逐步扩大对外经济联系,加入国际分工体系,这无疑有助

---

① "全球管理委员会"报告:《我们的全球邻居》(*Our Global Neighbourhood*),英国牛津大学出版社1995年版,第11页。

于经济全球化的进展。

——广大发展中国家进入90年代，迎来了经济振兴的新时期，经济增长加快，出口不断扩大，所吸收的外国资本不断增加。特别是东亚和拉美地区，许多发展中国家（地区）经济活力增强，市场潜力不断得到发挥，成为促进世界经济增长的新兴力量和促进经济全球化的重要因素。

——中国这个最大的发展中国家进入90年代以来，其改革、开放和发展进入了一个新时期。目前它正在为实现经济体制和增长方式的根本转变而努力，同时，正在采取措施，使本国经济与世界市场接轨。中国在世界经济中的地位不断提高，在促进经济全球化的进程中发挥着积极作用。

——世界多边贸易体系有了重大发展。世界贸易组织（WTO）已于1995年1月1日正式建立，它与关贸总协定相比，协调领域更加广泛，对成员有更严格的法律约束力，对成员的贸易政策有权进行监督，对贸易争端有权作出裁决。人们预期，世贸组织的建立，将使世界贸易朝着自由化方向迈出新的步伐，保护主义受到一定抑制，世界贸易将有更大发展，经济全球化也得到新的推动。

——全球共同性问题日益突出。近10年来，随着生产力的空前提高和生产的发展，自然环境的污染，生态平衡的破坏，资源的浪费和消耗日益严重，人口膨胀进一步加剧，艾滋病广泛传播，毒品泛滥，难民潮日益扩大，这一切制约着世界的可持续发展。这些问题的解决，不仅要求各国根据本国情况采取对策，而且要求全球合作，协调行动。因此，这些重大共同性问题也从反面大大促进了全球化的发展。

但是，也应看到，对经济全球化的进展，也还存在着一些阻碍因素。例如，在促进科技的发展方面，包括美国在内的西方各国,普遍感到财力不足;如果进行国际合作,又因各国承担费用的多少、贡献的大小、利益的分配等方面难以协调,许多重大科研项目的合作因而搁浅;何况高技术开发的国际合作,参与者又担心其核心技术秘密泄露,因而趑趄不前。在国际贸易方面,目前多种形式的保护主义仍大量存在,对世贸组织规则的破坏,也时有发生。更重要的是各国间经济贸易的矛盾和冲突等,都对经济全球化起着阻碍作用,甚至把世界经济引向与之相反的方向。但从近10年来的实际情况看,促进全球化发展的力量更加强大,全球化加强的趋势占了上风。

三 经济全球化的不均衡

经济全球化所形成的全球经济的整体,绝不是一个一元化的、同质的、均衡的"整体",不是"浑然一体",而是多元的、异质的、极不平衡的,各地区经济相互结合程度疏密大不一致。全球经济一体化的不均衡可以从两方面来考察:一方面,从经济发达程度或经济发展水平的高低角度来看,凡是经济发达的地区和国家之间,其经济一体化程度就高,反之则低;另一方面,从经济发展速度来看,凡是经济增长快的地区和国家之间,其经济一体化程度加强得也就快,反之则慢。

前一方面,即从经济水平角度来考察,这主要涉及发达国家与发展中国家之间的不平衡。半个世纪以来,经济全球化的发展,基本上是在北美、西欧和日本等发达地区进行的,大多数发展中国家几乎被排除在外。近10年来全球化新发展的浪潮,开始把发展中国家卷了进来,它们的经济增长开始加快,南北经济差距出现了缩小的迹象。但是,由于经济基数(国民生产总值)大小差别过大,而且经济水平(人均国内生产总值)相差悬殊,这个差距的缩小将是十分缓慢的。从全球一体化程度看，南北之间的不平衡状况同样也出现了一些变化，但不平衡状况依然十分突出。

——跨国公司在全球化的发展中起关键作用。但世界上数以万计的跨国公司，绝大多数是西方发达国家的。近10年来，某些发展中国家和地区，主要是东亚新兴工业化国家和地区，以及印度、巴西这样工业基础较强的发展中大国的一些跨国公司也发展起来，但占主导地位的仍然是发达国家的跨国公司，特别是超巨型跨国公司，几乎都是美、日、欧的公司。

——跨国公司的对外直接投资，历来以发达国家为重点。近10年来，情况发生了一些变化：发展中国家所吸收的外国直接投资逐渐增多，从10年前占世界对外直接投资总额的大约20%增加到1995年的38%（但发达国家仍占62%）；而在流入发展中国家的对外直接投资中，东亚地区约占一半，拉美地区约占三分之一，至于撒哈拉以南非洲国家所得到的投资总共只有18亿美元，仅相当于新西兰一国所得到的投资；北非地区得到的投资更少，只有13亿美元。

——发展中国家的对外贸易额及其在世界贸易额中所占比重，从70年代以来经历了大起大落。70年代这个比重曾因石油价格大涨而有所提高，达到世界贸易额的三分之一；80年代则因初级产品价格下降和发展中国家的发展深陷危机，这个比重又大幅度下降到约五分之一；进入90年代又有所上升，但估计仍然只达到70年代的水平，而且仍然是东亚地区和其他少数发展较快的发展中国家占有大部分份额。那些不发达或者发展缓慢的国家，对外贸易仍是微不足道的。不仅如此，全球化意味着相互依赖的加强，而其重要条件之一则是实行贸易自由化，某些发达国家一方面以种种方式实行贸易保护主义；另一方面，迫使发展中国家实行贸易自由化。但发展中国家并不能完全适应自由化的要求。如拉美地区的经常项目赤字,已由 1991 年的 36 亿美元激增至 1994 年的 500 亿美元。

——科学技术力量相差更加悬殊。据联合国教科文组织 1996 年世界科学报告所披露的数字,经济合作与发展组织成员国在全世界研究与开发活动的总开支中所占的比重高达 85%。随着近年来的经济发展和汇率调整,中国、印度和亚洲新兴工业化国家和地区的总和,占世界这项支出的比重接近 10%。由此可以想象到,其他数以百计的发展中国家的这一开支是何等微乎其微。如果再看一看世界上的研究人员的分布情况,就会发现,经济合作与发展组织成员拥有世界科学家和工程师人数的一半,其他一半中,大部分分布在独联体、中欧和东欧以及印度、中国和东亚新兴工业化国家和地区,其他大多数发展中国家的科学家和工程师为数极少。这里还应指出,对经济全球化产生巨大推动作用的,不是传统的技术,也不是通常的中下水平的技术,而是前面所说的高技术,特别是代表现代科技发展方向的重大科技项目,而在这些方面,则发达国家的优势地位更加突出。

下面再从另一方面,即从经济增长速度的快慢角度,看一看经济全球化的不平衡情况,这主要涉及不同发展中国家和地区之间的不平衡。最近,世界银行发表了一篇题为《全球一体化中的不均衡》的简短报告,该报告所谈的一体化程度,是以几个指标来衡量的,其中主要的两个指标是贸易额与国内生产总值之比的变化和外国直接投资流入额占国内生产总值的比重。无论哪个指标,从时间上看,最近时期与过去相比都有了相当大的变化;从不同地区来看,则各地区的差别更是明显。例如,经济增长最快的东亚地区,其实际贸易额在国内生产总值中的比重,1975—1984 年每年平均增长 1.2%,1985—1994 年年均提高到 1.5%；而南亚地区这一指标在这两个 10 年期间，分别为 0.2% 和 0.3%；中东北非地区分别为 -0.3% 和 0.1%；撒哈拉南部非洲分别为 -0.5% 和 -0.15%；拉丁美洲和加勒比地区分别为 -0.15% 和 1.3%。这里的负增长率说明一体化程度不是提高，而是降低。从这一系列数字对比来看，近 10 年，各地区的一体化程度比前 10 年有所提高，而在有的落后地区，则是向非一体化方向发展，只不过近 10 年这种趋势有所缓和罢了。可见，各地区一体化程度的差异是十分显著的。再从外国直接投资的流入额在国内生产总值的比重来看，可以得出类似的结论。如东亚地区，这一比重在 1981—1983 年平均为 0.8%，1991—1993 年上升到 1.2%；中东和北非地区分别为 1.0% 和 0.25%；撒哈拉南部非洲分别为 0.3% 和 0.15%；南亚地区分别为 0.5% 和 0.1%[①]。

以上从世界经济水平和经济增长速度两个方面，对经济全球化中的不平衡情况进行了分析。结论是：经济全球化（或全球一体化）的程度，与经济发达程度（或经济水平）成正比，也与经济发展速度（经济增长率）成正比。而由于当今世界各国和各地区经济发展水平高低悬殊，经济增长速度也大不相同，全球化（或全球一体化）在各个地区的发展是十分不平衡的。而且这种不平衡在两个方面表现得最为明显：一是广大发展中国家，特别是那些低收入的最不发达国家，参与经济全球化程度远远低于发达国家；二是在发展中国家和地区中，那些经济发展缓慢的国家，参与经济全球化的程度远远低于发展快的国家。由于那些收入最低的最不发达国家，恰恰大多是经济发展缓慢的国

---

① 《世界银行政策与研究公报》，《全球一体化及其增长中的不均衡》1996 年 4—6 月，第 7 卷第 2 期。

家,这些国家大多分布在撒哈拉南部非洲、南亚和其他一些地区。这些国家在 90 年代以来,经济发展也有起色,出现开始"起飞"的迹象,但在迅猛兴起的经济全球化浪潮中,它们显得更加落后,更加不适应。

四 经济全球化中的分散化倾向

经济全球化,意味着各国经济的互相结合、交织,成为全球经济的整体。这是全球经济一体化不断加强的过程。但是,这个过程不仅如上所述,是很不平衡的,而且往往还会出现一种相反的趋势,即经济分散化的趋势。近 10 年来,特别是冷战结束后的几年,在经济全球化有了新发展,全球经济一体化趋势有所加强的同时,分散化的趋势也有新的发展。

当前的世界,仍然是资本主义占主导地位。在近代史中,各资本主义国家因矛盾和利益冲突而发生的斗争乃至战争连绵不断,难以数计。也许只有两个时期,出现过相对的和平和稳定的局面,一个是从 18 世纪末到 19 世纪中期,这是"英国统治下的和平"时期;另一个是战后长达 40 多年的冷战时期,这是所谓"美国统治下的和平"时期。在这种"和平"时期,各资本主义国家之间存在着某种"向心力"或"凝聚力"。特别是冷战时期,出于共同对付苏联的威胁,美、欧、日等发达国家结成同盟。但即使是在这一时期,它们之间的矛盾、分歧和斗争仍然存在和发展着。不过,这种矛盾,以及当代世界的其他种种矛盾,都受到两个超级大国的争霸斗争和军事对峙这一主要矛盾的制约,居于次要地位,没有完全表面化。而一旦冷战结束,这些矛盾就一一表现出来,有些矛盾甚至十分突出。比如,发达资本主义国家之间的矛盾,发达资本主义国家与发展中国家之间的矛盾，发展中国家之间的矛盾，不同制度国家之间的矛盾，超级大国与世界其他国家之间的矛盾，各国国内经济有计划、受调控与世界经济基本上无计划和难以调控之间的矛盾等等。这些矛盾纵横交错，使世界许多国家和地区接连不断地发生这样或那样的摩擦、冲突、斗争、动乱和战争。这些矛盾和战争的"内容"，有经济利益、民族主义、宗教冲突、领土和边界纠纷、资源分配、安全保障、军备竞赛、文化渗透、意识形态分歧等等。这些矛盾和纷争，使冷战后的世界产生了分散化的趋向。

——冷战后，国际关系中经济因素的作用大大加强，在各国综合国力的较量中，经济成了决定性因素。各国都以更大的力量促使经济发展。这本来有利于推进经济全球化的进程；但与此同时，由于各国，首先是发达资本主义国家，都不遗余力地争夺世界市场和一些地区、一些领域的经济主导地位，它们之间的贸易战、汇率战、投资战接连不断，有时达到白热化，这不能不导致全球经济的分散化。

——冷战结束后，民族主义盛行一时，首先是前苏联、前南斯拉夫和捷克斯洛伐克原有的"联盟"顷刻解体；其次，在非洲、中东、南亚，原有的根深蒂固的民族和部族冲突，在新的条件下继续发展；此外，在英国、加拿大也掀起了民族主义的新波澜；甚至在日本、美国，某种民族主义的逆流也开始抬头。

民族主义有各种不同的性质和表现形式，不能一概而论，但民族主义往往导致民族对立，甚至引发民族冲突、动乱和局部战争。无疑，民族主义的盛行是导致世界趋向分散的重大因素。

——90年代以来，世界贸易不断扩大的同时，贸易失衡情况依然严重，特别是美、日之间贸易的不平衡仍在扩大；与国际资本流动规模扩大的同时，金融领域的大动荡此起彼伏，特别是1994年下半年到1995年美元对日元汇率的大起大落以及墨西哥比索贬值所引发的震动世界的金融危机。这一切将使各国更多地倾向于采取措施加强自我保护和事先防范，从而导致全球经济的分散化。

——冷战结束后，美国成了当今世界唯一的超级大国。它认为由它"领导"世界的时机到了。尽管美国独自干预世界事务的能力已削弱，但它还是忘不了以世界头领自居，对其他国家和地区内部事务进行干预。美国对他国的干预，除了凭借其军事、经济和政治力量外，还竭力向全世界推行其价值观、人权观、民主观、发展模式和生活方式，强制其他国家，特别是发展中国家接受。这不能不引起许多国家的反感和抵制。美国的霸权主义行径，正在世界范围产生广泛的反作用，有碍于国际合作和经济全球化的发展。

——近十多年来，特别是进入20世纪90年代以来，与经济全球化加快发展的同时，地区化和集团化的趋向也日益加强。如欧共体已转变为欧洲联盟；美加自由贸易区扩大为北美自由贸易区；亚太经济合作组织开始朝着贸易和投资自由化方向前进。此外，还有更多的由发展中国家建立的经济一体化组织。这些地区经济一体化组织或集团内部，都实行更大程度的贸易和资本流动的自由化，同时，它们也不是完全封闭的，而是面向全球的。因此，它们的建立，对经济全球化有促进作用。但另一方面，美、日、欧等西方大国，也力图利用这些区域性组织和集团，争夺自己在各地区的主导地位，并把对手排挤出去。从这一意义上说，区域化和集团化又不利于经济全球化的发展。正因如此，世界贸易组织总干事鲁杰罗曾不无担心地表示，目前世界面临的挑战之一，就是"过分的"地区性主动行动与多边体系之间的不平衡。他说："虽然地区性主动行动也牢牢地建立在多边体系的原则和规则之上，但危险是，这些主动行动有可能使各地区出现分裂，如果把一些地区性体系的政治分量考虑进去，这是一种非常危险的趋势。"①

以上列举的种种事态，并不是导致全球经济分散化的全部因素。但仅仅这些，也足以说明，当今世界，确实存在着多种力量，促使经济不是朝全球一体化的方向发展，而是相反，趋向分散化。其中，经济的原因直接促进经济分散化，而非经济的原因，则间接地但也是有力地导致经济分散化。

在讨论冷战后世界趋于分散化的原因时，有的学者认为，这是因为"政治制度相对于经济合作、文化融合相对于政治合作的滞后"，这是"经济—政治—文化"的"二级时滞"。"科技是推动国际关系一体化向前发展的关键力量……比较起来，经济对技术变革和技术扩散最为敏感，政治次之，文化则更次之。"②这种说法有一定道理。但是，也应考虑到，经济毕竟是基础，而政治则是经济的集中表现。当今世界上的种种矛盾和冲突，大多最终都能找到其经济根源。有些事件，政治（乃至军事）和经济的关系是如此直接、明显，使人一看便知。如美国对海湾危机断然以军事力量进行干预，事隔五年，又一次借口伊拉克对库尔德族的一个派别进行战争，而不失时机地对伊拉克再度进行导弹袭击，其原因十分复杂，但美国为维护其在海湾地区的巨大石油利益，则是根本的。当然，也有些矛盾，如宗教冲突、文化冲突和意识形态冲突等，与经济利益的关系可能并不这样直接，但往往仍然可找到经济的根源。冷战结束后，经济在国际关系中的地位和作用大大加强。事实上，在国际关系中，经济关系愈益政治

---

① ［英］《金融时报》1995 年 7 月 7 日。
② 孙建冬：《一体化还是分散化》，《世界经济与政治》1996 年第 4 期，第 17 页。

化，政治关系也愈益经济化，二者的相互作用从来没有像现在这样密切。

五 全球化与全球经济的调控

全球化过程中出现的全球经济的一体化与分散化两种趋向，从正反两方面都要求加强全球经济的调控。近些年来全球化的新发展，更加迫切地呼唤建立更加有效和有力的全球经济协调机制。但是，至今跨国公司内部和国别内部是有组织、有计划和受调控的，而全球经济却仍然基本上是无计划和少调控的。这是当代世界的基本矛盾之一。

为了进行全球经济的调控，任何一个国家的力量都是不行的，必须由多个国家乃至全世界各国共同参与，通力合作，采取一致的措施和步骤，才能取得成效。但是，这与各国本身内部经济进行调控相比，要复杂得多，困难得多。这就是上述矛盾产生的原因。

20 世纪 80 年代中期以后，特别是 90 年代以来，世界经济和国际形势又发生了重大变化。世界走向多极化，发展中国家经济发展加快，全球化有了新进展，原有那些国际协调机制和国际经济组织都已越来越不能适应新形势的要求，需要进行重大改革。多年来，世界银行和国际货币基金组织以及其他多边机构，对一些发展中国家的经济发展都曾起过积极促进作用，例如，像韩国、智利、印尼等发展取得相当成就的国家，就都得到过这些多边机构的援助。又据估计，80 年代初以来，印度、墨西哥、波兰等许多正在进行经济改革的国家，直接从世界银行得到的贷款大约为 350 亿美元。但令人遗憾的是，这些国际机构对发展中国家发放贷款并不是没有条件的，而这些条件又往往是不合理的。特别是它们要求接受贷款的国家实行它们所提出的结构性改革计划，其核心是不管这些国家的具体国情如何，都要求它们实行贸易和投资自由化，以及国有企业私有化。实际上，这些要求不过是反映了西方国家的愿望，而未必符合发展中国家的利益。

半个世纪以来，关贸总协定的内容及其范围不断扩大，其成员从1949年的23个增加到123个。缔约国之间的贸易已占全球贸易总量的90%以上。关贸总协定对调控世界贸易、协调国际经济关系及促进国际经济合作起了重要作用。但80年代以来，面临日益复杂的国际经济形势、日益剧烈的贸易摩擦和日趋严重的保护主义，关贸总协定已不能适应。1993年12月15日，随着关贸总协定乌拉圭回合谈判达成协议和《新世界贸易协定》的诞生，关贸总协定为世界贸易组织所取代。世界贸易组织的协调领域更广泛（把服务贸易、农业、知识产权保护、投资、金融、旅游等均纳入多边贸易管理体系），它作为一个正式的国际组织，对成员具有更严格的法律约束力和贸易争端调解机制。世界舆论都肯定和赞扬世界贸易组织的建立，有人甚至认为它开启了世界经济合作的"新纪元"。但是，也应看到，在乌拉圭回合中没有解决的问题也留给了这个组织，有争执的一系列重大问题仍然存在。对于像中国这样的大国加入世贸组织的问题，由于美国等的无理阻挠，至今没有解决。不仅如此，还在乌拉圭回合协议通过后不久，美国就恢复使用单方面制裁"贸易设障国家"的"超级301条款"，动辄对他国施加压力。美国还一直坚持要将"劳工标准"和环保问题列入贸易协定，而它自己则在行动上尽量回避和无视这个新的国际组织的规定。特别是世界贸易组织解决贸易争端的新的裁决制度，更是触动了美国这个习惯于自行其是的国家的敏感神经，它只要求按照自己的"条款"制裁它选中的对象，而不愿受到任何约束和制裁。这怎能不引起新的矛盾和斗争呢？

再看看"七国集团"。这个"集团"建立迄今的二十多年来，每年在会议上讨论的问题都十分广泛，而且越来越广泛。如在冷战结束后这几年来，它们不仅讨论了它们共同面临的严重失业、抑制通货膨胀、削减财政赤字、缓和和平息国际货币金融动荡等问题，而且还把环保、人口、核安全和核不扩散、促进前苏联国家经济转轨、促使发展中国家与全球经济接轨等等，都列入它们的议事日程，几乎巨细无遗，无所不包。

但是，一方面问题在增多；另一方面，分歧也在增多，它们的"集体领导"日益涣散和力不从心。现在俄罗斯仍然是世界大国，发展中国家的经济力量和国际地位日益增强。而"七国集团"对国际经济问题的决定，仍然是从西方大国的立场出发，很少考虑到其他国家的利益和要求。在经济全球化进一步发展和世界格局发生重大转变的情势下，"七国集团"的局限性日益突出。近年来，世界舆论对这个问题不断作出反应，认为"七国集团""最终要发生变化"。1996年6月西方七国首脑会议前后，对"七国集团"进行"改革"的呼声更加高涨。美国前国家安全顾问布热津斯基也撰文说："工业发达的七国集团必须改革，否则其一年一次的首脑会议就应当取消。"[①] 他认为在"七国集团"形成22年后的今天，"'七国集团'这种概念本身不仅已经打了折扣，而且也歪曲了全球的实际情况"[②]。

综上所述，经济全球化是充满矛盾的过程。全球经济的运行迫切需要相应的国际协调机制。现有机制已不适应新形势的要求，必须进行改革。但是，在世界经济中处于主导地位的西方大

---

① [美]《华盛顿季刊》1995年夏季号。
② [美]《纽约时报》1996年6月25日。

国，并不愿放弃它们在国际机构中的特权，改革本身必然困难重重。

六 经济全球化的发展趋势

根据以上对最近时期经济全球化新发展及问题的剖析，对经济全球化今后的趋势可作如下推断：

1. 随着高科技产业的迅猛发展，全球信息网络的建设，跨国公司的大发展，世界市场的进一步扩大，经济全球化也将不断发展，全球经济的一体化将不断加强，各国经济之间的相互依赖关系将更加密切。这是不以人们意志为转移的世界发展的客观规律。

2. 全球经济发展不平衡及由此所产生的全球经济一体化的不平衡，在长期内将始终存在。有些地区之间（发达国家和东亚等快速发展的地区）差距会逐渐缩小，而有些地区，主要是最不发达国家集中的地区，与发达国家之间的差距可能进一步扩大，从而在一体化不断加强的全球经济中，日益"边缘化"。

3. 世界经济中充满矛盾和斗争。冷战后，世界矛盾更加复杂。这些矛盾及其引发的斗争，虽然一般不会导致大规模战争的爆发，但却促使世界的分散化。今后这种分散化的趋势也将不断发展。

4. 经济全球化过程中，经济一体化趋势与分散化趋势并存。有时这种趋势占上风，有时另一种趋势占上风。这样，经济全球化过程必然是迂回曲折的。但从历史发展的大趋势看，全球化的进程不可逆转。

5. 经济全球化要求加强对全球经济的国际调控，这也就要求各国间加强协调和合作。在一定条件下，国际协调和合作的加强,将导致一些全球性国际契约(协定、协议、条约)的产生和国际组织的建立,并推动全球化的进一步发展。但随着冷战后世界格局和经济全球化的新发展,原有的国际经济组织已不适应新形势的要求,必须进行改革。然而,由于超级大国的霸权主义和形形色色民族利己主义的存在,国际组织的改革举步维艰,进程同样是迂回曲折的,而这又将对全球化产生不利影响。

(原载《世界经济》1996年第11期)

经济全球化的波动和前景

经济全球化是世界经济发展的一个过程。尽管学者们对经济全球化有不同的理解和界定，但多数人认为，它是一个动态过程，是有波动性的。研究其波动性，对把握经济全球化的发展，预测其未来走向，是有重要意义的。

经济全球化的波动

经济全球化的波动现象，早已引起了学者们的注意。西方有些学者认为，在全球化过程中，存在着波峰和波谷的交替。有人提出近一百多年来的三次波动的观点，世界银行于2001年发表的题为《全球化：增长与贫困的研究》报告，也采纳了这种意见，认为从19世纪70年代以来至今的全球化进程中，有三个"高潮"，分别出现在1870—1914年，1950—1980年和20世纪80年代以后。而在这三个"高潮"中间，则是全球化的低潮时期，这时全球化不仅进度缓慢、停滞，而且可能发生逆转、倒退。其中最明显的就是1914—1950年的世界大战和资本主义世界大危机时期。

各次高潮都有一些共同点，如科学技术的重大创新、国际分工的深化、产业结构的大变革、基础设施特别是通信和交通运输的革命性改进、国际贸易和投资自由化的加强和增长的加快等等。但每次高潮又都是在特定历史条件下发生的，因而各有特点，每次高潮都不是前一次的简单重复。当促成全球化出现高潮的因素或条件，由于种种原因逐渐削弱，甚至消失时，经济全球化的高潮就会随之减弱或消退，继而进入低潮。这里所说的"种种原因"，有经济本身的原因，如严重的经济危机；也有非经济原因，如世界政治形势逆转，甚至发生大规模战争等等。

西方学者提出"去全球化"（Deglobalization，有人翻译为"解全球化"、"非全球化"）的概念，意思是全球化进程的终结和逆转。如英国学者，伦敦经济与政治学院的 L. M. 德赛在《去全球化的可能性》一文[①]中，对 20 世纪 80 年代以来的全球化进程进行了论述。他提到 19 世纪后半期的全球化（他简称为 G19）进程，因 1914 年爆发的第一次世界大战而告终；并提出问题："目前的全球化（他简称为 G20）出于它的本性，有没有什么力量导致它自身的突然终结？"作者认为，导致 G19 终结的第一次世界大战的原因是国家主义（或民族主义）。20 世纪 90 年代的全球化，也具有其"脆弱性"，这并不源于反全球化的群众运动，也不是来自于生态危机。G20 的垮台，只能是由于大国感到它们的利益受到威胁，它可能来自美国。回想 G19，它也不是由来自下面的力量摧毁的，而是来自大国的力量。当这些大国为维护自己的利益、不赞成全球体制时，它们就会舍弃全球化。作者特别指出当今的世界，上面是"单极大国结构"，同时在底部，

---

① Wilfred Desai 主编：《全球化、社会资本与不平等》，英文版，2003。

则几乎是无政府和不可控制的冲突。①

另一位学者哈罗德·詹姆斯（Harold James），在他所著的《全球化的终结》一书中，对当前全球化的前景也持悲观态度。他认为每次崩溃都源于对一种新的和不为人们所熟知的世界产生的在思想方式上和制度机制上的反应。这种反向的愤恨之情，在一个长时期内是惊人的相似。作者特别提到1999年11月WTO西雅图部长级会议的失败。在那次会议期间举行的大规模抗议活动，后来在世界其他地方继续上演。②

这些学者的说法并不完全相同，但都认为，近十多年来的全球化发展进程已经接近尽头，将在某种力量的作用下中断。当然，这只是对当今全球化发展趋势的看法中的一种，但值得重视。

全球化进程中的作用力及反作用力

20世纪80年代以后，特别是90年代，全球化进程加速，特别是经济全球化加强，确实形成了一个高潮。但进入21世纪以来，这个高潮暂时消逝，转为低潮。让我们看看这个转折是怎样发生的，是在哪些因素作用下发生的。

如何衡量经济全球化的程度，是有待研究的课题。但下面一些数字，可以概括地说明20世纪90年代这十年间，经济全球化在广度和深度方面的空前发展：

首先是参与经济全球化进程的国家和地区不断增多，这些国家和地区实行改革和发展对外型经济，逐步与世界市场接轨，参

---

① Wilfred Desai 主编：《全球化，社会资本与不平等》，2003：9—11。
② Harold James, *The End of Globalization*, Harvard University Press, 2001：2.

加全球多边贸易体系。80年代中期，关贸总协定的缔约国为90个，1990年增至100个，目前世界贸易组织的成员已增至148个。2001年，中国这个最大的发展中国家加入世界贸易组织，无论对中国，或对经济全球化来说，都是具有历史意义的重大事件。即使暂未参加WTO的国家，也并没有置身于全球化进程之外。

"乌拉圭回合"达成一揽子协议，关税进一步下降。目前发达国家关税平均不到4%，发展中国家不到14%。"乌拉圭回合"还大大扩大了原关贸总协定体系的权力范围，作为其继承者的WTO管理的领域扩及知识产权、服务、农业、与贸易相关的投资等更广范围。

其次，世界商品贸易额加速增长，大大超过世界生产增长率。以世界货物出口与世界生产相比较，1990—1995年，二者年均增长率分别为6%和1.5%，1995—2000年分别为7.1%和4.0%。这导致世界贸易在世界GDP中所占比重，从1990年的19.9%，提高到2000年的25.6%。同期世界商品进口占世界GDP的比重从19.7%提高到25.3%。

再次，这一时期，金融资本迅猛增长，到2000年，包括存款、股权和债券在内的世界金融资本总额已达97.6万亿美元之巨，为当年世界GDP的3倍多。这三种形式的金融资本，也是大部分在国内，但有相当一部分跨出了国界，成了国际金融资本。例如2000年全球银行存款总额为29.45万亿美元，其中跨国存款为2.07万亿美元；当年全球发行的未清偿债券额达36.1万亿美元，其中到国际市场上发行的债券约为10万亿美元；当年全球新发行股票8960亿美元，其中流入国际市场的为3160亿美元。国际外汇市场的迅猛扩大，更是惊人。布雷顿森林体系的瓦解，开启了外汇国际洪流的闸门。外汇交易额，从1973年的日均 150 亿美元增长到 1992 年的 9000 亿美元，90 年代末期，已大大超过 1 万亿美元。2001 年 4 月全球日均外汇交易额竟达 2.35 万亿美元。按一年 250 个交易日计算，一年的总交易量近 55886.5 万亿美元，是全球商品出口总值的 70 倍。

最后，对外直接投资（FDI）也空前扩大，1982 年世界 FDI 流入总额为 570 亿美元，1990 年增加到 2020 亿美元，2000 年又增加到 12710 亿美元，达到这次全球化高潮的顶点。90 年代十年间，FDI 年均增长率比世界贸易又高一倍以上。世界对外直接投资（流入额）占世界 GDP 的比重，从 1990 年的 9.3%，增长到 2000 年的 19.6%，占世界资本形成总额的比重，从 1991—1996 年年均 4.4% 提高到 2000 年的 20.8%。

以上一组数字足以表明 20 世纪 90 年代经济全球化潮流的高涨确属空前。这十年间，经济全球化与过去相比较，不仅有量的差别，而且有质的不同。在这些数字背后起作用的因素，与过去（如 19 世纪后期）就大有不同。目前对经济全球化起推动作用的力量来自多方面：一是信息技术革命导致信息网络化；二是世界各国，包括发达国家和发展中国家进行的自由化改革；三是原苏联和东欧国家实行经济转轨，逐步融入世界市场；四是国际组织发动的多边贸易谈判；五是跨国公司的迅速兴盛壮大。跨国公司是经济全球化的微观主体，20 世纪 90 年代，是跨国公司走向鼎盛的时期。1992 年世界跨国公司总数为 3.7 万家，其子公司数为 17 万家；2002 年，分别增至 6.38 万家和 86.6 万家。跨国公司海外子公司的销售额早已超过了世界出口额，1990 年分别为 54670 亿美元和 43810 亿美元，到 2000 年分别增加到 15.7 万亿美元和 7.04 万亿美元，仅世界最大 500 家跨国公司的销售额就占世界 GDP 的近二分之一，大跨国公司编织的巨大的经营网络，把世界各国、各地区紧紧地联结在一起。

所有这些对当今经济全球化起推动作用的因素都是过去所不曾有的，或是根本不能比拟的。

这些因素的推动力似乎是经常起作用的，因此，经济全球化的过程似乎就应该一直稳定地发展下去。但事实并不如此。20世纪90年代的经济全球化高潮到2000年达到顶点，以后开始出现停滞迹象，发生曲折。世界出口贸易下降，2000年世界货物出口和进口额均下降至4%，2002年仍处于低谷，2003年才开始回升，也只增长了3%；世界对外直接投资额，2001年和2002年连续大幅度下降，2002年只及2000年的54%，2003年并没有多少增长，2004年预计也只有7750亿美元。据新加坡经济学家情报社说，到2008年FDI才有望攀升到1.2万亿美元，接近2000年的最高峰。近几年来，贸易保护主义更加猖獗。尤其令人关注的是，自1999年WTO西雅图会议失败后，多边贸易谈判屡遭挫折。2001年WTO在卡塔尔多哈召开第四次部长级会议，发起"多哈回合"贸易谈判，预定这轮谈判在2005年1月1日完成。但谈判步履维艰。2003年9月在坎昆召开的第五次部长级会议，分歧严重，无果而终。经济全球化失去动力。

这几年经济全球化从高潮转向低潮，是由另一些起相反作用的因素占上风的结果。这些因素，一是周期性的，即20世纪90年代发达国家周期性增长，到2000年结束，2001年发生衰退，世界经济也徘徊在衰退边沿，大大阻碍了经济全球化进程；二是非经济因素，主要是"9·11"恐怖袭击事件和随后开展的反恐斗争，以及美国发动的伊拉克战争；三是美国布什政府上台后，推行单边主义政策，导致国际关系特别是大国关系的不稳定和不断分化重组，国际矛盾和斗争激化和复杂化；四是经济全球化本身矛盾和弊端的积累，主要是南北贫富差距的扩大和国际关系中的不公正、不平等、不民主的加剧，到一定时期矛盾就会表面化。新一轮多边贸易谈判的搁浅,主要原因概因于此。以上起反作用的各种因素的结合,导致经济全球化高潮的消退。

经济全球化的走向

前面援引的国外一些学者对当前全球化的波折的看法,似乎给人以这样的印象,认为这次经济全球化高潮的消退,意味着全球化的终结,随之而来的将是一个较长时期的低潮,就像19世纪末那次经济全球化高潮到1914年告终,进入低潮一样。对于这种估计,我们不能同意。20世纪90年代经济全球化的高潮,到2000年虽然已消逝,但只是暂时的。近几年来发生的变化,只能说是全球化发展中的一个波折,与1914年后全球化进程的逆转或倒退不能相比。导致这次波折的因素已如上述,这些因素的负面作用,与1914年发生的世界大战和30年代的大危机也不能相提并论。这次波折与周期性衰退息息相关。但现在已不存在再次发生30年代那样大危机和大萧条的条件;这次波折又与恐怖主义肆虐和美国发动伊拉克战争有关,但像过去那样的世界大战已不是不可避免的。经济全球化经历为时不长的波折之后,将继续前进,开始它的新一轮发展进程。这时,前面列举的那些起推动作用的因素将再次突出地显现出来。

此外,还应该看到,在前一轮经济全球化的高潮中,除发达国家及其跨国集团之外,也有不少发展中国家,抓住了全球化提供的机遇,加快了自身的发展,成为促进全球化发展的新的积极力量,其中最突出的是中国和印度,以及巴西、墨西哥等新兴市场国家。在新一轮经济全球化进程中,它们将起更大的积极作用。

新一轮多边贸易谈判虽然遭到挫折,但这并不意味着多边贸易体系的终结。WTO 和多数成员正在继续努力进行协调，寻找缓和矛盾、打破僵局的途径。毕竟，多边体系的建立和加强，是世界经济发展的客观形势的要求，不会从此烟消云散。

但是，如上所述，经济全球化本身的弊端导致矛盾的加剧，特别是南北贫富差距的扩大、环境问题的恶化、资源（主要是能源）的短缺和争夺的激化，不是短期能缓解的。冲突和斗争可能扩大，遍及 WTO 的内外，遍及世界各地的街头和广场，并将对今后全球化的进程产生难以估量的影响。

此外，更重要的是，在这次经济全球化波折中，起重大反作用的一系列出人预料的重大事件，如"9·11"恐怖袭击、反恐斗争、美国发动的伊拉克战争和美国推行单边主义、恣意妄为等等，对全球化产生了深刻的和重大负面影响。今后，这类难以预料的因素不会消失，甚至不会减少，这将为今后全球化的进展增加更多的不确定性。总之，目前经济全球化的波折虽将过去，全球化新一轮发展正在开始，但今后全球化的发展不会一帆风顺。

然而可以预期的是，与全球化并行的区域一体化，将进一步加强。20 世纪 90 年代经济全球化的迅速发展促进了区域一体化的加强。因为对各国来说，只有加强区域一体化合作，才可能以更加有利的地位面对日益激化的国际竞争和参加经济全球化进程。2000 年以来，经济全球化发生波折的这几年，区域一体化又从反面获得了更大的刺激而进一步加强。因为这时各国都感到，在多边贸易自由化谈判陷入僵局的情况下，双边自由贸易协定或地区自由贸易协定的缔结更容易操作，更容易达成，也更易获得实效。据 WTO 统计，在 1996 年全世界共有区域性一体化协议 144 项，到 2002 年底，全球共签署了 259 个区域贸易协定，已生效的有 176 个。据日本《朝日新闻》披露，到 2003 年，全世界达成的自由贸易协定有 180 多个。至此，全世界绝大多数国家都签署了区域贸易协定,参加了区域经济组织。不少国家甚至参加两个或更多的区域一体化组织。这是区域一体化空前加强的时期,可认为是对经济全球化波折的弥补。特别值得注意的是,近些年来,区域一体化出现了一些惹人注目的趋势:一是大国牵头和参加组建的规模巨大的区域一体化组织,如扩大的欧盟、正在建立的美洲自由贸易区,以及近年来中国同东盟 10 国决定组建的自由贸易区,将形成全球化经济的新格局;二是区域一体化组织,虽基本上是区域经济组织,但政治色彩趋于浓厚;三是各大区域一体化组织的相互渗透和交叉;四是跨区域经济贸易合作的加速发展。今后,伴随着经济全球化新一轮的发展,区域一体化将进一步加强。区域一体化的加强,一方面,将对经济全球化产生推动作用;另一方面,各区域组织间也可能出现某种壁垒或屏障,从而对经济全球化的全面发展起某种阻碍作用。

(原载《世界经济与政治论坛》2004 年第 5 期)

世界经济新增长周期的全球化和地区化

当前世界正处在巨大的转变过程之中，这种大转变涉及世界的方方面面。其中，经济形势的变化起着基础性作用。

世界经济的发展具有周期性。目前，世界经济已走出衰退，开始进入新的增长周期。根据过去的经验，预计这一增长期可持续到2010年以后，但最长不会超过2015年。本文拟对这一时期内世界经济趋势的若干特点，主要是全球化和区域一体化的特点，进行探讨。

一 新的一轮经济增长周期

20世纪90年代，世界经济曾有较快增长，而且增长周期持续较长，达10年之久。到2000年下半年世界经济增长势头减退。此后，复苏迟缓乏力，直到2003年下半年，才开始出现转机，世界经济开始进入新的增长周期。这个增长周期世界经济将呈现如下特点：

首先，20世纪90年代，在西方经济大国中，只有美国快速增长,其经济实力大大增强,国际地位显著提高。从1991年到2001年,美国占世界GDP的比重从21.5%提高到32%,这是世界经济史上罕见的。美国与第二经济大国日本、第三经济大国德国以及后面的法、英等国的差距明显扩大。然而,最近这次衰退过后出现的动向表明,过去美国一马当先、独占鳌头的局面将发生变化。日本经济在走过漫长的晦暗的隧道之后,现在终于看到了曙光。同样,德、法等国经济长期疲弱的状况也开始有所改观。

可以预期,在新的增长期中,即使美国经济的增长仍将快于日、欧,但它们之间的差距已不会像过去10年那样明显扩大。

其次,在新的经济增长周期中,中国和印度以及亚洲其他一些新兴市场国家的经济继续快速增长。特别是中国,遵循全面、协调、可持续发展的方针,连年取得骄人的业绩,令世人惊异。不仅亚洲地区,而且全球经济都感受到中国经济的影响。除中国和印度外,俄罗斯也发生了明显的变化。进入新世纪后,俄终于走出前10年经济转轨过程中陷入的深谷,近几年来,其GDP年均增长率在6%左右。由此可见,新一轮增长期内,世界经济的增长动力,已不再主要来自美国一国,而是来自多个国家,包括多个发展中大国。从这一角度看,新的增长期内,世界格局将进一步走向多极化。

最后,经济的发展和实力的增强,不仅在于增长速度,经济结构的提升和经济增长方式的变化至关重要。在前一个增长期内,发达国家实现了从工业经济向知识经济或信息经济的转变。美国经济实力之所以大大增强,就是因为它在这一转变中领先于其他国家。但是,由于美国在信息技术上投资过度,形成"信息技术泡沫",这个泡沫的破裂,引发了一场经济衰退,信息技术产业遭到严重打击。不过,实际情况表明,信息技术产业的生命力仍极旺盛。在遭受这次重创后，它正在聚集力量，东山再起。目前，信息技术正继续加速创新，其应用的领域继续扩大，并且加速在全球广泛普及。

特别值得注意的是，越来越多的发展中国家已经或正在把发展的重点转到高技术产业上来。中国提出以信息化带动工业化的方针，走新型工业化之路。中国、印度和其他新兴市场国家把更多的资源投入新技术的研发和生产，世界跨国公司也纷纷把企业活动包括科技研发活动，转移到新兴市场国家。今后，除信息技术外，其他高技术，如航天技术、生物技术、纳米技术、新能源技术和环保技术等，也将有更大发展，并将与信息技术一起，推动世界产业结构新一轮升级。

但是，在新的增长期内，也会有一些起反面作用的因素，不利于世界经济的稳定发展。其中主要的：一是恐怖主义的猖獗；二是石油价格的上涨；三是金融震荡和危机有可能卷土重来。目前人们谈论最多的是美国的房地产泡沫和"石油泡沫"，认为这将导致通货膨胀重新抬头，如果处置不当，有可能发生泡沫破裂，从而再次引发全球性经济衰退。此外，美国庞大的财政开支所造成的赤字逐年扩大，已约占美国 GDP 的 5%。为弥补赤字，只好增加借贷。美国"比世界任何一个国家借的钱都多"，"美国的消费嗜好可能破坏良性全球经济周期"。

二 经济全球化的持续发展

经济全球化是世界发展的大趋势，但它的进程并不是笔直的、平稳的，而是有波动的。经济全球化的波动，与世界经济的周期性波动直接相关。此外，世界性重大经济和非经济事件，如石油价格的猛涨、大规模战争等，都可能使全球化进程发生波折。

20世纪90年代,是经济全球化迅速加强的时期。进入21世纪,受世界经济衰退、"9·11"恐怖袭击、伊拉克战争等事件的影响;全球化发展势头减弱。此外,前一时期经济全球化迅速发展中积累的各种矛盾,此时也充分暴露出来,使全球化进程受阻。这种变化,可从几项指标的动向中看出:如90年代前半期,世界出口额年均增长6%,后半期为7.1%,均大大超过世界生产增长速度,致使世界商品出口在世界GDP中所占比重逐年提高,从1990年的19.9%提高到2000年的25.6%,世界进口也有相同情况。这表明,在2000年,世界各国生产的产品,平均有四分之一在国外市场销售,国内需求的四分之一依靠从国外进口来满足。但是,自从2001年以来,形势发生逆转,当年世界货物出口和进口均下降到4%,2002年仍未见起色,2003年开始回升,也只增长了3%。

全球化的波折,在世界对外直接投资的变动中表现得更为明显。世界对外直接投资从1990年的2020亿美元增加到2000年的12710亿美元,年均增长率比世界贸易高一倍以上。同期,世界对外直接投资占世界GDP的比重,从9.3%上升到19.6%,即几近五分之一。但从那以后,世界对外直接投资大幅减少,2002年只及2000年的54%。有人估计,世界对外直接投资要恢复到2000年的高点,也许是2007年以后的事。

经济全球化的动力来源之一,在于WTO发动的多边贸易谈判。20世纪90年代初,乌拉圭回合谈判达成一揽子协议,随后WTO建立,其管理的领域扩及知识产权、服务、农业以及与贸易相关的投资等更广范围,加入WTO的成员也从1990年的100个(当时是关贸总协定参与国),增加到目前的148个。2001年,中国加入WTO,无论对中国本身或对全球经济来说,都是具有重大历史意义的事件。然而,近些年来,WTO所代表的多边贸易体系遭到挫折，1999 年西雅图会议失败；2001 年 WTO 在卡塔尔多哈召开第四次部长级会议，发起多哈回合谈判，但步履维艰。2003 年 9 月在坎昆召开的第五次部长级会议上，发展中国家与发达国家在农业补贴等问题上分歧严重，会议无果而终。

西方有些学者根据近几年来全球化进程中出现的波折，提出"去全球化"的观点，意思是全球化进程的终结或逆转。他们认为，19 世纪后半期的全球化进程，因 1914 年爆发的第一次世界大战而告终。目前的全球化，出于它的本质，有没有什么力量导致它自身的突然终结？还有人认为，当代的全球化已为世界带来种种恶果，如贫富两极分化，民族文化的被侵蚀，生态环境的破坏，特别是美国借助全球化企图构建由它控制的单极世界。这种全球化不应再继续下去了。但是，目前的全球化遭受的挫折只是暂时的，全球化进程并没有发生逆转。随着世界经济衰退的结束和经济的复苏，全球化进程正在加快。可以预期，在新一轮世界经济增长期内，世界贸易、国际金融、世界对外直接投资等都将在原有基础上进一步增长，跨国公司将迎来新的繁荣发展的高潮。

多哈回合谈判一时受挫，并没有导致多边贸易体系的瓦解。各国间存在的矛盾和利益冲突虽然有时会激化，但不可能完全破裂，它们之间终究会找到互相妥协和缓解矛盾的途径。因为全球化发展到今天的水平，生产分布在全球各地，资源在全球范围内进行配置，市场也已是全球市场，各国间的相互依存大大加强。任何国家都不能无视这种客观现实，实行自我孤立，而必须加强合作。正是由于这种情况，WTO 坎昆会议失败后，经过各方协商，于 2004 年 8 月 1 日在日内瓦举行的会议上终于达成框架协议。协议同意，消除出口补贴和对出口的其他形式的政府支持，这涉及工业产品、农产品和诸如电讯、银行业等服务产业领域。同时，农业关税最高的国家必须大幅度降低关税，等等。由于日内瓦会议的进展，多哈回合谈判峰回路转，预计这一轮多边贸易协议有可能于今后两三年内最终达成。

全球化意味着利益在全球范围内的分配，这必然伴随着各国间的斗争，而斗争的结局，取决于实力对比。发展中国家之所以感到全球化对它们弊多利少，甚至深受损害，因为它们是全球的"弱势群体"。然而，近些年来，随着一些发展中国家的崛起，它们的实力有所增强。这特别表现在坎昆会议上，由巴西、中国、印度和南非等国家带头组成的"20国集团"，为捍卫发展中国家的利益对美欧等国坚持实行农业补贴进行了有力的抗争。那次会后，美欧谈判代表主动到这些国家去寻求和解，才有了日内瓦会议上的妥协。这种事态表明，发展中国家今后在全球化进程的走向上，将发挥更大作用。

不过，经济全球化的发展，仍然存在着阻力和矛盾。例如，西方国家一方面高喊贸易自由化，另一方面又采取各种手段，实行新保护主义。其表现之一，就是以"反倾销"为名，把他国商品拒之于国门之外。近些年来，反倾销案比过去大有增多。发展中国家成为发达国家实行"反倾销"措施的主要受害者，尤其是针对中国的这类案件更是不断增加。新保护主义的另一种表现，是实行出口补贴。美欧等主要发达国家对农业的补贴，每年多达3600亿美元，几乎相当于它们对外援助预算的7倍。日内瓦会议达成的协议框架，虽然包括削减这种补贴，但即使实现，也只是一小部分，并没有从根本上解决问题。新保护主义还有一种表现，即发达国家单方面制定环保、技术、卫生检疫等方面的标准，对他国商品，以达不到标准为借口禁止进口。这种标准越来越多，难以应付。至于以直接提高关税和实行进口数量限制为手段而实行的贸易保护主义,更屡见不鲜。

经济全球化的进一步发展,一方面,使各国间的相互依存和合作更加增强;另一方面,各种矛盾和斗争也会有新的发展。

三 地区一体化的加强

经济全球化与地区一体化两者有共同的基础,即生产和资本的国际化,但它们不仅表现形态各不相同,而且发展步调也并不完全一致。在世界经济的新的增长期内,地区化趋势有可能大大加强,表现更加突出。

地区一体化的发展,也是呈波浪形的。第二次世界大战后的50年代末到70年代,欧共体建立,许多发展中国家也纷纷组建区域一体化组织,地区化出现一个高潮。当时,美国力图加强其在资本主义世界的主导地位,对区域化不感兴趣。到20世纪90年代,美国一反常态,先后与加拿大和墨西哥签订自由贸易协定,建立了北美自由贸易区;同时,又倡议建立包括中南美洲在内的美洲自由贸易区。此时,亚太经合组织正式建立,欧共体扩大,并转变为欧洲经济货币联盟,地区一体化出现了又一次高潮。在此期间,世界各地区签订的自由贸易协定数目迅速增多。按WTO的统计,1996年这些协定累计为144个,到2002年,增加到209个,已生效的有176个。又据日本《朝日新闻》披露,到2003年,全球达成的自由贸易协定有180多个。

如上所述,进入21世纪,经济全球化进程遇到暂时挫折,但地区一体化势头不仅没有消减,反而更加增强。美国除继续推动美洲自由贸易区的建立外,还与拉美、亚洲一系列国家签订双边自由贸易协定。伊拉克战争结束后,布什总统又提出建立美国—中东自由贸易区的设想。欧盟于2004年实现又一次扩大,成员国从原来的15国增加到25国。特别引人注目的是，亚洲地区一体化进程加速。过去，亚洲在区域一体化方面进展迟缓，这有多方面的原因：一是该地区各国在民族、文化、宗教等方面差异性较大；二是美国反对，担心建立区域一体化组织不利于美国对这一地区的控制；三是日本热衷于对这一地区单方面扩大出口和投资，对建立地区一体化合作机制并不积极。

1997—1998年亚洲金融危机，使包括日本在内的亚洲国家深切感到有必要加强区域合作，以预防危机和促进共同发展。近几年来，随着中国经济实力的增强，中国与东亚各国的经济贸易关系迅速增加，相互依存关系空前密切。此时，美、日经济发生衰退，亚洲各国越发感到加强区域一体化合作的必要性和迫切性。

东亚各国为此而采取的行动，首先是1999年11月成立东盟10+3集团。2001年11月，中国在10+3首脑会议期间提出十年内建立中国—东盟自由贸易区的倡议，获得东盟十国的一致同意。2002年11月，东盟和中国首脑举行会议，双方签署了合作框架协议，预定2010年中国—东盟自由贸易区初步建立。与此同时，中国向日、韩两国提议研究建立自由贸易区问题。2003年10月在印尼巴厘岛举行的东盟与中、日、韩会议上，中方再次提出这一问题。同时，还提出研究建立包括东盟和中、日、韩在内的东亚自由贸易区的可行性。2004年7月1日，东盟成员国和中、日、韩三国外长在雅加达举行会晤，决定2005年在马来西亚首都举行第一次高级会晤，其后，在中国举行第二次高级会晤，目的是建立"东亚共同体"。

据国外评论，"东亚共同体"之所以"呼之欲出"，是由于日、韩、东盟国家都在尽量争取进入中国的巨大市场，还指望中国的投资。中国与东盟进行建立自由贸易区的谈判，日本为了不致被挤出这一地区，完全把主动权让给中国，只好参加。日、中经济互补性极强，日本与亚洲的经贸关系比与西方的关系更重要。美国对东亚一体化的建立表示担心，但不能阻挡，它只能向日本施加压力。日本顾虑没有美国同意而参加东亚一体化，会被视为对盟友义务的背叛，但日本的经济利益，使其不得不然。日本《每日新闻》（2004年7月26日）载文说：东亚共同体"很可能在亚洲统一的潮流中处于核心地位。……其背景是，以经济迅猛发展的中国为核心的东亚加快了推进签订自由贸易协定的步伐"。随着中国—东盟自由贸易区和"东亚共同体"的建立，东亚地区在经济一体化进程上落后的局面将得到扭转，东亚经济一体化和安全保障将进一步加强。

与东亚地区一体化趋于加强的同时，中国与俄罗斯和中亚的区域性合作也在加强。2001年6月，中国与俄罗斯、哈萨克斯坦、吉尔吉斯斯坦、塔吉克斯坦、乌兹别克斯坦等六国在上海举行首脑会议，搭建了"上海合作组织"的框架，其主要目的是打击"三股恶势力"，同时也是为了在经济上加强合作。几年来，该组织的建设不断取得进展。2003年中国提出建议，上海合作组织六个成员国建立自由贸易区。

南亚地区早在1985年就已成立了地区组织"南亚合作联盟"，但由于这个地区多数国家经济发展缓慢，印度和巴基斯坦之间关系紧张，时有冲突，因此，地区合作进展不大。但近些年来，印度经济力量增强，它主动要求加强区域经济合作。2004年1月，该组织在伊斯兰堡举行会议，签署了一项自由贸易协议，协议将在2006年1月生效。此外，印度也向东盟提出达成自由贸易协定的建议。

迄今为止，地区经济合作组织，除欧盟外，大多数是采取自由贸易区等一体化程度较低的形式。不过，近几年来签订的自由贸易协定，与以往相比较，也发生了一些重要变化：一是其内容更加广泛，除货物贸易自由化外，还包括服务贸易自由化以及投资、技术、环保等方面的合作；二是加强了政治和地区安全方面的合作；三是突破了地理界限，由跨地区甚至跨大洲、跨大洋的国家之间签署的自由贸易协定越来越多；四是许多国家不只是与另一个国家，而是与多个国家或者与其他区域组织签署协议。

有人认为，近些年来以签订自由贸易协定为主要形式的区域一体化的加强，是对经济全球化一时受挫的一种弥补。但是，除此之外，更重要的原因，一是各国在长期实践中，感到在区域范围内签订协议，加强合作，比较简便易行，且易于产生实际效果；二是在以美国等少数发达国家力图主导和控制全球化进程的趋势下，加强区域一体化合作，是维护本国权益和促进平等合作国际关系的最好途径。可以预期，今后，地区一体化趋势将进一步得到加强。

还应看到，区域一体化的发展并不能取代经济全球化。前者对后者将产生两方面的影响：一方面，由于地区化协议内容更广泛，自由化程度更高，从而对全球化起积极促进作用；另一方面，尽管各区域一体化组织都强调其开放性，强调和 WTO 规则相一致，但区域内部更紧密的合作，对区域外国家来说，无形中仍难免有某种排他性，从而对全球多边贸易体系的发展可能产生不利影响。

区域一体化的加强，对超级大国美国推行霸权主义和建立单极世界的图谋，是一种遏制力量。同时，美国也会采取各种手段，进行应对，如一方面加紧建立以它为主导的美洲自由贸易区，与更多国家签署双边自由贸易协定；另一方面向其他区域组织进行渗透或施加压力，加以分化等等。这种斗争，是难以避免的。

（原载《理论视野》2004 年第 6 期）

第三部分
当代资本主义

对帝国主义的垂死性的认识

列宁在分析研究帝国主义问题的基础上，提出了"帝国主义是垂死的资本主义"的重要论断。从那以后，六十多年来，特别是第二次世界大战后三十多年来，资本帝国主义又有了巨大的变化。结合新情况，正确认识帝国主义的垂死性问题，有重要意义。《中国社会科学》1981年第4期刊载了蒋学模同志《按照列宁的原意认识帝国主义的垂死性》的论文和宦乡同志《关于"帝国主义垂死性"的问题》的学术通讯，对这一重要问题进行了讨论，颇引人注意。本文也拟就这个问题，谈一些认识。

一 列宁和斯大林关于"垂死性"的思想基本一致

"帝国主义是垂死的资本主义"的思想，是列宁提出并加以充分论证了的。列宁逝世后，斯大林对列宁的思想作了发挥。蒋学模同志对列宁和斯大林的有关论述进行了比较分析，其中不少看法是正确的。但蒋学模同志认为"不论就理论内容或论证方法来看，斯大林和列宁的观点都大不相同"，则未必如此。我认为他们的观点基本上是相通或相同的。

先从理论内容来看。列宁把帝国主义看做是资本主义发展的一个历史阶段,认为到了这个阶段,资本主义就进入了衰朽时期,社会主义将要取而代之。按照列宁的原意,"垂死的资本主义"就是客观上要求向社会主义过渡的资本主义。帝国主义的"垂死性"就是"过渡性"。列宁是从帝国主义的历史地位来把握它的垂死性的。蒋学模同志对列宁的原意的这种理解,是正确的。斯大林在《论列宁主义基础》一书中,在分析了帝国主义时期资本主义的各种主要矛盾后说,这些矛盾"使旧的'繁荣的'资本主义变成了垂死的资本主义"①。蒋学模同志认为,在这里,斯大林把垂死的资本主义作为"繁荣的"资本主义的对立面来把握,从而认为这与列宁的原意不一致。这就不对了。在这里,蒋学模同志忽略了斯大林原话中"旧的"这个关键的限制词,而斯大林所说的"旧的繁荣的"资本主义,显然是指垄断前的资本主义。列宁说到自由竞争占统治地位的资本主义时,也常把它称为"旧资本主义",而把垄断资本主义称为"新资本主义"。例如,列宁在《帝国主义是资本主义的最高阶段》一书的第二节,论述到垄断阶段交易所的地位下降时,就用了"自由竞争占统治地位的旧资本主义"和"垄断占统治地位的新资本主义"这样的说法。②他在这本书第四节论述资本输出是垄断资本主义的特征时,又用同样的词句说:"自由竞争占完全统治地位的旧资本主义的特征是商品输出。垄断占统治地位的最新资本主义的特征是资本输出。"③ 斯大林不过是沿袭了列宁的用法。他不是把垂死的资本主义与通常理解的"繁荣的"资本主义相

---

① 《斯大林选集》上卷,人民出版社1979年版,第187—188页。
② 见《列宁选集》第2卷,人民出版社1972年版,第760页。
③ 同上书,第782页。

对立,而是和列宁一样,把垂死的资本主义与自由竞争的资本主义、即处于向上发展阶段的资本主义相对立。他和列宁一样,把垂死的资本主义看做是资本主义的一个历史发展阶段,即不再向上发展,而是走下坡路的历史阶段。应该说,他和列宁的观点,基本上是一致的,没有什么原则上的不同。

但是,也应当指出,斯大林用"繁荣的"一词来说明旧的即自由竞争的资本主义,并不十分确当,容易使人产生误解,以为到了垄断阶段,资本主义就不可能有周期性的繁荣了。联系到斯大林关于总危机时期资本主义不会再有迅速发展的不完全符合实际的论点,他使用"繁荣的"一词就更不恰当了。但这是另一个问题。他认为垂死的资本主义是资本主义的一个历史阶段,则是应当肯定的。

再从论证方法来看。列宁论证帝国主义是垂死的资本主义,确实如蒋学模同志所说的那样,是从生产关系一定要适合生产力性质这一经济规律的客观要求出发的。列宁认为,到了帝国主义阶段,资本主义的生产关系与高度社会化的生产力更加不相适应,从而客观上要求向社会主义过渡。而斯大林论证帝国主义是垂死的资本主义时,却从资本主义的各种具体矛盾出发,他特别列举了资本主义世界的三个主要矛盾,即"劳动和资本之间的矛盾","各金融集团之间以及帝国主义列强之间为争夺原料产地、争夺别国领土而发生的矛盾","为数极少的占统治地位的'文明'民族和世界上十多亿殖民地和附属国人民之间的矛盾"[1]。他说,这些矛盾"达到极端,达到顶点,接着就是革命的开始"[2]。表面看来,列宁和斯大林对帝国主义的垂死性的论

---

[1] 《斯大林选集》上卷,人民出版社1979年版,第186—187页。
[2] 同上书,第186页。

证方法有所不同；但实际上也并非全然如此。

大家知道，无论是生产关系一定要适合生产力性质的规律，还是资本主义制度下生产力和生产关系之间的矛盾，即生产的社会性和生产资料私人资本主义占有方式之间的矛盾，都不是空洞的概念。它在资本主义社会的各个方面和各个领域都有具体表现。列宁的《帝国主义是资本主义的最高阶段》一书和他关于帝国主义问题的其他著作，都贯穿着对这些矛盾的揭露和分析，并把这些矛盾看做是向社会主义过渡的强大动力。他写道："垄断资本主义使资本主义的一切矛盾尖锐到什么程度，这是大家都知道的。只要指出物价高涨和卡特尔的压迫就够了。这种矛盾的尖锐化，是从世界金融资本取得最终胜利开始的这一过渡历史时期的最强大的动力。"① 可见，列宁论述帝国主义的垂死性，虽然是从生产关系一定要适合生产力性质的规律，从资本主义的基本矛盾出发，但并没有停留在这里，而是深入揭示了这个规律在帝国主义时代的具体作用，和作为资本主义基本矛盾的体现的各种具体矛盾，包括斯大林所提到的那三大矛盾。关于这一点，《中国社会科学》1982年第5期刊载的刘建兴同志的文章中已经指出了，为了避免冗繁，这里就不再重复了。

斯大林所列举的资本主义在三个方面的矛盾和斗争，是资本主义基本矛盾在阶级关系和民族关系上的具体表现。这些矛盾的发展变化，受一系列因素的影响，呈现着十分复杂的情况。而且它们本身又都具有其独立的意义和作用。但它们从根本上说都是资本主义基本矛盾的表现，它们总要反映资本主义基本矛盾运动的方向和特点。如在垄断阶段，资本主义的基本矛盾激化了，资本主义世界的阶级矛盾和民族矛盾，总的说来也不能不趋于激

---

① 《列宁选集》第2卷，人民出版社1972年版，第842页。

化。尽管这些矛盾的发展状况，在一个短时期内，与基本矛盾的总的趋向可能不完全吻合，甚至有相当程度的背离，但从长期来看，则是基本一致的。这就是说，这些具体的矛盾和斗争的状况，也反映着资本主义的垂死性，或者更确切地说，资本主义的基本矛盾，正是通过这些具体矛盾的状况，而反映资本主义的垂死性的。

是不是如蒋学模同志所说的那样，列宁在论证垂死性问题时，着眼于经济分析，而斯大林着眼于政治分析呢？也不完全是这样。斯大林所着重分析的那三个矛盾中的每一个，都并不仅仅是政治矛盾，而是既包括政治内容，也包括经济内容。至于列宁，虽然着重进行经济分析，也同样重视政治分析。但他在写作《帝国主义是资本主义的最高阶段》一书时，由于受到了当时特殊条件的限制，使他不能充分做到这一点。对此，他在该书的序言中作了说明："我写这本小册子的时候，是考虑到沙皇政府的书报检查的。因此，我不但要极严格地限制自己只作纯理论性的、特别是经济上的分析，而且我在表述关于政治方面的几点必要的意见时，也不得不极其谨慎"，列宁为此而"感到十分难受"。[①] 即使如此，列宁对帝国主义的政治方面，仍然尽可能地用各种方式进行了必要的阐述。

总之，列宁和斯大林对垂死性的论证方法，也是基本上一致的，没有什么原则上的不同。

二 帝国主义的死亡过程并不十分短暂

如上所述，列宁和斯大林在帝国主义垂死性的理论内容上和

---

① 《列宁选集》第2卷，人民出版社1972年版，第730页。

论证方法上，没有什么原则上的不同；他们都从资本主义的固有矛盾出发，论证了帝国主义是资本主义向社会主义过渡的历史时期，亦即资本主义的垂死时期。他们的理论，是完全正确的。但他们对帝国主义的死亡过程，却都看得过于短暂了。正如宦乡同志所说，他们都认为，帝国主义很快就要灭亡。

列宁把帝国主义看做是资本主义向社会主义过渡的历史时期，并且认为，这个时期，帝国主义虽然已经衰朽，"但还没有完全衰朽"，已经是垂死的，"但还没有死亡"①。不仅如此，列宁还指出，在这个时期，"整个说来，资本主义的发展比从前要快得多"②。事实证明，列宁的这些思想，符合资本主义历史发展的实际，是完全正确的。但列宁并没有明确指出，这个历史时期会有多么长。只是在《帝国主义是资本主义的最高阶段》一书的结尾，他指出帝国主义的死亡，可能被人为地拖延，从而帝国主义"可能在腐烂状态中保持一个比较长的时期"③。但在后来的有关著作中，特别是十月革命前后的有关著作中，总的来说，列宁把帝国主义死亡的过程估计得过于短暂了。例如，列宁在1917年所写的《大难临头，出路何在？》一文中说："战争异常地加速了垄断资本主义向国家垄断资本主义转变的过程，从而使人类异常迅速地接近了社会主义。"④ 他在同一年所写的《国家与革命》一书中论述到国家垄断资本主义问题时，也说，这种资本主义已"接近"社会主义，"社会主义革命已经接近，已经不难实现，已经可以实现，已经不容延缓"⑤。在《大难临头，

---

① 《列宁全集》第24卷，人民出版社1957年版，第431页。
② 《列宁选集》第2卷，人民出版社1972年版，第842页。
③ 同上书，第844页。
④ 《列宁选集》第3卷，人民出版社1972年版，第164页。
⑤ 同上书，第229页。

出路何在？》一文中，列宁还提出了"帝国主义战争是社会主义革命的前夜"①的论断。到1920年，他为《帝国主义是资本主义的最高阶段》的法文版和德文版所写的序言中，把"战争"二字删掉，改为"帝国主义是无产阶级社会革命的前夜"②。我们通常把这句话看做是列宁为帝国主义的历史地位所作的一个比喻。但列宁接着写道："从1917年起，这已经在全世界范围内得到了证实。"③这就是说，在列宁看来，从1917年起，全世界都已到了无产阶级社会革命的前夜，这就不能不使人以为这个"前夜"并不长，世界资本主义即将跟着俄国资本主义的灭亡而相继灭亡。事实证明，列宁的这些估计，是过于乐观了。

  列宁之所以把帝国主义的死亡过程看得过于短暂，与他所处的历史环境不无关系。在列宁生活和斗争的时代，帝国主义正处在战争、危机和革命浪潮的猛烈冲击之下，风雨飘摇。这种形势容易使人作出帝国主义很快就要死亡的乐观估计。俄国革命的胜利和欧洲其他一些国家革命形势的发展，也容易使人认为资本主义不仅在一国或一个地区，而是在全世界已濒临末日。同时，第二国际修正主义的头目考茨基之流乘机鼓吹"超帝国主义"谬论，蓄意掩盖资本帝国主义的尖锐矛盾，为帝国主义涂脂抹粉。对此，列宁予以坚决的批驳。在这场论战中，列宁强调了帝国主义各种矛盾的尖锐性，这是完全必要的。但如把问题绝对化和简单化，也就容易从中得出帝国主义很快就会死亡的看法。

  斯大林也是这样。他在20世纪30年代资本主义世界大危机和第二次世界大战前后，在帝国主义的死亡的问题上，一方面进

---

① 《列宁选集》第3卷，人民出版社1972年版，第164页。
② 《列宁选集》第2卷，人民出版社1972年版，第737页。
③ 同上。

一步发挥了列宁那种不完全符合实际的、过于乐观的估计。如他在1934年联共（布）第十七次代表大会上的总结报告中说：在资本主义总危机的条件下，"资本主义已经没有而且不可能有它在战前和十月革命前有过的那种力量和巩固性"①。另一方面，他又忽视或抛弃了列宁关于在帝国主义时期资本主义仍然可能有迅速发展的正确思想。在第二次世界大战后，他竟宣布列宁的这个论点"已经失效"②，而把世界资产阶级比作"快要淹死的人抓住一根草一样"③，从而更加深了人们心目中帝国主义的末日即将来临的印象。

毛泽东同志把帝国主义比作纸老虎，说它已十分虚弱；但又指出它还是真老虎，还有力量，还能吃人。这是全面的估计。但毛泽东同志在谈到帝国主义的寿命时，也总是说它不长了。如在《新民主主义论》中写道："现在是帝国主义最后挣扎的时期，它快要死了，'帝国主义是垂死的资本主义'。"④ 又说："资本主义的思想体系和社会制度，已有一部分进了博物馆（在苏联）；其余部分，也已'日薄西山，气息奄奄，人命危浅，朝不虑夕'，快进博物馆了。"⑤

列宁、斯大林和毛泽东同志把帝国主义的死亡过程估计得过于短暂，是由于他们受当时世界形势的影响，认为一国或几国出现的革命形势，会蔓延到整个世界，并导致全世界资本主义的灭亡，认为资本主义世界的大危机或世界大战，会导致资本主义的全面崩溃，等等。除此之外，也是由于他们把帝国主义矛盾的发

---

① 《斯大林全集》第13卷，人民出版社1956年版，第253页。
② 《斯大林选集》下卷，人民出版社1979年版，第563页。
③ 同上书，第562页。
④ 《毛泽东选集》合订本，人民出版社1964年版，第673页。
⑤ 同上书，第679页。

展，或多或少地看得过于简单，似乎是一条直线，认为这些矛盾只能不断尖锐化，很快就达到"顶点"，接着便会发生革命。但实际情况并不是这样。

如前所述，资本主义各种矛盾的发展，受各种因素的影响，呈现出十分复杂的情况，而它们又都是资本主义基本矛盾的体现。在帝国主义阶段，以私人占有制为基础的生产关系已经基本上不适应社会化生产力的要求了。但这个基本矛盾的发展并不是一条直线，作为它在各方面的具体表现的各种矛盾的发展更不是一条直线，而是迂回曲折的过程。

大家知道，生产力是生产方式中最活跃、最革命的因素，它总是处在不断发展和变革之中。生产力的发展又受着生产关系的制约。当生产关系基本适应生产力发展的要求时，它会促进生产力的发展；在相反的情况下，就要阻碍生产力的发展。但即使在这时候，生产力的发展也不会停止。不仅不会停止，它还要迫使生产关系发生一定的变化，使之在可能的范围内，适应生产力发展的要求。如果把资本主义生产关系比作包在生产力外面的"外壳"，则这个"外壳"绝不是完全僵硬的和固定不变的，它会在生产力发展的压力下发生某种变化，而不会由于一旦不适应生产力的发展，受到压力就猝然破裂，从而使资本主义立即死亡。

马克思和恩格斯在《共产党宣言》中曾经指出，"生产的不断变革，一切社会关系不停的动荡，永远的不安定和变动，这就是资产阶级时代不同于过去一切时代的地方。"[①] 资本主义在上升时期，是靠着不断变革生产工具和生产关系发展起来的；在垂死阶段，仍然靠着不断改变生产工具和生产关系而生存下来。

---

① 《马克思恩格斯选集》第1卷，人民出版社1972年版，第254页。

早在1825年，在英国爆发了资本主义历史上第一次经济危机。从那以后，大约每隔十年就发生一次危机。这表明，还在那时，资本主义生产关系已经不适应生产力发展的要求了。但资本主义并没有因此而立即死亡。1873年，发生了垄断前资本主义历史上最严重的经济危机。资本主义生产关系更加不适应生产力的发展了。但正是从这时起，垄断组织加速形成，经过短短二十多年的时间，就在资本主义社会经济中占据了统治地位，自由竞争的资本主义转变为垄断资本主义。这个变化，从根本上说明资本主义进入了它的暮年，开始衰朽；但它同时也说明资本主义生产关系仍有可能适应生产力发展的要求而发生一定的变化，从而促进生产力向前发展。这是资本主义生产关系和生产力之间在基本不相适应情况下的局部适应。没有这个局部适应，列宁所说的帝国主义虽然腐朽，但"整个说来，资本主义的发展比从前要快得多"，也就难以理解了。

但是，这个转变是在资本主义生产方式范围内进行的。因此，"适应"不能不是有限度的。就在生产力有了进一步发展的同时，帝国主义的寄生性和腐朽性也在加深，资本主义的基本矛盾和作为它的表现的各种矛盾也在加剧，终于酿成资本主义世界一连串的严重危机、动荡、冲突，以至世界大战。第二次世界大战后，资本主义生产关系又发生了新的变化，资产阶级国家广泛地直接干预经济，国家垄断资本主义有了高度发展。这是资本主义生产关系的又一重大变化。这个变化，同样，从根本上说明资本主义更加衰朽，以致没有国家政权力量的支撑就难以运行；但另一方面，它也在一定程度上适应了生产力发展的要求。这样，战后才出现了科学技术革命的高潮和五六十年代西方世界生产的迅速增长。

既然资本主义在它最后死亡之前，它的生产关系仍有可能在一定程度上为适应生产力发展的要求而发生某种变化，那么，资本主义制度下生产力和生产关系之间的矛盾以及资本主义的各种具体矛盾的运动，就不会是直线式的，而是曲折的；不是不断尖锐化，而是有时尖锐，有时缓和。这样，资本主义以其固有矛盾为动力向着社会主义的过渡，就不会是短暂的、简单的过程，而是相当长期的和复杂的过程。

在谈到资本主义制度的死亡时，还应该考虑到，它不仅仅是一个客观过程，也需要一定的主观条件，即世界社会主义力量的增长，工人运动的加强，革命队伍的成长、壮大，无产阶级政党的方针政策的正确等等。没有这些主观条件，资本主义即使十分腐朽，也不会自行死亡。而这些主观条件的具备，也绝非一朝一夕之功。

我们说资本主义的死亡，是一个相当长的历史过程，是就整个资本主义制度来说的，也是就整个资本主义世界体系来说的。至于各个资本主义国家，则由于它们的社会经济政治情况千差万别，资本主义政治经济发展颇不平衡，革命的主客观条件大有差异，各国资本主义的灭亡和社会主义的胜利，必然有先有后，不会同时发生。过去是这样，今后也会是这样。

三 过渡必须通过革命才能完成

资本主义制度在全世界死亡的过程虽然比列宁和斯大林当年所估计的要长，但这个过程总要完成，资本主义终将为社会主义所代替。

那么，从资本主义向社会主义的过渡，又是怎样才能最后完成呢？关于这个问题，列宁给了我们重要的启示，是我们认识帝国主义的垂死性问题时应该特别重视的。

列宁在论述资本主义向社会主义的过渡问题时，不止一次地提醒人们要特别注意这个历史时期出现的各种"特有现象"或特点。他说：在帝国主义时期，"资本主义的某些基本特性开始变成自己的对立物，从资本主义到更高级的社会经济结构的那个过渡时期的特点，已经全面形成和暴露出来了"[①]。这是一些什么特点呢？列宁说："在经济方面，这一过程中的基本现象，就是资本主义的自由竞争为资本主义的垄断所代替。"[②] 可见这些特点就是垄断本身，以及在此基础上产生的种种特有现象。列宁在《帝国主义是资本主义的最高阶段》一书和以后发表的有关帝国主义问题的著作中，特别是论述国家垄断资本主义问题的时候，曾经提到了这样一些现象，如资本的占有同资本在生产中的运用的进一步分离；垄断组织对生产、世界市场和原料来源进行大致的估计和实行一定的计划；国家对垄断集团的支持；资本主义的国家所有制；国家对经济的全面调节和计划化；等等。第二次世界大战后，国家垄断资本主义有了高度发展，上述种种特点也有了更充分的表现。不仅如此，战后时期，还有一些过去不曾有或很少有的现象，如社会福利措施，国家对科学、技术和教育的大量资助，工人在一定范围内参加企业的管理，跨国公司的广泛发展，资本主义经济一体化，等等。

这些现象是在资本主义生产的高度社会性与资本主义私人占有方式之间的矛盾加剧，但一时又不能得到根本解决的情况下产生和发展起来的。这些现象在本质上是资本主义的。但在形式上，又是对私人资本主义占有方式的扬弃。只要资本主义还没有死亡，过渡时期所特有的这些现象，就将不断发展。这些现象的

---

① 《列宁选集》第 2 卷，人民出版社 1972 年版，第 807 页。
② 同上。

出现和发展，具有重要意义：（1）它们实际表明，资本主义不能永远存在下去，它必将为社会主义所代替，因为只有在社会主义制度下，生产力和生产关系那种基本上不相适应的情况才得以消除，那些为生产力的高度社会化所要求的形式才能与其内容相一致，并得到充分的发展；（2）这些现象为社会主义的实现提供了"形式上的手段"和"线索"①；（3）它们为社会主义准备了充分的物质基础。

在资本主义的垄断和国家垄断的基础上产生的这些现象，实质上仍然是资本主义的。正如列宁所指出的那样："尽管托拉斯有计划性，尽管资本大王们预先考虑到了一国范围内甚至国际范围内的生产规模，尽管他们有计划地调节生产，但是现在还是处在资本主义下，虽然是在它的新阶段，但无疑还是处在资本主义下。"② 因为这些现象是资本主义性质的，所以无论它们怎样充分发展，都不能使资本主义自行"长入"社会主义。从阶级斗争的角度上看，这些现象不过是资产阶级为了缓和资本主义的各种矛盾和危机，缓和无产阶级和人民群众的不满和反抗，维护资本主义的生存而采取的措施。这些措施，充其量是资产阶级改良主义的。因此，不管它们的发展具有怎样广泛的规模，也不能从根本上改变资本主义的基础，不能把资本主义变成社会主义。列宁一针见血地指出，企图"用改良主义的方法修改帝国主义的基础不过是一种欺骗，是一种'天真的愿望'"③。要完成从资本主义向社会主义的过渡，必须通过资本主义内部的矛盾和斗争，特别是无产阶级和劳动人民群众的社会革命，而不能像列宁所批

---

① 《马克思恩格斯选集》第3卷，人民出版社1972年版，第318页。
② 《列宁选集》第3卷，人民出版社1972年版，第229页。
③ 《列宁选集》第2卷，人民出版社1972年版，第828页。

判的考茨基那样,"用改良主义的'天真的愿望'来推开这些矛盾,回避这些矛盾"①。

资产阶级虽然能够采取一定的改良主义措施来缓和资本主义的矛盾和危机,拖延革命的到来,但这些办法最终不仅不能防止矛盾的加剧和危机的加深,不能取消革命,相反,会使危机和革命的发生更难防止。当矛盾和危机达到这样一种程度,以致无产阶级和人民群众再也不能照旧生活下去,资产阶级也不能照旧统治下去时,就会发生革命,资本主义也就不可避免地在革命浪涛的冲击下垮台。这样看来,资本主义内部的各种矛盾,是资本主义向社会主义过渡的历史时期的"最强大动力",由这些矛盾所引起的革命,是从资本主义跃进到社会主义的唯一途径。

第一次世界大战和战后,直到第二次世界大战以及战后初期,资本主义世界各种矛盾异常尖锐,资本主义遭受战争、危机和革命的猛烈冲击,很不稳定,无产阶级和人民的革命斗争,先是在俄国,继而在中国和其他一些国家,取得了胜利。第二次世界大战后的一定时期内,民族解放运动高涨,旧殖民体系瓦解,过去的殖民地、半殖民地、附属国纷纷获得了政治独立。但在五六十年代,资本主义世界经济迅速增长,资本主义的各种矛盾,总的说来比过去有所缓和。进入 70 年代以后,资本主义国家经济增长缓慢,呈现停滞或半停滞状态,工人失业队伍不断扩大,通货膨胀和物价上涨加剧,货币金融剧烈波动,资本主义国家社会动荡不安,发达资本主义国家之间在贸易、货币、投资等领域的斗争加剧,发展中国家为发展独立的民族经济,改变不公正、不平等的国际经济关系,建立国际经济新秩序而坚持斗争。这一切说明资本主义的矛盾又趋于激化。这些矛盾和斗争,在经

---

① 《列宁选集》第 2 卷,人民出版社 1972 年版,第 830 页。

济方面的表现比较明显。在政治方面，特别是资本主义国家内部工人阶级和人民群众的政治斗争，则尚未充分展开。直接的革命形势的形成，尚有待来日。但无论资本主义各种矛盾处于何种状态，它们总是从资本主义向社会主义的过渡时期的"最强大动力"。只有在这种"最强大动力"的推动下，过渡才能进行，过渡时期的上述那些特有现象才能发展，过渡才能最后完成，资本主义才能死亡，社会主义才能胜利。因此，如果把列宁和斯大林由于受历史的局限和其他原因而认为资本主义很快就会死亡这一点撇开，则他们所指出的资本主义的各种矛盾在推动资本主义走向死亡中起着决定作用，还是完全正确的。至于今后资本主义的各种矛盾，特别是政治方面的矛盾，走向激化的途径及其表现形式，在不同的具体条件下，是不会相同的。革命的形式，也不会与过去已经发生过的一模一样。

由列宁提出并充分论证、而由斯大林所继承下来的关于帝国主义垂死性的思想，包括"垂死"是资本主义向社会主义的过渡，资本主义的内在矛盾是这个过渡的历史时期的"最强大动力"，这个历史时期的各种特点的重大意义，这个历史时期的终结必须通过矛盾斗争和革命等思想，至今并没有过时，今后也不会过时，仍将是无产阶级和世界革命人民反对帝国主义和资本主义的斗争的锐利思想武器。至于过渡的整个历史时期，即资本主义在全世界死亡，社会主义在全世界胜利的过程，则应根据历史的实际，充分估计到它的曲折性、复杂性和长期性，使世界革命人民有充分的思想准备。但无论如何，资本主义最后必将为社会主义所代替——这是历史发展的必然，是确定不疑的。

（原载《中国社会科学》1983年第5期）

论当代资本主义世界结构性经济危机

近十多年来,资本主义世界经济的发展,不仅像过去一样,遭受生产过剩的周期性危机的破坏,还为长期的结构性危机所困扰。结构性危机成了当代资本主义经济发展中十分突出的现象。深入研究这一问题,对把握当代资本主义世界经济矛盾及其发展趋向,有着十分重要的意义。

结构性经济危机的特点

进入 20 世纪 70 年代后,资本主义世界经济先后发生布雷顿森林货币体系瓦解和能源危机,并随之出现了一系列与过去迥然不同的现象:一方面,生产增长速度大大下降,失业增多,生产能力经常过剩,劳动生产率提高缓慢,甚至没有提高,整个经济呈现停滞或半停滞状态。从 1973 年到 1985 年,发达资本主义国家的国内生产总值年平均增长率仅为 2.8%。这些国家的失业率比 60 年代提高了 2 至 3 倍。另一方面,资本主义世界经济的许多重要领域出现了严重失衡或危机:传统部门衰落,70 年代发生严重的能源危机,通货膨胀势如奔马。

发达资本主义国家的年平均物价上涨率曾接近10%，有些国家在20%以上。近几年来，世界市场上石油以及许多金属和非金属原料价格下跌，通货膨胀虽受到一定的抑制，但许多国家特别是美国的财政赤字巨大，超过2000亿美元；美元汇率大起大落，波动剧烈；国际债务，主要是第三世界国家的负债空前沉重，目前债务总额已超过10000亿美元；国际贸易失衡现象十分突出，日本贸易连年大量顺差，每年达500亿美元，联邦德国贸易顺差也在200亿美元以上，而美国的对外贸易却大量逆差，每年在1500亿美元左右；美国和西欧的农业生产严重过剩，农产品价格大跌，而非洲和其他地区许多发展中国家却大闹粮荒。

这些危机现象互相交织，互相促进，构成了可以称之为资本主义世界结构性经济危机的一幅总的图景。

有的学者不把上述现象看做是结构性危机，而倾向于把它们看做是在当前特定历史条件下周期性经济危机的特殊形态，把生产的长期停滞、大量工人长期失业、生产设备长期开工不足、投资长期不振等等，看做是"长期萧条"或"特种萧条"。我认为这种看法不能充分说明当代资本主义经济发展的问题，无助于深刻认识这些现象的实质。

更多的学者把这些现象看做是结构性经济危机的表现，但对结构性危机的概念，它的内涵和外延，却见仁见智，理解不一。有的认为结构性经济危机只限于产业部门间的失衡，或只表现为传统部门的衰落；有的认为除此之外，还包括某些重要商品供求关系的失衡，即除某些工业部门的衰落外，还有能源危机、原料危机、粮食危机等。我认为对结构性经济危机的理解，不能过于狭隘。

结构性经济危机究竟有哪些不同于周期性危机的特点呢？

（一）周期性危机持续的时间较短，通常是一年左右，最长也不过两三年，而结构性危机则长得多。它往往要延续10年、15年，甚至20多年。第二次世界大战后，资本主义世界经济先是经历了一个高速增长时期，从70年代初开始，转入了低速发展或停滞的结构性危机时期。

（二）周期性危机的最重要的表现之一是工业生产下降，而结构性危机期间则工业生产并不一定下降，甚至往往有所增长，只不过增长十分缓慢，近于停滞。

（三）周期性危机的直接原因是生产过剩，表现为商品积压、物价下跌等。而结构性危机则是由经济结构的失衡引起的，它可能表现为生产过剩，也可能表现为生产不足；可能是物价下跌，也可能是物价大涨。

（四）周期性危机通常是从生产领域波及流通领域，但各领域危机的发展基本上是同步的。结构性危机则不然。在生产总的处于停滞的情况下，各个领域的情况参差不齐，甚至有些领域危机发展的趋势是相反的。如能源危机，从1973年到80年代初曾经十分严重，后来发生逆转；而国际债务危机，70年代尚处于潜伏状态，到70年代末80年代初才开始表面化。其他许多现象也是这样。

（五）周期性危机在各国的表现基本上是相同的，虽然各国危机的深刻程度和影响大小有差别，结构性危机在各国的表现和影响则可能大不相同，甚至完全相反。如能源危机对石油生产国和石油消费国的影响就完全不同；国际债务危机对债权国和债务国的影响，对外贸易失衡对大量贸易顺差国和大量贸易逆差国的影响，也都是这样。

综上所述，结构性危机是资本主义经济发展中除周期性生产过剩危机之外的另一种危机，它是一种长期的、多方面、多层次的复杂现象。因为它包括了许多领域中各具特点的危机现象，这些危机都有其特殊的原因，因而完全可以对它们逐一进行考察。事实上，从结构性危机发生以来，国内外学者对各领域的危机现象，如能源危机、通货膨胀、传统工业部门衰落、大量财政赤字、严重的国际贸易失衡、国际债务危机等等，都已经一一地进行了一些研究。这是完全必要的，但不应因此把各个领域的危机看做是互不相干的孤立现象，而应该把它们看做是结构性经济危机的总体，既作个别研究，也作总体研究。

结构性经济危机在资本主义经济发展史上，早就出现过。如1873年到1896年的资本主义世界经济长期停滞和相伴发生的农业危机，1929年到1933年资本主义世界大危机后的生产回升长期乏力，世界金融极度混乱，都是结构性危机。不过，由于当时的历史条件，这些结构性危机或者表现得不十分强烈，或者由于战争的爆发而中断，没有引起人们特别的注意。战后70年代开始的这次结构性危机，表现得最充分、最深重、最典型，为我们提供了研究它的丰富材料。

在70年代以来的结构性危机期间，已发生了1973—1975年和1979—1982年两次周期性危机，使得结构性危机与周期性危机同时并存，相互影响。在结构性危机期间，周期性经济危机往往不那么强烈，不具有突然爆发性，工业生产下降幅度也不那么大。重要原因之一，是结构性危机已起了一定的破坏生产力的作用，固定资本投资和生产的增长均受到了阻碍。但也正因如此，周期性危机发生时，失业和设备开工不足现象更加严重，危机拖延的时间也较长，危机过后，生产的回升一般均疲弱乏力，甚至不出现明显的高涨。

结构性经济危机的根源

西方有些经济学家，在谈到结构性经济危机发生的原因时，往往离开资本主义社会经济制度，或者归因于人为的错误，如政府政策失当等，或者归因于某种外部因素，如石油输出国组织的崛起等。其实，资本主义结构性经济危机的根源，同周期性经济危机一样，在于资本主义制度的基本矛盾。当然，对此还需要进行具体分析。

考察当代资本主义经济的发展，应充分重视科学技术的作用。科学技术是生产力，它对生产关系的发展变化起着重大的乃至决定性的作用。科学技术的进步不是直线的，有时快，有时慢，有时出现高潮，高潮过后就进入渐进时期。这不能不对资本主义经济的发展产生重大影响。但是，如果单纯从科技进步的快慢或科技革命的高涨低落来解释资本主义经济的增长、停滞和危机，那就把复杂的事物简单化了。离开社会经济制度谈科技革命，不能揭示结构性经济危机的根源，因为科技进步和生产力的发展对资本主义经济的推动作用，是通过资本主义社会生产力和生产关系的矛盾运动表现出来的，资本主义社会经济制度对社会生产力的发展起着巨大的反作用。

早在第二次世界大战前和战争期间，一场技术革命的条件已在西方国家逐步酝酿成熟了。因为当时这些国家已经完成了一系列重大科学发明和技术革新，并已进入实际应用阶段。当新技术首先在个别企业采用时，这些企业就可因此获得超额利润，但个别企业或少数企业采用新技术，不能称为技术革命。到了战后，许多重大科技成果为多数企业所普遍采用，特别是为民用目的而采用，形成了一系列迅速发展的新兴生产部门，则标志着新技术革命出现了。这是五六十年代的事。当时出现的新部门和重要新产品有合成和人造材料、半导体、电视机、录音机、录像机、计算机、自动化设备、原子能、航天技术等。与此同时，传统部门也在新技术基础上得到了改造。

一般地说，资本主义企业为了追逐高额利润而竞相采用新技术、新工艺，生产新产品，需要增加固定资本投资，增加雇用工人，主要是技术熟练工人，并改进生产管理方法。这会大幅度提高劳动生产率，相应地提高剩余价值率和利润率。高额利润成了资本加速积累的源泉，促使投资规模扩大，生产迅速增长，市场也相应扩大。市场的扩大，反过来又进一步促进生产增长和固定资本投资增加。

即使不在技术革命时期，资本主义企业通常也要进行扩大再生产，也要增加固定资本投资和定期进行设备更新。所不同的是，在技术革命时期，不是在原有技术水平上用新设备代替磨损了的旧设备，而是用过去没有的或经过重大革新的新一代技术设备来替换过时的技术设备；不仅用这样的新技术设备改造传统部门，还要建立一系列新的生产部门，从而导致产业部门结构的深刻变革。战后五六十年代的设备更新，就是属于这种情况。这样的设备更新，所需固定资本投资的规模和增长速度自然要大得多。这是五六十年代资本主义世界经济长期迅速增长的根本原因。

应该指出，五六十年代，在工业生产部门进行大规模固定资本更新的同时，构成再生产"一般条件"的基础设施，也在新技术基础上进行了大规模改造和重建。电气化铁路、高速公路、集装箱码头、喷气飞机航线、自动电话网、油气管道、超级油轮等，在不长时间内就遍布全球。这些基础设施的大改造和大建设，吸收了大量投资，同时又为现代化生产的大发展提供了不可缺少的物质条件，成为生产高涨的基础。

不仅这些基础设施，而且所有服务部门，即第三产业，都全面迅速发展起来。它们吸收了大量的劳动者就业，反过来也促进了物质生产部门的发展。

由此可见，战后资本主义世界生产的长期高速增长，实质上是在新技术革命条件下资本的加速积累和扩张。一方面，资本的积累和扩张因新技术革命而大大加速和异常强烈；另一方面，新技术革命则靠资本的积累和扩张得到实现、受到强大推动而迅速达到高潮。

值得特别强调的是，战后时期资产阶级国家对经济的干预，在资本运动的过程中起着不可低估的作用。各国长期奉行凯恩斯主义的刺激经济的政策，大大促进了资本的积累和扩张，推动了生产的迅速增长。

但是，在这个过程中，起相反作用的因素逐步形成并愈益增强：其一是新技术的潜力已充分发挥，技术只能在已达到的水平上有局部的改进，暂时不再有重大突破；其二是奠定在新技术基础上的生产能力已大大扩大，新部门已臻成熟，新产品已充斥市场，市场日趋饱和，剩余价值实现条件开始恶化；其三是随着新技术的普遍采用，资本的有机构成逐步提高，资本密集的程度增长，一般利润率趋于下降；其四是随着技术革命高潮的消逝，设备更新趋于缓慢，生产组织管理定型化，使劳动生产率的增长大大放慢，也影响了利润率的提高。加上这些国家长期实行凯恩斯主义的刺激经济政策，不断扩大政府财政开支，过多增加通货发行量，一再放松信贷。结果，使资本过度积累，使生产过度扩大，也种下了通货膨胀的种子，最终抑制了生产的进一步增长。

还在60年代末期，上述各种起相反作用的因素已经形成并不断加强。进入70年代，矛盾开始转化了。资本积累开始减慢，固定资本投资失去了过去那种大量增加的势头，劳动生产率的增长明显放慢，工人大量被解雇，市场呈现萎缩。这表明，生产高速增长时期结束，经济失去了足够的动力，也就陷入了停滞状态。

在这个过程中，值得特别注意的现象，是资本主义发展不平衡的逐步加剧。

资本主义经济的发展向来是不平衡的。马克思写道："一切平衡都是偶然的，各个领域中使用资本的比例固然通过一个经常的过程达到平衡，但是这个过程的经常性本身，正是以它必须经常地、往往是强制地进行平衡的那种经常的比例失调为前提。"①这就是说，不平衡是由于各个领域中使用资本的比例失调，正是这种比例失调，又是从不平衡到恢复平衡的强制力量。

第二次世界大战后初期，不论是资本主义国家经济各部门，还是资本主义国际经济关系各领域，都大致处于相对平衡状态。这种平衡，并不是均衡，更不是平等。当时国内各产业部门之间，各资本家集团之间，特别是国际经济关系中各国所占据的地位和份额之间，都是不均等的。例如，当时美国拥有其他国家不可比拟的强大实力，在资本主义世界中居于有力的支配地位。但在当时的历史条件下，资本主义世界却处于相对平衡状态。在这种状态下，建立了以美国为中心的国际分工体系、金融体系、货币体系和贸易体系，有利于经济相对稳定地发展。然而，战后资本主义发展的不平衡带有很强的跳跃性，当情况发生变化时，相对平衡的状态很快就被打破。但这也不是在一个早晨就发生的，它也有一个过程。例如国民经济内部，传统部门的衰落，各地区发展的不平衡，各资本集团实力的消长，各领域关系的失调，特

---

① 《马克思恩格斯全集》第 26 卷 II，人民出版社 1973 年版，第 562 页。

别是财政收支、商品供求，生产和消费之间关系的失调，都经过一个过程。在国际经济关系方面，国际贸易、国际金融、国际能源和其他资源市场上的供求关系的失衡，也是如此。在70年代以前大约20年的经济高涨期间，不平衡发展虽然逐步加剧，但尚处于积累过程和潜伏状态。在某些领域，危机已有所表露，如60年代末各国的通货膨胀已开始跑步，国际金融领域内美元风潮更是此伏彼起。但总的说来，尚不十分严重。只是到70年代初，以布雷顿森林国际货币体系瓦解、美国对外贸易收支从百年来的顺差转为逆差，以及石油价格暴涨为标志，结构性危机才全面暴露出来。

马克思说："再生产的均衡性或等同性（即生产在同样条件下反复进行）实际上是不存在的。生产率会变化并改变生产条件。条件也会从自己方面改变生产率。但是这种偏离部分地会表现在短期间内即可平均化的表面的波动上，部分地会表现在偏离的逐渐积累上，这种偏离或者是引起危机，即通过暴力在表面上回到原来的关系，或者是极缓慢地给自己打通道路，争取被承认为生产条件的改变。"① 这种不平衡的"逐渐积累"，"极缓慢地给自己打通道路"，就表现为我们所说的结构性危机。

资本主义经济各部门、各领域发展的严重不平衡和由此而引起的危机，进一步阻碍了生产的增长。

世界经济具有多层次性。国内经济和国际经济是两个主要的层次。资本主义发展的不平衡和资本主义结构性危机，在这两个层次上都有表现。当前，结构性危机在国际经济关系中的表现，尤其值得注意。

战后资本主义经济生活的国际化大大加强了，世界经济真正

---

① 《马克思恩格斯全集》第26卷Ⅲ，人民出版社1974年版，第575页。

成为一个不可分离的整体，各个国家的经济都是这个整体的组成部分。世界经济和国际经济关系的变化对各国经济的发展有越来越重大的影响。战后初期，建立在美国的经济、金融、贸易、技术的巨大优势基础上的资本主义国际经济关系的平衡状态未能持久，毋宁说它为尔后剧烈的不平衡提供了前提条件。到了五六十年代，各国经济不平衡发展的过程开始了，主要表现为美国经济地位的下降和日本、联邦德国等国经济地位的上升。这种不平衡发展的一个重要因素，是各国国民收入的生产和分配的情况大有差异，日本和联邦德国的国民收入用于积累的部分大，从而它们的资本积累率和投资率长期以来大大高于美国，这决定了它们固定资本的更新和扩大以及劳动生产率的提高也大大快于美国。另一重要因素，是日本和联邦德国利用技术革命的机会，从美国大量引进先进技术，大大缩短了新产品的研制和新部门建立的时间。

战后许多获得独立的发展中国家走上了发展资本主义经济的道路，成为当代资本主义世界经济体系的组成部分，从而也受资本主义发展不平衡规律的支配。因此，除了发达资本主义国家之间发展的不平衡外，还有发达国家与发展中国家之间的不平衡。

发达国家之间的不平衡，特别是美、日、联邦德国之间发展不平衡的加剧，导致当前这些国家之间严重的贸易失衡和剧烈的金融动荡；而发达国家与发展中国家之间发展的不平衡，则是70年代石油危机和80年代国际债务危机的根源。

国际经济关系各领域的结构性失衡和危机，与国内经济各领域的结构性失衡和危机互相联系，互相促进；它们又通过各种渠道，最终影响到生产的增长，加深了整个经济活动的停滞，构成了当代资本主义世界结构性危机的整体。

资本主义发展不平衡，是资本追逐最大限度利润的本性决定的，是资本主义发展的客观规律。但这条客观规律，是通过人们的活动表现出来的。例如，在石油危机中，垄断组织起了很大作用。长期以来，国际石油垄断组织压低石油价格，世界石油需求量猛增。战后经济长期高涨，能源消费结构以石油为主是一个重要原因。但很低的价格增加了对石油的需求，以致世界市场上石油逐渐发生供不应求的矛盾，价格不能不上涨。其他领域的发展不平衡和结构性危机，也都有人为的活动参与其中，但从根本上说，结构性危机有其客观的必然性，这种必然性存在于资本主义经济的矛盾之中。

结构性经济危机在当代资本主义世界经济发展中的作用

结构性经济危机是长期性的，但在一定条件下可以缓解。

在结构性危机期间，生产能力过剩，生产停滞，固定资本贬值，利润率下降，大量工人失业，工资收入和生活水平都大受影响。这对资本家和工人都是一个巨大的压力，迫使他们从各自利益出发，寻求克服危机的办法，包括大力促进新技术的研究和开发。为此，企业和政府都要增加科技研究与开发的投资，并制定计划，采取措施，集中力量，务求取得成效。这样，结构性危机时期就既是旧的技术革命消逝的时期，又是新技术革命的准备和酝酿的时期。随着一些重大新技术成果问世并应用于生产，固定资本投资又将出现新的增长势头，一批新兴技术部门逐步形成，劳动生产率重又迅速提高，成本降低，利润率增长，生产逐步摆脱停滞状况，开始新的发展。

各个经济领域的结构性危机，同样有其摆脱危机的机制。如产业部门的结构性危机，表现为传统部门的衰落，生产设备大量闲置，利润率大大下降，资本家不得不大量关闭工厂，或将一部分生产转移到发展中国家去，对另一部分企业则利用新技术加以改造，使之与新兴部门建立起新的平衡。

能源危机时期石油价格猛涨，对大量进口石油的发达资本主义国家是一个沉重的打击，迫使它们采取应变措施，例如节约能源消费，加速勘探和开发新油田，发展新能源和替代能源，实行石油进口多元化等等。在这些方面，发达资本主义国家经过十多年的努力，已经取得了显著成效。国际能源机构参加国的石油净进口量从1973年的12.22亿吨减少到1983年的7.05亿吨。结果，近年来世界石油供应反而相对过剩，油价开始大幅度下跌，能源危机发生逆转。

国际贸易严重失衡，也有其缓解的内部机制。一方面，那些大量贸易逆差国，如美国，为了发展本国生产和增加外汇储备，不得不采取各种措施，包括加强贸易保护主义，限制进口，千方百计增加出口；另一方面，那些大量贸易顺差国，如日本，在其他国家的压力下，也不能不在一定限度内，开放本国市场，增加进口。这样，国际贸易的严重失衡状况，也会得到抑制。

在缓解结构性经济危机中，资本主义国家的干预和调节能起一定的作用，对于这种作用应该给以充分的估计。因为当代资产阶级拥有干预和调节经济的强大手段和力量，也积累了丰富的经验。且以各国为抑制严重的通货膨胀为例。1973年到1982年十年间严重的通货膨胀，对资本家利润的增加，生产的发展，居民收入的增长和社会的安定，都是严重的威胁。资产阶级不得不寻找对策。经过一番摸索之后，从70年代末以来，英美等国政府带头实行紧缩通货的政策，提高利率，削减财政开支，限制工资的增长，限制进口的增加等等。结果，从1982年起，通货膨胀受到抑制，物价上涨率下降，目前已接近1973年以前的水平。

这一难以制服的危机现象，终于大大缓和。

然而，资产阶级为缓解结构性危机而进行的努力，需要一定的时间，才能收到成效。例如为对付通货膨胀和能源危机，他们整整用了十年时间。因为在这个过程中，曾经遇到不少困难和阻力。

一种情况是，对某种领域的危机，人们一时不知如何对付才好，需要有个摸索和试验的过程。特别是当两个或更多领域的结构性危机同时发生时，人们往往顾此失彼，左右为难。最明显的例子就是在生产停滞、失业增多、通货膨胀和物价上涨同时并存的情况下，各国政府在一个相当长的时间内，不知如何是好。目前，各国通货膨胀虽受到抑制，但也付出了沉重的代价：1979—1982年的周期性危机延长，生产增长迟缓，失业严重。

另一种情况是，在许多领域里，有种种非经济因素，严重地制约着政府为缓解结构性危机而采取的某些措施的效应。例如：为了减少财政赤字，美国政府要实行削减财政开支的政策。但是，占政府财政开支很大一部分的军事开支，却出于军备竞赛的需要和军火商集团的阻挠，不能减少，只能增加；政府开支的另一个大项目社会福利开支，由于广大居民群众的反对，也难以大减。政府只好把平衡预算的希望寄托在经济的迅速增长和税收的增加上，但这个希望是渺茫的。又如，为解决传统工业部门的衰落问题，各国政府采取了产业结构调整政策。但这涉及这些部门的资本家和工人的利益。如果这个矛盾处理得好，产业结构的调整多少可以顺利进行，传统部门的结构性衰落可以得到缓解。但在有些国家，如西欧一些国家，政府多年来未找到妥善处理的办法，以致至今传统部门衰落问题依然严重，失业人数也不断增加。

特别难以缓解的是国际关系中的结构性危机。因为这涉及许多国家，而各国在结构性危机中所处地位不同，利益也就不一致，只有通过协商来解决问题。另一方面，尽管各国在结构性危机中利害不一，但危机发展下去，对整个世界经济不利，对每个国家也都没有好处。因此，在一定条件下，有关国家也可能达成某种协议，采取一致行动，共同对付危机。例如，当前国际贸易的严重失衡现象，如果持续下去，即使对大量贸易顺差国日本，也不总是有利的。在美国和其他国家的压力下，它也不得不接受限制某些商品的出口量，增加进口，提高日元比价等要求。国际债务危机也是这样。许多发展中国家大量负债，因而不利于这些国家经济的发展和人民生活改善，对作为债权国的发达国家，也没有好处。因为一旦某些大债务国到期不能偿债，很可能引起全面的金融危机，债权人将直接受到破产的威胁。这种情况，迫使债权国不能不和债务国共同协商，找出双方都可接受的解决办法。

如前所述，各个领域的结构性危机，都有其特点和相对独立性，进程也参差不齐。由于为其缓解而采取的措施效果不一，更增加了它们的非同步性。这也是结构性危机具有长期性的重要原因。只有到发生危机的诸领域，经过结构性调整，重大的失衡现象基本消除，达到了新的平衡，作为一个整体的结构性危机才会基本缓解，资本主义世界经济才能摆脱停滞状态，重新获得发展的势头，资本主义世界经济的发展才有可能进入一个新的时期。

从结构性经济危机的发生和缓解过程看，它在当代资本主义经济的发展中起着如下作用：一方面，结构性经济危机长期抑制生产的增长和人民生活改善，阻碍和破坏生产力的发展，这是它的主要作用；另一方面，也应该看到，结构性危机又为消除资本主义旧的、过时的经济结构，建立新的经济结构创造条件，从而为生产力的新的发展开辟道路。当前资本主义世界经济就正处于这样的大转变的准备时期。

首先，既然摆脱结构性危机迫使人们从新技术的研究和开发中寻找出路，它也就为新技术革命和生产力的新发展开辟了道路。

其次，既然结构性危机是经济结构的失衡引起的，它也就促使经济结构发生变革。

再次，既然结构性危机的克服有赖于国家加强干预和调节，它也就将促进国家垄断资本主义的进一步发展。目前，国家在科学技术的发展、产业部门结构的变革、财政货币领域的干预，特别是国际经济关系各领域，包括国际金融、国际货币、国际贸易等方面的调节活动，都正在进一步加强。主要发达资本主义国家频繁举行双边或多边协商；某些国际性经济、金融、货币、贸易机构的活动也在进一步开展。这些很可能把国家垄断资本主义推进到一个新的发展阶段。

最后，既然结构性危机意味着在国际经济关系中，以美国的经济实力为基础的单极格局已经破坏，危机将导致世界经济形成多极格局。在这种新格局中，一系列国家、地区和国家经济集团的地位与过去相比，将发生重大变化。但是，科学技术和生产力越是高度发展，资本主义发展不平衡也越是加剧，新的相对平衡仍将是暂时的。它将为更严重的新的不平衡所代替。资本主义的结构性经济危机和周期性危机一样，充分表明了资本主义制度的历史局限性。

（原载《中国社会科学》1987年第3期）

当前发达资本主义国家经济的重大变化

一　从工业经济向信息经济的转变

目前，西方正在兴起一场信息革命高潮，它正在推动西方经济从工业经济向信息经济转变。由美国率先提出的兴建"信息高速公路"计划，标志着信息革命高潮的到来。

"信息高速公路"是以光缆连接而成的现代通信网络。这种现代通信网络建设计划的提出并不是偶然的，其条件在80年代就已逐渐具备，现已臻成熟。一方面是经济社会的发展有此需要，另一方面是技术进步提供了技术上的可能性。事实上，现代信息网络的建设，几年前就已开始。只是到现在，由政府在全国范围内加以组织、规划，并投入巨资加以推动，以期建成全国规模的甚至超越国界的完整的信息网络。如美国在1991年已铺设了560万公里的光缆，1994年预计将增加到1600万公里。据估计，如果要将包括全国9500万个家庭在内的所有用户都用光缆连接起来需时20年，投资2000亿到14000亿美元。西方其他国家，甚至某些发展中国家，也都在计划和着手建设这种现代信息网络。

当前信息革命来势迅猛，各国在建设"信息高速公路"方面都全力以赴，唯恐落后。虽然在资金、技术、管理等方面尚存在着种种困难，但这一跨世纪工程的最终实现是无可置疑的。

有人把信息高速公路看做是现代化的基础设施。它的大规模兴建必将带动整个经济的发展。从资本主义经济发展史看，基础设施的大规模兴建总是经济大发展的前奏。如19世纪中叶以后欧美大陆铁路的大规模兴建，20世纪50年代高速公路的大规模兴建，莫不如此，信息高速公路的建设也必定带动整个经济的发展。

但是，以兴建信息高速公路为标志的信息革命高潮的到来，具有更为深远的意义。简言之，这场技术革命将推动西方经济从工业经济向信息经济转变，这是西方社会经济发展过程中的又一次飞跃。

目前信息经济在西方国家，特别是在美国，正在逐步形成。虽然它的最终形成需要一定时期，但根据现有情况，信息经济的一些特点已经显露出来：

1. 产业结构正在发生新的变革。目前西方国家，高技术产业，特别是信息技术产业正在迅速发展，产业结构正在进一步升级。主导产业正在加速从钢铁、汽车、化工等传统产业转变为包括集成电路、软件、电子计算机、个人电脑、传真机、光缆电缆等在内的信息技术产业，预计1995年全世界信息产业的销售额将达到8500亿美元，1996年将达1万亿美元，将超过汽车和钢铁业，成为西方国家最大的产业。除此之外，其他高技术产业，特别是生物工程、宇宙开发等，也都将成为重要产业部门。

2. 各行各业都将广泛采用电脑和信息技术，特别是企业的生产操作和管理将实行"电脑化"。例如美国企业界全年将在信息技术方面投资2750亿美元，其中45%用于工厂和设备，工厂中信息技术设备的投资第一次超过其他设备的投资。而且由于信息技术的价格不断下降，公司可以花较少的钱，使生产率和生产质量大大提高。

3. 信息技术将与制造技术相结合，与其他各种高新技术相结合，孕育出一系列新产品投入市场。如高清晰度电视、智能计算机、新一代机器人等。

4. 信息经济要求具备更高素质的劳动者，他们是能使用和操纵信息技术设备的技术熟练工人、专门技师、工程师和科学家，那些不熟练工人和无法跟上技术发展的人将被淘汰。

5. 信息经济要求企业在广泛采用信息技术设备的同时，进行组织管理方式的变革。事实上，美国公司还在80年代后半期就已开始进行这种变革。企业不再一味追求规模的扩大，而更侧重于管理效率的提高。为此，美国许多公司把一些职能部门进行了合并，取消了一些部门，减少了管理机构的层次，精简人员，高级管理人员直接掌握生产和市场信息，及时作出反应，大大提高了工作效率。

6. 信息经济是高生产率、高效益的经济。由于广泛采用了信息技术设备，对企业组织和管理体制进行了改革，效率必然大大提高。近年来，美国的劳动生产率正在改变过去20年来提高缓慢的情况。

7. 信息革命和信息高速公路，都不会限于一国范围之内，而将逐步扩及全世界。通过这种现代信息网络，各国间的交往更加密切。更多的公司，包括中小公司，将有可能进行跨国经营，跨国公司将有大发展。这一切，将大大推进经济全球化的进程。信息经济就是全球化经济。

总之，信息经济将是一种新型的更高级的经济。西方经济学家和未来学家，在他们的一些著作中早就指出了后工业社会或信息社会到来的前景,并对其特点和影响作了详细描述。但直到今天信息经济才开始成为现实。美国斯坦福大学经济学家、诺贝尔奖获得者肯尼思·阿罗说:"信息的作用正在改变经济的性质。"这当然不是说西方经济的资本主义性质有了改变,而是从技术或生产力角度说的。但这一具有重大意义的变化同样值得特别加以重视。

二 经济改革和调整

任何国家,随着经济的发展,经济体制、经济结构等各方面都要发生变化,以适应生产力发展的要求。发达资本主义国家也一样。目前,为适应信息革命的迅猛进展和信息经济的到来,西方国家正面临着新的改革和调整。当然,它们的经济体制改革是早已建立的市场经济范围内的某种改革。主要是在政府宏观调控和市场调节二者之间的关系上,政府宏观调控的手段和重点上,国内市场与世界市场的关系上等方面进行一定改变。其产业结构的调整则是促进新兴产业的发展,促进产业结构的升级,促进某些落后地区和薄弱环节的加强。除此之外,在微观层次上,即企业的组织管理体制、方式方法和经营战略上,也不断进行改进。

战后近半个世纪以来,西方经济宏观政策发生了三次大的变化。第一次是在战争结束后,西方国家在20世纪30年代大危机和战时对经济实行控制的经验基础上,继续普遍奉行凯恩斯主义以求避免大危机,实现"充分就业",保证经济稳定增长;第二次发生在70年代末80年代初。那一次是为了克服70年代出现的经济滞胀的局面,治理严重的通货膨胀,促进经济的新发展。西方国家的当政者,以英国首相撒切尔夫人和美国总统里根为代表,声称要摒弃过去一直奉为圭臬的凯恩斯主义,根据货币主义和供应学派的主张，一方面实行紧缩货币的政策，另一方面减少政府对经济的干预，废除一些规章和限制，降低税率，削减政府开支，推行国有企业的私有化等等。其结果，通货膨胀受到了抑制，但经济并没有更快增长，政府财政赤字连年增加，国债不断积累，多数居民实际收入没有多少增加，美国这个头号大国的外贸逆差不断扩大，经济实力不断削弱。到90年代发生经济衰退时，政府束手无策，这套政策已走到尽头，非进行改变不可。美国民主党人克林顿于1992年当选总统上台执政，提出"振兴美国经济"的口号，重新调整了经济政策。西方其他国家受到这次衰退的冲击和一系列结构性问题的困扰，也深感过去的那套做法不行了，开始进行经济改革和调整的新探索。这是半个世纪以来西方经济的第三次改革和调整。这次改革和调整固然是为了解决过去形成的一系列结构性困难和问题，也是为了促进信息革命、推动信息经济的发展。

克林顿政府把缩减联邦政府的财政赤字作为经济改革的中心，目标是到1998年减少赤字一半，总数约5000亿美元。为此，对政府行政开支进行削减，减少军费开支，同时增加高收入居民的所得税和某些公司的利润税，开征某种新税；此外，政府还实行医疗制度和教育制度改革，促进科技研究与开发。在对外经济改革方面，政府力求缩小外贸逆差，争夺海外市场，扭转经济地位下滑局面。克林顿政府的这套经济政策，并不是回到凯恩斯主义，也与共和党政府实行的"自由放任"政策不同，而是二者兼而有之，被称为"中间道路"。它表明，美国的宏观调控政策进一步走向成熟。美国在企业管理体制方面，几年来进行了"重新设计"和管理的"电脑化"，这也标志着美国企业管理的新进步。

西方其他国家也面临着经济改革和调整的重大课题。日本政府对经济的干预和"引导"作用一向较强,政府在经济方面的规章繁多,限制也多。日本企划厅的一项报告说,日本官方限制的对象约占整个产值的42%,这次衰退对日本经济造成强烈冲击,近年来日本政府的频繁更迭,促使日本这种经济宏观管理体制不能不发生某种变化。日本经济一向更多地依赖世界市场,一贯大力促进出口,但日本国内市场却受到多方保护,不够开放。对日有巨额贸易逆差的美国等西方国家对此强烈不满,不断向日本施加压力,要求日本开放本国市场。因此,日本也将不得不进行一定调整。过去,日本的产业结构不断升级。但在这次衰退中,日本的汽车、家用电器等支柱产业受到了严重冲击,失去了原有优势。它们必须进一步调整产业结构,在高技术领域寻找经济的新生长点,日本经济企划厅公布的1994年经济白皮书也指出:日本经济需"拓展出新的领域"。日本的企业有自己一套独特的管理体制和方法,如实行终身雇佣制、"年功序列"工资制等。这些制度曾起过积极作用,但弊病也日益明显,当衰退来临,市场不振时,企业不能灵活应付,不能裁减员工,因而生产率难以提高,也需进行调整。美国报刊指出:"日本正处在一种它的企业界极不适应的情况之中,几十年建立的一整套信息……全部受到了挑战。"

欧洲联盟各国,在这次衰退中失业人数大增。而且高失业率在今后短期内难以下降。其原因之一是工人工资成本过高;其二是社会保障开支过大。如德国和法国的社会保障开支占国内生产总值的比重分别为27.3%和28.0%(1989年数字),而日本是11.1%,美国是18.6%。庞大的社会保障计划固然对增加部分居民,主要是贫穷居民、失业者、老弱病残等失去工作能力的人的生活保障起了作用,但也大大增加了国家的财政负担,促使企业解雇工人。现在这套做法已到了难以为继的地步,改革势在必行。欧洲国家的产业结构中钢铁、化工、汽车等传统产业所占比重较大，高技术发展相对较慢，在信息革命高潮来临之际，产业结构的调整已显得更为迫切。

美国的经济改革和调整虽先行了一步，但困难不少，今后进展和成效如何尚待观察。日本和欧洲国家经济改革和调整任务更重，哪一项改革都绝非轻而易举，但又非进行不可。今后若干年，将是它们经济改革和调整的关键时期。这次改革和调整标志着西方政府对经济的宏观管理比过去更臻成熟。

三 更进一步面向世界市场

西方国家在实行经济改革和调整的同时，又都以更大的努力争夺世界市场。

资本主义经济从来不是自我封闭的，早在产业革命时期就已开始形成了世界市场，各个国家都通过贸易、金融等渠道把本国经济与世界市场联系起来，而且这种联系越来越密切，从而形成了经济生活的国际化。虽然，在资本主义的经济发展史上，不乏一些国家在一定时期实行贸易保护主义的实例，而在特殊情况下，如战争时期，更是互相封锁，但这些都不会改变资本主义经济国际化不断加强的总趋势。第二次世界大战后，特别是近20年来，经济国际化又发展到了一个新阶段，即全球化阶段，其特征一是各国间已不是仅限于发展流通领域的关系，而且在直接生产过程中，也通过互相直接投资，建立起更加牢固和紧密的关系；二是各国之间的经济贸易关系已不仅仅是相互交流，而是互相交织，互相融合，形成为一个全球经济的整体，各国经济都成了全球经济的一个组成部分。从这一意义上说，发达资本主义国家的经济早已是高度对外开放的。

近20年来，经济全球化有了新发展，发达国家的对外经济关系进一步大大加强。这里且举出一些事实：

首先，世界贸易保持快速增长，1985年至1989年，每年平均增长9%。到90年代，由于经济衰退，外贸增长缓慢。现在，衰退已经过去，对外贸易正在恢复其快速增长势头，1993年世界出口增长5%，预计1994年可增长6%。无论如何，外贸的增长都将大大高于生产的增长，至少高出一倍。这样，各国的对外贸易在国民生产总值中所占的比重都将继续提高。各国经济的增长将在更大程度上依靠对外出口。如在过去20年中，贸易在美国全部国民生产总值中所占的比例增加了一倍，达到总数的四分之一。日本和欧洲一些国家的这个比例还要高得多。

其次，国际劳务贸易，包括金融业、保险业、运输业、通信业、技术转让、旅游业等等，都在以更快的速度发展。仅以国际金融来说，在伦敦金融市场上世界金融业务量每天多达3000亿美元，一年达75万亿美元，为世界贸易量的25倍。

再次，这些年来，世界直接投资迅速增长。根据联合国的资料，到1992年为止，全世界外国直接投资达到近2万亿美元。每年外国直接投资流量，在90年代最初几年增长有所减缓，从1990年的最高峰2320亿美元下降到1992年的1710亿美元，1993年又开始恢复，当年达到1950亿美元。这笔巨额外国直接投资的大部分是美、日、欧等发达国家之间的相互投资，美国既是最大的对外直接投资国，又是最大的接受国。1993年对美国的外国直接投资达到创纪录的500亿美元。当年40%的外国直接投资进入发展中国家。

最后，以上各种国际经济活动的推动者是跨国公司，近些年来跨国公司有了新发展。据联合国贸发会议的一份报告指出，跨国公司的数目已从60年代的19000家增加到目前的37000家，即几乎增加了一倍，这些母公司控制着20万家国外分公司，这还不包括无数非股权联系的分公司。这些跨国公司占全球产出的三分之一，它们的销售量达48000亿美元，高于世界贸易总额。

以上各种趋势随着技术经济向信息经济的转变，今后均将以更强劲的势头发展下去。

近几年来，西方国家都更加明确地认识到在世界市场上进行扩张对本国经济发展的重要意义。如美《外交季刊》1994年1—2月期曾刊登彼得·德鲁克的文章说："过去40年的一项毫不含糊的教训是：更多地参与世界经济已成为国内经济增长和繁荣的关键。""过去40年的证据确实令人信服地表明，参与世界经济已成为发达国家国内经济表现好坏的起支配作用的因素。"美国官方人士也一再强调扩大和加强对外经济关系的重要性，指出："美国经济的活力比以往更加依赖国外经济的健康发展，我们已在相当长的时间内使我们的商业利益服从对外政策，现在我们应当改变这种做法。"日本和欧洲国家也有同样的认识。如欧共体执委会主席德洛尔说：欧共体经济的复苏"主要必须靠同第三国的贸易"。

发达国家的经济更加依赖对外贸易和其他对外经济活动，究其原因，首先反映着现代经济发展的客观规律，即生产力水平越高，经济越发达，国际分工就越深化，各国经济的相互依赖也越加强。目前西方国家正在兴起信息革命的新高潮，它们的经济正在从工业经济向信息经济转变，这标志着生产力的新的飞跃。它必将导致经济全球化的加速发展。从而使一国经济更深地融入全球经济的整体之中。这些国家重视和强调发展对外贸易和加强对外经济关系的重要性，无非是这一根本趋势的反映。其次，自从20世纪70年代以来的二十多年，西方国家经济增长缓慢，经济危机加深，结构性困难加重，失业人数增加。在最近这次危机过去之后，这些困难和问题将依然存在。这种局面，迫使这些国家极力从占领国外市场寻找出路。再次，冷战结束后，西方国家与原苏联之间的军事对峙局面结束，各国转而把更大注意力和资源集中于促进经济发展，企图在世界市场上压倒对方，各国强调发展对外贸易和其他对外经济活动，是"从冷战转到商战"的反映。最后，目前的世界市场，一方面在继续扩大，另一方面竞争对手也日益增多。特别是近些年来，亚洲新兴工业化国家和地区，以及其他一些正在快速前进的发展中国家，竞争力日益增强，成为西方国家的有力竞争对手。发达国家不仅彼此竞争激烈，还受到新兴工业化国家和地区的挑战，自然感到形势紧迫，要竭尽全力维护和扩大自己在世界市场上的地位。

西方国家为了争夺世界市场采取了各种手段。首先是建立地区经济集团，如原已存在的欧共体已转变为欧洲联盟，美国也与加拿大、墨西哥一起建立了北美自由贸易区，东亚或亚太经济圈也在加紧酝酿中；其次是加强以关贸总协定为代表的多边贸易体系。乌拉圭回合谈判进行了8年之久，终于达成了一项协议，预计今后世界贸易将会有新的发展，而从中受益最多的首先是美欧等发达国家；再次，它们正在双边和地区的层次上谋求加强相互关系，如美日之间，正在进行双边贸易谈判，美国要求日本对美国商品开放国内市场，以减少对日贸易逆差，为此，不惜以实行制裁相威胁。最后，各国都更多地把目光转向发展中国家，争相占领发展中国家的市场，特别是那些发展快、市场潜力巨大、政治稳定的发展中国家，更成了西方国家激烈竞争的场所。

四 西方大国经济力量对比的新变化

与西方经济向信息经济转变以及各国进行经济改革、调整和进一步面向世界市场的同时，西方国家之间的经济力量对比，特别是美、日、德等几个大国的经济力量对比也产生了新的变化。

第二次世界大战后半个世纪资本主义发展不平衡的特点，是最强大、最先进的超级大国美国力量逐步削弱。这个过程又可分为两个阶段，第一个阶段是从战争结束到1973年。这时，美国在资本主义世界中居于霸主地位。它的经济实力远远超过其他任何国家。20世纪50年代初，美国的国民生产总值占全世界的比重达45%，出口约占三分之一。美国以其强大的经济力量为后盾，建立了以美元为中心的国际货币体系。美国当时几乎是世界唯一的对外资金供应国，它进行了大量对外援助和对外投资。但是随着时间的推移，美国的优势不断减弱，而其他西方国家，特别是日本和联邦德国经济迅速增长。到70年代初，美国国民生产总值占世界的比重下降到25%左右，出口额所占比重下降到16%，对外贸易不断减少，1971年终于转为逆差。与此同时，美元不断发生危机，以美元为中心的国际货币体系终于垮台，美国在资本主义世界的霸主地位发生动摇，美、日、德三足鼎立之势已见端倪。第二阶段，从1973年到1990年，这个时期美国的经济实力继续相对削弱，但已不再表现为它占世界国民生产总值比重的下降上。这个比重大体稳定在22%—25%之间。这一时期美国经济力量的削弱主要表现为联邦财政赤字和对外贸易逆差的不断扩大。特别是80年代，这种现象尤为突出。美国对外贸易逆差的三分之一至二分之一是对日逆差。美国不得不吸收越来越多的外国资本来弥补这个逆差。80年代中期，美国从最大的债权国变为大债务国，而日本则成了大债权国。日本的主要投资对象之一就是美国。在这个过程背后，是美国的劳动生产率增长缓慢，产品竞争力下降，一系列重要产品的市场不断为日本所抢占。这一时期，尽管美国的经济实力仍是最强的，但日本和德国快速赶上来，与美国的差距逐渐缩小。

然而，进入90年代，当代资本主义发展不平衡的进程进入了又一个新阶段，美国经济力量削弱的趋势开始得到扭转，领先地位得到巩固和加强。而日本和德国却失去了过去那种追赶美国的势头，显得瞠乎其后了。这个变化与信息革命和从工业经济向信息经济的转变密切相关，也与各国对经济的改革和调整密切相关。在这些方面美国具有较明显的优势。美国经济力量的加强从以下事实可以看出：

1. 美国率先走出衰退，从1994年第4季度开始快速回升。1994年国民生产总值增长率可达3.6%，大大快于日本和德国（预计分别为1%和1.5%）；1995年，美国的增长率预计为2.8%，日、德仍不会高于这一水平。在以后若干年内，这三个国家的经济增长率大致相近。这就是说，过去长期以来日本经济增长率高于美国的情况将不复存在。

2. 美国经济活动增强的一个重要表现是就业的增加。尽管美国公司在改革管理体制的过程中大量裁减员工，但近几年来，新创造的就业机会远远超过了丧失的就业机会。10年来，美国经济增加了1800万个就业机会，净增20%；而欧共体的经济合起来与美国相同，但它们在10年里只增加了700万个就业机会，净增7%，失业率则约比美国高一倍。

3. 西方国家经济的增长，除依靠就业人数增加外，更重要的是劳动生产率的提高。近几年来，美国改变了过去劳动生产率停滞的局面，开始加速增长，从1990年以来的3年内，美生产率以每年2.5%的速度增长，是过去20年的两倍以上。如果按工厂车间每小时的产出计算，则这一指标提高更快，每年增长近5%，反观日、德等国，其劳动生产率几年来基本停止增长。美劳动生产率的绝对水平本来高于德、日，现在差距更加扩大。据有的经济学家计算，还在1990年，德国（原联邦德国）制造业生产率只及美国的86%，比10年前下降3%；日本更低，仅及美国的78%。

4. 近些年来，美国的出口增长较快，1985年以来，平均每年增长近9%，比日本的6.6%和德国的4.2%都高。美国出口额在全世界所占比重，从10年前的10%回升到现在的14%，而德国的情况恰恰相反，其占世界出口总额的比重从1987年的14%下降到1993年的10%左右。

5. 美国经济优势的加强，最重要的表现之一是在一系列重要产品特别是信息技术产品的领先地位得到恢复和加强。如1983—1990年间，美国在芯片制造设备世界市场上的份额从66%下降到44%，日本占据了第一位，但现在美国又夺回了失去的阵地，恢复了第一位置；在80年代，日本半导体在世界市场上所占比重超过了美国，然而到1993年，日本的比重只占41.4%，美国为41.9%，后者已开始超过前者；在个人计算机方面美国本来是遥遥领先，现在优势更加明显，其占全世界交货量的份额从1983年的59%上升到1992年的70%；计算机软件的世界市场则一直为美国所控制，1992年美占该行业四分之三的份额，欧洲占20%，日本只占4.3%。即使在钢铁和小汽车等重要传统产品的世界市场上，美国的劣势也开始得到扭转。两年来，美国在世界小汽车和轻型卡车的销售量中所占份额增长了3个百分点，而日本的汽车销售量则趋下降。正如美报刊所说，美公司在一系列关键工业中"都在把日本对手推了回去"。

6. 过去15年来，美国人所获专利权数量不断减少，但近几年来再度上升，1993年，美国人所获专利权占全世界的54.1%，而1988年为52%。

7. 美国在世界市场上的竞争力全面提高，据设在瑞士的国际管理发展研究院和世界经济论坛每年汇编的有关报告，1994年美国的竞争力居世界第一位，过去8年连续名列第一的日本则下降到第三位。

8. 在对外投资方面，日本在80年代后半期，巨额资金流向海外，而美国的对外投资增长缓慢。但1993年，美急剧扩大对外投资，投资额达1300亿美元以上，为1992年（550亿美元）的两倍多，为1980年（130亿美元）的10倍。美作为资金供应大国的地位有所恢复。而日本的对外直接投资从80年代末的第一位下降到第五位。

以上种种现象，虽然多少带有些周期性，但主要反映了一种长期趋势。这些事实使美国人对美国的未来充满自信和乐观。他们说："美国经济在恢复领先地位"，"我们正处于第三次产业革命之中，而美国正在领导这场革命"。日本人则承认"日美在制造业领域的地位发生逆转"。

西方大国经济力量对比的上述变化，主要是由于进入90年代以来，出现了有利于美国经济发展的新条件。首先，苏联解体后，世界进入冷战后时期，世界局势趋于缓和，各国都有可能集中更大力量于本国经济的发展。而受益最大的是美国，它不必再像过去那样与另一个超级大国进行紧张的军备竞赛，第一次有可能削减军费开支，从而有可能减少财政赤字。它作为唯一的超级大国，仍然在推行霸权主义和强权政治，到处插手他国和他地区内部事务。但它更多地采取促使日、德等国一起干，或者通过联合国的方式，以减少自己的负担。其次，更重要的是，目前西方掀起了一场信息革命，在信息革命的推动下，西方经济正在向信息经济转变，而在这个重大转变中，美国走在西方其他国家的前头。最后，西方国家正在进行经济改革和调整，美国动手较早，且已初见成效，而日本和欧洲国家困难较大，举步维艰，至今未见有多大进展。

五 对世界经济格局和国际经济关系的影响

当前发达资本主义国家经济的上述重大变化，对世界经济格局和国际经济关系将产生深远影响。

首先，目前西方世界经济已形成美、日、欧三足鼎立的格局，或三极格局。这是日、欧在过去几十年中发展较快，而美国相对削弱的结果。如果从全世界范围来看，则还要加上中国和俄罗斯，成为五极格局。现在，在西方经济的大转变中，美国的优势重又有所加强，而日、欧则相对落后。但这并不意味着西方世界经济三极格局或冷战结束后世界经济的五极格局会发生根本变化，更不会导致世界经济重又回到美国一家独霸的局面。只不过在这个三极或五极格局中，美国的力量更强些，因而它的国际地位也更突出些。这也就意味着，美国将自以为更有资格"领导"世界，它也将更加努力以图建立在它领导下的"世界新秩序"。事实上，冷战结束后美国的所作所为已充分证明了这一点。但是，日本和欧洲并不甘心落后，不愿屈从于美国的支配和指挥，而要竭力扭转落后的局面，力图赶上美国。从日本过去的经历来看，它的经济对外部冲击的应变能力较强。至于欧洲，则企图凭借"联盟"的力量加强自己的地位。苏联的瓦解，冷战的结束，又使日、欧有可能不再像过去那样依赖美国的"保护"，从而有更大的行动自由和余地发展自己。今后，美日欧之间的矛盾和斗争势必更加激化。

其次，西方经济向信息经济的转变，将使西方发达国家与发展中国家之间的差距，即南北差距进一步扩大。南北差距本来就不仅是数量上的差距，而且有质的差异，即发展阶段上的差别。发达国家早已完成工业化，建立了高度发达的经济体系，而发展中国家，除少数新兴工业国家和地区外，都尚在工业化过程之中。现在，西方国家向信息经济的转变，标志着其经济发展的一次新的飞跃，跃进到一个更高的发展阶段。这势必使它们与发展中国家的经济技术差距更加扩大。当然，发展中国家的发展也是很不平衡的，对新兴工业国家和地区，以及那些正在快速前进的国家来说，西方国家经济的重大变化，客观上将向它们提供某种机遇，它们有更大的可能利用西方国家的资金、技术促进自己的发展，从而逐步缩小与发达国家的差距，甚至也有可能在发展工业经济的同时发展信息经济，从而迎头赶上。但对多数发展中国家来说，特别是那些经济增长迟缓甚至停滞、衰败，政治动荡的国家来说，就将再次错过机会，不仅与发达国家的差距更加扩大，与新兴工业国和快速发展的国家之间的差距也将扩大。

再次，西方国家的经济争夺是为了占有更大的市场份额，为了扩大自己的经济势力范围，为了在一些领域和地区取得主导权和支配地位。为此，它们除了力图直接打入对方的国内市场外，还要向全世界，首先是向相邻地区扩张：美国将重点向中南美扩张，同时在亚太地区与日本展开争夺；日本则把注意力更多地转向东亚；欧洲联盟则逐步向原东欧地区、地中海地区和非洲扩张，它们的手段之一是建立和扩大以它们为核心的经济区和经济集团。事实上，现在已形成西欧、北美和东亚三大经济区，这些经济区内部和外部的竞争互相交织，形成世界经济错综复杂的矛盾图景。

最后，西方国家经济的重大变化，是在经济全球化的大背景下进行的。这些重大变化，又将进一步促进经济全球化的发展。

各国经济的相互依赖将大大加强，它们之间的协调与合作关系也将加强。这样，西方国家之间的经济关系，既有矛盾和冲突，又有协调与合作，这两种趋势都将加强。

（原载《经济学家》1995年第1期）

当前资本主义发展的两种趋势

　　资本主义的发展过程是复杂的。纵观其历史，不难发现，在一定时期，资本主义的发展趋势不止一种，而往往是两种不同的甚至是相反的趋势同时并存。例如在19世纪最后25年，从1873年到1896年的二十多年间，资本主义经济处于长期危机和萧条之中，但同时，一些工业部门，特别是重工业部门，却快速发展；从1896年到1913年，是资本主义经济的增长时期，同时严重的危机和战争的条件也在酝酿，以致这个时期终于被1914年爆发的第一次世界大战所打断。

　　让我们把历史摄像机的镜头转到当前。从20世纪80年代开始，发达资本主义国家，由英美带头，就对其经济体制着手进行某种改革，对其经济指导思想进行一定调整。与此同时，以信息技术为中心的高科技开始迅猛发展，经济全球化和地区化趋势不断加强。与当时东欧和前苏联愈益衰落的景象相对比，资本主义看起来风光较胜。其实在那时，西方国家的经济增长迟缓，政府财政赤字连年扩大，国债不断积累，居民实际收入停止增长，贫富鸿沟加深。东欧剧变和苏联瓦解，使西方资产阶级欣喜若狂，他们把这看做是资本主义对"共产主义"的胜利，他们乘机对马克思主义和社会主义发动了一场总攻击，而对资本主义则着意美化，欢呼资本主义终于胜利了，资本主义万岁，而资本主义本身存在着的困难和问题，则被掩盖起来，或置诸脑后。

20世纪90年代，西方国家的高科技继续蓬勃发展，各种改革和调整继续进行。但是，90年代初的一场新的经济衰退发生，衰退过后，经济回升疲弱乏力，使那些欢呼资本主义胜利的人头脑开始冷静了些，他们发现，冷战结束后，资本主义各种矛盾暴露得更加明显了。其中有经济问题，更有深重的社会问题和思想文化问题。面对严酷的现实，一些人不得不对资本主义重新进行审视。就连曾于1989年出版过题为《大失败：20世纪共产主义的兴亡》一书的美国前国家安全顾问兹比格涅夫·布热津斯基也在1993年又写了一本题为《大失控与大混乱》的书。此书说的是21世纪前夕的全球混乱，实际上很多篇幅表述的是他对资本主义的忧虑，特别是对美国资本主义前途的不安。他把困扰着美国的主要问题和危机开了一个清单，罗列了20个问题。其中前一部分是"硬"问题，如债务、贸易赤字、低储蓄和低投资等。他认为，这类问题"更易于靠具体行政或政府政策来矫正"。而后一部分涉及社会的价值观念和文化，如贪婪的富有阶级，日益加深的种族和贫困问题，广泛的犯罪和暴力行为，大规模吸毒现象的蔓延，社会上绝望情绪在内部滋生，道德败坏的世风，日益弥漫的精神空虚感等等，则是"不大可能得到决定性矫正的"。而要解决这些问题，"需要花一段时间，在哲学上进行反省和文化上作自我批判。在这一时期内必须认真地认识到：以相对主义享乐至上作为生活的基本指南，是不能构成任何坚实社会支柱的；一个社会没有共同遵守的绝对确定的原则，相反却助长个人的自我满足,那么这个社会就有解体的危险"①。

当前,资本主义又处在一个新的大变动时期。在这个时期,资本主义发展中的两种倾向或两个趋势更加明显地表现出来。有的人只看到资本主义科技飞速进步,经济不断发展的一面,因而对其前景充满乐观;另一些人只看到它的各种困难和危机,认为资本主义已病入膏肓,气息奄奄。这都有失片面。我们对当前资本主义的发展中存在的两种趋势都应看到,也都应作实事求是的估量。让我们把这些趋势列举如下:

1. 科学技术迅猛发展,生产力飞速提高。第二次世界大战后发生的科技革命,至今已持续半个世纪,其间虽有起伏,但从未完全中断。20世纪80年代下半期以来,又出现了以信息技术革命为中心的高科技大发展的新高潮。这个高潮仍在继续,并将跨入下个世纪,在可预见的将来,不会停顿。西方有人对不断涌现的令人称奇的科技新成就万分惊异,提出了科学极限论,这是没有根据的。科学作为生产力的发展是没有止境的。但也应看到,科学发展的进程又受社会生产关系的制约。把当前的科技进步放在资本主义的现实条件中来观察,则一方面,它受到巨大力量的推动,如发达国家以不断增加的大量资源(人力、物力、财力)投入科技研究与开发,各国之间、各资本集团之间激烈的竞争也以争夺高科技的前沿阵地为制胜的关键;另一方面,资本主义经济的波动和危机,国家财力的限制,科技合作(国内和国际)受利害关系考虑的影响等等,都不利于科技的发展。但总的来说,推动科技进步的力量是强大的,其前进步伐也将越来越快。

2. 高科技研究和开发的成果很快应用于生产,形成新产业

---

① [美]布热津斯基:《大失控与大混乱》(中译本),中国社会科学出版社1995年版,第125页。

部门。高新技术产业又以惊人的速度扩大，在经济中的地位和作用不断提高。据估计，美国的高技术产业（包括信息技术产业、航空航天业、生物技术产业、新材料产业等）的产值占其国内生产总值的比重已达三分之一。在欧洲，这一比重也约达10%。问题还不仅在于数量，而且在于高新技术特有的"渗透力"，即与其他部门和领域（包括传统产业、农业和服务业）的广泛结合，使这些部门和领域发生重大变化。即使一向被认为是"夕阳工业"的传统产业部门，也得到根本改造，"旧貌换新颜"。这样，发达资本主义国家，信息技术产业和其他高技术产业正在经济中起着主导作用。传统的工业经济转变为信息化经济。以此为基础，整个社会也正在逐步转变为信息社会。

3. 信息化经济和社会对人的素质提出了新的、更高的要求，要求就业者具有现代科学知识，使用高技术设备的技能和更高的文化素养，更要求各行各业、各种岗位上的工作者能发挥更大的创造性和开拓进取的精神。目前在西方发达国家新增加的就业者中，这种"知识工人"的比例越来越大。具有这些条件的新一代劳动者到处受到青睐，不难得到较好工作和较高待遇。而那些一般的、传统的"白领"和"蓝领"工人，则处境日益艰难。他们不是被解雇，就是工资低微、待遇菲薄。就业结构的这种新的变化，今后将更加突出，并将导致雇佣劳动者队伍的新分化。

4. 生产的信息化，市场竞争的激化，强烈要求企业制度发生新变革。近十多年来，西方国家都在实行国有企业民营化；公司兼并形成热潮；企业管理机构进行精简和重组；企业经营方式讲求更大的灵活性；企业管理战略受到更大重视；更多的企业把自己的"业务"扩大到世界各地，跨国公司兴旺发达；以"人本主义"为中心的新的企业文化正在建立；企业进入信息网络，大大增强了企业管理的机动性、灵活性；中小企业获得了新的优势，蓬勃发展。企业制度的这些变化，受到政府的支持和鼓励。这些变化的目标只在于，充分利用信息技术手段和管理科学思想，最大限度地提高生产效率和质量，加强竞争力，占领更大市场，获取更大利润。随着企业制度的新的变革，现代新型企业正在兴起。这是与工业经济时期的传统企业不同的新企业。与此同时，新一代企业家登上了经济活动的舞台，他们既是资本家，也是具有专门科技知识、高超的管理才能和实行出奇制胜的管理战略的企业家。这类企业家与那些脱离生产管理，专门依靠剪息票和从事金融投机活动发财致富的资本家不同。他们的出现和成长，意味着现代资产阶级发生新的分化。

5. 与企业制度发生变革的同时，发达国家的宏观经济体制也在进行改革。发达资本主义国家的经济体制，是历史上形成的，特别是在二战后时期形成的。各国体制不尽相同，但都在其经济发展中起到一定的促进作用。然而，在今天经济信息化和全球化日益加强的新条件下，原有的经济体制的许多方面已显得过时，不再适应生产力发展的要求，必须进行改革。近十多年来，西方国家经济体制的改革逐步展开，涉及各个部门和领域，如国有企业、社会保障制度、劳动工资制度、财政税收制度、金融体制、中央与地方的关系，对外经济贸易体制等等。为了进行改革，政府对经济进行宏观调控的指导思想和政策也在发生变化，变得更加务实，其目标是在保持经济适度增长和对通货膨胀实行控制的前提下，增强经济活力，提高经济质量和效益。随着经济体制改革的进行，各国原有各具特色的经济模式也在发生变化。目前西方国家正在围绕经济模式的重建问题进行争论。各国都企图为建立既能适应新形势，又保有本国特色的新模式而探索新途径。但无论经济体制的改革或经济模式的重建，都是十分艰难的系统工程，短期内难以奏效。

6. 经济信息化，必然促进经济全球化。近十多年来，经济全球化不断加强。全球化经济体系中，不仅有发达资本主义国家，而且也囊括了不同制度、不同发展水平的各类国家和地区。但其中起主导作用的是发达资本主义国家。没有发达国家的经济信息化，就没有经济全球化。此外，全世界所有国家都在发展市场经济，都在实行对外开放，以及跨国公司的迅速发展，也都是促进经济全球化的重大因素。经济全球化包括经济活动的各个方面、各个领域的全球化，如商品、劳务、金融、投资、人员流动、信息传播、科技交流的全球化。经济全球化的加强，使各国经济互相融合，互相交织，密不可分，成为一个整体。经济全球化是一个发展过程，与经济信息化一样，尚处在其发展的初期，今后还将不断加强。全球化要求各国之间加强协调与合作，但同时也使竞争趋于激化。全球化给各国的发展带来空前的历史机遇，也使各国面临严峻的挑战。

7. 与经济全球化的同时，世界又以地缘关系为基础，形成一系列大大小小的经济区。近十多年来，经济地区化也在不断加强。同一地区的国家，根据本地区的实际情况，采取不同方式，达成一定协议，建立地区经济一体化组织。目前地区经济一体化组织已达三十多个，其中规模最大的地区经济组织有欧盟、北美自由贸易区和亚太经合组织。这些大地区经济组织，都有增加成员、扩大范围、加强内部合作的趋势。此外，更多的是由发展中国家建立的次区域性经济一体化组织。它们在促进地区经济发展，加强各地区在世界经济中的地位，发挥着积极作用。

8. 发展中国家的发展，在80年代受到严重挫折后，90年代以来，进入了重新振兴的新时期。除中国等少数国家外，绝大多数发展中国家都走上了资本主义道路。它们正在改革、开放，发展资本主义市场经济。这是当代资本主义在广度上的新发展。但是，发展中国家的资本主义，与发达国家的资本主义相比，是在完全不同的国内外条件和时代背景下发展的，因此具有一系列不同的特征。可以把这种新资本主义称为"后发资本主义"。发展中国家发展资本主义，有利于解放和发展生产力，因而具有其客观必然性和一定的积极意义。今后它们还将在资本主义道路上走下去。预期在今后几十年内，将有一批又一批国家成为中等发达国家，也会有一些国家先后接近和赶上发达国家。

9. 资本主义国家的矛盾，包括美、日、欧等发达国家之间的矛盾，发达国家与发展中国家的矛盾，发展中国家之间的矛盾，都将继续存在，并因发展不平衡而趋于激化。资本主义的发展向来是不平衡的。二战后时期，资本主义发展不平衡的突出表现是作为超级大国美国的相对削弱，日本和欧洲的崛起。但是，90年代以来，这种趋势发生了新的转折：美国由于科技基础雄厚，高科技的发展占有领先地位，工业经济向信息经济转变较快，企业制度的变革和经济体制的改革也较有成效，加上冷战结束，美国从军备竞赛的沉重负担中解脱出来，有可能以更大力量发展科技和经济，因而其总体实力转而加强，而日本和欧盟国家则困难较重，改革进展迟缓，高科技发展相对落后，经济力量相对下降。但是，日、欧并不甘落后，正在努力克服困难，与美国展开新一轮的争夺。美国作为当前世界的唯一超级大国，力图营造一个单极世界，但世界格局多极化已是势所必然。今后美、日、欧之间的斗争将趋于激化。当前发展不平衡的另一重要表现是发展中国家经济发展加速，它们潜力巨大的国内市场正在开拓，它们的国际地位在逐步提高。但不平等、不公正的国际经济秩序仍然没有破除。发达国家与发展中国家之间的矛盾和斗争仍将在全球范围和各地区范围内展开。

10. 近十多年来，发达资本主义国家已把通货膨胀抑制在低水平上，但经济增长率并不比过去高。信息技术的广泛应用和经济信息化，开辟了新的市场，改进了生产管理，因而对资本主义再生产周期和危机的进程会产生新的影响，但周期和危机并没有从此消逝。此外，结构性经济失衡和危机的种种现象仍然存在，如欧洲的大规模失业，许多国家的巨额财政赤字，沉重的国债，贸易收支的严重失衡，以及发展中国家的巨额外债等等，均难以消除。更使人吃惊和忧虑的是，90年代以来，从日本的"泡沫经济"破裂开始，遍及世界各地的金融震荡和危机此伏彼起，接连不断：货币汇率大起大落，股市剧烈波动，银行破产、资金外逃，严重影响着经济的增长和企业的正常经营，使人们的利益遭到巨大损害。1997年7月2日，泰国发生的金融风暴，迅速席卷东亚，并不同程度地影响全世界，尤其令人震惊。金融危机的发生，有复杂的原因，如一些国家的金融体系不健全，对金融机构的监管不力，对资金流向缺乏引导和控制，等等。但就全球金融体系来说，自布雷顿森林体系瓦解后，金融活动与实物经济严重"脱节"，虚拟金融资本惊人膨胀，投机活动猖獗，实是金融祸患的总根源。如1971年前，所有的外汇交易中有90%是用于贸易和投资，只有10%用于投机。今天，情况恰好相反，用于投机的超过90%，而用于贸易和投资的不到10%。在这种情况下，那些大国际投机家才得以兴风作浪。只要这些深层次的根源存在，今后，资本主义世界经济恐难有宁日。

11. 在资本主义的发展过程中，总会出现这样或那样的社会问题，有时有的社会问题特别严重，成为社会危机。冷战结束后的情况就是如此。这特别表现在：西方国家贫富差距日趋扩大。例如美国一项调查发现，美国家庭中最富有的那10%的家庭，1989年所拥有的财富占全国财富的61.1%，到1994年底达到66.8%；而最贫穷的那10%的家庭，1989年负债超出财产4744

美元，1994年平均负债超出财产7075美元（按1996年美元价格计算）。这表明，美国的财富更加集中，而许多贫穷家庭欠债更多。据美国一些社会学家说，美国贫富不均的情况已经达到创纪录的水平。至于中等阶层的收入，据美国普查局的报告称，其最高峰是1981年的3.4445万美元。90年代初期大大下降，目前仍只保持在3.2264万美元。欧洲一些国家也与此类似。贫富收入差距的扩大，在欧洲与大规模失业有密切关系；而在美国，则与政府强调发挥劳动力自由市场的作用有关，也与对黑人、非欧裔移民的种族歧视有关。在美国，种族歧视是一种长期存在的、顽固的和难以消除的无形的制度。冷战结束后，有变本加厉之势。黑人、拉美裔和亚裔人的就业更感困难，收入和财产状况难有改善。种族迫害事件有增无减，种族分裂加深。在美国和欧洲，社会暴力犯罪日益严重，家庭解体，吸毒贩毒泛滥，艾滋病蔓延。

12. 西方文明也陷入矛盾和冲突的泥潭。发达资本主义国家以美国为首，自诩创造了一流的、堪称典范的西方文明。冷战结束后，它们认为与"共产主义"的意识形态斗争结束，要以西方文明一统天下。特别是美国，拼命把它的民主、自由、人权以及政治体制、经济模式、生活方式和价值观等向全世界推销，但却招致强烈的不满和抵制。于是，美国一些学者提出"文明冲突论"，断言今后西方文明将受到其他文明日益强有力的挑战。与此同时，他们又发现西方文明在他们本国之内也面临危机。他们怀着惊恐不安的心情看到，由于少数民族人数更快地增长，基督教文明受到非欧裔少数民族文明的日益有力地排斥和浸润，有湮没和消亡的危险。还有人指出，即使排除少数民族人数增多这一因素，西方资产阶级几百年来建立和不断发展的文明内部矛盾也日益加深。他们无可奈何地承认，作为西方文明核心的民主、自由、人权本身，正在受到市场的更强有力的支配，实际上是受金钱的操纵。选举要靠"赞助"和"捐款"，政府政策要靠大财东的支持。因而行贿受贿、贪污腐败成风。资产阶级先贤所提出的民主、自由、人权越来越变得有名无实。

把上面各类综合起来，可以看出，当代资产主义的发展具有两种相反趋势：科学技术和生产力的加速发展和生产关系调整的困难和有限；经济增长的高度集约化和社会收入分配的不公；社会财富的大规模积累和贫困现象的加深；经济全球化和资产阶级民族主义的抬头；资本主义在广度上的扩大和新老资本主义之间矛盾的日益突出；超级大国坚持推行霸权主义和世界向多极化格局的过渡；经济的增长和金融危机的肆虐；科技、经济的发达和社会危机的加深；物质生产水平的提高和思想文化的衰颓。

在资本主义制度下，这两种趋势的同时存在，相并而行，并不奇怪。因为一种趋势本身就蕴涵与滋长着另一种趋势。例如，高科技的迅速发展，本来是人类文明的大进步，但在资本主义下，却被一些人用来从事犯罪活动。最明显的就是信息技术。这种高技术的广泛应用，大大提高了生产和管理效率，便利和增进了人们之间的交流，改进了人们的工作和生活方式。但是也为一些人提供了前所未有的犯罪手段。目前电脑欺诈、投机、窃取各种机密盛行一时，且来势凶猛。约翰·托夫勒对21世纪的"高明犯罪"有详尽的描述，他认为："虽然21世纪的犯罪组织将继续使用暴力和财富，但它们也将越来越运用知识以增强它们已拥有的权力。21世纪犯罪组织的主导角色将是那些受过教育、经验丰富且精通计算机的人们。"[①] 又如，生物技术，本来可为人们自身的健康发育和祛病延年开辟美好的前景，但也给那些犯

---

① [美]约翰·托夫勒：《第四次浪潮》，华夏出版社1996年版，第246页。

罪团伙创造了新天地。他们为了提供用于移植的器官，可以逼迫人或绑架人以获得这些器官，高价出售，以获得非法利润。那些穷苦无靠者"自愿"出卖器官、代孕母亲"出租"子宫等等，更是人间悲剧。宇航技术的发展，为人类走向太空、开发宇宙空间铺设了远大前程。但这种高技术，也被用于军事目的，收集他国机密。与此同时，在环绕地球轨道上留下了数不清的垃圾。又如，经济全球化本来可使资源在全球范围内更有效地配置，从而更有利于世界的发展，但也被西方大国利用来推行"全球主义"，企图领导世界，把自己的意志强加于人，干涉他国内政，如此等等。

两种相反的趋势同时并存，使资本主义的发展越来越不协调，越来越畸形化。到处都存在着两种对立现象的强烈反差：进步与后退，创新与毁灭，富足与贫困，高贵与低贱，物质丰富与精神空虚，智慧与愚昧，科学与反科学。这种现象日益引起西方一些人士的忧虑。例如美国麻省理工学院经济学家莱斯特·瑟罗于1996年出版的一本题为《资本主义的未来》的书，认为其他任何一种制度都不能像资本主义制度这样提供如此之多的效益和技术。但是由于只有贪得无厌，而无其他指导思想，这些优势可能会成为这种制度的毁灭之根源——它在经济失衡日趋严重的环境下运转着，而且也是日趋严重的经济失衡的诱因。这种制度所缺少的是一整套能够把公民凝聚起来的共同目标和价值观。结果是："我们"可能会慢慢地陷入一个新的黑暗时代。他认为，资本主义世界缺少的是一套思想理论，即一套选民愿为之作出牺牲的原则。但是，这位经济学家却未能指出资本主义的出路何在，而只是说："为了应付未来的挑战，资本主义应该在多方面进行变革。在价值观念上，应该用建设意识形态（builder's ideology）取代消费意识形态（consumption ideology）；在社会方面，个人和企业必须增加储蓄、减少消费；在政治领域，政府必须发挥更积极的能为大众看得见的作用。"① 瑟罗所说的资本主义的现状和趋势是事实，但他提出的变革办法，则是空泛无力。无怪美国《商业周刊》评论说，瑟罗似乎倾向于认同这个观点：资本主义只有在不断下降的现状发展到不可忍受时才能自我拯救。

资本主义自诞生至今已有500年的历史，它即将进入第6个100年。今后，它还将发展下去，但却是越来越在两种对立趋势同时并存，并愈益相互冲撞的窘境中发展。其中任何一种趋势的发展，都不可能自然而然地遏制和消除另一种趋势。只是在某个时期，一种趋势可能占上风；另一个时期，另一种趋势占上风。这种状况，正如英国著名作家狄更斯在他的名著《双城记》的开篇所写："这是最好的时候，这是最坏的时候；这是智慧的年代，这是愚蠢的年代；这是信仰的时期，这是怀疑的时期；这是光明的季节，这是黑暗的季节；这是希望之春，这是失望之冬；人们面前有着各种事物，人们面前一无所有；人们正在直登天堂，人们正在直下地狱，——总之，那时和现代是这样相像，以至那时声名最响的某些作家对于它的批评，说好说坏，都固执地只用最高级的对比词。"②

(原载《太平洋学报》1998年第1期)

---

① 《国外理论动态》1996年10月1日。
② 狄更斯：《双城记》（中译本），上海译文出版社1983年版，第3页。

资本主义百年回眸

资本主义的历史，如果从 15 世纪末算起，至今已有 500 年之久。资本主义在不断发展变化，而且其步伐越来越快。尤其是近 100 年更是资本主义大发展、大动荡和大变化的时期。

近 100 年资本主义的历史，应该以 1896 年作为起点，因为在 1873 年到 1895 年期间，资本主义发生了前所未有的长期萧条，到 1895 年才告结束。从 1896 年至今的 100 年，又可分为前后两个 50 年。前 50 年，即从 1896 年至 1945 年，是资本主义矛盾异常激化，从战争走向危机，又从危机走向战争的时期。后 50 年，则是资本主义各种关系不断调整，从而在和平条件下获得大发展的时期。但是，这两个看上去截然不同的时期之间，并没有一条鸿沟隔开，而是自然地、内在地联系着。

一 1896 年至 1945 年

在这 50 年之初，即 1896 年至 1913 年，是资本主义近百年来出现的第一次增长期。这一时期，世界经济（基本上是资本主义世界经济）年平均增长在 2% 以上。这个速度，用现在的标准衡量并不高,但在当时却是少有的。因为那时,先进的资本主义国家的经济中,农业仍占有很大比重。如果只看工业生产,则其增长率要高得多。1900—1913 年,世界工业年均增长 4.2%,高于以前任何时期。

从 1896 年至 1913 年的 18 年间,是以电力为标志的第二次科技革命加快进行的时期,先进资本主义国家在工业化业已完成的基础上,大力发展重化工业,企业进行大合并(主要是横向合并);在此基础上,垄断组织迅速壮大,终于在经济和社会中占据了统治地位,资本主义从自由竞争转入垄断阶段;各主要资本主义国家因垄断的具体形式及其派生的特点不同,形成了不同的模式:英国是殖民资本主义;美国是托拉斯资本主义;法国是高利贷资本主义;德国和日本则是财阀资本主义等等。这一时期,资本主义发展不平衡加剧,英国这个头号资本主义大国保持了近 100 年之久的世界霸主地位从动摇以至丧失,美、德等国则赶上和超过了英国。在 1896—1900 年,英国在世界工业生产中所占比重下降到了 20%,到 1913 年又猛降到 9%;同期,美国所占比重从 30% 跃升至 42%,法国保持了 7% 的水平,德国的比重虽从 17% 下降到 12%,但却从低于英国到超过英国。按照资本主义的"原则",谁的实力更强,谁就该占有更多的世界领土和资源,成为世界的主宰,而弱者就只有靠边站。1914 年爆发的第一次世界大战,其火种就是在这个时期埋下的。

第一次世界大战,是美国进一步强大,"英国时代"开始为"美国时代"所取代的转折期。战争使欧洲资本主义国家受到沉重打击,各国都负有巨额债务,唯独美国成了大暴发户和大债主。英、法分别向美国借了 40 亿和 30 亿美元;德国被迫向协约国赔款 33 亿美元,而美国的黄金储备在战争中增加 4 倍,占世界黄金储备的 40%。这种变化,使 1920 年当选总统的美国共和党人 W. G. 哈定情不自禁地喊出了"美国第一"的口号。

20世纪20年代，资本主义世界经济有了一个短暂的繁荣时期。生产增长最快的仍属美国。1921—1929年，美国工业生产增长了90%，投资率（投资占GDP的百分比）超过20%。但好景不长，1929年爆发的空前严重的大危机，把资本主义抛入灾难的深渊。危机一直持续到1933年。其后多年，资本主义世界经济委靡不振，出现了持续萧条。1932年罗斯福当选美国总统，开始实行"新经济政策"，企图挽救危机；次年，在德国，纳粹势力夺得政权，希特勒上台，乘机煽动复仇狂热，狂呼"德国高于一切"，着手重新武装德国，加紧准备战争。1939年，第二次世界大战爆发。战争不仅使资本主义遭到更为严重的打击，也给人类带来了前所未有的劫难。战时，参战国的工业生产和整个经济都受到程度不同的破坏。只有美国，再次乘机加强了自己的力量，其工业生产增长了90%。战后，欧洲和亚洲一系列国家脱离了世界资本主义体系，走上了社会主义道路，旧殖民体系瓦解，但这并没有妨碍战后资本主义的发展，也没有妨碍美国成为资本主义世界独一无二的超级大国。

二　1945年至1994年

第二次世界大战后的50年，资本主义的情景与前50年大不相同。这期间，没有再发生大战，也没有再发生30年代那样的大危机，资本主义各国没有出现紧迫的革命形势，国内社会政治比较稳定，矛盾比较缓和，资本主义获得了前所未有的发展。虽然，这50年，资本主义前进的路程仍然并不平坦，资本主义国家时常为各种困难和危机所困扰。这50年，又可分为若干小阶段。

先是恢复阶段。战争结束后，欧洲和日本就开始了经济恢复工作。美国实行的"马歇尔计划"和对日本的支持，使它们的恢复进展迅速。到1950年，除德、日外，其他资本主义国家的工业生产已恢复到战前水平。其后不久，德、日也恢复到战前水平，这期间，美国则完成了从战时经济向平时经济的转轨。资本主义国家如此迅速地从战争的废墟上爬了起来，出乎当时许多人的意料。

恢复阶段之后，从1950年开始，资本主义进入了经济快速增长时期。这个时期一直持续到1973年，达24年之久。这是近百年来资本主义历史上持续时间最长、增长最快的时期。其间，各发达资本主义国家GDP年平均增长4.8%。20世纪60年代的10年内，更高达5%。这是资本主义历史上绝无仅有的高速度。这10年被称为资本主义的"黄金时期"。除英国当时似乎沉疴不起外，其他欧洲国家以及日本、美国都加快了前进步伐。特别是日本，在60年代，年均增长率创下了10%的纪录。发达资本主义国家人均GDP也迅速提高，从1950年的2378美元提高到1975年的5238美元。长达20多年的大发展，使资本主义国家成了真正发达的现代化国家。

这一时期，资本主义如此迅速发展是多种因素起作用的结果，其中诸多重要因素，在前50年，特别是30年代的大危机和大萧条以及40年代的战争期间，就已逐步形成。在战争结束后的有利条件下，其作用得到了充分发挥。

1. 新科技革命的兴起。早在危机和战争时期，各国为了摆脱危机和赢得战争，无不全力以赴，狠抓科学技术的研究和开发，并把新科技成果应用于生产和战争，如喷气技术、雷达、核能、尼龙、抗生素等等。战争结束后，这些先进的科学技术成果广泛应用于民用生产，一系列新产业、新产品迅速发展起来。与此同时，能源结构完成了向以石油和天然气为主的转变；公用事业大发展，基础设施进行了大规模现代化建设；各种服务业迅速扩大，产业结构发生了大变革。经济增长方式基本上转变为集约型。这实际上是又一次产业革命。

2. 在危机和战争时期，广大劳动人民群众流血流汗，付出了很大的牺牲，而生活水平却长期受到限制，不仅没有改善，反而严重恶化。在工人阶级和广大劳动人民的强烈不满和斗争的压力下，战后，资本主义国家工人工资普遍有所提高，生活得到改善，住宅、汽车和其他耐用消费品市场扩大；资本主义国家还普遍实行了广泛的社会保障制度，医疗、卫生、教育等事业都有了大发展，社会矛盾得到缓和，促进了经济的发展。

3. 在战争中强大起来，成了超级大国的美国，为了支撑和巩固资本主义制度，加强美国对资本主义世界的统治地位，进而争霸世界，以其巨大的经济实力为基础，建立了以美元为中心的布雷顿森林世界货币体系，和与之相应的国际经济组织——国际货币基金和世界银行，稍后又建立了关税和贸易总协定。这些国际金融和贸易体制，首先有利于美国，同时，对当时国际贸易、金融和投资的扩大，起了一定积极促进作用。

4. 在危机和战争时期，资本主义国家大大加强了国家对经济的干预和调控。20世纪30年代，凯恩斯主义的问世，为国家干预经济生活的实践提供了理论基础。战后，西方资产阶级为了防止严重的周期波动和大危机的再度发生，促进经济增长，实现充分就业和物价稳定，以凯恩斯主义理论为指导，实行扩张性财政和信贷政策，促进了经济的增长。

在没有危机和战争的正常条件下，资本主义国家对经济生活进行大规模干预和调整，标志着资本主义自由放任的市场经济时代的最后结束，资本主义超越了垄断阶段，进入了又一个新的历史阶段,多数学者把这一阶段称之为国家垄断资本主义阶段。当然,正如垄断资本主义一样,国家垄断资本主义在各国也有不同的表现形式,因而形成了各具特色的模式,如美国的所谓自由市场经济模式,日本的政府主导型模式,德国的社会市场经济模式,瑞典和北欧其他国家的福利国家模式等等。在不同国情条件下建立起来的这些不同模式,在战后一定时期,对各国经济的发展,都起了一定积极促进作用。

然而,二战后资本主义经济的这个增长时期,毕竟不能永久持续下去。实际上,在经济的快速增长中,上述各种有利因素的促进作用也逐步减弱和消失,有的更逐步向相反方面转化,危机也逐步孕育成熟。到1973年,以国际市场石油价格大涨为转折点,资本主义的"黄金时期"结束,深深陷入了历史上罕见的"滞胀"的泥潭。从1973年到1982年,各国在高通货膨胀率、高失业率和低增长率互相交织的窘境中苦苦挣扎了10年之久。有人把这种困境的出现归咎于政府长期实行凯恩斯主义政策,有人责难石油输出国组织大幅度提高石油价格;也有人认为这是工人对提高工资的过分要求所致;还有的人则声称早已看清要想以美国的经济力量支撑世界经济的增长无异是天方夜谭。西方资产阶级各派力量经过几年的激烈争辩和犹豫彷徨之后,以先后上台执政的英国保守党人撒切尔夫人和美国共和党人里根为代表,摒弃了凯恩斯主义,转而实行货币主义和供应学派的主张,减少政府对经济的干预,取消过多的规章,削减政府财政开支,实行减税,实行国有企业民营化,紧缩货币,以抑制通货膨胀,鼓励企业增加投资,促进经济增长。其结果,高通货膨胀被压低了,低经济增长率却依然如故。整个80年代,发达资本主义国家的经济增长并不比70年代快。由于经济增长迟缓,政府税收减少,公共开支和军事开支又有增无减,政府财政赤字连年扩大等问题加剧，贫富差距扩大，广大群众深为不满。进入90年代，资本主义世界又发生一场经济危机（衰退）。就资本主义世界整体来说，衰退直到1993年底才告结束。从1994年，资本主义又进入了一个新阶段。对于这个新阶段及其前景，当另有专文论述。

三 几点启示

近百年来资本主义的发展历程，给人以多方面的启示，有助于我们加深对资本主义的认识。

1. 资本主义在其生命最后终结之前，总要不断发展，不断前进。马克思和恩格斯在《共产党宣言》中指出："资产阶级除非对生产工具，从而对生产关系，从而对全部社会关系不断地进行革命，否则就不能生存下去。"① 列宁也指出："资本主义不可能有一分钟停止不动。它必须不断地前进。"② 即使当列宁论述垄断引起停滞的趋向时，也特别指出："整个说来，资本主义的发展比从前要快得多……"③ 资本主义百年来的发展，充分证明马克思主义经典作家的这些论点的正确。

2. 在资本主义生产方式条件下，科学技术不断发展，生产力不断提高，有时会发生科技革命和生产力的飞跃，生产工具发生质的变化，生产关系和整个社会关系也发生革命性变化，从而使资本主义生产方式从一个历史阶段转变到另一个历史阶段。一百年来，资本主义先是从自由竞争阶段进入垄断阶段，二战后又从一般垄断阶段进入国家垄断资本主义阶段。在每一个历史阶段

---

① 《马克思恩格斯选集》第1卷，人民出版社1995年版，第275页。
② 《列宁全集》第20卷，人民出版社1958年版，第145页。
③ 《列宁选集》第2卷，人民出版社1960年版，第842页。

中，资本主义的发展也会跃现出若干小阶段。认为资本主义不可能发生变革，不可能再有新阶段，是错误的。

3. 资本主义经济的运动具有周期性。除了大约每10年一次的周期之外，很可能还有大约50年一次的长周期。长周期理论是以苏联经济学家康德拉索耶夫为代表的一些经济学家在20世纪20年代前后提出来的。他们以实际材料证明，从18世纪80年代末期开始，资本主义经济运动就出现了为期约50年的长周期（或长波），每一长周期由各约25年的上升期和下降期组成。康氏虽然以大量材料说明这种长波的存在，但他对其原因和实质，并没有进行充分的理论说明，因此，后人也只是作为一种假说看待。但资本主义近百年的发展，再次表明这种长波的存在。这一百年内，经历了两个长波。因此，长波问题，值得我们从理论上进行研究。

4. 资本的本性是不断地扩大积累，不断地扩张，力图加强对经济和社会的支配和统治。资本主义国家为了本身的最大利益，不惜发动战争。但当采取战争手段受到制约时，它也可以采取非战争手段。近百年的前50年，资本主义列强发动了两次世界大战。而后50年，没有再次发动大战，这是因为发动大战受到了制约。这种制约的力量来自世界日益强大的和平力量，也来自原子弹这种大规模毁灭性武器的威慑力量。除此之外，也是因为二战后，资本主义大国，特别是超级大国美国认为，它们已经有可能以经济手段和其他非军事手段，达到对外扩张和对其他国家进行支配，从而获取最大利益的目的，而不一定要冒发动战争的巨大风险。

5. 资本主义除了在一定条件下，有可能避免发动战争外，还力图减轻危机，缓和社会矛盾，减少极端丑恶现象和严重的弊端，如大规模失业、贫困，社会两极分化等等。在经过20世

30年代大危机和第二次世界大战后近50年来，在这些方面，资本主义国家取得了一定效果。然而，资本主义固有矛盾并没有也不可能消除。由此而产生的危机、失业、贫困等疾患仍然存在，有时还相当严重。

6. 资本主义发展不平衡规律无时不在起作用。后进国家加快步伐，甚至飞跃前进，在不长时期内赶上和超过先进国家，这种现象，在近百年资本主义的历史上表现得格外突出。先是英国这个称雄一时的最强大的国家的霸主地位从衰落到丧失，出现多个资本主义列强争雄的局面。二战后美国成为超级大国，在资本主义世界处于统治地位。这种情况并没有持续多久，到70年代，两个战败国日本、联邦德国就卷土重来，逐步接近美国，向美国发起挑战。

（原载《高校社会科学研究和理论教学》1998年第5期）

西方转向知识经济

近些年来，西方有关经济的评论和著述中，知识经济（Knowledge economy）成为人们特别关注和热烈讨论的重点问题。他们普遍认为，西方经济正在或已经从工业经济转变为知识经济。这个问题也引起了我国政界、企业界、学术界的注意。本文拟对知识经济的优势和特点，从工业经济转变为知识经济有什么重大意义等问题，谈谈个人的看法，同时，在这种形势下，对包括我国在内的发展中国家应采取怎样的方针，提出一些意见，以供参考。

一 知识经济的优势和特点

目前，知识经济在西方发达国家已经成为现实。特别是美国，在从工业经济向知识经济转变中，处于领先地位，在那里，知识经济的特点正在日益明显地表现出来。既然知识经济是从工业经济基础上产生，又超越工业经济的一个新的更高级的经济，它与工业经济相比较，必然有其优越性。为了对知识经济有更具体的了解，现根据西方国家，特别是美国的具体情况，对知识经济的优势和特点归纳如下：

（一）知识经济的增长方式是高度集约式的，即其增长更少依靠劳动力和原材料、能源等自然资源的投入，而更多地是依靠科学技术的创新。西方发达国家的工业经济，在其发展的长过程中，增长方式经历了一个从粗放型向集约型的转变，这个转变大致完成于第二次世界大战之后的 50 年代初。其重要标志之一是在其增长中，科技的贡献率达到了 50%。其后，这个比率逐步提高。但在工业经济中，其提高是有限度的。只是到了 80 年代中期以后，特别是 90 年代，随着工业经济向知识经济的转变，在经济的增长中，科技的贡献率才大大提高。目前美国的这一比率估计已达 80%。这说明，知识经济的增长是高度集约型的。

经济增长方式的集约化程度，还可从生产率的水平及其增长率的提高中看出来。在第二次世界大战后，西方的生产率已达到很高的水平。但到 70 年代和 80 年代，西方国家的生产率（不仅是劳动生产率，而且是全要素生产率）增长缓慢。在美国，年平均不到 1%，几近停滞。近些年来，美国生产率又有新的增长，达到了更高的水平。如 1997 年增长 1.5%。而一些经济学家和政府官员认为，实际增长比这要高得多，可能达到 2.5%（当年，美国国内生产总值增长 3.9%）。这说明，目前美国经济的增长，主要依靠生产率的提高，而不是靠劳动力和自然资源投入的增加。

（二）知识经济是具有更强竞争力的经济，由于知识经济生产率提高到新的高度，单位产品成本相应下降，其竞争力必然更强。美国的情况正是如此。过去多年来，美国的国际竞争力落后于日本，许多重要产品的市场被日本夺走。但自 1993 年以来，情况发生了变化。美国的国际竞争力开始超过日本，更超过欧洲各国，跃居世界首位。瑞士洛桑的国际管理和发展学院发表的

1997年《世界竞争力年鉴》认为,美国由于低通货膨胀、低失业率,尤其是对高科技的大量投入,继续保持世界竞争力的首位。美国一度丢掉的市场,重又夺了回来。

(三)知识经济提供了更多的就业机会。人们可能认为,既然知识经济的增长,主要依靠科学技术和生产率的提高,就必然会导致失业的增加。事实却并非如此。例如美国,虽然向知识经济的转变处于领先地位,许多高科技产业迅猛发展,但90年代以来,其失业率却连年下降,已从1991年的接近8%下降到1997年的4.7%,是30年来最低的。与此同时,就业人数大量增加,从1991年至今,已新增加就业者1200万。固然,美国企业在调整和改革中,大量裁减人员,但与此同时,知识经济的发展,也创造了大量新的就业机会。这一是因为,迅猛发展的高科技产业需要为数众多的新型劳动者,特别是信息产业,如软件业,已成为十分庞大的产业,雇用数以十万计的职工;二是各部门、各行业,特别是庞大的服务业,采用电脑管理,其业务量大大扩大,需要更多的人员;三是中小企业可以利用信息技术,特别是进入互联网络,大大增强了其特有的灵活性,从而获得更大的发展,提供了大量新的就业机会;四是由于信息化的发展,促进了经济全球化的加强,美国利用这一势头,不断扩大对外贸易,出口贸易成了美国增加就业机会的重要部门。

至于欧盟国家,多年来失业率居高不下,一直保持着两位数,这恰恰不是由于它们的知识经济发展更快,而是有其结构性和体制性的多方面深刻原因。

(四)知识经济是稳定性更强的经济。众所周知,二战后的半个多世纪,西方经济不仅是在经济周期和危机的往复中发展的,而且还发生过70年代那样的滞胀,当时生产增长近于停滞,失业增加,通货膨胀失去控制。这使西方国家决策者面临两难处境：经济的增长和失业的减少与通货膨胀的下降似乎是不能兼顾的。有的经济学家还从理论上证明了这一点。但是，近些年来，美国经济的发展，突破了这个"怪圈"，实现了经济的适度增长，失业率下降，与此同时，通货膨胀率也降到少有的低水平。如 1997 年，美国国内生产总值增长了 3.8%，失业率下降到 4.9%，通货膨胀率只有 2.3%。过去长期对通货膨胀造成压力的政府财政赤字也连年减少，从 1992 年的 2900 亿美元减少到 1997 年的 220 亿美元。

美国经济自 1991 年 3 月起衰退结束，走向复苏和增长，到现在（1998 年 4 月），连续增长已满 7 年，并开始进入第 8 个年头，有可能超过二战后时期任何一个周期增长的持续时间。

以上种种现象，西方舆论称之为"新经济"。美国"新经济"的出现，有多方面的原因，如冷战结束，美国有可能削减军费开支，集中力量发展经济；美国政府对经济的宏观调控，采取了务实的方针和灵活的措施，但知识经济的到来，则是基本原因。因为只有在生产率进一步提高的条件下，才能保证既促进经济增长，又能使通货膨胀受到控制；只有在生产中广泛采用信息技术，才有可能随时掌握市场动向，大大改善企业管理，减少库存，从而缓和生产过剩。

（五）知识经济的发展主要依靠以高科技为核心的知识，即人的智力，而不是自然资源。自然资源是有限的，也是难以改变、难以扩散的（当然，随着科技的进步，也总有可能发现新的自然资源蕴藏），而智力资源则潜力无限，并且会不断创新，不断扩散。因而在知识经济中，生产也是不断革新，产品迅速更新换代，新产品不断涌现，产品日益多样化、优质化、价格趋于低廉。高科技产业，不受地域的限制，唯一限制其发展的是市场和人才。总之，知识经济具有更强的活力。

（六）知识经济因消耗自然资源相对较少，从而为环境保护、资源保护和实现可持续发展开辟了新的途径和广阔的前景，例如，大气的污染、温室效应的增强，在很大程度上是源于能源的大量消费。近20年来，由于各种节能技术的应用和新能源的开发，生产一定数额的国内生产总值所需能源年平均下降2%。这对减少大气污染显然是有益的。但由于能源消费总量仍在增加，因此，这还远远不能根本解决环境保护和可持续发展问题。由于这个重大问题的解决涉及多方面关系，任务是艰巨的。但随着知识经济的发展，为这个问题的解决带来了更大的希望。

以上是知识经济与工业经济相比较所具有的一些特点和优点。当然，知识经济和工业经济一样，也是在市场经济条件下发展的。在西方，更是在资本主义生产方式下发展的。资本主义所固有的矛盾和根本弊端并不能消除，有的还会有进一步的发展，如垄断资本集团利用高科技对整个知识经济加强垄断；知识经济产生的高效益为大资本家带来惊人利润；社会贫富鸿沟进一步扩大；信息技术和其他高技术被利用来进行各种非法犯罪活动，等等。总之，在西方，知识经济的来临，并不会出现一个人间天堂。虽然如此，从工业经济转变为知识经济，不能不说是人类社会经济发展总过程中的一大进步。

二 知识经济是怎样产生的？

近十几年来，特别是进入90年代以来，西方发达国家的经济是怎样转变为知识经济的？是哪些因素促进这一转变的？

首先，知识经济是社会生产力发展到今天这样高度的产物。如上所述，知识经济是在工业经济基础上产生的。西方国家的工业经济，从18世纪中叶产业革命开始，到20世纪90年代经历了约两个半世纪的形成和发展历程。其间,第二次世界大战后的半个世纪,工业经济已高度发达,达到了它的顶点。这一切都是科学技术和生产力发展的结果。近十多年来,以高科技的大发展为特征的科技革命新高潮,有力地推动工业经济超越它自身,而转变为更高的经济形态,即知识经济。

当前西方高科技的迅猛发展,也并非突如其来,而是经过战后半个世纪的酝酿。例如作为信息技术核心的电子计算机,早在1946年即已问世,但它体积庞大,价格昂贵,操作不便,且功能有限,因此并没有在生产和生活中得到广泛应用,当然也就不会对整个社会生产和生活产生多大影响,更不可能使之超越工业经济和工业社会的范围。只是在以后,计算机经过多次更新换代,到80年代中期以后,才变得体积小,价格低,功能多,使用方便,从而获得大普及。而互联网络的建立,计算机与互联网络的结合,更为生产和生活带来了人们意料不到的革命性变化。其他高科技的发展,也同样有类似的过程。这是科学技术的大进步、大创新及其成果在生产中的广泛应用,并引起生产和生活方式发生大变化的过程。

其次,大量资本的投入。科学技术是生产力的关键因素,因而也是经济发展和变革的关键因素。但只有这个因素还不够,还必须有其他因素,其中最重要的是资本,高科技的研究和开发(R&D)本身,就需要大量资金。新科技成果应用于生产,更需要大量投资。战后半个世纪,西方发达国家仅在科技研究与开发方面投入的资金,每年都不少于国内生产总值的2%。冷战结束后,各国公开争夺高科技前沿阵地,更进一步增加这项资金投入。如1993年,美国的R&D费用开支达1663亿美元,占国内生产总值的2.66%,日本占2.94%,德法分别为2.48%和2.45%。近几年来,西方国家为了减少预算赤字,都紧缩财政支出，但科研开支却仍然有增无减。如 1998 年美国总统克林顿在其国情咨文中，许诺将国家的科研经费开支提高到占全部预算开支的 4.5%。西方企业为了把科研成果转化为现实生产力，在生产中更是不惜投入巨额资本。这些资本的来源，一是从其他部门主要是传统工业部门转移到高技术产业部门；二是银行和其他金融市场的融资；三是在高技术产业中新建立的企业（开始时通常是中小企业）内部积累的迅速扩大；四是国家的大力资助。特别值得一提的是，由于高科技的研究、开发和投入生产有很大风险，私人往往望而却步。因此，国家对这种风险投资实行担保是必不可少的。由于来自上述种种渠道的资本源源不断地投入知识经济，资本投资的规模就像滚雪球一样迅速扩大，有力地推动了知识经济的发展。总之，知识经济的发展，要求资本投资结构进行大调整。

再次，知识经济的发展，还需要有市场。这个条件，起初其实是高技术产业本身创造的。高技术产品的市场一旦形成，就反过来推动其生产迅猛扩大。例如，个人电脑，在 80 年代中期就已上市，销售量逐年增加。到了 90 年代中期，世界个人电脑销售量更是迅猛增长。1995 年达 5970 万台，比 1994 年增长 24.7%，1996 年达 7170 万台，又比 1995 年增长 9.1%。有人预计，到 2000 年，世界个人电脑销售量将达 13170 万台，销售额将达 2648 亿美元。其他高技术产品的市场，虽然没有达到这样大的规模，但都在迅速扩大，前景广阔。高技术产品一旦投入市场，其销售量就会迅速增长，这一是因为西方社会生产和生活水平已提高到这样的高度，对电脑等高技术产品有庞大需求，高技术产品已不再是少数专业人员使用的设备，而已成为广大居民的日用必需品；二是因为高技术产品不断更新换代，因而不断创造新的市场。

最后，知识经济的出现，虽然是生产力发展到今天高度的必然结束，但也必须有政府的大力推动和扶植。西方国家政府为了推动知识经济的发展，从各方面采取有力措施。除上面谈到的政府增加对科技研究开发的经费外，其他措施还有：设立以国家领导人为首的领导机构，如美国于 1993 年 11 月，在美国历史上破天荒地在白宫内设立国家科技委员会，与国家安全委员会和国家经济委员会三足鼎立，由总统亲自挂帅，政府主要成员参加，定期讨论事关美国科技发展方向与长期战略的重大问题，由政府制定科研发展计划，确定重点。对重大科研项目，组织各方力量联合攻关。

政府为推进知识经济发展的另一个着力点是教育和培训。高科技产业和知识经济的发展，需要大量高级人才。西方国家的教育本已相当发达，各种专门人才也不少，但在知识经济来临之际，他们感到原有人才知识已老化，新型人才不足，旧教育体制已经落后，必须进行改革。这已成为全社会关注的重大问题。当前，西方各国政府都把教育改革和发展，作为头等大事来抓，这涉及教育体制，培养目标，教材和教学方式、方法和师资等各方面问题，还要增加教育经费。目前西方发达国家的教育开支平均占国内生产总值的 6.4%，美国更高达 7%。尽管如此，今年克林顿总统在其国情咨文中仍然许诺，新财政年度的教育经费将增加三分之一。除了学校教育外，西方各国还采取各种措施，动员和引导企业、社区和其他机构，加强人员培训，推行终身教育制度。

西方国家为推动和适应知识经济的发展，还进行其他方面的努力，如企业制度的改革，政府对经济干预和调节指导思想的改变，经济体制的改革等，限于篇幅，姑且从略。

三 发展中国家面临的机遇和挑战

当前，西方发达国家正在或者已经从工业经济转向知识经济，而发展中国家，除极少数（新兴工业化国家和地区）已经完成工业化之外，大多数仍处在工业化过程中，还有一些最不发达国家，基本上仍是落后的农业国或矿业国。通常人们谈论发达国家和发展中国家之间的经济差距时，往往只注意到它们经济水平的高低，即数量上的差距。殊不知在这个数量上的巨大差距的背后，存在着二者经济发展阶段的不同。

目前发达国家大力发展知识经济，发展中国家不能等闲视之，而应充分估计到它对发展中国家的影响。总的来说，发达国家发展知识经济，对发展中国家的影响是双重的：一方面，它向发展中国家提出了新的、严峻的挑战；另一方面，它也为发展中国家提供了不可多得的历史机遇。前一方面是十分明显的，当前一个国家经济力量的强弱，不仅取决于其数量（即产值、产量），而主要取决于其质量。知识经济是以高技术产业为核心的素质更高的经济。西方国家大力推进知识经济的发展，势将进一步增强其在世界经济中的优势地位，与发展中国家的经济差距有可能更加扩大，从而对发展中国家造成更大压力。然而，发展中国家又面临着不可多得的历史机遇。只要发展中国家抓住这个机遇，经过艰苦努力，有可能加快前进步伐，逐步缩小与发达国家的差距。这里所说的缩小差距，也不仅仅是缩小数量上的差距，而且是质量上即经济发展阶段上的差距。这就是说，发展中国家有可能在促进工业化，发展工业经济的同时，发展知识经济。二者同时并举，从而迎头赶上，而不需要先搞工业化，待到工业化完成并高度发达后，再转向知识经济。这是因为，发达国家在发展知识经济的过程中，必然进行产业结构的大调整。它们自己重点发展高技术产业，而把传统产业乃至一些技术密集型产业转移到发展中国家。近些年来，这个过程加速进行。西方国家的跨国公司把越来越多的资金投向条件有利的发展中国家，同时带去一些适用的和先进的技术。即使某些高新技术，也有可能扩散到发展中国家。虽然，发达国家对最尖端的技术成果，总是严格控制，不肯轻易转给他人。但在当前激烈的国际竞争中，在高科技发展一日千里的情况下，高技术的传播也在加快。一个公司或一个国家即使要垄断高技术成果，也是不会长久的。这就为发展中国家提供了发展某些高技术产业和发展知识经济的有利条件。

有人也许会认为，发展中国家在实行工业化的同时，发展知识经济，这是企图超越经济发展阶段，是违反经济发展的规律，是不可能的。这是一种误解。因为这不是要求发展中国家不搞工业化，径直发展知识经济，而是二者同时并举。这也不是违反经济规律，而是完全有可能的。资本主义经济的发展史为此提供了许多实例。众所周知，资本主义的发展是不平衡的。在近代史上，先进国家为后进国家赶上和超过的事例，非止一端。而这种赶超，多是利用新的科技革命和产业革命的时机，大力发展新产业，从而实现经济的飞跃，其中就包含着两步并作一步走的内容。18世纪中叶英国发生产业革命后，工业迅速发展，成为最先进、最强大的国家。但它当时发展的主要是轻纺工业，还有一些采煤业、制铁业、机器制造业。到19世纪中叶，第二次科技革命逐步酝酿成熟，电机、炼钢、化工等一系列新产业发展起来，英国在这方面步履迟缓，而后进的法、德、美等国，则在发展轻工、纺织业的同时，着重发展电力、电机工业和重化工业，在不长的时间内，就赶上和超过了英国。类似的例子，还可举出不少，可见，后进国抓住新科技革命的有利时机，发展新产业，两步并作一步走,兼程前进,迎头赶上,这不仅并不违反经济发展规律,而是历史前进的常规。

当然,发展中国家究竟能不能抓住机遇,利用当前有利条件,快马加鞭,在加快完成工业化的同时,发展知识经济,这从根本上说,还取决于本身内部因素和主观努力。所谓内部因素,除了国内政治安定,社会稳定,有一个有作为、有效率和廉洁的政府,有基本的政治民主和法制等发展经济的最起码的条件之外,还必须具备一定的工业化和现代化基础,具备一定的科学技术和教育发展水平。所谓主观努力,就是除了能根据本国国情,实行适当的体制改革和对外开放政策之外,还必须实行科教兴国战略,集中更大的力量发展现代科技和教育,培养大批人才,并采取有效措施,把科技成果应用于生产,发展高新技术产业。

由于发展中国家,一般说来,与发达国家的差距过大,即使具备上述条件,要把工业化与信息化结合起来,把发展工业经济和发展知识经济结合起来,做到二者同时并举,迎头赶上,任务也必然是十分艰巨,不能奢望在很短时间内就能完成,而必须制定全面规划和采取适当步骤,逐步进行。但是,对于发展中国家来说,重要的是要认清形势,树立信心,相信自己能够在战略上迎头赶上,而不是注定落后,只能跟在发达国家后面爬行。事实上,近十多年来,在发达国家大力发展高科技,并向知识经济转变的同时,有些发展中国家,包括新兴工业化国家和地区,以及某些工业基础和科技力量较强的国家,也在发展自己的高科技产业,如信息技术、生物工程、航空航天工业、新材料等,并已取得了相当可喜的成绩。反之,如果哪一个国家对发展高科技和知识经济没有足够的认识和准备,不采取正确的战略和有效的措施,就必然坐失良机,进一步拉大与发达国家的差距,以致更加落后。21世纪是高科技大发展和知识经济大发展的世纪。也是在这方面国际竞争激烈的世纪。在这种大趋势和大潮流面前,每个国家和民族都要受到考验。

(原载《世界经济》1998年第11期)

第四部分
发展中国家经济

发展中国家的"增长与发展"

发展中国家要完成的历史任务是从不发达到发达,从落后到先进,从贫穷到富裕的历史转变。这是一场大革命,是它们发展过程的大飞跃。但实际上,在这个过程中,它们遇到了一个"增长与发展"问题。人们发现,许多发展中国家其实只有或主要有某种经济增长,而没有或少有发展。这个问题在20世纪70年代被提出后,一时成了许多经济学家和社会学家讨论的热门话题。但是时至今日,这个问题并没有得到很好解决,在不少国家反而更加突出了。因此,我认为有必要对这个带有根本性的问题再次提出讨论。而讨论这个问题,对我国也有重要现实意义。

增长和发展的含义

所谓增长,是指经济的量的增长,如产品产量的增长,各部门和整个国民经济的产值的增长等。而不注重经济效益的提高和质量的改进,这是一种依靠增加投入进行的外延式扩大再生产。

至于发展,就经济活动来说,则指经济资源的合理配置,经济部门的协调发展,产业结构的不断调整和高级化,经济效益的不断提高，经济质量的不断改进。这已不是外延式扩大再生产，而是内涵式扩大再生产了。

但是，学者们普遍认为，发展的含义，并不止于此。虽然他们对发展的全部含义或其侧重点有不同理解，但多是富有启发性的。如法国经济学家弗朗索瓦·雷韦尔强调发展不是财富的简单的转移，而是"财富的新的创造"，他认为只有通过这种创造，经济才能现代化、多样化，才能有革新和更高的效率，才能使更多的人生活得更好。[①] 印度经济学家苏·贾塔克强调社会分配的公平和生活水平的普遍改善。他说，一个国家的国内总产值可能以非常快的比率增长，但是只有一小部分人是这种增长的受益者，而大部分人的生活水平却可能没有任何改善。这也许存在增长，但却没有发展。[②] 这正是大多数经济学家在讨论增长与发展问题时所持的观点。贾塔克还说，所谓生活的改善，不仅仅指人均国民收入的增长，而是"生活质量"的全面提高，其中包括居民的教育程度、预期寿命、营养水平等等。英国经济学家阿列克·凯恩克劳斯认为，发展是一种转变，"主要是知识和技能的变化"，"发展作为一个不断前进的过程，依赖于新技术的不断注入，以及产生和吸收技术变革的能力"。从这里出发，他更进一步认为"经济发展并不单纯是经济现象，而是在所有各阶段都与社会、政治和文化发展互相作用的"[③]。以维利·勃兰特为主席的"国际发展问题独立委员会"于80年代初发表的题为《争取世界的生存》的报告中写道："发展必须包括对整个经济

---

① [法] 弗朗索瓦·雷韦尔：《为什么西方能够起飞？》，《问题》周刊1989年9月18日。
② [印] 苏·贾塔克：《发展经济学》（中文版），第18—19页。
③ [英] 阿列克·凯恩克劳斯：《经济学与经济政策》（中译本），商务印书馆1990年版，第155页。

和社会结构进行深刻的改造。这包括对生产、需求和社会结构进行深刻的改造。这包括生产和需求方面要有所变化，收入分配和就业状况要得到改善。"[1]

以上各种意见，说法虽不尽相同，但他们都认为发展应是经济、社会等各方面的变革和改造。

为了更清楚地说明"发展的含义"，把这个词的内容分成以下几个层次，也许是合适的。

（1）经济的发展。主要依靠技术的变革和进步，管理水平的提高，各领域、各部门的协调发展，达到生产率和经济效益的提高。

（2）经济与人口的协调发展。适当控制人口的增长，使之不致成为经济和社会的负担，而是推进经济增长的重要因素。

（3）社会的平衡发展。首先是国民收入的基本水平的分配，而不是只富了少数上层分子，大多数居民陷于贫困。

（4）与经济和社会发展的同时，科学、教育、文化得到相应的发展，使人的智力得到充分开发，使人的才能有机会得到施展。

（5）经济与政治的协调发展。这里重要的是，发扬民主，使作为社会主体的劳动人民真正享有政治上的参与权，同时加强法制建设。

（6）经济社会与自然的平衡发展。即在经济发展的同时，使自然环境得到保护，生态平衡得到维护。

如果发展的含义包括以上几个方面，则发展就意味着创造、变革、前进，意味着经济、社会、政治、科技、文化之间的关系以及人与自然界的关系的全面协调发展和不断改进。

---

[1] 《争取世界的生存》（中文版），1980年，第49页。

但是，发展中国家的实际情况怎样呢？不可否认，许多国家在前进的道路上取得了不小成就。但是，严格地说，多数国家都是基本上只有一定增长，上述多种方面并没有得到协调发展。

必须说明，我们在强调发展时，绝不意味着否定增长的意义。也不是意味着我们要把增长与发展绝对化，并把二者对立起来，以为可以不要增长，只有争取发展才是。增长与发展二者有着一定的联系。一般来说，一定的经济增长是社会、政治和科学文化等发展的基础，没有一定的经济增长，也就谈不到其他各方面的全面、协调的发展。特别是当生产力水平低下，经济不发达，广大群众生活贫困的情况下，争取经济增长更是首要的迫切问题。但是，如果从长期的和根本的观点看问题，则只有增长而没有发展，是难以实现从落后到先进的转变的。因为一个发达的、现代化的社会，固然需要有高度的经济水平，同时也不能没有其他各方面的相应高度发展。

看来，我们所需要的是在适度增长基础上的全面协调发展。而以这个要求来衡量，许多发展中国家存在的问题是严重的。

即便是当代高度发达的资本主义国家，也远不能说这个真正意义上的发展问题已经获得完满解决了。事实上，这些国家仍然有许多问题没有解决，而且看来在资本主义制度下，也是难以得到根本解决的。但它们的问题与发展中国家情况有所不同，是在更高发展阶段上出现的问题，而发展中国家的问题则是在生产力还低下的情况下，从不发达到发达的过渡和转变过程中所出现的问题，有其不同的特点，若得不到适当解决，势必要影响它们是否能健康和顺利地实现过渡和转变，因而值得特别加以重视。

由于这个问题涉及面太大，不能一一阐述，下面仅就几个方面作简要说明。

社会收入分配与贫困

发展中国家是穷国，虽然也有少数成了新兴工业化经济体，但绝大多数发展中国家相对于发达国家来说，仍是穷国，而且这个相对差距仍在扩大。

但是，国家的贫穷，并不等于全体居民都一样贫穷。人均国民生产总值低，并不意味着所有人收入水平都一样低。相反，在许多国家，这个平均数掩盖了社会不同阶级、不同阶层和不同集团之间贫富的巨大差别。在几乎所有发展中国家，都有占人口极小部分的社会上层分子是富有者，甚至是巨富；而以劳动人民为主体的为数众多的人，都十分贫困，甚至是赤贫。

有关发展中国家居民收入分配的精确资料是难以得到的。世界银行《1990年世界发展报告》所刊载的资料是我们迄今所能看到的最新的包括国家较多的资料。根据这个统计资料，在发展中国家中，占总数20%的收入最低的家庭在全部社会收入中所占的份额，最高的只有9.8%（摩洛哥）；一般都在4%—6%之间，最低的只有2.4%（巴西）；另一方面，占总数20%的收入最高的家庭在全部社会收入中所占的份额最低的也有39%（孟加拉国），一般都在40%—60%之间，最高的竟达62.6%（巴西）。这两种家庭所占份额之比，即最高者与最低者收入之比，最小的为4.0（摩洛哥）；有些国家在5—10之间，还有不少国家在10—20之间，贫富最悬殊的国家为巴西，这个比率竟高达26.1。①

这些最贫穷的人平均每人收入有多少呢？据苏·贾塔克说：

---

① 根据世界银行《1990年世界发展报告》第236—237页统计资料计算。

"欠发达国家很大一部分人口每年的收入水平，据1920年价格，只在5—70美元之间。这种收入在欠发达国家中被认为是勉强度日的最低水平。"①

这些最贫穷的人究竟有多少呢？据英国学者 M. 哈迪曼和 J. 米德雷估计，如果把每年每人收入 50—75 美元视为"绝对贫困"，则 20 世纪 70 年代，发展中国家低于此水平的有 7.5亿—8.0 亿人，即占世界人口的五分之一。②

大量居民的贫困与普遍的饥饿、营养不良、平均寿命短，婴儿死亡率高，教育和文化水平低，文盲众多，医疗保健状况差等现象密切联系着，也与大量失业和半失业状态密切联系着。这些又因人口增长过快而更加严重。

确实，如果一个国家的发展，竟不能保证占绝大多数人口的广大劳动人民逐步消除贫困，提高生活水平，使他们能够分享到发展的利益，当然不能认为这个国家有了真正的发展。

发展中国家的社会分配不公，社会两极分化和贫困现象，与发达资本主义国家相比，有其明显特点：（1）贫穷人口数量大。无论在绝对数量上，或者在全国人口的比重上，发展中国家的贫困人口都多得多。（2）贫富差距更大。任何资本主义国家，都会有些腰缠万贯的巨富和一些无立足之地的赤贫，但如果把各国富有者阶级或阶层与贫困阶级或阶层相比，则发展中国家的贫富差距要比发达资本主义国家更大，二者之间的鸿沟更深。（3）贫困状况有所不同。如果从贫困一词的字面含义说，各国的贫困都没有什么两样。但实际情况却有些不同。如今发达国家的贫困者已

---

① ［英］M. 哈迪曼、J. 米德雷：《发展的社会问题：第三世界的社会政策与计划》，载《世界经济译丛》1985 年第 11 期。
② ［美］《纽约时报》1989 年 7 月 1 日。

不像他们一二百年前的先辈们那样一贫如洗，乞丐不如。他们多数还能靠救济金等勉强度日。而发展中国家的贫困则仍是"传统式"的，他们真是食不果腹，衣不蔽体，挣扎在死亡线上。

（4）穷人和富人的构成不同。发达资本主义国家的富人，是以大资本家阶级为主体的社会上层，贫穷者则主要是以低收入或失业者为主的城市工人和其他雇佣劳动者。而发展中国家的情况就没有这么简单。这也是与发展中国家社会的混杂和多元的特征分不开的。这里的富人包括白人资产者、原来殖民者的后裔、身居高位的官吏、高级军官、大商人、大种植园主和土地占有者、买办资本家，有些国家还有酋长、部族领袖、宗教上层人士等等。他们的富有并不完全是与资本，而是更多地与权势和传统特权更加紧密地结合在一起的。而那里的穷人，除城市贫民外，主要是无地和少地的农民。

至于为什么会有这些不同，这里不拟展开论述。只须指出，发展中国家数以亿计的贫困人口，不仅是资本主义发展造成的，还是资本主义不发展造成的。他们既是资本主义的牺牲者，也是传统的前资本主义的牺牲者；既是长期殖民统治和掠夺的牺牲者，又是当前过渡中种种危机和困难的承受者。

人口问题

发展中国家发展中的另一严重问题是人口增长过快，造成了这些国家不堪承受的重大负担。

人类自身的增长，在漫长的岁月中是缓慢的。约200年前发生第一次产业革命后，人口增长加速。到1930年，世界人口是20亿，到1960年增加到30亿，到1978年突破了40亿，到1989年已增加到50亿。难怪有人说近几十年，世界上发生了一场"人口爆炸"。但这场"爆炸",不是发生在其他什么地方,而是发生在占世界人口70%—80%的第三世界。发达资本主义国家人口增长率很低,且有下降趋势,1980—1990年,发达资本主义国家人口年平均增长率只有0.6%,而发展中国家为2.1%,其中撒哈拉以南非洲国家高达3.2%,南亚为2.3%,拉丁美洲和加勒比地区为2.1%。据预测,到20世纪末,世界人口将超过60亿,在新增加的人口中,90%以上在第三世界。

发展中国家人口增长过快,一方面是由于它们获得了独立,人民的人身安全受到保障,不再遭受殖民主义者的奴役、摧残和杀戮;国民经济有了一定发展,人民生活有了某种改善;医疗保健事业也有了进步,过去为害甚剧的多种瘟疫得到控制。另一方面也是由于许多国家存在早婚、早育和多子女的传统风俗,反对控制人口;有些国家的宗教思想对控制人口也起一定阻碍作用。再加上许多发展中国家农村人口占大多数,他们很分散,文化水平低,传统风俗习惯更严重,因而也是更难实行计划生育。更加重要的是,有些国家的政府和广大人民群众并没有真正认识到实行控制人口的必要性和迫切性,没有采取有力措施。

当然,人口增长也不是越慢越好,所需要的是适度增长。什么是适度,这要看各国具体情况,不能一概而论。但总要使人口与经济、社会、文化、教育等各方面互相协调、互相促进。像目前第三世界许多国家这样的人口增长率,就不仅不能促进经济社会的发展,而且还带来一系列严重问题。

(1) 影响人民生活水平的提高,人均收入增长缓慢,甚至下降,这是南北差距扩大和第三世界存在为数众多贫困人口的重要原因。

(2) 失业严重。第三世界许多国家失业现象十分严重,据有的经济学家估计，它们的失业和半失业人数大约占劳动力的30%，其原因固然在于经济发展不够，但人口增长过快也是严重因素。苏·贾塔克说："现在发展中国家劳动力每年增长率为2%，但只有三分之一的人能找到工作，城市的情况更为严重，失业的矛盾特别尖锐。"

（3）人口增长过快，对住房、教育、保健等事业造成巨大压力。

（4）人口增长过快，使人均资源减少。

（5）人口增长过快，失业严重，贫困加深，又会促使社会秩序混乱，治安状况不良，甚至造成政治动荡。

看来，经济越是不发达，人口越不易得到控制，其增长也就越快。而人口增长越快，经济和社会的发展也受到越严重的影响。这就形成了一个恶性循环。如何在一定时期内打破这个恶性循环，是摆在许多发展中国家面前的大问题。

科学技术和教育事业的发展问题

发展中国家科学技术不发达，这是它们落后的重要方面。

第二次世界大战后，在发达资本主义国家掀起了新的科技革命的热潮，科学技术迅猛发展，一日千里，成为带动整个经济和社会向着更高发展阶段前进和居民生活水平提高的火车头。科学是生产力。马克思主义的这一原理，在这里表现得十分明显。

几十年来，发展中国家在发展科学技术方面，也投入了不小的力量，有些国家取得了可喜的成绩。但总的说来，成绩不大。在科技方面，发展中国家与发达国家本来就难以相比，而这个差距仍在不断扩大。

科学技术的发展，离不开原有的基础，也不能不受本国经济力量的制约。但这并不是绝对的，二者之间的关系也不是单向的。在当代历史条件下，发展中国家有可能吸收发达国家的先进科技成果，促进本国的发展，这是它们的有利条件之一。但现在的情况是，发展中国家的科技事业过于落后。根据联合国教科文组织的资料，在全世界研究与开发总投资中，发达国家占97%以上，发展中国家只约占3%。1980年，发达国家每百万人口中，科学家和工程师有2986人，发展中国家只有127人，只及前者的4.3%。80年代初，在全世界注册的大约350万项专利中，只有3万项左右是真正属于发展中国家的，即不到专利总数的1%。

第三世界的科技力量集中在少数国家，主要是印度、巴西等正在进行工业化的大国和亚洲新兴工业化地区。即使这些国家，它们的科技基础也很薄弱，在很大程度上依靠西方发达国家。至于其他大多数发展中国家，科学技术的研究开发力量更是微不足道。

当今高技术的研究与开发需要大量的人力、物力与财力投入。发达国家投入的力量比较大，高技术的发展反过来又推进经济不断向更高的层次发展；而在不少发展中国家，情况恰恰相反，落后的经济与不发达的技术互为因果，形成又一个恶性循环。特别是那些最穷的国家，科技事业几乎是个空白。罗伯特·伊文森指出："最穷的国家对发明和技术购买没有直接的政策。他们实际上对研究与发展或工程人员和科学家的培养几乎不进行投资。他们基本上不能从国际研究机构获益。"

科学技术的研究与开发，关键又在于专门人才的培养，在于教育与培训事业的发展。一个国家要实现现代化，就必须有大批掌握现代化知识和生产技能的人，即要培养出大批各种专家、管理人员、技术人员、工程师和有熟练技能的工人。社会发展的动力在于人民群众。但人民群众如果没有知识和技能,要推动社会发展也是不可能的。

关于教育对发展的重要作用,西方学者,也是十分重视和强调的。他们把人力看做是一种资本,并认为在人力开发上的投资比一般投资的效益要高得多。

对发展教育事业,有些发展中国家是重视的,并且取得了相当大的成绩。如拉美一些国家和亚洲的新兴工业化地区,东盟国家以及印度等国。但就大多数发展中国家来说,教育事业仍十分落后。根据联合国教科文组织的资料,1984年,发达工业国家的公共教育总支出为5562.8亿美元,而占世界人口75%的发展中国家,这笔支出总数只有948.9亿美元,只及前者的17%;按人口平均的公共教育支出,前者为487美元,后者只有27美元,只为前者的5.5%,差距是十分显著的。如果把发达国家中教育经费最高的美国与某些最不发达国家相比较,差距就更加惊人。80年代中期,美国人均教育经费为966美元,而坦桑尼亚只有13美元,尼日利亚只有8美元。

由于教育经费有限,许多儿童和青年得不到受教育的机会。1987年,第三世界的低收入国家,小学的入学率为76%,中学只有26%,高等学校只有3%。结果,许多国家文盲率很高。1989年4月16日,国际文盲问题特别工作会议报告说,目前全世界成年人文盲近10亿,98%在发展中国家。如果按这个数字计算,发展中国家成人的文盲率大约是35%。即使在教育较受重视的亚洲国家,成人中的文盲率也很高,目前印度的文盲率达25%,泰国20.5%,至于在非洲的最不发达国家,文盲率就更高,特别是农村地区,文盲率可能高达80%。

环境和生态问题

自然环境和生态平衡的破坏问题，是今天人类面临的最重大和最迫切的问题之一。其后果是严重的、多方面的，有的几乎是不可挽回的。

环境问题是全球性的。发达工业国对环境的污染和生态平衡的破坏十分严重，它们自己也不能不承认这一点。它们对全球环境破坏负有更大的责任。发达国家和发展中国家在环境破坏方面，各有不同的原因和表现特点。一般来说，发达国家是由于工业发达造成的，而发展中国家则是由于不发达造成的。发达国家的工业废水、废气、废渣、有害的化学物质，核放射污染等特别引人注意，而发展中国家的森林砍伐，土地沙漠化，野生动植物的灭绝等现象特别严重，且带有原始性、盲目性、掠夺性。发达国家对环境问题已引起注意，并在采取措施进行保护和治理，虽然其效果仍然是有限的、局部性的。而许多发展中国家至今仍然未引起应有的重视，环境和生态平衡的破坏仍然未得到有力的控制，因而正在继续恶化。

环境问题是个复杂的、涉及多方面的问题，这里不可能全面论述，只着重谈谈对第三世界来说十分突出的森林破坏及其有关问题。

地球上的森林正在减少和消失，特别是热带雨林。而热带雨林几乎全部生长在第三世界。东南亚、巴西和非洲中部是热带雨林最集中的地区。巴西、印度尼西亚和扎伊尔是三个热带雨林大国。亚马逊大森林是世界上最大的热带雨林，总面积约为700多万平方公里，其中500多万平方公里在巴西境内。这些热带雨林的保护不仅对其所在地区，而且对全球环境，都有重要意义。但不幸的是，各地的热带雨林都正在减少和消失。据报告，巴西1975年毁掉的亚马逊森林为其总面积的0.6%，到1988年已上升到了12%，达60万平方公里，这是令人震惊的。① 毁林者主要是农场主、牧场主、勘探者和移居农民，他们非法垦荒，在森林中点燃数千起林火。东南亚雨林同样也在遭到破坏。据印度尼西亚官方人士说，该国每年至少有50万公顷森林被毁，重新栽上树苗的每年大约只有4.05万公顷。② 世界银行的调查也说，印度尼西亚1.14亿公顷森林每年失去50万公顷。马来西亚从1910年到1980年损失了30%的森林，而且自1985年以来，所剩下的林区又以每年1.4%的速度在减少。据泰国官方说，泰国的森林植被占其国土面积的比率1982年为29%，而1989年已下降到11%。阿拉伯国家和非洲的森林面积也在迅速减少。近20年来，撒哈拉以南非洲热带森林总共减少30%。

为什么要滥伐森林？据说，一方面是因为这些国家需要从木材出口中得到一些收入；另一方面是为了扩大经济作物的种植面积，还有是需要开拓土地来安置日益增加的人口。但说到底，还是因为人们只顾眼前利益，而不顾其长远后果。《纽约时报》载文指出："各国政府经常低估保持这些森林的价值，并过高估计（或未能了解）毁坏这些森林所获得的有限好处。"这样做，在有的国家也确实带来了一定利益，但得不偿失，其造成的损失是难以计量的，也是难以弥补的。

由于只顾眼前利益，即使有些国家为保护森林采取了一些措施，但这些措施往往遇到来自各方面的压力和阻挠而不能实施。

森林还受到日益增长的人口的威胁。许多国家人口迅速增

---

① ［美］《纽约时报》1989年7月1日。
② 同上。

长,土地资源不足,就毁林开荒。这些国家的农业地区,还用木材作燃料,也造成大量毁坏林木。有约13亿人就是这样来满足自己对能源的需要的。

大肆砍伐和焚烧森林,后果是十分严重的:

(1)直接后果之一是土壤侵蚀,沙漠化日趋严重,水旱灾害频繁。据估计,发展中国家每年约流失230亿吨土壤。如果这样的趋势保持下去,那么,到20世纪末,发展中国家将失去20%的自然灌溉播种面积。水土流失、洪水泛滥、江河淤塞、土地沙漠化,又造成农业减产和歉收。至于水旱灾害所带来的灾难,更是触目惊心。

(2)热带森林是地球上40%—50%有代表性物种生存的环境。森林的破坏和消失使数以万计的动植物面临绝灭的威胁,有的正在以惊人的速度绝灭,而这些动植物构成地球上生命的独一无二的基因储备,是生态系统的不可分割的一部分,它们对医学、农业、遗传和工业许多部门的价值,人类还没有来得及认识和理解。

(3)大量砍伐森林是使目前地球大气层温度在逐步升高(部分原因是大气中的二氧化碳含量增加)的因素之一。

(4)人们毁掉森林,本来是想寻找生计,增加收入,但结果适得其反。据世界银行估计,大约有两亿人靠热带森林生活,热带森林每年带来80亿美元的出口收入。但森林资源的迅速减少,使这些人的生活前景日趋暗淡。

第三世界的环境问题,除了上述因森林的破坏和其他原因而引起的一系列严重后果外,还有因人口过分迅速集中在大都市产生的问题。大量人口和工业生产集中在少数大城市,运输、动力设施也集中在这里,有害废弃物数量急剧增加。许多第三世界的大都市环境极其恶化。不仅给自然界造成损失,而且直接威胁着人的健康和生命。在这方面，发达国家跨国公司有意把污染严重的生产转移到第三世界，是造成大都市环境污染的重要因素之一。

第三世界的环境问题如此严重，当然是它们所不愿看到的，是与它们的发展目标相背离的。这个问题不解决，尽管经济有了增长，也不能说有了全面发展。

发展要求思想认识上的革命

上面结合发展中国家的实际，对发展应包含的一些重要方面及其存在的问题作了一些说明，对产生问题的原因，也分别进行了一些探讨。但这还不够。除此之外，还须从问题的总体上进行一番思考。

总的来说，为什么多数发展中国家在它们从不发达到发达的过渡或转变过程中，会出现只追求高增长，而忽视全面发展的倾向？这难道只是这些国家领导者的思想片面，或者他们决策的失当？这种情况当然是有的，但问题绝不这么简单，还有更深刻的根源。

首先，这有社会制度方面的根源。多数发展中国家是沿着资本主义道路走下去的。在资本主义制度下，经济并不是不能发展，但不可避免地要出现这种制度所固有的诸多弊端。社会收入分配不公，贫富悬殊，广大劳动人民贫困，这些现象在资本主义制度下就是不可避免的。人口的盲目增长，科技教育的落后，自然环境的破坏，有多方面的原因，但也与在资本主义制度下增加了解决这些问题的困难不无关系。

其次，发展中国家长期处于落后和贫穷状态，这是个巨大压力，迫使它们尽快摆脱这种被动状态。为此，它们就总是自觉或不自觉地要追求经济的高增长，以为只有这样，才能缩短与发达国家之间的差距，实现现代化，而对经济社会等各方面的协调发展，则有所忽视。

再次，多数发展中国家自然资源丰富，劳动力充裕，这是它们的优势。它们自然应当发挥这些优势。但这样做时，它们往往总是倾向于进行以增加原材料和劳动力的投入为基础的外延式扩大再生产，因这是比较容易做到的，而提高经济效益和质量，对它们来说就困难得多了。

最后，许多发展中国家对只有增长而无发展的后果，尚缺乏认识。对诸如人口高速增长、环境和生态平衡破坏的后果缺乏足够的估计，从而采取漠视、忽视的态度；或者有所体验和认识，但这些问题解决起来难度大，国家力量有限，也只好听之任之。

可见，发展中国家追求高增长，忽视发展，并不是偶然的。

然而，这并不是说，发展中国家注定不能获得发展。事实上，也并不是所有发展中国家都是只有增长而无发展。有些国家情况就好些。这里，思想认识是首要的。必须认识到，要摆脱落后和不发达状态，走向先进和实现现代化，这是一场深刻的革命。要完成这场革命，只有增长是不行的，必须有发展。而要得到发展，在人们的思想认识上也必须来一个革命。具体地说，要在认识上解决一系列问题。

（1）增长是需要的，但要求的是在不断提高效益和质量基础上和前提下的适度增长，而这种增长不仅是社会、文化等全面发展的基础，它本身就包含着发展的因素。

（2）一味追求高增长，在一定时期内似乎有了成就，但并不能持久，迟早要滑下来。许多国家都有这种经验教训。目前许多发展中国家遇到严重困难，如债务危机、财政危机、恶性通货膨胀、生产下降，都未尝不与过去不顾国力、盲目追求高增长有关。因此，要求得真正的发展，必须克服眼光短浅，树立长远观点。

（3）发展中国家丰富的自然资源和人力资源，如果只是停留在自然的状态，虽是优势，但并不大。自然资源必须有效地利用和深加工；人力资源有待开发。这样，它们所缺乏的资金才能逐步积累，所缺乏的科学技术也会逐步发展起来。只有这样，才能说是真正发挥了自己的优势。

（4）在提高经济效益的基础上求得经济适度增长的同时，必须正确处理经济、社会、人口、科学技术、文化教育、环境保护等各方面的关系，全面考虑，并采取有效措施，求得各方面协调和平衡的发展。在这里，应该消除那种认为只要经济搞上去了，其他一切都会自然随之解决的想法。

（5）必须认识，发展并不只是一个经济问题，还是重大政治问题，因为它反映一种社会制度究竟有没有优越性，广大人民群众的根本利益是否受到重视，一个国家的发展战略、方针、政策是否适当。不仅如此，还要认识到，发展问题还是一个文明的问题，它关系到一个民族能否成为高度文明的民族，走在世界各民族的前列。

（原载《经济文化综合研究与运用》，中国经济出版社1991年版）

评"依附论"
——关于南北经济关系的若干问题

发达资本主义国家和发展中国家之间的经济关系，即南北经济关系，是当今世界最重大问题之一。它不仅关系到广大发展中国家的人民的处境，而且也影响到整个世界形势的全局。长期以来，学者们对有关南北经济关系的理论问题和实际问题，不断进行讨论，这是十分自然的和完全必要的。

萨米尔·阿明是著名的埃及经济学家。多年来，他以极大的热情，写了大量文章和著作，对南北经济关系的实质、南北国家应采取的对策，它们的出路和前途等一系列问题，进行论述，提出了他自己独到的见解，成为所谓"依附论"的代表。他对发展中国家的情况，特别是非洲国家的情况很熟悉。他的论点，有不少有价值的成分。但从总体来说，失于片面和偏激。本文仅就其中若干主要论点，进行初步评述。

南北经济关系的性质

——所谓"中心"和"外围"问题

萨·阿明认为,资本主义已经发展成为一个世界体系,发达国家是这个体系的"中心",不发达国家是它的"外围"。"中心"国家的内部矛盾,总是以改变了的形式转嫁到外围国家。处于"边缘部位"的"外围国家",对发达资本主义国家始终具有"依附性"。他说:第三世界经济的发展,"其方向是由外部决定的,是具有依附性的"[1]。"外围的资本主义经济截至目前为止,一直是由外部决定其方向的、具有依附性的,而不是互相依赖的。"[2]

我们认为,如果用"中心"和"外围"这两个词来说明发展中国家的经济处于对发达国家的依附地位,这是可以的。因为正如阿明所指出的那样,依附性和依赖性是两个不同的概念。按我们的理解,各国经济的相互依赖性指的是随着生产力的发展,社会分工的加深,生产国际化的日益加强,各国间在经济上的联系的日益密切。从这个意义上说,世界各国相互间都可能有依赖关系。而且这种依赖关系将随着生产国际化的加强而不断加强。这是社会生产发展的必然趋势。而依附性的含义,却与此根本不同,它是指落后的国家由于生产力不发达,经济水平低,资金、技术、管理经验都很缺乏,需仰赖于发达国家。而发达国家的垄断资本就利用这些国家的落后,力图控制和支配它们。这种关系是不平等、不公正和不合理的。它是资本主义历史发展的产物。直到今天,发展中国家作为一个整体来说,仍然处于对发达国家

---

[1] 《国外社会科学》1978 年第 3 期,第 69 页。
[2] 同上。

的依附地位。目前发展中国家出口产品的四分之三向发达资本主义国家出口，以换取必需的外汇，从发达国家购买生产资料和消费品。而世界市场却被垄断资本集团所垄断和操纵。跨国公司还通过提供资金、技术、管理等，力图直接控制发展中国家的经济。

发达资本主义国家使发展中国家处于对自己的依附地位，以便对它们进行剥削。当然，一般说来，有剥削不一定就是依附。但依附关系却大大加重了剥削。

但阿明使用"中心"和"外围"这两个词来说明南北经济关系时，还赋予它们以进一步的含义。他认为"外围国家"的依附性特别表现为其发展方向是由"中心"决定的，发展中国家的不发达状态似乎是不可改变的，我们认为，这种看法未免过于绝对化。如果在这种绝对化的意义上使用"中心"和"外围"这两个词与在这种意义上理解"依附性"的含义，恐怕未必适当。关于这个问题，后面再作专门分析。

阿明认为，还在世界资本主义体系出现时，这种"中心"和"外围"的关系，即后者对于前者的依附关系，就已经形成了。这当然是历史的实际。但问题是，殖民地、半殖民地和附属国的人民群众经过长期的反帝革命斗争，到第二次世界大战后，终于赢得了政治上的独立，成了发展中国家。这和过去相比，双方的经济关系有没有什么变化？我们认为，从双方经济关系的性质来说，并没有根本的变化。但也不是完全没有变化，而是在发展中国家依附于发达资本主义国家的总的框框内发生了巨大变化，甚至可以说是发生了部分质变。这主要表现为"外围"国家从前是殖民地，受"中心国家"即帝国主义国家的直接统治，经济上是后者的附庸，它们的海关、外贸、税收、财政、金融、生产、运输等经济命脉直接操纵在宗主国手里，遭受着超经济剥削和掠夺，人民受奴役。那时，"外围国家"（殖民地）的发展方向确实是由"中心"(宗主国)决定的。而现在,对殖民地的那种直接统治基本上结束了。发展中国家掌握了自己的主权。固然,垄断资本仍然以其强大的力量,力图控制发展中国家的经济,这也是一种强制。但同过去那种超经济的强制毕竟有所不同,总的来说,发展中国家与发达国家之间的经济关系,仍然是依附性的,即仍然是不平等、不公正、不合理的旧的关系。但同时,发展中国家的独立,也使这种关系发生了重大变化。这种变化,为逐步减少依附性,走向经济的独立发展,提供了可能性。事实上,战后几十年来,有不少发展中国家,由于坚持独立自主的发展方针,在同发达资本主义国家及其垄断资本集团的斗争中,民族经济有了较迅速的发展。经济上的独立性也有了加强。这在独立前是根本不可能的。

发展中国家的内部动力

阿明认为,"边缘部位"国家,其经济没有内部推动力,而是完全由它在国际资本主义体系中所处的地位来决定的,或者说,是由外部决定的。他说,独立后,发展中国家处于一种新的、不平等的劳动分工和不平等交换之中。因为它们搞工业化,是为了向"中心"出口,因此,"外部需求仍然是推动这种原有的依附性发展形式的主要动力"[1]。发展中国家这个阶段的发展"还是依赖于出口,而出口在本质上仍然由原料构成。支付进口资本设备的资金的主要来源最终决定着成长率。从这个意义上讲,成长仍然是由外部推动的"[2]。

---

[1] 《国外社会科学》1978年第3期,第78页。
[2] 同上书,第76页。

如前所述，由于历史的原因和战后资本主义的发展，决定了发展中国家依然处于对发达资本主义国家的依附地位。而这种依附性的重要表现之一，就在于发展中国家不得不在不平等、不合理的条件下，向发达资本主义国家大量出口自己的产品，以换取自己所需的技术设备和消费品。因此，发展中国家的生产在很大程度上是面向出口的，是为适应发达国家的市场需求而生产的，从而必定要受着后者的支配。

当然，这里问题不在于生产是为了出口，因为在生产国际化如此高度发展的现阶段，几乎任何一个国家，都有很大一部分生产是为了出口。不仅发展中国家如此，发达国家也是一样。问题在于，许多发展中国家生产力不发达，产业结构落后，甚至仍是畸形的，生产的主要是初级产品，在同发达资本主义国家的制成品的交换中处于不利地位。垄断资本集团利用其对世界市场的垄断，总是力图压低初级产品的价格，提高制成品的价格，实行不等价交换。发展中国家的外贸条件，极大地影响了它们的出口收入，而出口收入的多少，又决定着其进口能力的大小，从而决定了本国经济的成长。70年代末期以来，许多发展中国家面临的困难，说明了这个问题。这几年，资本主义世界发生严重的经济危机，垄断资本集团乘机大大压低发展中国家初级产品的价格，而对其制成品进口则实行更严厉的贸易保护主义政策，致使发展中国家遭到重大损失，出口收入大减，贸易逆差扩大，再加上世界市场上利率空前上升，许多发展中国家的外债负担大大加重。它们的出口收入很大部分都要用去偿还债务，经济的发展和人民的生活都受到了严重的影响。

但是，这只是问题的一个方面，虽然是必须充分估计的一个重要方面。另一方面，发展中国家可以而且事实上有它们本身内部的积累源泉。许多发展中国家拥有丰富的自然资源，充足的劳动力，有一定的技术力量，也有一定的国内市场。特别是大国，如印度、巴西等国，产品的大部分是在国内市场销售的。独立了的发展中国家，有可能利用本国内部的条件，进行一定的积累，实行扩大再生产。当然，它们必须尽可能扩大出口，引进外资和外国技术，这是促进本国经济发展的重要条件，但毕竟只是一个方面，而非全部。而且即使在这方面，也并不是完全由外力决定的。发展中国家可以根据本身的具体情况，在对外经济关系方面制定适当的战略、方针、政策，它可以运用行政、立法等手段，海关、税收等工具，同外国资本进行斗争，尽量减少自己需要付出的代价和可能受到的损失，而取得较大的利益。

如果说发展中国家的发展，没有内部推动力，完全由外部力量决定，那么，它们就只有两种可能性：一种是永远停留在原有的贫困落后状态中，不能前进半步；另一种是有所发展，但越发展，依附性就越强。但实际情况并非完全如此。发展中国家获得独立后，就致力于本国经济的发展。经过战后二三十年的努力，多数发展中国家的经济都有了一定的发展，有些国家取得了较显著的成就，工业化有较大进展，经济结构逐步多样化，生产水平有所提高，出口能力加强，人民生活也有一定改善。而这样的国家，虽然仍免不了对外国资本的依附性，但依附性并不是越来越强。诚然，有些国家的发展受到了严重的挫折，如上面所说的那些严重负债的国家，其原因在很大程度上在外部。但另一方面，本国发展战略和方针有失当之处，如步子过大，求之过急，借用外债过多，以致超出本国所能负担的限度，等等，也不无关系。而这恰恰从反面说明，在经济发展方面，发展中国家本身并不是无能为力的。

发展中国家在与发达资本主义国家及其垄断资本集团的斗争

中，发挥自己的力量，维护本身的权益，并取得巨大的成果，这种实例是不少的，例如，石油输出国组织把石油价格的决定权从国际石油垄断组织手中夺回来，于70年代两次提高油价，给予国际垄断资本以严重打击。当然垄断组织并不甘心自己的失败，斗争仍在继续。石油输出国组织也不是没有遇到阻力和困难，但与过去那种完全由别人掌握自己命运的情况相比，毕竟是大不相同了。又如，跨国公司是企图通过提供资金、技术和参加管理，来达到控制发展中国家的经济的目的。但许多发展中国家通过适当的法律和法令，在利用跨国公司的资金和技术的同时，限制和监督它的活动，直至对它们的企业实行国有化，使它们在发展中国家不能肆无忌惮，为所欲为。

我们绝不能低估国际垄断资本的力量及其对发展中国家发展的破坏和阻碍。但不能因此就认为发展中国家的命运完全由外力决定。如果这样，那就只能使自己处于消极被动的地位，对经济和社会的发展无所作为，这才是十分不利的。但是也要看到，一般来说，发展中国家的内部力量，由于种种原因，并没有得到充分的发挥，在很大程度上还处于潜在状态。这是一些发展中国家发展还不快，甚至仍停留在贫困落后、处于严重对外依附状态的重要原因。如何充分发挥本身的潜力，是发展中国家的根本问题。

发展中国家的工业化问题

发展中国家能不能改变落后状况，得到较快的发展，重要的问题之一是能不能实现工业化。阿明认为，"边缘国家"或者是不可能像独立的资本主义国家那样实现工业化，或者即使可能，它们的工业化也是畸形的。之所以不可能，是因为"边缘部位"国家不平等的专业化生产起了为"中心部位"国家进行原始积累的作用，从而使得"边缘部位"国家的不发达状态长期存在并变本加厉。其所以是畸形的，是因为发展中国家的工业生产完全与农业脱节，并完全是为本国资产阶级的特殊需求服务的。

发展中国家能不能实现工业化，这在今天，已不成问题了。因为从60年代以来，许多发展中国家的工业化都有进展，其中有些国家如今已经成了人们所公认的新兴工业化国家了。这些国家的工业化，在很大程度上得力于外国资本，但从根本上说，还是在本国内部的资本积累的基础上进行的。如若不然，如果像阿明所说，它们只能起着为"中心国家进行原始积累的作用"，那当然不会实现工业化，而只能长期处于不发达状态，但事实并非如此。

发展中国家的工业化，是不是畸形的？这个问题，需要仔细分析。阿明对这个问题的一些观点，值得重视。特别是他认为，发展中国家的工业化，应该支援农业，而许多国家却没有这样做，致使农业落后，粮食问题严重，甚至发生严重的粮荒，造成千百万人民群众的饥饿和死亡。特别是非洲一些国家，这个问题长期存在，近年来已发展成空前的灾难。

一些发展中国家农业落后，甚至严重饥荒，从这些国家本身来说，是因为它们在发展工业的同时，没有充分重视和大力发展农业，没有把工业化放在农业发展的基础上，甚至牺牲了农业。这个教训是值得记取的。但不能因此而一般地说，发展中国家实行工业化，它的农业注定要落后，因而工业化注定是畸形的。只要经济发展的战略方针对头，这种情况就不是不可避免的。事实上，在有些发展中国家，在发展工业的同时，不仅没有闹饥荒，粮食还有出口，其他多种农产品的生产也有增长。这种正面的经验，值得其他发展中国家借鉴。

阿明说发展中国家的工业化是畸形的，还特别指工业生产是为本国资产阶级的需要服务而言。他说："在所有第三世界国家，生产率的不断增长只表现在为少数人服务的消费品生产方面，而同这些国家的工业化水平毫不相干。"① 走资本主义道路的发展中国家，当权者是资产阶级或其他剥削阶级。他们模仿西方资产阶级的生活方式，实行奢侈性消费，并要求工业生产为他们的特殊需求服务，发展某些高级消费品的生产，如果本国不能生产，就以一部分出口收入来从外国进口。这些情况，无疑是存在的。但如果仅仅发展这种奢侈品生产，那就不仅仅是工业化的畸形问题，而且是根本不可能的。因为如果单纯发展奢侈品生产，就不能具备扩大再生产的必要条件，因而不能实现工业化。事实上，许多工业生产取得较快发展的发展中国家，其工业内部的部门结构在不断变化，趋于多样化，并逐渐从低级向高级发展，即从着重发展劳动密集型、资本密集型的产业部门，向技术密集型部门转变。如东南亚联盟各国的情况就是这样。随着生产的发展，劳动生产率的提高，劳动人民的收入也有所提高，生活也有一定的改善。当然，这些发展中国家的工业化是资本主义工业化。在这个过程中，广大劳动人民要受到沉重的剥削，要忍受失业、贫困的痛苦。事实上，在许多发展中国家，都存在着大量失业者和赤贫人口，构成了严重的社会问题。但这是由它们社会的资本主义性质所决定的，与能否工业化或工业化是否是畸形的虽有联系，但却是另一个问题。

发展中国家的资产阶级

阿明之所以认为，发展中国家内部没有发展的推动力，不能

---

① 《国外社会科学》1978 年第 3 期，第 62 页。

实现工业化，或只能有畸形的工业化，是与他对发展中国家处于当权地位的资产阶级的看法有直接关系的。他认为，在殖民地时期，占支配地位的是"垄断资本及其依附性的盟友所结成的国际联盟"。这个"盟友"就是"封建领主"和"买办资产阶级"①。在民族解放运动中，参加的有三种力量：无产者、农民群众和民族资产阶级，而以民族资产阶级为领导。斗争胜利后，要实行工业化。这时，资产阶级作为"帝国主义的附庸"取代了从前的封建领主和买办，因为"失去了原有的民族特性，已经买办化"②。他们与"外国资本家"相勾结，模仿西方的消费模式和西方文化，这就是所谓"依附性"的资产阶级。"他们为了满足自身的消费需要，为了加强资本积累，必须在资本和技术方面向外部求援。"③ 他认为在发展中国家，还有富农阶级、从事自由职业的小资产阶级。他们都与资产阶级"达成了某种联盟"。另一方面，则是愈益贫困的贫苦大众。愈是工业化，社会的不平等也愈益加深。

一个国家由什么阶级掌握政权，就实行什么阶级的政策，当然也就决定了这个国家的发展方向。一般说来，在殖民地和半殖民地，都形成了一个民族资产阶级。除了少数国家（如中国）外，在民族解放运动中，民族资产阶级是领导阶级。独立后，它也就成了掌权的阶级。当然，各发展中国家的具体情况并不完全一样。有的国家，可能由小资产阶级激进派掌权；还有的国家，可能由封建领主，或带封建性的资产阶级掌权。但多数是民族资产阶级掌权。

---

① 《国外社会科学》1978 年第 3 期，第 73 页。
② 同上书，第 76 页。
③ 《世界经济译丛》1981 年第 2 期，第 8 页。

资产阶级掌权后，发生了怎样的变化？他们有什么特点？阿明认为他们为了自身的利益，不能不依附于帝国主义，成了依附性的资产阶级。但实际情况并不这样简单。一般说来，发展中国家的民族资产阶级有以下特点：（1）由于他们在民族解放斗争中只争得了政治上的独立，而没有打破历史上形成的与帝国主义之间的经济关系，因此，资产阶级掌权后，致力于发展经济时，遇到了这种旧的国际经济关系的束缚，不能不产生对发达国家的依附。这是一方面。但另一方面，正是由于受到旧的国际经济关系的束缚，他们就要反对发达资本主义国家的控制，力图打破这种束缚。（2）他们当了权，就要享有某种特权。西方的资产阶级生活方式，就成了他们模仿的样板。为了维护自己的特权和维持自己的奢侈生活，他们就用手中的权力压迫和剥削本国广大劳动人民，造成了贫富鸿沟的扩大和社会矛盾的加深。这种情况，使资产阶级自己感到软弱无力，从而进一步加强了对帝国主义的依附的倾向。但另一方面，也正是因为这种情况，他们不能不考虑人民群众的意志，对外反对帝国主义，发展独立的民族经济；对内给人民群众以让步，如实行某些社会福利计划等等。因为时代不同了，人民的觉悟提高了。人民要求维护政治独立，经济发展，生活改善。如果违背人民的意志，一味倒行逆施，是难以统治下去的。

总之，发展中国家的民族资产阶级有很大的依附性和寄生性，同时又仍然具有民族性和独立性。如果只有前一种特性，没有后一种特性，那就很难说明，许多发展中国家在发展经济的过程中，采取了一系列反对垄断资本的控制的政策和措施，维护了本民族的经济利益；也就很难说明，发展中国家结成了众多地区性经济集团和原料生产国组织，以便加强团结，维护自身的利益，与发达资本主义国家及其垄断资本作斗争，也就更难说明，他们的联合斗争发展到一定程度，终于提出了建立国际经济新秩序的口号和纲领，把在经济上反对帝国主义的斗争推进到一个新的阶段。但是，由于他们又具有依附性和寄生性，因此，他们在斗争中往往表现得不很坚决，时有动摇，对发达资本主义国家及其垄断资本抱有过多的幻想，等等。

对这样的阶级，应怎样对待？我们对发展中国家，固然应着眼于广大人民群众。但目前不可能越过当权的资产阶级去与人民群众打交道。何况这个资产阶级本身也仍然具有反帝的一面。所以除了个别赤裸裸的反动集团之外，对广大发展中国家的当权者为巩固独立的斗争和发展民族经济的要求，应该坚决支持。但对他们对外的依附性和对内压制和剥削人民的一面，则是反对的。列宁说："被压迫民族的资产阶级只要同压迫民族进行斗争，我们无论如何总是要比任何人都更坚决地给予支持的，因为我们反对压迫最大胆、最坚决。当被压迫民族的资产阶级拥护自己的资产阶级民族主义时，我们就要反对。我们反对压迫民族的特权和暴力，同时丝毫也不纵容被压迫民族要求特权的趋向。"[①] 对于今天的发展中国家的资产阶级，我们也抱有同样的态度。

发展中国家的前途

由于阿明认为发展中国家内部没有发展的动力，不能实现工业化，关于发展中国家的前途，他也就认为只有两种可能：不是走社会主义道路，就是只能在依附状态中愈益贫困落后，而不可能有其他前途。他说：发展中国家"唯一可能的发展道路，在民族民主革命过程中，客观条件迫使这个革命不是向社会主义方

[①] 《列宁全集》第20卷，人民出版社1958年版，第412页。

向发展,就是重新滑到对帝国主义经济依附的道路上去"①。"外围的选择实际上,或者是依附性的发展,或者是自我中心的发展,但从一开始在形式上就是与当今发达国家相反的。这里出现了文明发展不平衡的规律:外围不能追赶资本主义模式,而只能超越它。"② 阿明还引证毛泽东同志在《新民主主义论》中阐述的著名论点,即在当时的国际环境中,殖民地、半殖民地要走资本主义道路,建立资产阶级专政的国家,是行不通的。

可是,历史的事实却是,第二次世界大战后,民族解放运动胜利发展的结果,旧殖民体系瓦解,出现了100多个发展中国家。其中有些国家,如中国,成了社会主义国家。而大多数则走上了资本主义道路。这是什么原因呢?从国际条件来说,经过第二次世界大战,殖民地、半殖民地人民空前觉醒,掀起了声势浩大的民族解放运动,帝国主义已经无力阻挡这个历史潮流的前进;另一方面,社会主义也还没有足够强大的力量,来影响这些国家走上社会主义道路。从国内来说,除中国等少数国家民族民主革命是由无产阶级领导之外,其他国家多是由资产阶级来领导,无产阶级及其政党多未形成独立的政治力量,没有领导这个革命的准备。毛泽东主席的有关论述,一是根据当时即二次大战前和大战时的形势作出的,二是主要针对中国的具体情况说的。世界形势的发展变化是十分复杂的,不能要求革命导师在特定历史时期所作的每一个预言和论断都适用于任何时期。在新的时期,我们应根据马克思列宁主义的基本原理,分析和研究新的情况和问题,作出新的判断和结论。

那么,这些发展中的资本主义国家,能不能沿着资本主义道

---

① 《世界经济译丛》1981年第2期,第11页。
② [埃及] 萨·阿明:《不平等的发展》(1976年英文版),第382—383页。

路发展下去？按照阿明的意见，是不可能的。但二三十年来的实践表明，它们是沿着这条资本主义道路走下来了。许多国家的资本主义经济都有了一定的发展，有的还有了较大的发展。虽然它们与发达资本主义国家间的旧的经济关系并没有根本改变，它们是在对发达国家的依附条件下，是在遭受后者的一定的控制、支配和沉重的剥削的情况下发展的。因而，它们的发展受到严重的影响。但就是在这种情况下，它们一方面利用发达国家的资金和技术，另一方面利用本国的资源，包括人力资源和自然资源，实行一定的内部资本积累，使本国经济得到了发展。由于它们发展的是资本主义，由于它们是处于对发达资本主义国家的依附地位，由于国际局势的剧烈动荡对它们的严重冲击，使这些发展中国家在发展道路上遇到了重重困难和问题：财政困难、贸易逆差、债务沉重、粮食短缺、大量失业、人民贫困，等等。但它们仍然是沿着资本主义道路向前走着。而且它们由于各自的具体条件颇多不同，发展情况也千差万别，很不平衡。有的国家，如非洲一些国家，经济发展很慢，几乎长期处于停滞状态，饥荒严重；另一些国家则前进步子较大，虽然也有困难和问题，但并未阻止它们的资本主义发展，如北非、亚洲、拉丁美洲的多数发展中国家，而且没有迹象显示，它们的资本主义不能再继续发展下去。

有人提出发展中国家有没有可能成为发达资本主义国家的问题。让我们看看所谓发达资本主义的特点：（1）生产力和科学技术高度发达；（2）完全独立，而不是依附性的；（3）具有资本主义的垄断和与此相联系的其他特征。根据发展中国家发展的实际情况，它们要成为这样的发达资本主义国家，如果不是不可能，也是十分困难的。首先，有的发展中国家的生产力水平确已有了迅速提高，如果能充分利用新技术革命的时机，努力开发新技术和发展新兴产业，则它们与发达国家在生产力方面的差距是有可能缩小的。但这并不容易。对那些至今仍处于极不发达状况的国家来说，这就更难。其次，发展中国家完全摆脱对发达国家的依附，达到经济上的完全独立，也是困难的。虽然不能说它们的依附性只能越来越强。因为国际垄断资本是一种巨大的支配力量，这种力量仍在继续加强，而不会自动从发展中国家退走。但发展中国家的人民要求独立和发展的愿望是强烈的，这也是一种强大的力量。发展中国家的团结斗争，可以使垄断资本的力量受到限制，但要完全打破垄断资本的控制，也不是轻而易举的。最后，目前在某些发展中国家，已经形成了某种资本集团，并在国内经济生活中处于一定的垄断地位；有的国家也开始进行对外投资，并在国外设立企业，成立了自己的跨国公司等等。但这一切，与发达资本主义国家的性质有所不同，实力和规模也远不能相提并论。

根据以上分析，我们认为，将来可能有一些发展中国家的生产力水平、人均国民收入水平进一步提高，逐步接近某些发达资本主义国家，但它们与现有的发达资本主义国家相比，将有自己的特点，而不会是一个模式，因为它们发展的历史条件不同。事实上，就是现有的发达资本主义国家，也各有其不同的特点。如加拿大和澳大利亚，与美国和英国相比，就有明显的特点。西班牙和葡萄牙与法国和联邦德国相比，也有它们的特点。因此，在谈论发展中国家资本主义发展的前途时，不能机械地拿现有的发达资本主义国家来套。但它们的资本主义会发展下去，这一点是肯定的。

从人类社会发展的总的前景来说，资本主义必将为社会主义所取代，这是确定不疑的。发展中国家最终必然走上社会主义道路，而且与发达资本主义国家相比，发展中国家没有那么强大的垄断资本的统治，没有那么深的社会民主主义的影响，可能会先于发达国家进入社会主义。对于发展中国家来说，只有走社会主义道路，才能摆脱依附地位，消除资本主义的种种弊病，实现国家繁荣强盛和人民富裕幸福。但是，实现社会主义，要有一定的条件。不能排除这样的可能性，即有些发展中国家，在资本主义的道路上，由于国内外矛盾的发展和本身条件的成熟，半途发生社会主义革命，从而转上社会主义道路。

以上是关于发展中国家发展前途的一般判断，至于各个发展中国家的前途究竟是哪一种，具体前景如何，则完全由它们的主客观条件决定，并由它们发展的实际作出回答，很难一一描绘。

关于建立新的国际经济新秩序的斗争

发展中国家的发展前途问题，又与发展中国家争取国际经济新秩序的斗争问题密切相关。阿明认为，争取国际经济新秩序的斗争，似乎没什么意义。在发展中国家应采取怎样的战略方针上，他没有把争取建立新的国际经济秩序的斗争放在重要位置上。例如，他认为，80年代，非洲面临两种抉择：要么是依附性的增长，不平衡和有限制的发展，使人民群众贫困；要么是自力更生。[1]

对于发展中国家来说，强调独立自主，自力更生，这是完全正确的，必要的。但是，独立自主，自力更生，决不等于闭关自守，与世隔绝。如果那样，就不能吸取外国有益的东西，特别是发达国家的资金和现代科学技术，以加快自己的发展。在这方面，无论是中国还是其他一些发展中国家，都有不少经验教训。所以不能把自力更生与加强对外经济关系对立起来。它们是相互

---

[1] 《西亚非洲》（双月刊）1980年第2期。

促进的。只有在自力更生的原则基础上,才能促进对外经济关系;而只有发展对外经济联系,才能加强自力更生的力量。

但是,由于发展中国家在当代世界资本主义体系中处于依附的不利地位,开展与发达国家的经济联系,会不会更加强对它们的依附?这就要看发展中国家能否在发展与发达国家的经济联系的同时,与它们进行斗争,并在斗争中取得胜利。如果它们能够做到这一点,那么,它们就会得到更快的发展,而不一定使自己的依附性加强。相反,如果不与发达资本主义国家发生经济联系,表面上虽然是消除了依附性,也避免了受剥削,但由于经济得不到发展,长期处于落后状态,而社会主义革命的条件又不成熟,那么,到头来,还要受到发达资本主义国家的控制。

发展中国家独立后,在经济领域中,就在与发达资本主义国家进行联系的同时,不断进行斗争,并取得了不小的胜利。随着形势的发展和经验的积累,斗争也愈益发展,并从分散走向联合。到1974年,在联合国第六届特别大会上,正式提出了建立国际经济新秩序的斗争口号,通过了宣言和纲领。这标志着发展中国家的斗争进入了新的更高的阶段。

建立国际经济新秩序的斗争,目的在于破除历史上留下来的、目前仍然保持着的南北经济关系中的不平等、不公正、不合理的状态,也就是消除垄断资本对发展中国家实行控制、支配和掠夺的关系,消除发展中国家对发达资本主义国家的依附性。这个口号是发展中国家的领导人提出来的,是资产阶级的口号,所以这个"新秩序",并不要求消除一切剥削。因此,争取国际经济新秩序的斗争仍然是属于资产阶级民族革命的范畴,可看做是民族独立运动的继续和发展。

在现阶段,争取建立国际经济新秩序的斗争有重大意义:通过这一斗争,可以制约和削弱帝国主义和垄断资本的势力,为发展中国家经济发展争取到更有利的外部条件，加强发展中国家的团结合作，促进广大人民群众的觉悟提高，使斗争向新的阶段发展。

有人认为，这不是什么革命，而是资产阶级的改良主义。不能这样说。这个斗争反对垄断资本势力，而不是保存和维护垄断资本势力，这就应看做是革命。当然，因为发展中国家为了自己的发展，还要引进外国资本和技术，垄断资本会利用这种情况，力图扩大自己的势力。因此，这场革命斗争是复杂的，也是困难的。帝国主义在民族独立的洪涛面前，不得不给予殖民地以政治独立，但对发展中国家在经济上的控制、支配和剥削，是它们赖以生存和发展的根本条件，它是不肯轻易后退的。因此，争取建立国际经济新秩序的斗争，是一个长期的、曲折的历史过程。

这场斗争的进展，取决于力量对比。自从这个口号提出后，在70年代，斗争取得了一定进展。因当时石油斗争取得了巨大胜利，发达资本主义国家经济陷入"滞胀"之中，对发展中国家的依赖加强，就不能不更多地予以让步。自从70年代末期以来，形势有了新的变化。以美国为首的一些主要发达资本主义国家对发展中国家的合理要求持强硬态度，斗争陷于僵持状态。在这种情况下，有人对这个斗争产生了疑问。但由于争取国际经济新秩序的斗争不是人为制造的，而是有其客观必然性的，它一定会发展下去。由于它的复杂性和艰巨性，在它的发展过程中，有时会有停顿甚至倒退，这并不奇怪。但它总会发展下去，要取消是取消不了的。发展中国家应根据实际情况，采取适当的、灵活的斗争策略，但在原则上，则要坚定不移。

（原载《北京大学学报》（哲学社会科学版）1985年第6期）

"后发资本主义"刍议

一 问题的提出

当代世界180多个国家中,发展中国家占绝大多数,约130多个。发展中国家这个名称,只是表明这类国家相对于发达国家而言,经济社会尚不发达,尚在朝着发达的方向发展之中。然而,这些国家究竟是何种社会制度?对这个问题论述似并不多。这也许是因为这些国家中,除少数,如中国,走上了社会主义道路,是发展中的社会主义国家外,其他多数国家的社会制度比较复杂,难以作出定论。例如,过去曾有相当数量的国家宣布走"非资本主义道路";又有一些国家前资本主义生产关系十分浓厚,甚至占主导地位;还有的国家认定自己要走"第三条道路",故此究竟如何"定性",一时很难说清。

但是,近十年来,特别是东欧剧变和苏联解体后几年来,世界进入了一个新的时期,发展中国家也发生了一系列重大变化,使人们感到有必要认真思考这个问题。这些变化是:(1)曾经尝试走"非资本主义道路"的国家,几乎全都放弃了这种尝试,改弦易辙,转上了发展资本主义的道路;(2)80年代后半期以来，发展中国家普遍进行经济和政治体制改革，改革的指导思想基本上是"新自由主义"，主要方向是私有化、市场化、自由化。这种改革加快了它们发展资本主义的步伐；（3）有些国家和地区完成了资本主义工业化，资本主义生产关系已发展到相当高的水平，这主要是指"新兴工业化"国家和地区。此外，还有一些国家正在朝着新兴工业化国家方向前进；（4）许多国家进一步发展外向型经济，扩大和加强对外经济贸易关系，主要是加强与发达资本主义国家的关系，从而进一步被纳入世界资本主义体系之中。以上变化，使我们有根据说，在发展中国家中，除原有的极少数社会主义国家外，绝大多数都已走上资本主义道路。

然而，发展中国家的资本主义与发达国家的资本主义大不相同。这是由于它们产生和发展的国内基础和历史条件迥然有异。所以，它们虽然都是资本主义制度，但其基本特征及其在世界中的地位和作用很不一样。一个是先进的、发达的、成熟的资本主义，另一个是后进的、不发达的、成长中的资本主义；一个是处于世界中心地位的资本主义，另一个是"外围"的或"边缘"的资本主义；一个是"原生"的资本主义，另一个是"派生"的资本主义；类似的相对应的名称还可以举出不少。总之，一个是老资本主义，另一个是新资本主义。本文把发展中国家的资本主义称之为"后发"资本主义，以与先进的、发达的资本主义相对应。

既然后发资本主义也是资本主义，那么，马克思所揭示的资本主义的基本性质、内在矛盾和发展规律对它也是适用的。但由于它是在与老资本主义完全不同的条件下发展的，具有完全不同的特征，我们应当在马克思主义原理的指导下，对这种"新"资本主义，按照它的实际情况进行实事求是的研究。

当然，从发展国与国之间的关系来说，不论它的社会制度是怎样的，我们都应以和平共处五项原则为基础，与一切国家建立和发展正常的友好合作关系，对发展中国家尤其如此。但为了加深对世界历史发展轨迹的认识，为了对不同国家的不同发展道路进行比较，也为了深化对发展中国家的了解，对这种"新"资本主义进行研究，也是十分必要的和有重要意义的。

二 历史条件的对比

第二次世界大战后有些发展中国家曾试图摒弃资本主义，走"非资本主义道路"，实践证明，此路不通。这段历史给人以深刻的启示：发展中国家究竟建立什么社会制度，走什么道路，并不是可以由人们凭自己的意志任意选择或设计的，从根本上说，这是由主客观条件决定的。具备了必要条件，如中国，自然会走上社会主义道路，否则，尽管有此愿望和要求，如条件不具备，却一定要搞社会主义，也必然碰壁。

关于大多数发展中国家为什么不具备走社会主义道路的条件，因而不能绕过或回避资本主义道路，拙著《第三世界论》有专门的探讨，这里不再赘述。重要的问题在于，后发资本主义是在怎样的历史条件下产生和发展的？这些历史条件，与先进资本主义对比，有怎样的不同？为了说明后发资本主义的基本特征，有必要先对这个问题进行一番考察。

后发资本主义的产生和发展，比老资本主义晚了几百年，时代大不相同，历史条件也发生了根本性变化。

从内部条件看，众所周知，老资本主义是在封建社会逐步解体的基础上产生的。当时欧洲一些国家的农民被剥夺了土地，成了最初的无产者，而一部分贵族、地主、手工业作坊主、商人则成了新型的资本家。这是封建社会自身瓦解和资本主义孕育成熟的过程。暴力则起了新社会催生婆的作用。新兴资产阶级的力量日益壮大,他们通过革命斗争取得了统治地位,以后资本主义生产方式迅速发展,与此同时,封建主义的残余不断削弱和被清除。

然而,今天的发展中国家却是在原殖民地基础上,经过民族独立斗争而建立的。在这些国家,封建的和其他传统的、落后的经济和社会关系根深蒂固。殖民统治时期,这些旧制度虽然受到一些破坏,产生了一些资本主义因素,但都是很有限的。这些国家的民族独立斗争,矛头主要是对着帝国主义和殖民主义,而不是本国的封建主义和其他传统的生产关系。这些国家独立后虽然也多进行了土改,但封建的、村社的、宗族的、部族的等传统生产关系和社会结构远未被根除,而是大量保留下来。这些传统成分的遗存,不仅表现在经济上,而且表现在政治、社会、文化和人们的思想观念上。发展中国家的资本主义是在传统关系浓重的情况下发展的,二者并存、"杂处",互相渗透和互相影响。

后发资本主义的发生和发展的外部条件与老资本主义更是迥然大异。老资本主义产生和发展的外部环境是一片"开阔地",没有任何阻碍。有的只是世界上众多的落后国家和"未开化"的民族。老资本主义国家凭着自己先进的工业力量和在此基础上拥有的坚船利炮,对落后国家大举侵略,攻城略地,如入无人之境,使这些落后国家沦为自己的殖民地,成了自己的原料供应地、商品市场和投资场所,成了自己原始资本积累的重要源泉,成了自己的"外围",而它们自己则居于世界的中心。

后发资本主义发展的外部条件与此恰恰相反。在殖民地时期,那时幼小的、薄弱的民族资本主义是在殖民主义者对殖民地"开拓"的诱发下发展的,同时也是在它们的压迫和限制下发展的，因而"先天不足"。独立之后，发展中国家的外部世界仍然是由少数发达国家占统治地位，虽然已不再有直接的军事占领和政治统治，但仍遭受经济、金融、贸易、技术等方面的控制和支配。发展中国家要发展就必须有资金，而资金的积累当然不可能像老资本主义国家那样依靠对外扩张和掠夺，而只能依靠自身，主要是从本国农业生产、矿产开发和发展对外贸易进行资本积累，这当然是十分不够的。更不用说少数权势阶层和富豪阶层对财富的大量挥霍浪费。于是，就不得不寻求先进资本主义国家的援助，引进外资，举借外债。外国资本对后发资本主义的发展起着重要作用。

后发资本主义的发展，正值战后新科技革命蓬勃开展的时期。这次空前宏伟的科技革命发生在发达资本主义国家，使它们的生产力飞跃提高，经济和社会的现代化进入新的历史阶段，从而大大拉开了它们与发展中国家的差距。发展中国家本身技术落后，不得不从国外引进技术。

这样，发展中国家由于自己的落后和贫穷，而处于对发达资本主义国家的依附地位，并为这种依附而付出沉重代价。

尽管后发资本主义发展的外部条件十分困难，但却是无法回避的。以"依附论"者为代表的一些学者认为在这种条件下，发展中国家注定得不到发展。要发展就必须与发达资本主义国家"脱钩"。但是，这种主张过于偏激和极端。事实已经证明，"脱钩"是行不通的。发展中国家要发展，不仅不能与世隔绝，而且必须实行对外开放。

应该看到，当代历史条件对发展中国家虽有不利的一面，同时也向它们提供了前所未有的历史机遇。因为它们毕竟有外国资本和技术可资利用。这种资本不仅有借贷资本，还有外国直接投资；这种技术也不仅有传统技术，还有某些先进技术。只要发展中国家善于利用这些条件,它就拥有了巨大的"后发优势",从而能比老资本主义发展得更快。总之,当今历史条件,对后发资本主义的发展来说,有弊也有利,是祸又是福。

发展中国家可能拥有的"后发优势",还有另一方面,即它们有可能借鉴和学习发达资本主义所积累的经营管理经验。老资本主义所经历的几百年的发展过程,既是资本主义固有矛盾和弊端不断暴露的过程,也是资产阶级不断进行努力,力图克服和缓和矛盾,减轻和消除弊端的过程。这是资本主义自我调整和改善的过程。虽然资本主义的固有矛盾是无法根除的,但是资产阶级在这方面的努力也取得了可观的成效。特别是二战后,资产阶级通过国家对经济进行宏观调控,对社会关系进行调节,对国际关系实行协调等等,都取得了一定成效。后发资本主义在起步之初,就有可能借鉴和吸取发达资本主义发展的经验,而避免重蹈它们的历史覆辙。

三 基本特征

由于后发资本主义产生和发展的历史条件与老资本主义完全不同,它也就必然具有一些与老资本主义不同的基本特征。对于老资本主义在垄断阶段的基本特征,列宁已有经典性的论述。二战后这些基本特征发生了重大变化,对此,国内外学者进行了广泛的探讨。笔者认为,战后发达资本主义已从一般垄断转变为国家垄断资本主义,其基本特征是国家对经济的全面干预和调节,其他特征都是从这里派生出来的。对此,这里不必再一一赘述。与此相对应,后发资本主义的基本特征可归纳为以下几点:

1. 国家对经济的干预和调节。这一点似乎与发达资本主义没有什么不同，但实际上有重大差异。首先，发达资本主义国家对经济的调控是资本主义长期历史发展的产物，它是继自由竞争、一般垄断等阶段之后出现的，或者说是由一般垄断转变而来的新阶段。而后发资本主义则不同，它没有经历过老资本主义那些历史阶段，它的国家调控也不是从一般垄断转变来的，而只是在独立后的特定条件下，为了巩固独立，维护国家权益，减少对外依附，促进发展，除了加强国家的调控作用外，别无其他手段。其次，发达资本主义国家对经济的干预，以经济手段为主，即以运用各种经济杠杆对经济进行干预和调节为主，行政的、法律的手段为辅；而发展中国家因经济力量薄弱，经济杠杆不完善，对经济的干预和调节多采用行政的和法律的手段，方式也多是直接干预。最后，发达资本主义的国家干预和调节，主要目的在于求得经济的稳定增长，物价的稳定，就业的增加，以保证社会的稳定，经济力量的增强，对外占有更大优势地位和市场份额，并保证垄断资本取得更大利润。而后发资本主义的国家干预，目的除促进经济的快速、稳定增长外，又是为了反对外国势力的控制和支配，减少对外的"依附"性，进而更好地利用国际有利条件、发挥"后发优势"，以逐步改变落后状态，缩小与发达国家的差距。这样的国家干预和调节带有明显的民族主义色彩。

由于后发资本主义的国家干预和调节，在其产生的基础和条件，其手段和方式及其追求的目标等方面，与发达资本主义有重大不同，为了加以区别，如果后者是国家垄断资本主义，则前者可称为国家资本主义。

2. 发达资本主义经济是建立在现代生产力基础上的发达的市场经济，那里有完善的市场体系。这种市场体系不仅是全国统一的，而且是与世界市场互相结合的。而后发资本主义生产力落后,市场不发达,多数国家并不拥有完善的市场体系,而且至今一些国家的市场仍然是分散的地方性市场,没有完全形成全国统一的市场,与世界市场更没有完全结合和接轨。

3. 发达资本主义经济是一元性的。虽然在西方发达国家,各地区、各部门、各行业的发展也是不平衡的,但就社会经济制度而言,基本上是资本主义的。在这种意义上说,它是一元性的、同质性的。但后发资本主义则不然,这里不仅落后的农村和现代化城市并存,非正规经济成分和正规经济成分并存,原始的或传统的生产技术和先进生产技术并存,而且是各种前资本主义生产关系和资本主义生产关系并存。总之,这里的经济和社会具有二元性、异质性和混杂性。后发资本主义是在与其他生产方式同时并存和互相影响的情况下发展的。

4. 发达资本主义国家经济由少数大私人垄断公司占主导地位,还有一定数量的国有企业,作为私有经济的补充。此外,就是数量众多的中小企业。但这些中小企业也被纳入全国企业体系之中,成为其不可缺少的组成部分。私人垄断公司、国有企业、中小企业都处于统一的市场竞争之中和国家宏观调控之下,经营机制比较健全。而后发资本主义则不同。那里虽然也有一些私人大企业和国有企业,在有些国家也存在着一些颇具实力的垄断集团,但如上所述,非正规企业比比皆是,小生产如汪洋大海,不少国家自给自足经济还大量存在,它们处在市场的边缘,甚至与市场无缘。总之,后发资本主义经济成分更加复杂多样。

5. 发达资本主义国家金融系统发达,金融力量强大,拥有大量资本,通常通过跨国公司和跨国银行进行大量对外投资,特别是对外直接投资,对发达资本主义的对外扩张,起了特殊的重要作用。虽然发达资本主义国家也吸收外资,如美国,近年来竟成为世界最大的外资接受国,但它仍不失为巨额外资供应国。而后发资本主义则相反,它因先天不足,资本短缺,不能不大量引进外资,外资在发展中国家中占有重要地位,对其经济发展起着不可替代的独特作用。虽然有些发展中国家和地区,主要是新兴工业化国家和地区,以及个别工业和金融较发达的国家,如印度、巴西等国,也进行一定的对外投资,但即使这些国家,仍然要大量引进外资。

6. 发达资本主义国家以其先进的科学技术和众多跨国公司编织而成的全球经营网络,把世界各国经济纳入统一的全球化经济之中,它们自己则居于这个全球经济的中心。它们"倡导"建立起诸如"关税贸易总协定"(现在是"世界贸易组织"),世界银行和国际货币基金等国际经济组织,它们还组成"七国集团",以图对全球经济联合进行干预和支配。而发展中国家,由于经济力量薄弱,在全球经济中处于对"中心"的依附地位,后发资本主义是带有从属性或依附性的资本主义。

7. 发达资本主义国家为了争夺世界市场和划分经济势力范围,由国家出面,建立以它们为中心的地区性经济一体化组织。目前已建立的有欧洲联盟和北美自由贸易区,都是由发达资本主义国家或以它们为中心建立的。这些地区组织有不断扩大的趋向,把相邻或相近的发展中国家吸收进来。发展中国家加入这些组织理应得到适当的优惠待遇,但无论如何也改变不了依附或从属的地位。发展中国家自己也建立了一些地区性经济组织,如东盟、拉美南方共同体等,这会对有关成员国的发展起一定促进作用。但这些组织的实力、规模、地位和作用,与发达国家建立的地区性组织远远不能相比。

综上所述,后发资本主义可定义为不发达的、民族主义的、二元性的和依附性的国家资本主义。

四　不同发展阶段和不同体制模式

上述后发资本主义的各种特征，是发展中国家的共性。为了进一步认识各国的具体情况，还必须考察各国后发资本主义的特性。但是发展中国家为数多达130多个，各国情况都不相同，我们不可能逐一叙述。这里只是按不同发展阶段和不同发展模式，把发展中国家分成若干组，并提出研究其特性的一些"线索"和方法。

后发资本主义既是一种相对稳定的资本主义社会形态，又具有过渡性。它产生后，就开始了从不发达到发达，从后进到先进的过渡。在这个过程中，它将经历由低级到高级的若干发展阶段。如果把殖民地时期资本主义的萌芽时期除外，独立后发展中国家的后发资本主义的发展大致可划分为初级阶段、初中级阶段、中高级阶段等三个阶段。再往前走，就会上升到高级阶段，即发达资本主义阶段。前面说过，后发资本主义并没有经历过像先进资本主义曾经有过的自由竞争、一般垄断和国家垄断资本主义等阶段。这里对它们的阶段划分，是指它们从不发达到发达的过渡期的各阶段。划分的标准是其生产力水平、经济结构以及它在世界资本主义体系中的地位，即从其生产力和生产关系相结合以及国内状况和国际地位相结合的角度来划分的。事实上，老资本主义经历过的各阶段，也可以从这个角度来划分，如在工业革命前，可算是它的初级阶段；工业革命后的加速工业化时期，即自由竞争阶段，可看做是初中级阶段；工业化基本完成后的垄断阶段，是中高级阶段；第二次世界大战后的国家垄断资本主义，特别是六七十年代后，发达国家开始向后工业社会转变，可看做是其高级阶段。

如果按这样的标准划分成这样一些阶段,则发展中国家中那些"最不发达国家"基本上处于初级阶段,大多数正在工业化进程中的国家属初中级阶段,完成工业化后的新兴工业化国家则已达到中高级阶段,并正在向高级阶段前进。上述各种基本特征,随着后发资本主义从一个阶段向另一个阶段的上升而逐步发生变化。大体来说,生产力水平愈益提高,产业结构不断升级,市场趋于统一和扩大,市场体系不断完善,国家调控体系和机制逐步健全,前资本主义关系日益减少,资本主义生产关系日益发展,内部的二元性和对外依附性逐步减少,在国际分工体系中与发达国家的水平分工成分逐步增多,等等。应该说明,这些变化的阶段性,应该也可能加以数量化。这样可以给人以更明确、更清晰和更具体的概念。但本文限于篇幅,只好从简。

任何一种社会制度及其基本特征,都是通过具体体制表现出来的。不同国家因条件不同,即使同一社会制度也有不同的表现形式,从而形成不同的模式。发达资本主义国家就有不同的模式,发展中国家也是一样,而且由于发展中国家的情况差别更大,因而模式的多样性比发达资本主义国家更加突出。

影响后发资本主义在不同国家的具体模式的条件是多方面的,其中包括自然条件、地理位置、国土面积的大小、人口的多寡。但更重要的是历史传统、文化特性、不同的原宗主国带来的不同"遗产",独立后的国际关系,受不同发达国家的影响。除这些客观条件外,后发资本主义在不同国家不同模式的形成,还取决于这些国家所奉行的指导思想、发展战略,以及方针政策等主观条件。当然,主观的选择必须尽量适应本国的实际情况,否则就行不通。但是主观的行为又可以在一定程度上和一定范围内突破或超越客观条件的限制,在一定的客观条件下,选择和建立最佳模式,以尽量挖掘和发挥本身具有的潜力和优势,加快发展。各个国家在建立本国的体制和模式时，可以也应当学习和借鉴他国的经验，但不能机械地照抄照搬。总之，各国的体制和模式，是其特定客观条件和主观条件相结合、经济因素和非经济因素相结合、国内因素和国际因素相结合，以及历史因素和现实因素相结合的产物。

过去长期以来，我们只注重基本社会制度的研究，而忽略体制和模式的研究；只注重各类国家共性的研究，而忽略对其特性的研究，这就既妨碍了对不同国家的深刻具体的了解，也妨碍了对它们共同的社会制度的深入认识。

但是，对发展中国家模式的分析和比较，有其特殊的困难，一是国家太多，二是有些国家的模式尚在形成和变化中，并未定型。如果把它们分成若干类，则比较简便的方法是按大地区分成拉美模式、东亚模式、南亚模式、中东模式和非洲模式。再进一步，还可把每一大地区再分成若干次地区。如东亚则可分成东南亚模式和东北亚模式。对这些地区和国家不同发展模式的比较研究，有重要意义，但至少需要写一本专门著作。

五　与发达资本主义的关系

后发资本主义在广大发展中国家的发展，提出了一个问题，即它与发达资本主义的关系问题。

后发资本主义与发达资本主义都是资本主义，但属不同类型。它们之间的关系与发展中国家和发达国家之间的关系，即所谓"南北关系"是分不开的，但又不是一件事。因为国家之间的关系为双方出于各自利益而实行的对外战略和政策所决定，根据形势的变化而调整，带有"随机性"。不同发展中国家与同一发达国家的关系可以是完全不同的。但两种类型的资本主义制度之间的关系则属于另一范畴，它是客观存在的，是相对稳定的。

这两种类型资本主义制度之间的关系，简单地说，具有两重性。这在以下三个方面都有所表现：

首先，后发资本主义在很大程度上是在老资本主义的"外力"作用下产生和发展的。这种作用，既有诱发和促进的一面，也有限制和阻碍的一面。还在殖民地时期，就有这种两重性。殖民地独立后，发达资本主义对后发资本主义的作用，仍然有两重性。因为这时，发达资本主义的发展仍然需要发展中国家作为它的原料和能源供应地，商品和劳务市场与投资场所，仍然需要它们作为自己资本积累的重要来源，仍然需要它们作为资本主义制度在全世界进行扩张的"新边疆"。而如果后发资本主义得不到发展，总是处在落后状态，就不可能起到这种作用。因此，它们就要促进后发资本主义的发展。此外，发达资本主义国家还唯恐发展中国家走上社会主义道路，不惜采取一切手段向它们进行渗透，施加影响，力图把它们拉上资本主义道路。但是，另一方面，它们又不愿看到这种具有浓厚民族主义色彩的后发资本主义壮大起来，唯恐它们有朝一日会成为与自己争夺市场的有威胁性的对手。因此，就要为后发资本主义的发展设置种种阻碍和限制，以保持其对自己的依附。

其次，发展中国家在其发展中少不了要从发达资本主义国家引进资本、技术和管理方法，借鉴它们的有益经验，吸收它们的带有进步性的文化。但后发资本主义在不同国家应具有不同的表现形式，即不同的模式，而不能照搬他国的现成模式。但是，在当今资本主义世界中，发达资本主义国家占据主导地位，它们在向发展中国家提供资金、技术、管理经验的同时，力图"引导"后者以自己的模式为榜样，或按自己的面貌来"改造"发展中国家，而不愿看到与自己不同的面孔在各地出现。为此，它们就用种种手段,向发展中国家推销其政治体制、经济模式、思想文化、价值观念、生活方式,总之,要使之"西化"。这不仅违背发展中国家民族和人民的意愿,也不利于其发展,因而是行不通的。

最后,发展中国家独立后,之所以走上了资本主义道路,根本原因之一是资本主义作为一种社会制度,在今天仍有一定的生命力,发达资本主义国家在当今世界中仍保有巨大的优势。而发展中国家走上了资本主义道路,又反过来大大扩大了资本主义扩展的空间,平添了其发展余地,从而延长了其生存的时间。从这一意义上说,后发资本主义可以说是发达资本主义的"后备队"。但另一方面,后发资本主义与老资本主义相比,是一种新兴力量,它具有更大的活力和发展潜力,它们的"后发优势"一旦得到发挥,其竞争力会不断增强,在世界市场上的份额将不断提高,发达资本主义国家将受到越来越强有力的挑战。目前新兴工业化国家和地区就是活生生的实例。在这些后来居上的对手面前,老资本主义的优势和主导地位将逐渐减弱。从这一意义上说,后发资本主义又是发达资本主义的对手。

顺便谈一谈后发资本主义与社会主义之间的关系。这里所说的社会主义不是马克思主义经典作家所预言的那种高度发达资本主义经过革命变革而产生的社会主义,而是目前存在于世界上的在落后国家如中国正在建设的现实的社会主义。它们之间的关系也应该从两个方面来看。一方面,它们是实质上不同的两种社会制度。但另一方面,它们都有着同样的历史遭遇,都是不发达的,也都面临着从不发达向发达、从落后向先进转变的历史任务,这使它们更易于互相理解;它们处于相同的历史条件和国际环境中,要进行反对外来干涉、控制和胁迫的斗争,并在斗争中互相支持;还都正在建立适合本国国情的体制和模式,在这方面，有更多可供互相学习和借鉴之处。因此，这两种不同制度的发展中国家完全可以和平共处，友好合作。

六 后发资本主义的未来

让我们对后发资本主义的未来进行展望，作为本文的结束。

根据上面的分析，后发资本主义的产生和发展，有其客观的必然性，它今后还将发展下去。战后半个世纪的历史也已经证实了这一点。在这半个世纪中，后发资本主义在发展中国家中有了普遍发展。虽然由于内外条件和主客观因素不同，其发展进度也大不相同，有的仍然处在初始阶段，多数处于初中级阶段，有的国家和地区已经进入中高级阶段，并已接近了发达资本主义的水平。这表明，发展中国家仍有可能沿着资本主义的历史阶梯向上攀登。今后将有一批批国家先后完成这一攀登过程，从落后转变为先进国家。特别值得注意的是像印度、巴西、印尼等发展中大国；就其综合国力而言，在21世纪的前20年中有可能成为世界大国，就其资本主义发展的水平而言，在21世纪三四十年代，有可能达到中高级阶段，从而成为新兴工业化大国，而那将是世界历史进程上的一个里程碑。

但是，后发资本主义的前进，绝不会是一帆风顺、轻而易举的，它必须克服重重困难和阻力：它们必须逐步削弱传统的和落后的生产关系的残余；必须克服特权集团和其他保守力量的阻碍；必须大力发展生产力；为此，又必须进行制度改革，建立适合本国国情的经济政治体制模式；必须实行对外开放，同时努力减少对外依附；必须正确处理国内多方面的关系，保持社会稳定，政治安定，民族和睦；必须在促进经济不断发展的同时，使居民生活不断改善，科学文化教育事业不断走向繁荣，同时又必须避免"西化",并创造出新的文明。因此,后发资本主义前进的过程,就是创造和革新的过程。这当然是十分艰巨的任务。

然而,资本主义制度毕竟是不合理的社会制度,它毕竟不能避免其固有矛盾的困扰和自身客观规律的支配,不能消除资本主义种种弊端和丑恶现象,诸如贫困、失业、社会两极分化等等,也不能根除狭隘民族主义和大民族主义,有些强大起来的发展中国家还难免实行对外扩张和地区霸权主义。

由此可见,后发资本主义的发展是一个非常复杂的过程,会出现各种复杂的现象和不同的趋向,预计不是全部发展中国家资本主义的发展,都会最终完成向发达国家的过渡。有的国家可能在深刻矛盾和沉重困难面前停滞不前,甚至有的国家会长期滞留在初级阶段。结果就像有的古生物一直生存到现在,成为地球上的"活化石"。当然,也不能排除有些国家在遭遇重大困难时,如果条件具备,放弃资本主义,走上社会主义道路。但是预计大多数发展中国家的后发资本主义可能发展下去。21世纪将是后发资本主义日益成长和逐步升级的历史时期,是发展中国家追赶发达国家,并向发达国家转变的历史时期。这种转变和过渡,将成为21世纪世界发展的主旋律之一。

(原载《太平洋学报》1995年第3期)

全球经济大转变中的第三世界
——回顾与展望

世界正在进入新的世纪和新的千年。此时,人们看到,在全球范围内,大转变浪潮汹涌澎湃,标志着一个崭新时代的来临。从经济上说,新的世纪是经济全球化的世纪、经济信息化的世纪、知识经济大发展的世纪。当前,这一大转变浪潮正以不可抗拒的力量冲击着全世界,占世界人口五分之四的第三世界首当其冲。第三世界经历了两次世界大战后半个多世纪的发展历程,如今,面临着新的世界形势和新的世界变革,如何加快前进步伐,争取美好的前途,不仅关系到第三世界本身,而且也关系到整个世界。本文将对第三世界的发展历程进行简略的回顾,对其前景进行展望。

半个世纪的曲折路程

半个世纪以来,第三世界国家在国内外错综复杂的条件下谋求发展,走过了艰难而曲折的道路。各国具体情况颇不相同,步调不一,至今经济水平大有差异。大体说来,它们作为一类国家，经历了以下四个阶段：

（一）第二次世界大战结束后至 70 年代初。战后初期，除拉美早已获得独立的国家外，殖民地、半殖民地国家开始挣脱殖民统治，先后获得独立；50 年代和 60 年代，是殖民体系瓦解、发展中国家纷纷涌现的高潮时期。这些新独立的发展中国家，在致力于巩固独立的同时，着手谋求发展。

这二十多年的国际环境，对发展中国家有利。由于它们获得了独立解放，不必再向原宗主国缴纳贡赋，手中有了独立自主的发展权，这对它们当然是有利的；二战后，西方国家除对走社会主义道路的发展中国家进行封锁、禁运，甚至发动战争（朝鲜战争和越南战争）之外，世界保持和平环境，这对发展中国家的发展也是有利的。自 50 年代初，发达资本主义国家掀起了新的科技革命，生产力迅速提高。这些国家为了防止大危机的再度发生，实现充分就业，奉行凯恩斯主义，对经济实行宏观调控，获得一定成效，经济不断增长。60 年代，年均增长率达 5%，这在历史上是绝无仅有的。与此同时，它们的对外贸易迅速扩大，对外投资大幅度增长，这也对第三世界国家的发展提供了有利的条件。战后不久，美苏两个超级大国为争霸世界而进行冷战对峙，它们都竭力拉拢和争取第三世界，以扩大自己的势力范围。为此，它们对发展中国家提供了援助，这在某种意义上说，对发展中国家的发展也是有利的。

发展中国家为了充分利用这些有利条件，就必须采取适当的战略和政策，除了个别国家和地区（主要是东亚的韩国、新加坡、我国台湾省和香港地区）适时地实行外向战略外，其他多数国家不同程度地实行内向政策，有的甚至是自我封闭。这也是可以理解的。因为这些新独立的国家有巩固独立的任务，它们对西方国家及其跨国公司抱有很大的戒心和疑虑，害怕与它们加强联系会吃亏受害；此外，发展中国家的民族工业尚很幼小，需要着意保护，唯恐在对外开放中受到冲击。还有相当一部分发展中国家，看到资本主义制度的种种弊病，又受到社会主义国家经济和科技发展的鼓舞，倾向于实行社会主义，走所谓"非资本主义道路"。但它们仿效的，只是当时苏联的社会主义模式，即对内实行高度集中的计划体制，对外实行自我封闭。在这大约20年期间，独立的发展中国家在谋求发展的道路上艰难起步，但除了个别国家实现了经济起飞外，其他国家虽有进展，却因没有完全抓住有利时机，因而步子迈得不大。

（二）以1973年的石油危机为标志，世界经济进入了一个新的阶段，第三世界国家的发展也进入了一个新阶段。

这个阶段，西方发达国家经济陷入了"滞胀"困境，经济增长率下降，一系列产业部门生产过剩，失业大幅度增加，物价急剧上涨。1973年冬发生的石油危机，对此产生了很强的催化作用。

在这之前，盛产石油的海湾地区，石油的开采权和石油价格的决定权，操在西方大垄断集团手中，它们大大压低石油价格，产油国遭受巨大损失。早在1960年，一些产油国就建立了石油输出国组织，为维护自己的合法权益而斗争，但直到1973年中东战争时，它们才得以采取果断行动，把石油价格决定权夺回到自己手中，大幅度提高油价，给予西方国家以沉重打击。

石油输出国的石油斗争，大大鼓舞了第三世界，使它们进一步团结起来，为建立国际政治经济新秩序而斗争。1974年，联合国第六次特别代表大会通过了《关于建立新的国际经济秩序的宣言》和《行动纲领》，把这一斗争推向高潮。

然而，次年，主要发达资本主义国家召开领导人会议，协调立场，为摆脱滞胀和对付石油危机的冲击，对世界经济联合进行干预。此后，它们每年召开一次会议，形成所谓"七国集团"。而发展中国家为争取建立国际新秩序的斗争，却未能乘胜前进，陷于僵持状态。到80年代初，发展中国家发生严重债务危机，形势急转直下，这场斗争走向低潮。

这说明，发展中国家的发展，固然可以依靠或发挥自己某种优势，特别是像石油这样重要的战略资源的优势，取得一定的胜利，但这只能是局部的、一时的，并不能持久，而如果这些国家不实行内部改革，创造有利发展的内部条件，所获得的胜利也不能充分转化为发展的实绩。且看那些石油输出国，通过石油大幅度提价，外汇收入剧增，然而它们获得的数千亿美元巨资，并未能有效地用于本国发展，而是回流到西方，成为西方大银行的借贷资本，使其有可能从中大获其利。同样，第三世界为建立国际新秩序的斗争，本来就是南北双方力量的较量，在第三世界团结起来进行斗争时，可以造成声势，但发展中国家本身力量薄弱，缺乏坚实的政治经济基础，缺乏后劲，也不可能持久。这一时期，只有东亚国家和地区继续进行体制改革、结构调整和发展外向型经济，经济持续高速增长，经济水平不断提高，韩国、新加坡、我国台湾省和香港地区终于脱颖而出，成为新兴工业化经济体。东盟国家的经济也走上了快速发展的轨道，在它们的经济和出口商品构成中，制造业产品比重不断增长，它们与发达国家的分工格局也随之发生变化，它们的国际经济地位也有所改善。

（三）80年代，对发达国家和发展中国家的经济发展来说，又都是一个新阶段。

西方发达国家在长达10年的滞胀的困扰中，经过痛苦的反思和摸索,对经济指导思想、经济方针和政策进行了调整,对经济体制进行了改革,放弃了过去政府干预过多的做法,实行减税,减少国家对经济的管制,实行私有化,刺激私人投资,更多地发挥市场机制的作用,倚重货币政策,紧缩货币。自1982年起,这一套做法已见成效,通货膨胀受到抑制,滞胀得以结束。与此同时,西方国家以信息技术为中心的高科技蓬勃发展,新科技革命进入了又一个高潮。这对发展中国家来说,又是一种新的机遇。

然而,进入80年代,大多数发展中国家却发生了严重的债务危机。这有两个原因:一是由于70年代国际资本过剩,利率低下,许多发展中国家向西方商业银行大举借贷,但此后,以美国为首的西方国家提高利率,而发展中国家出口的初级产品,包括石油在内,价格大跌,许多发展中国家收入大减。二是由于这些国家所借资金使用不尽适当,效益低下,增加了按期偿债的困难。1982年,墨西哥宣布无力按期还债,发生债务危机,接着拉美、非洲和亚洲的不少国家,也不同程度地陷入债务危机。这些国家不仅不能得到更多的援助和新的贷款,而且国内资金大量外逃,财政状况急剧恶化,通货膨胀恶性发展,经济停滞,失业增长。不少国家人均国内生产总值连年负增长,人民贫困加深。对它们来说,80年代是"失去的10年"。

但这10年期间,在一些国家停滞和倒退时,东亚新兴工业国家和地区,东盟国家和中国却继续快速增长,基本上没有受债务危机的影响,与那些陷入危机的国家形成鲜明的反差,为全世界所称道。广大发展中国家为了缓解危机,克服困难,在对过去的经验教训进行总结的基础上,开始着手进行经济体制的改革和经济结构的调整。

发展中国家进行的经济改革,以新自由主义为指导,减少国家对经济的直接干预；实行国有企业民营化；鼓励私人资本的发展；发展市场经济；面向世界市场，大力发展外向型经济；加强与他国的经济关系，特别是加强南南合作。

80年代，苏联经济从停滞走向危机，国力日衰，社会动荡，到80年代末，先是东欧国家相继易帜，接着苏联解体，苏联在世界各地的势力随即撤出，苏联模式破产，以苏联为榜样的走"非资本主义道路"的发展中国家本来就因此路不通而长期停滞不前，更加贫穷落后，此时便纷纷放弃了这种尝试，改弦易辙，也投入世界性的改革开放的潮流之中。

（四）90年代，随着以信息技术为核心的高科技的迅猛发展，经济发生了两方面重大转变：一方面，经济全球化趋势不断加强，国际贸易、金融、投资、生产、科研、信息等各经济领域的迅速扩大和全球化；另一方面，知识经济兴起。知识经济已不是以物质资料为基础，而是以知识的生产、传播和运用为基础的新型经济形态。到90年代中期，发达国家的知识经济在整个国民经济中所占比重已高达50%。

90年代，发达国家为适应经济全球化、信息化和知识经济发展的要求，深化体制改革，进一步减少国家的管制，取消不利于生产力发展的各种规定，同时把宏观调控的重点放在加强科研、教育、人力开发和人才培养、调整社会保障体系和促进对外经济扩张等方面。但是，90年代，发达国家的经济发展情况大有差异，在高科技产业和知识经济的发展上，美国一马当先，把欧、日甩在后面。美国经济的运行出现了新的特点，即增长周期延长，增长率和生产率提高，失业率和通货膨胀率下降，联邦预算赤字消除，股市持续提升，形成了历史上罕见的好势头，美国的经济科技实力大有加强。

90年代，世界经济的新变化为发展中国家提供了新的机遇，同时也提出了新的挑战。由于发展中国家继续实行改革开放和结构调整，由于它们的债务危机有所缓和，它们在90年代上半期，经济增长较快，超过发达国家近1倍，出口和引进外资额连年增加。但到1995年，墨西哥突发金融危机，1997年，一向形势大好的东亚又爆发了猛烈的金融危机，经济遭到惨重破坏，并波及俄罗斯、巴西以及其他许多国家和地区。到1999年，才逐渐复苏。这两次金融危机给发展中国家以深刻教训：在经济全球化条件下，既要坚持对外开放，又要对全球化可能带来的风险（特别是金融全球化的风险）有所防范；开放步调要适当，改革开放不等于自由放任；对国内资金流动，必须进行调控、引导；对银行体系要加强监管；要采取有效措施，保证经济安全，特别是对官商勾结、贪污腐败等犯罪现象，必须采取有效措施，予以根除。如此看来，金融危机也给发展中国家深化改革提出了迫切需要解决的新课题。

纵观发展中国家近半个世纪发展的实践，可以得出以下几点认识：（1）发展中国家的发展，离不开世界经济整体的变化和发展，而世界经济又是由少数发达资本主义国家占主导地位，发展中国家的发展受发达国家的多方面的制约。特别是发达国家坚持不公正、不合理的国际经济秩序，对发展中国家十分不利。（2）发展中国家作为独立的主权国家，并不是注定居于被动地位。世界经济的发展往往又给发展中国家提供一定机遇，只要发展中国家采取适当的战略和政策，抓住机遇，利用有利的国际条件，就有可能得到发展。（3）发展中国家的具体条件不同、所实行的政策不同，世界经济的发展和变化对它们的影响也各不相同，各国、各地区发展的成就也大不一样，经过半个世纪的历程，第三世界内部各国差距扩大。

新的起点

第三世界半个世纪的发展，为它们今后的进一步发展，提供了一定基础。

如前所说，新的世纪是高科技大发展和大创新的世纪，是全球化不断加强的世纪，是网络经济和知识经济普及全球的世纪。如今，第三世界又站在新的起点上。当然，今天的起点，与半个世纪前的起点是大不相同的。因为今天的世界已不同于半个世纪以前的世界，今天的发展中国家也不同于半个世纪以前的发展中国家。对这个新起点，可以从两个角度来进行考察和衡量。一是从发展中国家自身角度，以这些国家的现状与它们的过去相比较进行考察；二是从发展中国家与发达国家两者相互比较来考察。但不论从哪个角度出发，在衡量第三世界的新起点时，有两点必须注意：一是经过半个世纪的发展，第三世界国家的差距扩大，以致可以说发生了分化。因此，在说明第三世界的新的起点时，必须看到，今天它们的起点大不一样，高低相差相当悬殊，不能一概而论。二是对新的起点，不可简单化，不能只看到以人均国内生产总值来表示的经济水平，还必须考虑到其他重要指标，特别是表明信息化和高科技发展水平的指标。

从发展中国家自身角度来考察，应该肯定，今天站在新世纪门槛的发展中国家，与几十年前刚刚摆脱殖民统治的枷锁、获得独立时相比，已大不相同。当时，发展中国家传统社会制度和殖民统治的残余势力还相当浓厚，而今天已大为减弱；那时它们的生产极其落后，多是农业国和矿业国，今天，多数国家的制造业已有了长足发展，在工业化的道路上已有相当进展；过去，它们的经济水平极其低下，许多国家人均收入不超过100美元，而今天，大多数发展中国家的人均 GDP 在 786 美元以上，成为按世界银行的标准划分的中等收入国家；过去发展中国家在世界经济中所占地位十分低下，在世界出口贸易中的份额微不足道，现在，这种状况已有相当大的改变。不仅出口额增加，而且出口商品结构也有了重大变化，制成品已占全部出口的 60% 以上。发展中国家在其发展道路上起步时，没有任何经验，只能照别国的路子走，特别是西方大国和前苏联的模式，更是它们模仿的样板，现在它们已积累了一定经验，从而对今后的前景信心增强。起初各发展中国家之间的联系不多，缺乏协调、合作，现在，南南合作大大加强，由发展中国家建立的区域合作组织遍布南方各大洲。

但是，从另一个角度，即从发展中国家与发达国家对比的角度看，情况就有所不同。

1. 西方发达国家的资本主义早已是高度发达的、成熟的资本主义。随着科学技术和生产力的飞跃发展，它们对不适应客观发展要求的方面、环节、领域，一一进行体制改革和调整，使矛盾得到缓解，发展的阻力得以减少，生产力不断得到解放，潜力不断得到发挥，资本主义在改革中不断完善。发展中国家经过半个世纪的发展，其社会经济中资本主义成分大有增长，前资本主义成分逐渐削弱，但至今这些落后的社会力量仍然不同程度地存在着，远没有根除，在有些落后国家，甚至仍然占主导地位，在经济、政治、社会文化等各方面，二元性和混杂性的特征仍然存在。对许多发展中国家来说，特别是对那些最不发达国家来说，这仍然是影响今后继续前进的巨大消极因素。

2. 发达国家和发展中国家的经济水平都在逐渐提高，但相比之下，后者慢于前者，从而二者的差距在扩大。如从 1980 年到 1997 年，发达国家（OECD 成员国）人均国民生产总值从

10450美元提高到26380美元，发展中国家（世界银行划分的中低收入国家）从810美元提高到1250美元，二者差距从12.9∶1扩大到21.1∶1，这个差距的扩大，主要发生在80年代，到90年代，趋于相对稳定，但也没有缩小。特别值得注意的是：在这期间，东亚的发展中国家和地区经济增长迅速，与发达国家的经济差距缩小，如韩国的人均国民生产总值从1750美元增长到10550美元，与发达国家的差距从5.97∶1缩小到2.50∶1。事实上，韩国的经济水平，已赶上甚至超过某些欧洲发达国家，已跻身于发达国家的行列。另一方面，那些最不发达国家的经济水平与发达国家相比，差距日益扩大，如最不发达国家最多的撒哈拉以南非洲，在这期间，人均国民生产总值从640美元下降到510美元，它们与发达国家的差距从16.3∶1扩大到51.7∶1，差距的如此扩大实属惊人。[1]

3. 科学技术力量的强弱，是衡量国家现代化程度的关键指标。当今世界的科学技术力量主要集中在发达国家，它们目前以占国内生产总值2.5%以上的巨额资金投入科技研究与开发，而发展中国家的这项开支平均只占国内生产总值的0.3%，如果考虑到发达国家的国内生产总值占全世界国内生产总值的75%，发展中国家只占20%，则它们在科技研究与开发上的开支占二者开支总额的比重分别为96%和4%。这是何等悬殊。当然，在发展中国家中，有的国家科研开支额较大，如韩国已接近其国内生产总值的3%，新加坡占1.1%，印度为0.8%，巴西为0.6%等，而有些落后国家，这项开支则是微不足道的。[2] 反映科技力

---

[1] 刘洪主编：《国际经济年鉴》（1999年），中国统计出版社1999年版，第87—90页。

[2] 同上书，第536页。

量的另一个指标是科学家与工程师的人数,世界上最优秀的科学家和工程师绝大多数都集中在西方发达国家,发展中国家也有一些优秀人才,但大量人才都外流到美国等发达国家,这是发展中国家面临的重大挑战之一。据世界银行统计,1981—1995 年,美国每百万人平均有科学家和工程师 3732 人,德国为 3016 人,日本为 5677 人,发展中国家中,韩国较高,已达 2636 人,而那些最不发达国家则很少,多数国家每百万人平均科学家和工程师只有几十人或十几人。①

4. 目前世界已进入信息时代,发达国家在高科技方面,特别是信息技术方面,更具有绝对优势。例如,联合国公布的材料表明:1999 年,世界 1.3 亿因特网用户中,发达国家占 92.2%,发展中国家只占 7.8%。又一项材料表明:到 2000 年底,世界因特网用户将达 3.2 亿户,其中北美 1.487 亿户,每千人有 479 户,西欧每千人有 217.5 户,亚太地区每千人有 16.6 户,而中东、非洲地区每千人只有 7.2 户。因特网用户数的这一差距,其意义不仅在于因特网普及程度本身,更在于整个经济的信息化、网络化和新经济的发展。目前有的发展中国家在这方面奋力前进,决心投入当今世界这一大潮之中。如韩国正在大力发展各种高技术产业,其网络技术与日本并驾齐驱。又如印度正在大力发展信息技术产业,以此推动整个经济增长。特别是印度软件业异军突起,1999 年产值超过 57 亿美元,被称为世界"软件王国"。② 与信息技术产业有关的行业和产品,也都在大幅度增长,电子商务掀起高潮。但是,为数众多的落后国家,却仍站在信息

---

① 世界银行:《世界发展报告》(2000 年),第 262—263 页。
② [日]竹泽正英:《信息技术带动印度经济的发展》,载《日本经济新闻》2000 年 5 月 2 日。

化潮流的边缘上,这样,发展中国家与发达国家的差距除原已存在的不断扩大的趋势之外,又增加了新的不利因素。南非总统姆贝基在2000年瑞士达沃斯世界经济论坛上的发言指出:"因特网带来的信息革命使发展中国家与发达国家之间的差距进一步扩大。"

5. 半个世纪以来,第三世界的出口有很大增长,但目前仍只占世界出口总额的25%,且主要集中在发展水平较高的国家,非洲最不发达国家的出口只占世界出口额的0.5%。发展中国家的出口产品结构也发生了重大变化,目前初级产品出口只占其出口总额的40%,60%以上是半成品,但半成品主要仍是劳动密集型产品和中低档产品,附加值不高,初级产品的价格20年来一直在低水平上波动,今后,随着高科技产业和知识经济的发展,初级产品需求将继续相对下降,这对发展中国家更加不利。90年代以来,第三世界吸收的外国直接投资不断增加,1997年曾高达1380亿美元,约占全球的30%,但由于亚洲金融危机的影响,1998年又大幅度减少。1999年虽然开始增长,但只占全球外国投资总额7800亿美元的17.3%,而且只集中在拉美和亚洲的部分国家,非洲地区的外国直接投资不断减少,其占全球外国直接投资总额的比重从1994年的2.3%下降到1998年的1.2%。最不发达国家把希望寄托在国际援助上,但是从80年代以来,发达国家给予发展中国家的援助在不断减少。另一方面,第三世界的债务总额在不断增加,从1990年的约2万亿美元,增加到目前的2.5万亿美元。拉美地区的债务1990年为5000亿美元,尽管从那时起,还本付息额已达到7800亿美元,目前的债务仍为8000亿美元。1999年,非洲的外债总额已达3360亿美元,平均占国民生产总值的80%,其中约有20个国家的外债已超过本国的国民生产总值,每年出口收入的24.6%用于偿还外债。

以上是第三世界在跨入 21 世纪时的新起点的简况。由此可知，如果说今天第三世界又站在新的起点上，则这个起点仍然低下，它们的处境仍然十分不利。虽然与半个世纪之前相比，它们已前进了一段路程，有的国家且已走得较远，有了较大发展，但还有为数不少的国家进展十分迟缓，境况恶化。

未来前景

经济全球化、信息化、网络化的不断加强和知识经济时代的到来，为世界经济的发展增添了新的强大动力。

学者们和评论家们普遍认为，无论是经济全球化或是知识经济的发展，对发展中国家来说，都既是少有的历史的机遇，也是空前严峻的挑战。但是，对此必须加以具体分析，机遇和挑战，都是客观存在的，但如何抓住机遇，迎接挑战，加快发展，这又要取决于主观因素。事实上，由于第三世界国家的水平差距已相当大，它们的基础和条件大不相同，有些国家完全有可能抓住机遇，加快步伐，在全球经济大变革的潮流中不断前进，缩小与发达国家的差距。可以预期，今后不仅已有的新兴工业国家和地区将继续快速发展，而且将会出现一批又一批新的新兴工业化国家。事实上，近十多年来，不仅在东亚，而且在拉美、南亚、中东和非洲地区，都有一些国家，在改革和对外开放的推动下，经济持续以较高速度增长，成为各地区的"亮点"。其中有的国家经济水平已较高，被列为上中等收入国家（按世界银行标准，1998 年，人均 GDP 在 3030 美元以上者为上中等收入国家）。这些国家如继续保持较高增长率，今后不久就会成为新兴工业化国家。但是，对一些落后国家来说情况则不同，它们本身内部条件恶劣，如政局动荡，甚至武力冲突不断，贫困、饥饿现象严重，经济停滞、倒退，科教文化极其落后，文盲遍地，领导能力低，当政者贪污腐败，则全球化和知识经济的发展，对它们来说，只能是巨大的压力和冲击，它们难以抓住这一新的机遇，取得新的发展。

人们常认为，第三世界由于落后，反而拥有"后发优势"，即有可能利用发达国家提供的有利条件，如资金、先进技术和先进的管理经验，加快发展，而不需自己从头做起。这种"后发优势"是存在的，但也只是一种潜在的可能性，能否利用"后发优势"，并把它转变为现实优势，还要看其主观条件。有些发展中国家有可能利用"后发优势"，有些因不具备这些条件，则难以利用"后发优势"，那些最不发达国家，在过去几十年期间，都基本上未能表现出有任何"后发优势"。今天，信息经济和网络经济时代来临，对它们来说，"后发优势"的利用就更加困难。国外报刊有的评论认为，以因特网为标志的信息技术革命还刚刚开始，发展中国家难以利用"后发优势"摆脱落后局面，这场革命将使南北差距进一步扩大。

在信息时代，发展中国家有没有可能超越常规发展阶段，即不必走西方工业化国家的老路，直接发展高科技产业和知识经济，实行经济发展阶段的飞跃，这是值得探讨的重要问题。美国《未来学家》月刊（1998年10月号）载文认为："如果认为当今新兴经济发展的先决条件是必须像西方国家在发展过程中那样经历一个大规模工业化阶段，那么这个产生于并适用于过去的社会和经济发展历史中某个时期的观点已经过时。"按照这一观点，发展中国家是有可能实现经济发展的飞跃的。但是，这也同样是有条件的。要知道，发达国家信息化和知识经济的发展，并不是凭空的，而是在工业经济高度发达的基础上，在高科技大发展特别是信息技术和因特网大普及的基础上实现的。发展中国家如果具备一定条件，即工业经济的一定发展，电力、交通和其他基础设施的完善，科技力量的增强，人力资源的开发等等，再加上经济体制的改革，创造了高科技产业发展的环境，那就有可能促进知识经济的发展。它们的确不必再按部就班地走发达工业国家用一百多年时间走过的工业化的老路，不必先完成工业化，再搞信息化，而是发展工农业和服务业与发展信息技术为核心的知识经济同时并举。这也是一种超越经济发展阶段的飞跃。当然，这时，它们发展工农业和服务业已经不是再利用传统技术，而是尽可能采用高科技。这样的工农业和服务业，已经是知识经济的产业结构的组成部分，而不再是传统的产业部门了。这一飞跃的可能性和发展前景，对发展中国家是有很大鼓舞的。然而，实现这一飞跃，其难度之大可想而知，需要加倍的努力。至于那些根本不具备必要的、起码的条件的落后国家，则难以实现这种飞跃。虽然对于任何落后国家来说，即使从今天开始走上快速发展的道路也并不晚。但如果把当前的新机遇再次错过，那就只能被世界大变革的潮流所淘汰，更加落后和更加边缘化。

（原载《世界经济与政治》2000 年第 11 期）

经济全球化潮流中的发展中国家

经济全球化现象是20世纪80年代中期出现的。此后逐渐形成一种世界潮流,引起人们广泛的注意,成为学者们和其他各界人士关注的热点问题之一。特别是全球化对广大发展中国家的发展究竟有什么影响,更是人们热烈讨论的重大现实问题。

一 汹涌澎湃的经济全球化大潮

十多年来,学者们对有关全球化问题发表了种种见解和观点,众说纷纭,莫衷一是。但是,只要认真观察一下当前世界经济发展的实际,就不难看出,以下一系列重要现象是十分突出的:(1)世界货物、劳务、货币、资本、科技、信息及劳动力等在全球范围的流动加速,其规模迅猛扩大,超过了过去任何历史时期。例如,世界贸易正在以高于世界生产1.5—2倍的速度增长,1995年已突破6亿美元。国际金融市场的扩大更是惊人。(2)跨国公司繁荣昌盛。据统计,到1995年,全世界已有跨国公司4万家左右,它们在海外建立的子公司多达27万家,而这些数字仍在逐年增加。(3)信息技术迅猛发展,个人电脑、各种现代通讯手段以及互联网络迅速扩及全球，把各国、各地区越来越密切地联系在一起。（4）各国经济和社会生活互相依赖关系大大加强。任何国家，不管其主观愿望如何，都被越来越深地卷入全球化大潮之中。任何国家都免不了受其他国家和地区所发生的重大事件和变动的影响。所谓"蝴蝶效应"（说的是一只蝴蝶在某地扇动一下翅膀，就有可能在远离万里的地方引起一场风暴）也许是过分夸张，但世界各国和各地区相互影响在大大加强，却是不可否认的事实。

为什么近十多年来，经济全球化浪潮日益高涨？其根本原因，在于科技革命猛烈发展，把生产力推进到前所未有的新高度；国际分工不断深化，水平分工不断发展；生产社会化进入了全球化的新阶段。除这一根本原因之外，近十年来，特别是80年代末以来，世界进入大变动的新时期。一系列重大变化都促进全球化的加速发展：冷战结束，国际形势趋于缓和；在国际关系中，经济和科技因素的作用大大加强，各国都以更大的力量集中于经济的发展；西方国家为促进经济的发展，竭尽全力向世界各地扩张；世界各国都加紧经济改革和扩大对外开放，世界贸易和资本的流动障碍减少，自由化趋势加强；发展中国家渡过了80年代深重的危机，经济发展加快；原苏联东欧国家剧变后，在困难中走向建立市场经济的新轨道，力求与世界经济接轨。

现在，人们普遍认识到，经济全球化大潮的涌起，反映了世界发展的客观规律。它今后还将继续发展下去，不可逆转。

经济学家们还认为，经济全球化意味着资源在全球范围更有效的配置，有利于促进世界生产的加速发展和世界市场的开拓，为世界经济和社会的发展提供了前所未有的历史机遇。

但是，全球化的发展，并不会消除各国经济的独立存在，相反，它仍然是以各国经济的发展为基础。全球化对不同国家的影响也并不是完全一样的。例如，对发达国家和发展中国家的影响就不会一样，甚至大不相同。其中对占世界人口四分之三以上的发展中国家来说，促进发展是它们面临的头号问题。全球化会给它们带来怎样的机遇？它们又会遇到怎样的挑战，受到怎样的冲击？这确实是值得认真考虑的大问题。

二 经济全球化为发展中国家带来的利弊得失

经济全球化对发展中国家意味着什么？是利还是弊？是得还得失？对此，从不同的立场和观点看问题，可以有不同的甚至是完全相反的结论。有人认为全球化对发展中国家是一场灾难，是严重的损害；有的人则相反，认为是前所未有的机遇，是巨大的利益所在。究竟该怎样看，应从发展中国家所处地位出发，进行全面的分析。

在当代世界经济中，拥有强大经济实力的少数西方国家占据主导地位，起着支配作用。发展中国家虽然在政治上是独立的主权国家，但由于国力孱弱，在国际经济关系中处于受支配地位。国外一些学者早就认定，发达国家是世界经济的"中心"，不发达国家是"外围"或是"边缘"。"外围"国家受"中心"支配，是"中心"资本积累的重要源泉。国际经济秩序是由"中心"国家建立的，反映着西方国家的利益，发展中国家则受其损害，因而是不公正、不平等、不合理的。多年来，发展中国家为国际经济关系的革故鼎新进行了不懈的斗争，但至今这种情况仍然没有根本改变。

发展中国家为它们在国际经济关系中所处的不利地位而付出了巨大的代价。据一位前苏联学者的计算，在70年代末，发展中国家因对外贸易中的不等价交换而受到的损失，加上外国跨国公司汇出的利润,向发达国家支付的外债本息,以及为取得科技成果和其他各种知识产权而付出的高价,再加上发展中国家因世界货币市场的动荡所遭受的损失,大批人才外流等等,每年至少也要损失 900 亿美元之巨。① 这是长期以来南北经济差距不断扩大的主要根源,是发展中国家难以摆脱贫穷落后的重要原因。

但是,也应看到,发展中国家在当代世界经济环境中,在与发达国家发展经济关系中,也能获得它们所缺少的资金、技术和管理经验,促进自己的发展。而如果没有这些,发展中国家要发展是困难的,甚至几乎是不可能的。这就是发展中国家所拥有的特殊的"后发优势"。如果能充分地利用这种特有的"优势",发展中国家有可能以发达国家所远远不及的速度前进,加快其工业化和现代化的步伐,进一步缩小其与发达国家的经济差距,迅速改变其贫穷落后的处境,实现其繁荣富强的目标。

近十多年来,由于全球化的加快发展,各国之间经济关系更加密切。特别是发达国家,由于其经济早已是成熟的经济,市场已趋于饱和,不能不竭尽全力向世界扩张,其重要对象之一就是发展中国家的新兴市场。而广大发展中国家,由于实行经济改革和对外开放,经济加快发展,对外经济关系不断扩大。发展中国家在国际贸易、国际金融和国际投资中所占份额逐步提高。如发展中国家在世界贸易中所占比重已从 80 年代上半期的大约五分之一上升到目前的近 30%。近几年来,发展中国家所吸引的外国直接投资也不断增加,占世界对外投资总额的比重从 90 年代初的四分之一左右上升到目前的三分之一以上。西方发达国家对发展中国家市场和投资场所的依赖加强。

但是,国际经济秩序的不公正、不合理的根本性质并没有

---

① [苏]《世界经济与国际关系》1983 年第 9 期。

变。发达国家与发展中国家的经济关系的扩大，使它们从中获得了更大的利益，而发展中国家以各种形式向发达国家交纳的"贡赋"则成倍地增多。例如，80年代以来，发展中国家的贸易条件大大恶化，90年代后，这种情况并没有得到扭转。如果以1990年为100，发展中国家的贸易条件指数到1993年下降为96.5，而发达国家的贸易条件指数则上升到104.2，1995年又上升到105.0。[①] 一升一降，发展中国家要遭受巨额损失。再看看发达国家通过对外直接投资从发展中国家所获取的利润更是惊人。发展中国家劳动力价格低廉，如在东南亚一些发展中国家的某些行业，工人工作一小时所得的工资只有0.5美元，而美国平均为18美元。跨国公司在这些国家的利润率之高可想而知。据美国商务部的一份研究报告说，1989—1991年期间，美国工业在亚洲投资的平均收益率为23.3%，高于它们在24个发达工业国家平均收益率（12%）的一倍。90年代以来，发展中国家的债务危机虽然缓解，但它们所负外债总额仍在连年增加，目前已超过1.7万亿美元。其中很大一部分是从发达国家的商业银行获得的贷款。发展中国家为这一笔巨额贷款所支付的利息自然也有增无已。近些年来，发达国家新科技革命热潮兴起，促进了它们把一部分已普及的技术向发展中国家转移，从中收取的费用也大量增多。

从这个角度看，全球化对发展中国家确实是祸，而不是福了。

不仅如此，如果考虑到经济全球化必然促进各国政治、社会、文化、价值观等非经济方面的扩大交流和加强碰撞，而发达

[①] 张塞主编：《国际统计年鉴》（1996年），中国统计出版社1997年版，第418页。

国家利用它们在这些方面所占有的优势地位,有可能加紧向发展中国家进行渗透,从而对发展中国家造成更大的、多方面的压力,企图实现全球的"西化",则发展中国家所面临的更是灾难,而不是幸运。

但是,随着经济全球化趋势的加强,发展中国家有可能从中得到的利益和机遇,也大大增加了。因为它们从发达国家获得的资金、技术和管理经验以及一切有益的东西也大大增多了,它们利用这一切条件加快发展自己的可能性也大大扩大了。总之,它们的"后发优势"更加明显,它们加快自己发展的机遇也比过去更大。从这方面看,全球化给发展中国家带来的是历史上少有的巨大利益。

经济全球化是当前世界经济发展的客观现实。在当代历史条件下,全球化对发展中国家来说,有两方面的作用:它既增加了发展中国家以各种方式向发达国家交纳的"贡赋",加重了发展中国家遭受的损失;同时,也为发展中国家带来更大的利益和少有的历史机遇,使之有更大的可能加快自己的发展。它们所遭受的损失可看做是它们为加快发展所必须付出的代价,不付出这笔代价,它们就不可能加快发展,以致永远落后。

三 不同发展中国家的不同情况

上面从两个方面分析了全球化对发展中国家的影响,乃是就一般而言。发展中国家具体条件各异,发展水平相差极大,全球化对它们的影响,也各不相同,必须区别看待,具体分析。

这里且对东亚新兴工业化国家和地区以及其他高速发展的国家与最不发达国家这两类不同的典型加以对比。

东亚是经济增长最快的地区。60年代以来,东亚"四小龙"

持续高速发展，早已成为新兴工业化国家和地区，与发达国家的差距大大缩小，有的已跻身于发达国家的行列。它们获得如此显著的成就，原因是多方面的，其中重要一点就是面向世界市场，在发挥本身内部的潜力的基础上，充分利用国外资源和开拓国外市场。80年代以来，东亚其他发展中国家也致力于经济改革和对外开放，并取得了显著的成效，经济加速发展，其成就为世人所称道。目前东亚地区局势比较稳定，经济将继续高速发展，前景广阔。它们在世界贸易、国际金融和国际投资中，占有越来越重要的地位，如近些年来，东亚所引进的外国直接投资占发展中国家所引进外资总额的一半左右。不仅如此，早在80年代后期，亚洲"四小龙"就已开始进行对外直接投资。这样，东亚地区的经济已成为全球经济密不可分的一个组成部分，在全球经济的发展中，起着越来越重要的作用；一方面，这个地区经济的快速增长，有力地推动着全球经济的发展；另一方面，经济全球化的发展，也为东亚地区提供了更加有利的条件。由于东亚经济力量的加强，它在国际经济关系中的地位也正在发生变化：如果从整体上说，当代国际经济秩序是不合理和不平等的，则就东亚地区来说，这种不合理和不平等的特性在这里正在减弱。尽管西方国家，主要是唯一的超级大国美国仍然企图掌握这个地区的主导权，把它的意志强加于人，但这种行径在这里受到了强烈的反抗和抵制。由此可见，全球化为东亚发展中国家和地区带来了巨大利益，或者更确切地说，东亚发展中国家充分利用全球化所提供的机遇，加快了自己的发展，改变着自己的处境。

那些发展迟缓，经济长期落后的发展中国家，特别是最不发达国家，情况就有所不同。这些国家因生产力落后；工业基础薄弱，多是农业国或矿业国；出口能力低下，出口收入微不足道，从而难以从国外进口必要的物资；特别是必不可少的生产资料，用于经济建设。同时，这些国家的投资环境差，对外资缺乏吸引力，即使引进一些外资，也微乎其微。这样，经济全球化大潮似乎没有波及这些国家，它们眼看着其他国家在全球化浪潮的推动下迅速前进，只有"望洋兴叹"。这些国家不能扩大它们的对外经济关系，特别是不能与西方发达国家加强经济关系，固然可以免受国际资产阶级的剥削，不必向发达资本主义国家交纳"贡赋"，但它们也失去了利用全球化提供的机遇，从而失去了加快发展的条件。这些国家只能寄希望于国际援助。但是，自80年代以来，西方国家提供的对外援助日益减少。冷战结束后，它们更认为对发展中国家的援助已没有太大必要了，于是更不愿解囊相助。对发展中国家来说，即使能得到一些援助，也只能缓解一下眼前的困难，于经济发展并无多大补益，徒然增加了对发达国家的依附。

由此可见，在全球化大潮面前，这些最不发达国家因感到它们有更加"边缘化"的危险而惶惑不安。它们自然不会认为全球化给它们带来了多少福利。美国有的报刊载文，认为全世界至少有三分之二的人被排除在全球化之外，受到全球化的伤害。

四 发展的关键在于本国

经济全球化会促进世界经济的发展，使世界生产的"蛋糕"越做越大。但这个蛋糕如何分配，有多少会落到发展中国家手中，则是另一回事了。因此，提出全球化对发展中国家有利还是有害，还不如提发展中国家怎样才能从全球化经济中取得更多一些利益，而少受一些损害。那么，怎样才能做到这一点呢？这就取决于发展中国家自身。因为无论如何，全球化对发展中国家来说，只是外部条件，或者说是发展中国家发展的"外因"，而外因是要通过内因才能起作用的。发展中国家要从全球化大潮中获利，它自身应该有一定力量，有正确的战略、策略和方针政策，应该加强南南合作，以集体的力量，增强自己的地位。从前面对东亚发展中国家和地区与最不发达国家的对比中，已经可以看到，它们都同样处于全球化的大环境中，但经济发展的成效却大不相同，其中根本原因就在于它们自身。即使是同一个国家，在一个时期可能是停滞不前，在另一个时期却可以蓬勃发展，外部环境没有根本改变，主要原因也是在自身。

发展中国家究竟应如何适应全球化的大趋势，投身于全球化大潮之中，并做到趋利避害，加快发展自己，这需要专文探讨。下面仅简略提出几点想法：

1. 发展中国家应立足本国，面向世界。即从本国具体国情出发，充分发挥自身优势，建立有本国特色的市场经济体制，并以此为基础，扩大对外经济联系，逐步使本国经济汇入全球化大潮之中。

2. 为了建立和发展市场经济，必须坚决而又稳妥地进行经济改革。革除一切妨碍生产力发展的旧体制，建立新体制。同时，正确处理改革、发展和稳定之间的关系，求得三者的良性互动。在前进过程中，使国力逐步增强。

3. 逐步实行产业结构的调整和升级。一般来说，发展中国家应充分重视农业，把农业特别是粮食生产放在国民经济的基础地位。在发展农业的同时，逐步加强基础设施建设，推进工业化。根据本国实际条件，发展新兴产业部门，逐步实行产业多样化和促进产业结构的升级。

4. 培植一些有优势、有特色、有竞争力以及在国外市场有需求的产品，大力促进出口；与此同时，创造必要条件，改善投资环境，积极引进外资和吸收外国适用的先进技术。

5. 加强民主与法治建设，维护全国人民和国内各民族的团结，保持政治稳定和社会安定，消除官僚主义和腐败现象。这是发展经济的基本条件，也是国力加强的重要前提。

6. 在发展对外经济关系中，坚持平等互利原则，利用地缘经济优势，加强本地区的经济合作，同时逐步发展多方位对外经济关系。

上述各项，都是发展中国家自己的事，发展中国家在自身努力的同时，有权要求国际社会给予它们以有效的支持，包括减轻债务负担，给予它们一定贸易特许权，给予它们必要的发展援助等等。

发展中国家投身于全球化大潮之中，意味着它们要加强与他国的经济协调与合作，同时不可避免地会遇到各种问题，特别是与西方发达国家发展经济关系问题，这些问题归根到底，是由二者之间的利益冲突而引起的。当代世界经济是发达国家占主导地位，世界市场基本上受它们所支配；世界经济运行的一些惯例和准则，基本上也是由它们所确立的。它们对发展中国家的利益很少考虑，或根本忽视，甚至完全牺牲发展中国家的利益，以求得它们的最大利益。如西方国家，特别是超级大国，出于偏见，往往对发展中国家加以歧视和限制：它们一方面大唱自由贸易的高调，目的只是要他国特别是发展中国家向它们开放市场，而它们自己却大搞贸易保护主义。不仅如此，某些西方国家还把发展中国家的迅速发展视为威胁，以此为它们搞贸易保护主义和对发展中国家实行其他种种限制制造借口。近些年来，超级大国，把人权、民主等非经济问题与对外经济贸易关系挂起钩来，还以环保、劳工等条款的单方面标准强加于人，动辄对发展中国家施加压力。由此可见，发展中国家为利用全球化提供的有利条件，加快发展自己，除了在国内采取正确的战略，实行一整套有效的政策措施外，还必须正确处理对外经济关系中的矛盾，一方面在平等互利的原则基础上，加强对外经济合作；另一方面，同那些有损本国利益，侵犯国家主权的无理要求和行径，进行坚决斗争。总之，全球化提供了促进发展的巨大可能性，但要把这个可能性变成现实，全靠发展中国家的努力和斗争。

（原载《世界经济》1997年第7期）

第五部分
跨国公司

当前全球企业兼并热潮评析

企业兼并和合并,是市场经济中经常出现的现象,不足为奇。但是,在一定时期,企业兼并势头强劲,掀起热潮,就值得特别注意。在西方近百年的经济史上,共出现过5次企业兼并热潮。第一次在19世纪90年代后期到20世纪初;第二次在20世纪20年代下半期;第三次在60年代下半期;第四次在80年代下半期;第五次,即目前这次,始于90年代中期,现在仍在如火如荼地进行,并将延续到21世纪初。企业兼并热潮的形成,自有其一定的原因,将对企业和各国经济的发展带来深刻影响。

当前企业兼并热潮的特点

目前正在进行的企业兼并热潮,是在经济全球化不断加强,信息技术和其他高科技迅猛发展,知识经济已经形成的大背景下发生的,它与以往各次企业兼并热潮相比,具有下列新的特点:

这次企业兼并的规模之大,势头之猛,超过以往各次。1996年全球企业并购总额为1.14万亿美元,1997年为1.6万亿美元,1998年,这一势头更加强劲,全年企业并购额为2.6万亿美元，国外报刊曾说，这一年将以"企业兼并和合并高潮年"载入史册。然而1999年全球企业购并交易额又创下3.31万亿美元的历史新纪录。美国《财富》杂志论及当前全球兼并热潮时说：当前全球并购"遍及世界最大500家公司的每一个行业"。不仅包括制造业（如汽车、飞机）和石油业，更囊括高科技产业（电信、信息、制药）。银行业和金融业更处在这一热潮的高峰之巅。此外，也波及航空公司与服务业。

在这次企业兼并热潮中，巨型公司扮演着主要角色。如1996年，美国贝尔大西洋公司与耐能公司合并，金额达227亿美元；同年，美国沃尔特·迪斯尼并购美国广播公司的大都会集团，金额达190亿美元。1997年，美国商用飞机制造业的两巨头波音公司和麦道公司的合并，金额达133亿美元，被喻为航空航天工业领域的"岁末大地震"。1998年5月，美国克莱斯勒公司和德国戴姆勒—奔驰公司宣布合并，交易额高达358亿美元。同年4月初的一周内，美国"花旗银行"兼并"旅行者公司"，国民银行与美洲银行合并，第一银行与第一芝加哥银行"联姻"，这三起合并案，涉及金额共达1600亿美元。其中花旗银行兼并旅行者公司，金额达820亿美元，是迄今为止全球最大的金融业兼并活动，被称为"世纪兼并"。1998年，美国仅6起大规模合并就占当年美国合并总值的30%以上。一些巨型企业不仅进行一次、两次收购交易，而是连续进行十几次、几十次收购行动。例如1999年，美国的微软公司共进行了45次收购，交易额共达130亿美元。在当前企业兼并热潮中，巨型企业的兼并和合并起着决定性作用。但中小企业也被大量卷入，特别是大公司收购中小公司的事件屡见不鲜。这些被大公司看中并加以收购的中小公司并不是一般的中小公司，而多是高技术中小企业。这些中小企业经过一段时期孕育成熟，具有一定优势后，就成了大公司收购的对象。如美国森美设计公司于1998年不惜出巨资收购了芬兰奥鲁市技术园一家制造程序软件工具的名为Prosoft的小公司，出资额为该公司1997年营业额（2300万芬兰马克）的15倍。

19世纪90年代下半期的企业兼并，主要是横向兼并，即同一部门、同一行业的企业进行合并；20世纪20年代下半期，主要是纵向兼并，即一个部门的企业与其上下游部门的企业进行兼并或合并。60年代下半期，主要是混合兼并，即大企业把触角伸向各行各业，把生产上毫不相关的公司收购进来，形成了跨部门、跨行业的混合型垄断组织。这次企业兼并，主要是公司在同一核心产业或生产、技术上相关联的产业方面进行合并。公司所经营的产业是相同的或相近的，但各有自己的强项和优势，通过合并，形成既有核心生产，又具多样化；既有专业，又更加全能的格局。例如戴姆勒—奔驰公司与克莱斯勒公司合并后，就具有生产从豪华轿车到越野车的多种型号汽车的生产优势，以适应从北美、欧洲到世界其他地区市场的需要。

目前企业兼并，不仅发生在各国内部，而且有相当一部分是跨国和跨地区兼并。美国克莱斯勒公司和德国戴姆勒—奔驰公司的合并，就是制造业公司跨国合并的实例。1998年德意志银行以97亿美元，收购总部设在纽约的银行家信托公司，是金融业跨国合并的代表。1998年6月初，法国阿里卡泰尔公司以44亿美元购买总部设在美国得克萨斯州的DSC通信公司，是信息通讯业跨国兼并的典型。近年来，跨国公司收购活动已不限于大西洋两岸，而且扩及日本、东亚和拉美，使当前企业兼并成为真正的全球性兼并。多年来，日本经济处于不景气状态，日本被迫加大金融市场开放力度。世界最大的非银行金融机构美国资本集团先是参股日本第四大人寿保险公司的东邦生命公司，继而又收购了日本三菱集团系统的菱信租赁公司。1997年夏，东亚爆发金融危机，受危机打击的国家货币对美元比价下跌40%—80%，各国纷纷进行结构调整，拍卖资产。欧美大公司又乘机大肆收购东亚企业，从亚洲经济危机中捞取好处。1998年，美国用于并购亚洲企业的金额已达80亿美元，比上一个创纪录的年头增加了1倍。被并购的公司一半以上是日本的，韩国和泰国的也不少。欧洲也不甘落后，1998年在亚洲的投资约为40亿美元。拉美近几年来企业兼并也创造了历史纪录，1998年达到823.9亿美元，其中67.4%是拉美地区以外的公司购买的。

企业兼并热潮的成因

兼并是企业为了加强自己，消除竞争对象，走向垄断的重要途径。目前出现的企业兼并热潮，也是这样。但也有多方面的特殊原因。

首先，目前经济全球化趋势日益加强，经过长期酝酿，在80年代条件臻于成熟。这些条件包括由于信息技术的广泛应用而形成的经济信息化；由于各国进行以发展市场经济为导向的改革而形成的经济市场化和由于各国扩大对外开放进一步面向世界市场而形成的自由化。经济全球化，意味着各国经济相互依存关系空前密切，在此基础上，结成一个全球经济的整体。这个整体为各国和各大公司提供了广阔的发展空间和空前的历史机遇，也大大加剧了它们之间的竞争。冷战的结束，各国之间展开新的综合国力的较量，经济实力的较量占有关键地位。各国都力求在经济发展中战胜对手；各大企业也都企图在竞争中获胜，从而加强自己在世界市场上的优势地位。在激烈竞争的压力下，企业必须加紧技术创新、组织改组和管理体制改革，大力推行合理化和更加灵活的运营方式，以最大限度地降低成本，提高效益。兼并和合并就是其中一种有效的途径。近年来全球竞争的激化，已导致一系列产品生产过剩，对企业的压力更大，企业就更加热衷于进行兼并和合并，以降低成本，增加利润。

其次，80 年代中期以后，科技革命掀起新高潮，高科技蓬勃发展，日新月异。进入 90 年代，在西方发达国家以电子计算机和其他信息技术设备为中心的高科技产业已取代汽车等传统产业，在经济中占有主导地位。发展这些高科技产业风险大，但利润丰厚，前景广阔，对于各国来说，高科技产业的发展，更是其经济实力和国家前途之所系。高科技成了各国及其企业争夺的前沿。这些高科技的发展，需要巨额投资和强大的科技力量，任何大公司都只能在某些方面、某些项目上拥有优势，而不可能在各个方面和所有项目上样样领先。它们只有通过兼并和合并，扩大自己在科技方面的优势，从而加强自己的整体实力。

值得一提的是，在当前的企业兼并热潮中，政府并没有袖手旁观，而是以各种方式鼓励和支持企业进行兼并和合并。西方发达国家为维持市场竞争，防止垄断，而实行所谓反垄断法。但是，当前各国国内政策的主要方面，是鼓励和支持企业兼并，对跨国兼并的支持则更加积极。其政策取向就是对一系列部门和行业的"业务活动"，放宽或取消限制，这些部门包括电信、信息、银行、金融、石油、航空等等。例如美国政府过去规定银行不得跨州设立分行，现在这一限制已被取消，允许银行自由进行跨州兼并；过去规定长途电话公司不得兼营有线电视、广播和无线服务，现在这条规定也已取消。西方各国政府方针政策的这一重大改变，完全是为了适应信息时代和全球化时代的客观要求，促进科技和生产力的发展，促进企业增强实力。这种政策的改变，有力地鼓励了企业的兼并和合并。政府在鼓励本国企业进行兼并的同时，更鼓励本国企业走出国界，进行跨国兼并，但对他国企业兼并本国企业，则作出种种限制。例如对航空公司的合并和兼并，各国政府都作出限制性规定。如欧盟规定，不允许欧洲以外的投资者拥有一家欧盟航空公司49.9%以上的股份。在美国，也不允许任何外国人可以拥有一家航空公司25%以上的有投票权的股票。据报道，美国政府正考虑把此项限制提高到49.9%，但即使这样，仍将不允许外国人完全买下一家美国航空公司。总之，在当前西方企业兼并热潮中，政府一方面维持竞争，另一方面积极鼓励企业兼并；一方面促使本国企业进行跨国兼并，另一方面又防止外国企业可能对本国带来不利的兼并。在这里，政府职能的实质是一目了然的。

此外，目前企业兼并掀起热潮，还有其他一些特殊的原因。其一是近年来欧盟国家紧锣密鼓地为启动欧元作准备，并终于于1999年1月1日实现了这一目标。欧元的启动，一方面有力地推动欧盟各国企业为占领欧洲市场，进而与美国较量而走向合并；另一方面也刺激了美国企业对欧洲的投资。这是近几年来，欧盟国家大企业兼并和美欧大公司之间兼并同时升级的重要因素。其二是日本、东亚和拉美的金融危机，一方面促进这些国家和地区企业的兼并和合并；另一方面又为美欧资本向这些国家长驱直入提供了难得的机遇。其三是1999年在北约发动的科索沃战争中，欧洲各国深感它们的军事力量和水平与美国相距甚远，这也大大刺激了它们在航天、飞机、导弹和其他军工方面的企业兼并。

全球企业兼并热潮的影响和后果

以西方大企业兼并为中心，遍及全球的企业兼并热潮，无论对企业本身，还是对各国经济乃至世界经济都会带来深刻的影响，产生多方面后果。

企业兼并和合并，对企业本身有直接影响。总的来说，企业有可能通过兼并和合并，扩大规模，实现企业之间优势互补和强强结合，同时，企业以兼并和合并为契机，实行组织上的改组、机构的调整、人员的减少、经营方式的改变、管理体制的改革、生产的合理化，使兼并后的企业成本更低、效率更高，实力和竞争力更强。目前，全球企业特别是西方企业改革之风盛行，各种新的管理战略思想层出不穷。这种改革之风与企业兼并浪潮是有密切联系的。

但是，企业合并和兼并并非没有风险。如上所述，企业兼并，从根本上说，是由市场力量所驱动。无论公司的董事长和经理们如何精明强干，他们都免不了要为不可抗拒的市场力量所左右，因此，实行兼并的决策，难免带有某种盲目性，从而带来一定负面效果，甚至遭到失败。事实上，目前企业兼并和合并失败者不在少数。美国默瑟管理咨询公司对 300 多次企业联合（每次联合的价值都在 5 亿美元以上）进行了调查，结论是其中约三分之二以失败告终，即使是那些特大收购交易，也有三分之一受挫。麦金西咨询公司对公司的联合作了一次更大规模的调查，结果同样发人深省：联合 10 年后，只有近四分之一的公司重新收回了联合及与此有关的费用。

造成这些失败或不尽如人意的原因是多方面的。其中最主要的是"贪大狂"，即追求在规模上压倒对手，以便实现独家垄断的强烈欲望。美国金融业就存在着这种规模竞赛。旅行者集团与花旗银行公司联手，组成美国最大的金融巨头，国民银行跟着就同美洲银行组成美国最大的银行。在这种疯狂的竞赛中，公司唯恐因畏缩不前而错过时机，以致甘拜下风。但是规模大与力量强和效率高,并不总是成正比,相反,规模的扩大,还可能带来新问题,如企业联合后,其结构能否互相兼容,管理能否更有效,经营战略能否取得一致等等。"贪大狂"的另一种表现是盲目地兼并与核心产业无关的行业,重复60年代许多企业进行了混合联合的失败教训。例如 VIENDI 公司(法国自来水总公司吞并哈瓦斯出版社后组成的新集团),除了传统的行业(水、能源、清洁、运输、公共工程以及房地产等)外,还开展了通信方面的业务(如新闻、广告、网络等)。可以想见,这两方面的业务是难以很好协调的。这个患了"巨人症"的公司缺乏重点和优先目标,摊子铺得太大,资金过于分散,注定要遭受损失。企业兼并的失败,还可能是由于兼并了濒于破产的公司或实力很弱的公司。与这样的公司合并后,不能对它进行应有的整顿和改造,因而不仅不能提高公司的整体效益,发挥出新的优势,反而会把整个公司拖入困境。另一种企业兼并失败的情况是兼并的公司本来是竞争对手,兼并后的相互关系没有得到很好协调,反而把原来的竞争变为内部摩擦,从而影响了新公司的正常运行。例如波音公司与麦道公司合并后,由于缺乏一个权威性的规章,企业领导者私欲膨胀,整天所想的是如何对抗,而不是合作。这些人为的困难,使合并后的公司不仅没有增加赢利,反而出现了历史上最惨重的亏损,被称为"波音综合征"。最后,企业兼并的失败,还可能是由于企业管理文化不能融合,这种情况也不鲜见。特别是西方企业对亚洲、拉美等地区企业的兼并,文化因素的作用就可能更加突出。

这次企业兼并热潮也给企业结构带来了深刻影响。任何国家通常都是以少数大企业为骨干,并在经济中占主导地位。另一方面,则是为数众多的中小企业,由此形成少数全能性大企业与大量专业性中小企业同时并存,互相竞争又互相合作的两极结构。

历史上发生过的兼并浪潮，都使大企业更加强大，但中小企业并未因之被削弱。这是因为中小企业在吸收工人就业，满足市场的特殊需求，增强经济弹性，促进市场繁荣，进行技术创新，建立社会化大生产体系等方面，都起着大企业不可替代的重要作用。目前西方掀起的企业兼并热潮，使这种两极结构的一极，即巨型企业更加强大。与此同时，近些年来，西方国家的中小企业蓬勃发展，数目有增无减。这一方面是由于信息技术的普及，因特网市场和风险资本市场不断扩大，开创了一种导致高效益企业产生的有利环境；另一方面，各国政府对中小企业高度重视，特别是对高科技中小企业给予各方面的支持，从而使两极结构的另一极，即中小企业，也有了更大的新发展。

当前企业兼并热潮，对各国经济和世界经济也带来了重大影响。一是促进了产业结构的调整。当前企业兼并，重点是高科技产业和金融业。这些行业将因激烈的竞争和疯狂的并购而得到更快的发展。其他产业，特别是传统产业，发展则更加缓慢。二是使各国经济发展更加不平衡。90年代以来，美国高科技的优势更加明显，高科技产业金融公司和银行的兼并和合并也更猛烈。1998年，美国企业并购的价值约占国内生产总值的20%，而欧洲的这个比重约为8%，日本更低。这样，美国企业就变得更加强大。三是促进了资本和生产的国际化和全球化。在企业兼并中，跨国兼并占很大部分，这必将推动跨国公司的发展和经济全球化的加强，使各国经济之间的依存关系更加密切。最后，企业兼并是在经济周期的增长阶段，竞争异常激烈的情况下发生的，它将反过来成为推动经济进一步加快增长的重要因素。随着经济的增长，企业利润增加，投资扩大，股市飙升，这个过程达到一定程度，就有可能出现生产过剩，接踵而至的是危机的爆发。从近百年来的历史看，历次企业兼并高潮都成为周期性危机的前奏。如19世纪末20世纪初的企业兼并高潮之后，1903年爆发经济危机；20世纪20年代下半期的企业兼并浪潮，为1929年底爆发的大危机所中断；60年代下半期的企业兼并浪潮过后，迎来的是70年代的滞胀和1974—1975年的经济危机；80年代下半期的企业兼并高潮，又导致1990—1993年的危机。可见企业兼并浪潮与经济周期和危机之间存在着一定的内在联系，值得注意。

（原载《求是》2000年第2期）

跨国公司组建战略联盟

20世纪80年代下半期以来，大跨国公司为了增强自己的实力，除了实行并购之外，还采取组建战略联盟（strategy alliances）的方式。20世纪90年代下半期，与并购高潮涌起的同时，战略联盟也广泛发展起来。战略联盟是当代国际垄断组织在新的历史条件下组建的新型同盟。

战略联盟的发展——其形式和内容

美国的《福布斯》双周刊，于2001年5月曾刊登一篇题为《战略联盟横扫美国商界》的文章。文章先是举出两个当年发生的实例，一个是当年2月可口可乐公司承认它在非汽水饮料方面销售业绩不佳，因此，决定将大多数这类饮料的生产并入与宝洁公司合办的一家新企业。与此同时，宝洁公司也承认，它在快餐和饮料销售方面业绩欠佳，决定把公司生产薯片和Sunny Delight饮料的部门并入这家新企业。这样，两大公司合作，组建了一个新企业，把各自经营不良的产品，让这家新企业去生产。另一个例子是在此事发生两个月后，瑞典的爱立信公司因其手机生产几近垮台,求助于日本的跨国公司索尼公司,它们联手共建了一家生产和销售无线手机的合资公司。

该文在举出以上两个例子之后说:"这也就是本世纪内横扫美国企业界的最有力的趋势:战略联盟风靡一时。"据该文援引汤姆森金融公司的数字,1996年,美国公司共组成了5200个新的战略联盟,而到2000年,这一数字几乎增加了一倍。该文又援引Accenture咨询公司的估计,从1996—1999年,收入至少为20亿美元的美国公司平均组成了138个战略联盟。该文一再强调对公司的战略联盟应予以重视,并指出:"虽然兼并和收购占据了新闻报道的头版头条,但公司合作和其他战略联盟同样数不胜数。"该文还援引一位企业家的话说:"兼并和收购是一种流血运动,但战略联盟对公司发展更为重要。"①

所谓战略联盟,是指世界大跨国公司发展中出现的一种股权或非股权合作形式。这种合作形式的特点,是互相协调,而不是控制。我国有的学者对战略联盟作了这样的概括性说明:"战略联盟是一种组织安排,同时,也是一种经营策略……在组织安排上,它具有不同的组织形式,如合资、合作、联合研究开发、供应商合约、交互许可等……作为一种经营策略则是企业之间经过合作而朝向长期的竞争优势的获取。因此,简单地说,企业之间出于战略目的而进行的合作就是战略联盟。"②

这种新型的企业合作形式,自从第二次世界大战后,即已出现。从那时到现在,其合作方式、合作重点、所追求的目的等都经历了一个变化过程。20世纪六七十年代多采取合资企业的方式,而且大多数在制造业;以后这种合资企业数增多,领域也不

---

① [美]《福布斯》双周刊,2001年5月21日。
② 李新春:《企业联盟与网络》,广东人民出版社2000年版,第11页。

断扩大，从制造业扩大到服务业，如金融服务、广告等，又从传统产业扩大到新兴产业，如航天、通信、制药等行业。20世纪80年代早期，一年中所成立的合资企业数量就比过去15—20年的还要多。①

建立合资企业，要求双方各以一部分资金入股，这就是股权合作。除此之外，还有以知识产权（专利、品牌、商标等）、管理能力、经销网络等无形资产，与其他企业合作，这种企业称为合作企业。建立合资企业和合作企业，其重要目的是使跨国公司进入他国较易被接受，减少东道国的疑虑，减少因东道国实行国有化或"本地化"或其他变故带来的风险。特别是在发展中国家，这一点更为重要。此外，也是为了易于了解当地的情况，便于与当地政府、企业相沟通，便于进入当地市场。20世纪80年代以前，跨国公司在国外建立合资企业或合作企业，主要是着眼于开拓和占领那里的市场，扩大经营的地域范围。当时，具备技术的厂商，大多不愿与其他企业合作，这主要是为了独享先进技术优势，担心技术秘密会"溢出"。但20世纪80年代以后，高新技术蓬勃发展，技术合作广泛发展，尤其是欧美企业之间的合作以及共同研究开发发展迅速。

总之，跨国公司与国外企业的合作经历了明显的变化过程，其目的从以进入他国市场为主，到以技术创新和开发新产品为主；对象从以发展中国家企业为主到以发达国家企业为主。因此，有人把变化前的那种合资企业和合作企业，不看做是战略联盟，或只看做是其初级形式。

对于战略联盟，国外学者进行了广泛研究，对其性质、特点、目的和动机等，提出了许多独到的见解，成为对外直接投资

---

① 李新春：《企业联盟与网络》，广东人民出版社2000年版，第11页。

理论、跨国公司理论和企业管理学的新内容，值得我们借鉴。关于组建战略联盟的原因，特别是 20 世纪 80 年代后期以来，跨国公司为什么如此热衷于建立战略联盟，而且多以建立技术联盟为重点，他们从不同角度，提出了种种说法，归纳起来，大致如下：

（1）技术进步。20 世纪 80 年代中期以来，高科技迅猛发展，高科技创新需要大量人力、物力、资金投入，其研究开发，往往不是一个公司的力量所能及；高科技的应用，也往往是为了达到多种目的，而不是单一的目的；许多高科技的有效利用，往往要求与其他技术相结合。高科技的这些特点，决定其开发和有效应用，都要求企业相互合作，结成技术战略联盟，以获取更大的技术优势。

（2）世界形势的变化。20 世纪 80 年代中期以来，经济全球化加快发展，进入 20 世纪 90 年代，冷战结束，各国都把更大的力量集中于经济发展，为此，加快了改革步伐，并大力发展外向型经济，对外国企业敞开大门，推进国际经济合作。这为跨国公司的发展和它们与国外企业广泛建立战略联盟提供了有利条件。

（3）企业组织管理的变革。过去的企业，在内部实行垂直的金字塔式的组织模式，对外虽也与其他企业建立联系，但倾向于把经营活动的全过程集中在自己手中；现在，金字塔式的垂直管理方式，已逐步为横向协调方式所取代。对外，则把其活动链条的各个环节尽可能地交由其他企业来分担，新的供应制和承包制广泛流行，这样就形成了以大公司为核心、众多企业参加的合作网络。

（4）分工的细化和加深。一般垄断组织的分工和资源配置，基本上是在企业外部进行的，而大跨国公司内部的分工和资源配置却发展起来。这是由公司有计划、有目地进行的，是对市场作用的一个重要的补充，这就可能会形成公司的内部化优势，给公司带来更大的效益。但无论公司规模有多大，其内部分工合作和资源配置也是有限度的。到20世纪80年代以后，这种分工和资源配置又有了新的发展，即由公司内部扩展到公司之间，有关公司通过更细的分工和密切合作，可在一定程度上突破公司内部分工和资源配置的局限性，从而更大地提高生产率和降低成本，获取更大的利益。

（5）大跨国公司为了自身的加强和发展，固然可以采取并购方式，但由于种种主客观条件的限制，它并不能随心所欲地并购任何企业，也不必要并购任何企业，而是只看中其他企业的某种优势，认为利用这种优势的最好办法是与其组建战略联盟。

从以上各方面原因看，20世纪80年代后期以来，大跨国公司组建战略联盟，成为一种潮流，并非偶然，而是企业发展的一种必然趋势。

由上可知，战略联盟是企业之间合作的高级形态。采取这种合作方式，可为企业带来多方面的好处，如分担研究与开发成本，获得补充的技术能力，更充分地利用人力资源，实现规模经济，扩大经营范围，克服进入新市场的障碍，合作双方实现优势互补，提高竞争力等。总之，通过组建战略联盟，企业有可能从中获取更多的价值和更大的优势，而且这种利益，不是短暂的、局部的，而是具有战略意义的。当然，利益的获得，不是单方面的，而是加入联盟的企业共同分享，如果不是这样，就不可能建立战略联盟。

组建战略联盟也要付出一定代价。如企业的新科技成果不再能独家占有，原有的科技专长和其他优势都有可能因"溢出效应"而削弱，企业在核心产业上的优势也有可能受到影响。

但如果双方通过互相协调，密切合作，则通过建立战略联盟所能获得的附加利益，会大大超过可能遭到的损失和所需付出的成本。

战略联盟的特点

由大跨国公司建立的战略联盟有一系列特点，这些特点，可以从组建战略联盟与企业并购的比较中，以及当今的战略联盟与历史上的资本家同盟的比较中看出来。

跨国公司建立"战略联盟"与它们进行兼并和合并，都是在经济全球化和信息网络化不断加强的条件下，对全球市场竞争激化作出的反应，都是与扩大和加强自己的优势，增进自己的市场份额，巩固和提高自己的实力地位分不开的。

但是，跨国公司的并购与建立战略联盟是两种不同方式，二者各有不同的特点：

（1）并购意味着资产所有权的转移，被并购的企业丧失了资产所有权，因而丧失了独立性；实行并购的公司把被并购企业的产权收归己有，从而增加了资产额，扩大了公司规模。但战略联盟与此不同，公司结成联盟是各以部分资金或其他资源进行合作，产权通常并不发生转移，或只有部分产权发生转移，双方仍都保有独立性，实行资源优势互补，各方都从中获益。

（2）实行并购特别是跨国兼并，固然能大大有助于跨国公司进入他国市场，提高其生产国际化程度，但与此同时，也往往会因民族主义情绪和社会文化的不同而遇到阻碍和麻烦。战略联盟则没有或少有这样的问题，因为结成联盟的双方是以基本上平等的地位，出于互利的愿望行事的，不是一方"吃"掉另一方。因此，战略联盟不会引起民族情绪的抵触，也不会因民族文化的不同而发生摩擦；相反，结盟的双方倒是可以互相借鉴，互相学习，取长补短，培育新的企业文化。

（3）并购通常是企业一对一较量的结果，处于劣势的一方万般无奈，只好放弃斗争，结束自己的独立存在。当然，有些情况是两个公司都出于自愿，结合起来，以对付更强大的"第三者"。总之，这种斗争是激烈的，但方式是简单的。而公司结成战略联盟，则是通过互相协商，这里没有多少火药味，可谓是"兵不血刃"。联盟的内容多样，领域宽广，方式也更加灵活，参与者多是两个公司，但有时也有多个公司共同参与，其规模可大可小，范围可宽可窄。联盟的存在，可以有一定期限，但更多的是为了达到长期的战略目标，并非权宜之计。

（4）并购是你死我活的斗争的结果，但并购完成以后，获胜的公司并不是万事大吉，它们通常要进行组织机构、资源配置、经营方式、管理体制、人事安排等方面的改组，这往往更加困难。有些公司并购后的工作进行得成功而增强了实力，提高了效率，业务更上一层楼，有的则达不到预期的结果，有的则以失败而告终。联盟则不然，由于双方事先经过协商，有明确的特定目的和发展方向，多会获得预期的成效，即使遇到困难和问题，双方也可以再协商，如果协商不成，顶多是分道扬镳，不会有多大的损失。因此，战略联盟的成功率比较高，德国《经济周刊》援引麦肯锡公司的一项调查，证实了这一推断。该公司观察了在1996—1998年间缔结的633个战略联盟的情况，根据"创造还是毁灭股票牌价"的标准，战略联盟的成功比率显然高于合并。从全球来看，只有二分之一的合并与收购计划获得成功，但战略联盟成功的比率却是53%，特别是在跨行业联合上，联盟是更为锐利的武器：合并中有40%创造股票价值，而联盟中有54%是创造股票价值的。

（5）公司的并购特别是巨型公司之间的兼并，因交易额巨大，其结果会导致超巨型公司的产生，因而大大提高了生产集中程度，增强了其垄断性，改变了所在产业乃至整个世界生产的格局，影响深远。对企业的发展来说，这是一次质的飞跃。但战略联盟的组建，通常并不像大规模兼并那样轰动一时，令人震惊。多数联盟的建立是悄悄地进行的。它们的规模或投入的资金，也远不能与那些大并购相比。但日益普遍的战略联盟，可能是预示着公司以及公司之间关系发展的新方向，也可能是公司未来发展的一个步骤。未来的公司，不一定全力追求规模的扩大，而在于在某些方面，首先是技术方面，与其他公司进行全方位、多层次的合作，培育和加强自己的优势。

由于战略联盟有以上各种特点和优点，因此，近些年来，企业合作的这种形式获得了广泛的发展。但这并不是说，战略联盟可以取代并购，这二者之间的关系，并不是完全对立的。事实上也正是如此，在20世纪90年代下半期，新一轮并购高潮涌起时，战略联盟也遍地开花。今后，战略联盟必将有更大发展，但并购也绝不会就此销声匿迹。因为即使是建立联盟，也要求公司具有真正的实力和一定的优势，而大跨国公司的实力和优势的增强，最重要的途径还是进行并购。展望未来，战略联盟可能有更广泛的发展。美国戈德曼·萨杰斯国际公司副董事长罗伯特·霍伯茨对这两种方式的前景进行了展望，对它们之间的关系，进行了一些分析。他说："轰轰烈烈的20世纪90年代过去了。但是，在21世纪的头几年里，全球经济的变革速度将会更快。经过改造的工商企业和工商模式超越了旧的模式之后，又将面临新的竞争性挑战。并购和联盟的持续高潮将为这场变革提供主要动力。""对大型跨国公司业务来说，并购后的融合是进一步的难题。对一些公司来说，并购的一种替代选择很流行：建立网络，从而使公司之间在必要的时候得以形成新的联合和联盟。"①

大企业在激烈的国际竞争中，互相结成联盟的情况，由来已久。在一百多年前，垄断组织崛起之初，它们就曾广泛结成联盟，如资本家的国际同盟或国际卡特尔。在此后的半个多世纪中，这种资本家同盟还曾经是国际垄断资本的主要形式。只是到20世纪六七十年代，这种形式的垄断同盟，才被时代所淘汰。这个过程已在本书第一章中进行了论述。现在的战略联盟，是与历史上的资本家同盟迥然不同的新型企业联盟。为了对这种新型的企业联盟的特点有更进一步的认识，不妨再对它与历史上的那种资本家同盟作一比较。

（1）历史上的资本家同盟，是国际卡特尔。垄断组织以分割市场为内容，通过互相达成协议，划分市场范围，以巩固自己在市场上的垄断地位。此外，此时的垄断组织也是为了牢固地占领世界原料产地，保证原料来源。其目的是比较单纯的，也是比较原始的。今天大跨国公司结成的战略联盟，虽然也有扩大市场份额的动机。为此，它们必须首先在科技上下功夫，开发新产品，创建新品牌，建立和扩大营销网，增强优势地位，以此为动机而组建战略联盟。这与过去的资本家同盟相比，已大不相同。

（2）历史上的资本家联盟既然以分割市场、加强市场垄断为目的，就必然是价格联盟，实行垄断价格。它们对非垄断企业，特别是广大中小企业，进行有力的排挤和严重的损害，对广大消费者，也加重了负担。而今天的战略联盟，不是也不可能是价格垄断同盟，它们以促进技术创新为核心目标，无论采取什么形式，也离不开技术创新。而随着技术创新，价格是趋于下降的。

---

① ［美］《商业周刊》2001年1月31日。

（3）历史上的资本家同盟，主要是在一些重化工业部门中形成的，这些部门的垄断集团，居于特权地位。其他部门，除银行业之外，还没有为垄断组织所控制，也无所谓资本家同盟。而今天的战略联盟，几乎囊括了所有产业，不仅是制造业，而且庞大而多样的服务业各部门、各行业，都有了大跨国公司，也都有了新型战略联盟。战略联盟成了新的历史条件下国际垄断组织发展的一种重要的、普遍的形式。

当今迅速发展的企业战略联盟，是完全新型的企业合作形式，是适应新的历史条件而出现的，与历史上曾经存在过的以分割世界市场、实行垄断价格为目的的资本家同盟，或国际卡特尔不可同日而语，它具有明显的优越性，是历史的进步。

战略联盟虽然具有上述种种特点和优点，但它本质上仍是垄断组织之间的合作或协作，它是在垄断竞争中组建的。在组建时，结盟的双方免不了要经过一番以实力为基础的讨价还价，虽然这种较量比起兼并来要温和些，但如果双方利益得不到基本平衡，联盟也难以建成。不仅如此，战略联盟建成之后，它对外仍然存在着激烈的竞争；在内部，各方也是既有合作，也有斗争；联盟各方是以平等资格参加的，但也不排除有主从之分，甚至不免有强制的成分。因不能实现平等互利而产生矛盾和冲突而导致联盟破裂的情况也并不鲜见。

（摘自《当代国际垄断——巨型跨国公司综论》，上海财经大学出版社 2002 年版）

知识经济发展中的跨国公司

大公司推动科学技术的发展,而科学技术的发展又促使大公司发生变革。

20世纪80年代下半期以来,以信息技术为中心的高新技术迅猛发展,经济结构及其运行方式都随之发生重大变化。发达国家持续一百多年的工业经济转变为知识经济。这是人类社会经济从农业经济转变为工业经济之后的又一历史性大转变。在这一重大经济变革中,作为经济的基本单元和行为主体的企业,尤其是大跨国公司也不能不发生相应变化。

知识经济的兴起

知识经济其实并不是最近才有的新概念和新名词,早在1959年,美国管理学家彼得·德鲁克就已提出"知识社会"的概念;1973年,美国社会学家丹尼尔·贝尔在其《后工业社会的来临》一书中,提出了"后工业社会"的概念;1980年,美国未来学家阿尔温·托夫勒出版《第三次浪潮》一书,提出了"超工业社会"的概念;1982年,美国未来学家约翰·奈斯比特在其《大趋势》一书中,认为美国已进入"信息社会"。知识经济在 20 世纪 90 年代以后越来越受到人们的重视。

这些学者们之所以提出诸如此类的概念,并从各方面进行了论证,是有一定根据的。其背景是:自从 20 世纪 50 年代,发达国家兴起了新的科技革命,产业结构发生重大变革,农业在国内生产总值中所占比重迅速下降,制造业的比重增长迟缓,或者也趋于下降,服务业则迅速扩大,所占比重迅速上升。在美国,1960 年,服务业的就业人数已占全部就业人数的 60.8%。在经济增长中,科学技术的贡献率大大提高,从 20 世纪初的区区 5% 提高到 50 年代初的 50%,尔后又继续提高,在 20 世纪 80 年代的美国,这个贡献率已提高到 70% 以上。在劳动者队伍中,传统的体力劳动者地位和作用下降,1956 年在美国历史上第一次出现从事技术、管理和事务工作的白领工人数超过了蓝领工人。科学技术人员和掌握专门知识的工人人数越来越多。一些学者们从这些深刻的变化中,敏锐地觉察到社会经济的一场历史性大变革正在到来。他们对于这场大变革,以及未来社会经济的特点,说法虽互有差异,但他们都强调指出了科学技术、信息和知识的关键作用。例如,丹尼尔·贝尔在《后工业社会的来临》一书中,在对知识的定义和计量进行研究后着重指出:"后工业社会是双重意义上的一个知识社会:首先,革新的源泉越来越多地来自研究与发展……第二,社会的力量——按大部分国民生产总值和大部分就业情况来衡量——越来越多地集中在知识领域。"[①] 约翰·奈斯比特在他的《大趋势》一书中提出了"改变我们生活的十个新方向",指出:"现在的情况很明显,后工业

---

① [美]丹尼尔·贝尔:《后工业社会的来临》(中译本),商务印书馆1984年版,第239页。

社会就是信息社会。"在信息社会里,大量生产知识,"而这种知识是我们经济社会的驱动力"。①

上述学者们提出的关于知识经济或信息社会的思想,引起了人们的重视。但直到20世纪80年代初,还基本上是学术界讨论的课题。然而,从这时起,以信息技术为中心的高科技迅猛发展,信息技术产业和其他一系列高新技术产业先后形成并迅速增长,它们在经济发展中,逐步取得主导地位,对社会生产和生活带来的影响愈益显著。这一切表明,信息社会和知识经济的确已是活生生的现实。1996年,经济合作与发展组织发表了一份报告,正式使用了"以知识为基础的经济"(knowledge-based economy)这一概念。其后,美国前总统克林顿在演讲中多次提到知识经济。世界银行《1998年世界发展报告》特别以"知识在发展中的作用"为专题。这说明,知识经济已为人们所广泛接受,成为人们的共识。

然而,知识经济的本质特征究竟是什么?对此仍有不尽一致的看法。这里,限于篇幅,不能多作介绍。但有一点,是多数人所赞同的,即知识经济是工业经济之后出现的一种新的经济,正如同工业经济是在农业经济之后出现的新的经济一样。知识经济的本质特征与工业经济根本不同,或者相反。这集中表现在,工业经济是以物质(原材料、能源)为基础的,而知识经济则是以知识(知识的生产、传播、整理和应用)为基础的;工业经济中主要的生产要素是资本、机器、厂房等;而知识经济中,起决定性作用的生产要素是知识;在工业经济中,大多数劳动者付出的基本上是体力劳动;而在知识经济中,更多的劳动者从事脑

---

① [美]约翰·奈斯比特:《大趋势》(中译本),中国社会科学出版社1984年版,第15页。

力劳动,充分发挥他们的智慧和创新才能。这并不是说,在工业经济中知识和脑力劳动不起作用。人类从事生产活动,在其初始时期,就有了一定知识,以后,随着人类社会的前进,生产水平的提高,劳动者所掌握和应用于生产的科学、技术知识也越来越多。没有任何科技知识的生产活动是难以想象的。但是,在知识经济以前的漫长历史时期,包括工业经济时代,科学技术知识是体现在物质上,具体地说,体现在生产工具和其他劳动资料上,体现在物质生产过程中,也体现在劳动者的技能上,却没有作为独立的生产要素起作用,更不是具有决定意义的生产要素。1996年,美国管理学家威廉姆·哈拉尔在他的《新管理学》中,提出了知识是一种重要的生产要素。这对认识知识经济的本质特征,具有重要意义。另一方面,说知识经济是以知识的生产、传授、传播和应用为基础的经济,也并不是说知识经济是完全脱离物质生产的经济、是不再需要有资本作为生产要素的经济,而是说资本、劳动等各生产要素都是在知识的主导作用下结合起来,在生产中发挥各自的作用。

经济结构的根本性变化和升级

知识经济的来临,在经济结构的根本性变化中得到具体的体现。

经济结构的一个重要方面是产业结构。产业结构是各生产部门在分工的基础上,各以一定比例结合成的整体。随着科技进步和生产力的发展,社会分工越来越细,新部门、新行业不断形成,产业结构越来越复杂,各部门和行业的比例关系不断变化,整个产业结构不断从低级向高级提升。

一般把各部门按其发展的历史次序分为三大类产业。第一类,农、牧、渔业;第二类,工业,主要是制造业;第三类,服务业。这三大产业在经济中所占地位不断变化,它们在国民生产总值中的相对比例互有消长。20世纪50年代以来,这种消长变化大为加速:第一产业的比重迅速下降。如美国的第一产业在其GDP中所占的比重,从1950年的6%下降到1980年的2.5%,1997年又下降到1.7%;其他发达国家,第一产业的比重也都有明显的下降。同期内,美国的第二产业所占比重从36%下降到33.4%和26.2%;其他发达国家的第二产业有的先是缓慢上升,后也渐趋下降;第三产业,即服务业则迅速扩大,其在GDP中所占比重显著上升。上述三个年份,美国的服务业所占比重从58%上升到64.1%和72.0%,其他发达国家,第三产业所占比重也都迅速提升,到2000年,多数欧洲国家和加拿大,这一比重也都超过70%。

除三大产业的消长外,产业结构更值得注意的变化是高新技术产业部门和行业不断形成和迅猛增长,其地位和作用不断增强。特别是20世纪80年代以后,这种现象尤为突出。这些高新技术部门,都是科技和知识含量高的部门,被认为是知识经济部门,它们在经济中所占比重迅速提高。1996年OECD在其发表的《关于知识经济的报告》中指出,发达国家的这些知识经济部门在其GDP中所占比重平均已达50%。该报告正是根据这一点,确认知识经济的来临的。这些高新技术产业包括信息技术、生物技术、航空航天、新能源、纳米技术、海洋开发技术、环保技术等制造业,以及广泛采用信息技术和其他高新技术的服务业,如金融、保险、商业、医疗、咨询、教育、科研、通信等等。

与这些新技术产业蓬勃发展形成鲜明对比的,是在50—100年前工业经济大发展时代起主导作用的传统产业的萎缩,如钢铁、纺织、服装、造船、机床、机车车辆、木材、化工、造纸、皮革等等。这些产业之所以失去活力，变得衰老，主要是因为它们生产技术的进步，已经接近临界点，创新的余地已经不大，或者是因为其产品有了新的、更好的替代物问世，因而被排挤出市场。

高新技术产业的步调也并不一致，目前以信息产业发展最快，规模最大，影响最为深远。例如，美国的信息技术产业，已占其 GDP 的 10%，超过曾作为美国经济中支柱产业的汽车业。而由于它的迅猛增长，它对美国 GDP 增长的贡献率达 30%。至于信息技术对社会生产和生活各方面广泛和深刻的影响，更是难以用数字来度量。

这些高新技术部门和行业分布在上述三大产业中，成为三大产业愈益重要的组成部分。而且每一高新技术部门都会涉及各大产业，如信息技术中的电脑和其他信息技术设备的生产，无疑属第二产业；而日益扩大的信息服务业，如电子商务等则属于第三产业；生物技术应用在农业生产，属第一产业，应用在食品、药品生产中，应是第二产业，而应用于医疗保健方面，则属第三产业。再如航天技术中，火箭、宇宙飞船和人造卫星的制造属制造业，而它们在科研、气象、广播、电视、地质勘察、环保等方面的应用又属服务业的范围。不仅如此，在高新技术的应用中，它们又互相密切结合，共同发挥作用。例如，信息技术就广泛应用于航空航天、生物工程等各个领域，以致三大产业之间的关系愈益密切，甚至互相融合，界线也并不那么清晰了。

由于随着工业经济转变为知识经济，产业结构发生了上述重大变化，有些学者提出应对产业结构重新加以划分。一种意见认为，三大产业的划分已经不够了，除三大产业之外，应把知识密集型的新产业部门单独划出，作为第四产业；有人认为第四产业应是信息技术产业；笔者认为，既然知识经济是以知识的生产、传授、传播、收集、分析、整理和应用为基础，而知识的应用又以知识的生产（主要是科学技术的研究和开发）、传授（主要是教育和培训）、传播（主要是通信、广播、电视、电话、报刊、出版），以及知识的收集、整理、分析（主要是管理、咨询）等为前提条件，而这些产业与三大产业中的任何一个产业都有所不同，它们的产品完全是人的智力劳动的结晶，是精神产品。没有精神产品（知识）的生产、传授和传播，也不可能有知识的应用。因此，把这些部门独立出来，作为第四产业，也是适当的。

新公司的发展和旧公司的改造

1. 新技术公司的崛起和快速发展

信息产业和其他高新技术产业中都有一定数量的新企业。这些新企业多是在20世纪80年代后诞生的，它们的崛起和成长发展异常迅速，在短短十几年内，就从一个名不见经传的小企业成长成名声赫赫、家喻户晓的巨型国际垄断企业，如信息产业中的微软、思科、惠普、英特尔等，都是世界信息产业的佼佼者。它们的成长壮大之所以如此神速，是因为它们代表现代生产力发展的方向，适应市场的需求，而这个市场在以异乎寻常的速度扩大。它们的技术不断进步，产品不断更新换代，其性能和效率不断提高，其价格又不断降低，从而市场不断开拓，迅速扩及全球。不断提高的生产效率和不断扩大的市场为它们带来了异乎寻常的高额利润，它们的股票市值也一路腾飞，这又保证了它们不断增加投资，不断并购，不断加强研究开发，从而形成科技—生产—销售—利润—投资—科技的良性循环。

20世纪90年代，世界最大公司的排名表上，大公司的名次不断发生变化。重要变化之一就是这些信息技术公司和其他高科技大公司的位次逐年上升。而老牌大公司则日趋衰弱,地位下降,二者差距不断扩大,形成鲜明对比。例如,从美国《财富》杂志公布的 1999 年按销售收入排名全球 500 强名单看,新经济企业与旧经济企业之间的差距继续扩大。电信、计算机技术和制药等尖端技术行业的公司再次领先于钢铁、化工和汽车等成熟行业的公司。美林公司首席经济学家布鲁斯·斯坦伯格说:"飞快的技术变革使资金持续不断投入新兴部门,而旧经济企业则进退维谷,因为它们收入增长的潜力已不太大了。"

新经济行业中最热门的当推电信业,由于全球范围内解除电信管制,电信企业不断合并,再加上无线科技一日千里,使这一行业蕴涵着无限机遇。如 1999 年,排名 216 位的微软公司和排名 235 位的电子数据系统公司,共赢利 82 亿美元;而全球 500 强中的 10 家金属公司同期却亏损 2.45 亿美元,是业绩最差的行业之一。当年电信公司大幅增加赢利的例子还有:排名 315 位的英国大东电报局赢利猛增 288%,达到 58 亿美元,仅次于微软;排名 390 位的沃达丰公司的收入也增加了 128%,排名 42 位的 SBC 通信公司销售额增长了 72%,排名 196 位的芬兰手机生产商诺基亚收入攀升 45%。①

由于赢利大增,这类公司的地位也扶摇直上。如在美国《商业周刊》公布的全球 1000 强公司排名榜上,美国网络巨人思科系统公司从 1999 年的第 9 位跃居到 2000 年的第 3 位。日本多科莫电信电话公司从第 27 位上升到第 8 位。在该排行榜中,排在榜首的 10 家中,有 7 家是电信公司,25 家公司当中,有 10 家来自信息领域,而 1999 年为 5 家。

---

① [美]《财富》杂志 2000 年 7 月。

再看看那些老牌大公司，它们该节约的成本费用基本上已经节约，而且低通胀率的环境使提价变得很困难。这些情况，使这些家喻户晓的公司利润大减，地位下降，如可口可乐公司从第11位降低到第26位。在老牌大公司中，只有大石油公司仍然实力不减，在排名表中占前10位的大公司中，有两家大石油公司（埃克森—美孚公司和英荷壳牌石油集团）仍名列其中，分别占第5位和第10位，这只是由于当年世界石油价格趋升的缘故。

正如美国《商业周刊》所载一篇文章所说："21世纪依然有汉堡包市场存在，但是影响、威望和金钱都将流向拥有不可缺少的智力产品的公司。"1999年年底，只有3.1万员工的微软公司市场资本总额高达6000亿美元。麦当劳公司的员工数为微软公司的10倍，但它的市场资本总额仅为微软的十分之一。同一时间，雅虎公司的股票价格为其账面价值的40多倍。如果美国钢铁集团的股票能达到像雅虎公司那样的账面价值的倍数，它的市场总资本将达到900亿美元，而不是仅仅20亿美元。①

2. 老企业的应变和新生

新技术公司的兴起，并不是说，老企业注定要走向衰亡。当然，如果它们在新科技革命和新经济大潮的猛烈冲击中，不思变革，那就必将被这一革命激流所吞没。但大多数老企业并没有坐以待毙，它们也在积极采取新的方针和措施，在变革中求得生存和新的发展。方针之一是用信息技术和其他高科技改造本行业的生产；另一方针是放弃原来的生产，从头做起。除此之外，它们还可以把生产和资金转移到发展中国家去。但发展中国家也在实行现代化，生产技术也在提高。因此，老公司的根本出路是技术

---

① [美]《商业周刊》2000年8月28日。

改造。虽然对于大公司来说任何重大变革都是十分困难的,但为了求得新生,大多数老企业都在进行改造,并且取得了重大成就,跟上了时代潮流,与新企业并肩前进。

采取前一种方针,即把高科技引进原有产品生产中,从而使其科技含量大大提高,企业也面貌一新,最明显的是汽车工业企业。美国通用汽车公司总裁说,世界最大的计算机公司不是 IBM 或康柏,而是通用汽车公司。因为它每年生产的 700 万辆汽车,每辆都装有 10 个电脑。此外,汽车行业还大量使用电子技术、新材料和新工艺。现在家庭用车上,电子部件价格占整个汽车生产成本的比例已超过了所有钢材的费用。这位总裁说,这么多年来,都一直说汽车工业是夕阳工业,但它却是永远不落的太阳。[①] 不仅如此,汽车公司的整个经营过程,已广泛实现网络化。如福特汽车公司这家已有百年历史的老大汽车公司,于 1999 年 11 月公布了一项计划,为它购买的所有商品和服务设立一家叫做"自动交换"的大型在线市场。公司希望通过这一周密网络,快捷地完成采购,而不必再像过去那样亲自去签署合同,这将大幅度提高生产力,并将节省数十亿美元。这就是说,这家老牌公司在开展电子商务方面并没有落后。据美国《商务周刊》(2000 年 2 月 14 日)一篇报道说:"福特和一大批重工业公司及其他老式公司一起,正把电子商务从经济雷达上的一个光点变成推动工业前进的动力。"福特汽车公司首席执行官纳塞尔说,正如亨利·福特的装配线带来一场革命一样,因特网正再一次改造制造业。不仅福特公司,其他汽车公司,也都有类似计划。

不仅汽车公司,其他老牌公司,从荷兰皇家壳牌石油集团、霍尼韦尔国际公司到通用电气公司,也都在倾其全力利用网络改

---

① 《经济参考报》2000 年 4 月 5 日。

造公司，推动生产力革命。通用电气公司原董事长杰克·韦尔奇于2001年即将卸任时，下令把本公司各项业务都改造成能够上网的，从订购供应的后台业务一直到与顾客打交道的前台业务都包括在内。履带式拖拉机公司是重型建筑设备制造商，彻头彻尾地属于旧经济，但它预言，建立在因特网基础之上的新的电子市场在2001年将使公司节约资金1亿美元。这一切的最终结果是一个新的和已经得到改善的旧经济正在被新经济所改造。

老公司要适应以网络为基础的模式，是一个脱胎换骨的变化，这个变化过程免不了经受痛苦。小企业的转变相对容易些，它们如不能实现这个转变，就可能关门大吉。而巨型老企业的这一转变则是十分困难的，问题不在于它有庞大的固定资本和人员，也不在于技术，而在于公司本身的已经定型了的传统和经营方式，它的改造和重新前进是企业文化的重塑过程。不能培养一种新文化的公司可能无法生存下去。

采取第二种方针的，即完全放弃原产品的生产，脱离旧产业，投身于新技术产业之中的老企业，也并不鲜见。例如，世界最大的移动电话厂家诺基亚公司，始建于1865年，当时只是一个纸浆厂。进入20世纪，通过收购其他公司，诺基亚开始生产胶靴和通信器材，20世纪80年代又开始生产金属、化工产品、家电、通信设备等，成了一个联合大企业。但是，由于家电生产失败，公司扩大战略受挫，当时的首席执行官卡里·卡伊拉莫在1988年自杀身亡。此后，诺基亚陷入了行将崩溃的境地。1990年，约尔马·奥利拉就任诺基亚移动电话部门的经理，开始把移动电话作为诺基亚的龙头产品。1992年，他担任首席执行官，使诺基亚整体发展成为一个移动电话公司，并大获成功。1998年，诺基亚超过美国的摩托罗拉，在世界上占有移动电话市场的最大份额。这是一个老公司，但它实际上又是一个新公司。

更多的老牌大公司则是上述两种方针同时采用。一方面，在原有产品中采用新技术；另一方面，又生产有关的高新技术产品。德国的西门子公司便是这种情况的实例之一。该公司原是生产传统电器的大企业，近些年来，它一方面在电器生产上采用新技术，另一方面又建立新产品生产部门。如该公司的通讯部门在1999/2000年经营年度的头6个月内营业额已达12亿马克，占西门子营业总额的10%。西门子如今已成为最大的手机生产商之一，在欧洲名列第三。但是西门子公司对手机市场份额的不断扩大并不满足。它想通过组建联盟和巨额投资确保自己在移动商务中占尽先机。西门子在B2C（企业对消费者的电子商务）领域开始向许多新成立的网络商发起冲击。德国《商报》的一篇报道，对此评论说："以上例子表明大型康采恩在因特网时代也能跟上步伐。当这些工业巨头在过去几年中经历了'瘦身疗法'之后，它们的利润前景要比许多新市场企业清晰得多。"①

由此可见，那种把新经济产业和公司与旧经济截然对立起来，认为前者一路高歌猛进，前途无限，而后者注定是明日黄花、风光不再的看法，是不符合实际的。事实上，许多高新技术公司的产品，其大宗消费者是传统产业的公司；反过来说，传统产业公司正在以前所未有的努力，采用高新技术，首先是信息网络技术，使自己进行脱胎换骨的改造。对于它们投入多么大的力量进行自我改造，可以从美国公司在信息技术方面的投资增长情况中看出。20世纪90年代，美国全部公司在电脑方面的投资额提高了14倍之多。而在其他方面的投资增长不大。结果，对信息技术投资占全部经济总投资额的比重不断提高，目前已超过三分之一。总之，新旧经济之间存在着一种互动关系，而不是截然

---

① [德]《商报》2000年7月26日。

对立的。它们之间的界线并不是绝对的。

对新技术企业的发展和老企业的改造,政府并不是袖手旁观。美国政府一直支持促进高新技术的发展和帮助新公司成长。政府对于老企业也是尽量给予支持、补助和保护,但关键还在于企业自身。如果企业实在撑不下去时,政府也就听之任之,让它自生自灭了。如美国钢铁工业曾是美国的支柱产业之一,也是最有效率的产业部门之一。但20世纪60年代,它就走到了辉煌的顶点,到70年代,开始衰落。美国许多人都大声疾呼要保护钢铁行业,因为该行业的衰退,将不仅使资本家的利益受到巨大损失,数以万计的员工也将受到损害。而且与这个行业有关联的一系列行业,乃至整个经济都不免受到影响。因此,政府也作了一些努力,进行挽救。直到现在,美国政府仍在为保护它而竭尽努力,包括对进口钢铁产品提高关税,实行限额制,从而多次引发与其欧、日等贸易伙伴的"钢铁战"。

(摘自《当代国际垄断——巨型跨国公司综论》,上海财经大学出版社2002年版)

跨国公司的企业文化

跨国公司战略管理的方方面面都应有其实际可操作的具体方法、措施和步骤,这些是可以触摸到的、有形的东西。除此之外,它们又都渗透着或贯穿着一种无形的因素,即企业文化。

对于什么是企业文化,有种种说法。我们认为,企业文化可认为是企业的理念,企业的特性,企业的精神,企业的风格,企业的价值观,企业的行为准则或行为规范,企业的素质,企业的道德。总之,它是体现在企业活动中的一种无形的力量。这正如一个人的行为一样,在其行为方式中,总体现着其思想、品德、精神和风格。

企业管理当然必须有规章制度,但只有这些还不够,还必须讲道德、讲精神。而后者可能产生的效果往往是前者所不能企及的。

一般说来,任何企业都应有它的企业文化。巨型跨国公司尤其应重视企业文化的建设。对于它们来说,管理不仅是一种科学,也是一种艺术,一种文化。不讲企业文化就不可能有高水平的管理。

企业文化体现在企业活动的各方面和全过程中，特别体现在企业内外有关人群之间的关系中，如企业领导者与广大员工、企业管理者与投资者（股东）、企业与顾客以及企业与其合作伙伴的关系中。因此，这里着重对跨国公司在这些关系中表现的企业文化和价值观进行一些说明。

以人为本的企业文化

企业管理离不开人、财、物。过去长时期内，管理者总是把企业经营管理的重点放在如何管好财务和如何更充分地利用物质资料，即机器设备和原材料上，对于工人，则只把他们看做是机器的附属物。他们只能随着机器的运转而运转，完全失去了独立性，更谈不到发挥主动性、创造性。

20世纪初，在美国产生的泰罗制和福特制，对工人身体每个部位的每一动作都以分秒计算出来，把工人的每一根神经和每一块肌肉的功能都发挥到极限，以与高速运转的机器和生产线相配合，从而创造出更高的生产率。但这种科学的血汗制度，效果无论如何是有限度的。

第二次世界大战后，传统的企业管理方法和制度达到了顶点，也走到了终点，非另辟蹊径不可。特别是到了20世纪80年代以后，随着新科技革命和信息革命的迅猛发展，产业和产品的科技含量的大大提高，广大劳动群众受教育程度的普遍提高，民主、人权意识的加强，人们愈益深切地意识到，过去那套只见物不见人的办法是行不通了，必须改弦更张，把人的因素放在第一位，充分发挥人的聪明才智。为此，就不能再把他们束缚在机器上和生产线上，必须创造新的条件，形成一种新的氛围，发挥他们的积极性、主动性和创造性，企业管理就必须从"以资为本"、"以物为本"转变到"以人为本"。以人为本的企业文化是对传统企业文化的否定,又是传统企业文化发展逻辑的必然。这是企业管理的一次革命性转变,在这场革命中,企业文化得到升华。

物质资源的作用是有限的,人的体力的作用也是有限的,而人的智力和创造力却是无限的。以充分发挥人的智力和创造力为主旨的"以人为本"的企业文化,为提高劳动生产率、企业效益和企业的素质,开辟了无限广阔的前景。

这里的人,具体来说,首先是企业的员工。此外,也包括企业的股东(投资者)、顾客和企业的所有合作者。

这种以人为本的企业文化,是近二十多年来逐步酝酿,于20世纪80年代后期开始逐渐普及,这也正是跨国公司处于新一轮大发展的时期。因此,这种企业文化,与跨国公司有着密不可分的内在联系:大跨国公司是这种企业文化的主要培育者、实践者和传播者;而这种企业文化的培育和实行,又大大有助于跨国公司的改革和发展,使它们以新的面貌和新的形象出现在世界经济舞台之上。因此,也可以说,这种以人为本的企业文化,是当代新型跨国公司的企业文化。

跨国公司的经营活动遍布全球,在经营活动中也就把这种企业文化带到全球各地。跨国公司实行"以人为本",就不仅是本国的人,而且包括它所在的东道国和地区的人,即来自各国、各地区、各民族的雇员、顾客、投资者和合作者。

现在一些著名的跨国公司,特别是知识密集、技术密集、人才密集的新型公司,如微软、英特尔、戴尔、诺基亚等都把"以人为本"作为公司建立和发展的基础,都举起了"以人为本"的旗帜。

众所周知,不同国家和民族的文化各具特色,企业文化无不打上民族的烙印，或者说，是民族文化的缩影。即使"以人为本"的企业文化是先进的，并且是具有一定的普遍意义，但不同国家的跨国公司的这种企业文化，在具体形式上也都各具特色。大跨国公司一方面把它自己的企业文化广泛传播开来；另一方面，它们所到之处，又吸取当地民族文化中的优秀成分，以与本身的企业文化相融合。在这个过程中，难免发生不同文化的碰撞，但只要处理得当，通过与当地文化相磨合，终会形成既有普遍性又具当地特色的企业文化，从而产生企业文化的"杂交"效果。因此，当代跨国公司既是科学的和进步的企业文化的创造者和传播者，又是不同民族文化的吸收者和多种多样、多姿多彩的企业文化的缔造者。随着经济全球化的不断加强和跨国公司的发展，跨国公司的这种文化传播和创新功能也不断加强，这对于形成全球统一的又是形式多样的企业文化，有着重要的积极作用。从这一意义上说，巨型跨国公司是当代企业先进文化发展的重要基地和源头之一。

说到这里，难免会产生这样一个问题，即资本主义的企业能不能真正创造和实行"人本主义"的管理文化。对这个问题，必须以辩证的方法和历史的观点，进行切实的分析。我们认为，一方面，资本家总是尽其所能，从雇用的劳动者身上获取更多的剩余价值，但是，在不同的历史条件下，他们会采取不同的方式。在当今知识成为决定性生产要素的条件下，企业管理从以物为本转向以人为本，乃是客观的、历史的要求。但另一方面，资本家获取最大利润的本性始终不会改变，而为此，他们可以采用任何可能的和他们认为有利的方法，甚至可以不择手段，干出种种损人利己的勾当。这时，"以人为本"也就变成了好看的招牌和好听的口号。这是在资本主义社会和企业文化的矛盾现象，也体现了大跨国公司的两重性：它既是先进的企业文化的创造者和传播者，又是这种文化发展的阻碍者和破坏者。这种互相矛盾的两重性，在跨国公司的员工价值、顾客价值和股东价值等方面都有表现。

企业讲求的人的价值

当代跨国公司奉行的以人为本的企业文化，核心是承认、尊重并力求实现人的价值，至少它们在口头上承诺要实现人的价值，但实际上又往往与此相悖。下面对当今大公司所标榜的员工价值、顾客价值和股东价值分别加以说明。

1. 员工价值

如前所说，当今企业把争取人才提到战略的高度，不惜巨资罗致、培养和留住人才，这体现了人才的价值。但这个问题还应看得更宽些，即不仅看到高级专业人才，还要看到企业全体职工。大跨国公司都说它们讲求员工价值。

西方国家大企业所讲求的员工价值包括对员工平等相待，尊重他们的劳动和一切合法权利，充分发挥广大员工的聪明才智，鼓励他们的积极性、主动性、创造性；悉心听取广大员工的意见，吸收职工代表参加企业管理（参加董事会，或监事会）；对有突出贡献的员工给予表彰和奖励；对员工进行培训，提高他们的技能和文化素质。这一切，目的在于增强企业的凝聚力和活力，提高生产率和竞争力。

美国制造业的龙头、世界500强之一的卡特彼勒公司副总裁夏汉在一次访谈中，曾提到该公司的"共同价值"。他说："我们公司有一种文化名为'我们的共同价值'，即让我们的员工充分发挥他们的聪明才智，其所营造的氛围，使我们能对客户的需求快速作出反应，不断去寻找解决问题的新方法，并作出对公司负责的决策。我们的文化是由人组成的,他们都有能力去完成自己的工作,他们的工资是足够的,而且有敬业奖。我们的这种文化也转移到我们的经销商身上。这种'共同价值'文化形成了凝聚力。"①

西方国家的不少企业口口声声说尊重员工价值,实际上往往干的是另一套。它们并不尊重员工的权利,甚至不尊重员工的人格,对员工动辄加以处分,无理克扣工资,老板对员工不信任,甚至安装自动搜检仪器,或安插亲信对员工暗中监视,更谈不到发挥员工的积极性、创造性了。

随着跨国公司规模的扩大和跨国化程度的提高,公司雇员也发生了显著的变化,越来越多的雇员来自不同国家,有不同的文化背景。以松下电器公司为例,1986年,该公司在日本有13.8万名雇员,在国外有4.4万名雇员。10年后,这两个数字分别是15.8万和10.8万,即国内雇员数增加了14.5%,国外雇员数增加了1.45倍。这些国外雇员分布在从东南亚到欧洲和美洲的许多国家。其他许多大跨国公司,也有类似的情况,这是一个普遍的、必然的趋势。这样,就产生了一个问题,大跨国公司如何对待有着巨大差异的雇员。

既然现时企业文化讲求尊重员工,鼓励并发挥员工的积极性、主动性、创造性,那么,跨国公司对本国员工和外国员工就应一视同仁,一律平等相待;不仅如此,对外国雇员,还应充分重视他们的特点,发挥他们的特长,给予他们应有的关心。因为只有这样,跨国公司才能在东道国受到欢迎,得到回报。因此,跨国公司不应把国外雇员的差异性当做一个障碍,而应把它看做是一种有利因素。因为:

---

① 《经济参考报》2000年4月5日。

首先，跨国公司要想在一国市场上取得成功，公司雇员必须能说当地的语言，熟悉当地的传统和习俗，并能有效地与当地顾客、政府官员和股东打交道。为此，从长远看，把当地有才干的人员提拔到决策者的位子上来，是非常有利的。

其次，有不同世界观、价值观和文化背景的雇员在一起工作，让他们充分发挥他们的智慧和特长，尊重他们的创造精神，这有利于创造一种不同思想和观点互相交流、互相切磋、互相补充的内部环境，对跨国公司来说是非常重要的。

最后，尊重当地雇员，承认并尊重人的差异性，这有利于在异国劳动力市场上吸引大批有用的人才。如果只以本国、本公司固定的标准和成规要求当地的人，你可能一个合格的雇员也找不到，而如果转换思维方式和看人看事的标准，则会发现当地优秀人才大有人在，公司就会源源不断地得到人才的补充。

承认和尊重当地雇员的差异性的同时，也不能不要求相对的同一性。即要求本国和海外各地雇员，都为公司的既定战略目标的实现、为公司的成功而加强合作，凝聚成为一个整体。这就是说，跨国公司必须既设法从差异中受益，又形成一致。

这样说是容易的，但实际做起来，并不那么简单，首先要求跨国公司的最高领导人真正有面向全球的思想意识和宽广的胸襟。

然而，跨国公司对发展中国家的劳动力和人才往往抱有一种不完全切合实际的看法，即认为那里劳动力素质低，人才缺乏；即使不得不吸收个别当地雇员，对他们也不能充分信任，不完全放手，不大力提拔，甚至在工薪和其他待遇上加以歧视，特别是对发展中国家的廉价劳动力，尽量压低工资。这会不断引起人们的反对和抗议，如1997年，世界舆论曾强烈谴责美国的耐克公司支付给劳动者的工资过低。该公司付给球星迈克尔·乔丹的广告报酬，要比2.2万个亚洲工人的工资总数还多，这是利欲熏心和狭隘的民族偏见在作祟,受害的只能是自己。

2. 顾客价值

公司实行"市场导向"力求扩大市场,必然要面向顾客,尽可能争取更多的顾客,因此公司就有必要讲求"顾客价值"。但扩大市场与讲求"顾客价值"也不完全是同一概念。扩大市场可以采用各种手段,而讲求"顾客价值"却是一种无可替代的企业文化,它要求公司对顾客讲道德、讲诚信,尽心为顾客服务,千方百计使本公司的产品或服务能为顾客带来的好处大于其他公司,从而使顾客更满意。这是公司在竞争中立于不败之地,并不断兴旺发达的关键。

为了求得最大的"顾客价值",公司必须深切和清晰地辨认市场动向,了解顾客现有的和正在出现的需求,同时,了解竞争对手,了解技术、经济和社会发展趋势,因为这些将决定未来市场和竞争格局。

据瑞士洛桑国际管理发展研究院营销与战略学教授肖恩·米汉和伦敦商学院管理与营销学教授帕特里克·巴维茨的归纳,有三项主要措施增进对顾客价值的了解:一是市场调研与分析。欧洲市场研究学会估计在1990—1996年间,各公司在全世界范围内用于委托他人进行市场调研的费用实际增加了一倍,达到年均70亿英镑。公司内部用于对客户/顾客资料分析的费用增长速度甚至更快。二是高级经理人员同客户/顾客接触。现在,消费品公司和服务公司的高级经理人员花时间同最终用户接触,并听取他们对本公司和竞争对手经营状况的看法,这种做法已经非常普遍。三是密切关注竞争对手的动向。有的专家认为,一家面向市场的公司的战略性思维过程的显著特征是,着眼于公司以外,通过同客户的接触进一步与市场形成共识,总经理发挥积极作用并让许多顾客参与公司的事务。这种做法不应是偶尔的,而应是经常性的。

国际商用机器公司总裁路易斯·格斯特纳也谈到了他对如何改造公司的设想。该公司成立至今已近百年，如今这家老字号面临严重困难，不进行彻底改造，就不可能继续生存下去，最重要的问题是该公司早就与市场脱节了。它总是以自我为中心，而最终疏远了客户，忘记了应该根据市场、根据极具竞争性的环境和需要作出自己的决定。所谓根据市场作出决定，具体地说，就是重视客户。①

美国西贝尔公司销售人员 40% 的薪水是根据客户的评价而定，而不是其他公司普遍采用的直接佣金制度。严谨的公司文化，帮助它赢得了包括全球著名大公司、大银行的数额巨大的协议，新的客户纷至沓来。

大跨国公司的客户和顾客遍布世界各地，如何做到尊重顾客，就更加重要。有些大公司在这方面做得很出色。例如，零售王国"沃尔玛"公司年销售额高达 2000 亿美元，4000 多家商店不仅覆盖美国，而且遍及世界各地，顾客每周就达 1 亿人，每家商店每天有 7 万个品种的商品。《金融时报》认为，沃尔玛如今是世界上最受欢迎的零售公司。微笑服务是美国"沃尔玛"巨大商品网的象征。

家喻户晓的麦当劳确立的理念是为客户提供超值的服务，永远做一个高效优质的供货商，提供美味高值的产品，并开发适应各国各地顾客的饮食习惯和口味特点的产品，在全球范围内有效地推销麦当劳品牌。

但大公司对顾客不讲诚信，欺骗顾客，采取各种手段误导顾客，损害顾客利益的现象仍比比皆是。如据日本媒体披露，三洋

---

① [法]《回声报》1999 年 5 月 20 日。

电气公司总经理近藤定势于 2001 年 10 月 24 日引咎辞职，原因是该公司"失去顾客"体制的下属企业不断出现。该公司的一个子公司销售输出功率不足的家庭用太阳能发电板，受到消费者的追究。消费团体指出，这是已有两年之久的问题，近藤定势却谎称"上月刚刚知道"。这个问题不仅被搁置两年之久，而且该公司一直没有公开事实真相。又如日本雪印乳业公司的总经理因乳制品中毒事件辞职，三菱汽车工业公司总经理因隐瞒索贿问题被迫辞职。日本报刊对此类事件发表评论说："这种现象的出现是因为企业的体制存在问题：企业不重视质量管理，一旦出现问题，便试图掩盖。""各公司都一直以'顾客至上'为宗旨，实际上只是流于形式……光凭最高负责人引咎辞职是不能杜绝类似事件再次发生的，经营者应当重新站在重视消费者的立场上，对企业体制进行改革。"①

3. 股东价值

当今西方国家股市高度发达，股民数量迅速增多，除了分散的小股东之外，主要是共同基金、养老基金、投资银行等投资机构，当然还有一些个人大股东成为企业资金的主要供应者。这些机构投资者和大股东，对企业的大政方针有决定权，经理必须遵从股东的决定，迎合股东的意志，为股东谋利益。而股东所关心的是企业股市的涨落和收益的多少，企业经理们必须把如何提高股票价格作为头等大事。而为了达到这个目标，使股东满意，他们在企业管理的着眼点上就必须有相应的改变。这样，无形中就形成了一种"股东价值"，或"股东文化"。股东价值这一观念，首先是在美国提出和普及的，但近些年来，在与美国经济模式不同的欧洲大陆和日本，也为越来越多的企业家所接受。

---

① [日]《读卖新闻》2001 年 10 月 25 日。

所谓股东价值，其核心就是为股东谋求尽可能多的投资回报。重视股东价值应做到以下几点：

首先，重视企业管理观念的变化。英国《经济学家》周刊刊载一篇题为《欧洲的新资本主义》的文章说，企业的新一代管理者应当知道，公司属于股东，而不是属于老板或"社会"。因而，他们应树立起"股东价值"的观念。在德国，20世纪90年代中期，"股东价值"已成为大公司的一种时髦的目标。虽然，人们当时并非总是以很大热情追求这个目标。但如果只是停留在口头上的许诺，嘴里说要把投资者的利益放在第一位，而不切实履行自己的诺言，不真正让股东受益，那他就会被股东抛弃，公司的股票价格也很快就会下跌。现在德国公司的老板已经领略到，只在口头上奉承股东是不够的。

其次，重视股东权益。不是老板，也不是政府或"社会"，而是股东，对企业的重大决策和举措有决定性的发言权。例如，企业兼并涉及到股东的利益，因此，不能不听股东的意见。英国的沃达丰公司决定要对德国的曼内斯曼公司进行"恶意收购"，后者的老板克劳斯·埃塞尔力图避免自己的公司落入他人之手，但经过一番苦斗，他不得不听从股东的判决。在他败北的那一刻，他发表了这样的结论："股东者，王也。"又如，进入21世纪，美国的两大电脑巨人惠普和康柏要进行合并，这一桩220亿美元的合并引发了IT业有史以来最激烈的纷争。惠普的首席执行官费奥莉娜虽然是个"女强人"，但她最后也不能不听从两公司股东大会的投票决定。

不仅企业并购要由股东决定，公司的其他关系大局的重大事项，如高层管理人员的调动、大笔投资的去向、组织机构的重大调整等，也都必须由股东审议裁决。总之，股东对企业要有表达意愿、参与决策和实行监督的机制和权力，这意味着企业管理的民主化。

最后，重视培育股东文化。这就要求公司的决策和操作有更大的透明度，对投资者公布实情，发出的信息准确无误，不能自吹自擂，夸大宣扬本公司的收益如何高，欺骗投资者。更不能"暗箱"操作，不能个别人独断专行。

尽管"股东价值"说得如此引人入胜，但实际上，与此完全相反的现象相当普遍地存在，欺骗和误导投资者、严重损害投资者利益的丑行屡见不鲜。例如，据美国媒体报道，2002年4月8日，美国纽约州检察官指出，美林证券公司故意作出误导性股票推荐，该公司前首席网络投资分析师亨利·布洛杰特于2000年10月20日曾发出一份电子邮件称Infospace网站的股票为"一堆垃圾"。然而美林公司并没有向投资者发出警告，反而积极地向大家推荐这只股票。另一方面，随着网络泡沫的破灭，布洛杰特看好的公司却不是停业就是摘牌[①]，投资者因此蒙受巨大损失。不只是美林证券这样误导投资者，而且还有其他多家华尔街最大、最知名的证券公司（高盛、摩根·斯坦利、索罗门美邦、瑞士信贷第一波士顿公司、贝尔斯登以及UBS潘韦伯证券公司）步美林公司后尘。

更有甚者，2002年初，美国最大的能源公司之一，也是世界500强中位居前列的大公司之一的安然公司曝出欺诈丑闻，使美国朝野震动，舆论大哗。

安然公司由于管理不善，亏损严重，负债累累，终至破产。在这起丑闻中，安然公司聘用的会计公司安达信公司扮演了很不光彩的角色。20世纪80年代，安达信开始承担安然的外部审计业务，到90年代，又承担了其内部审计业务，这样，安达信用

[①] 《经济参考报》2002年4月21日。

一只手为安然做账,用另一只手为其查账。安达信多年来隐瞒安然的财务实情。安然到破产边缘后,安达信公司赶紧销毁有关资料。

安然案件涉及美国一大批政府要员和国会议员。数以万计的投资者更是损失惨重。事情发生后,该公司前首席执行官杰弗里·斯基林却死不认账,说安然公司的破产并非由于管理不善,而是放款人惊慌失措"挤提存款"造成的。

安然公司丑闻掀起的轩然大波尚未平息,又接连曝出世界通信公司(美国第二大长途电话和数据服务公司,也是世界500强中位居前列的大公司之一)和美国著名的办公设备制造商施乐公司假账丑闻。这些世界驰名的大跨国公司早已股票大幅下滑,管理者和会计公司以及投资公司的股市分析师等却一同作弊,隐瞒真相,欺骗股东。

由于这些大公司的骗局被揭穿,它们本身的股票价值固然大幅下降,整个股市也大幅下跌,从而给美国经济带来严重影响,而受损最惨重的当然是广大股东。

这些事件的性质和影响并不只限于经济损失,更为重要的是,它们动摇了人们对美国资本主义的信心。正如美国《商业周刊》一篇文章所说,这场金融灾难的影响远远不止一家大公司的破产,这是一场大规模的腐败。文章说:"投资者的信心是我们整个经济成功的关键。""安然事件'从根本上动摇了我们的信念,我们还能相信谁?'"

这种严重丑闻发生的原因,舆论界从多方面进行了分析。有人指出,这是因为美国大公司高层管理者大多握有大量本公司股票,如果股票价格下跌,他们未来的收入就会减少,因此,当股市行情不好时,他们就要竭尽全力,维持账面赢利,假账从而被制造出来。有人认为,像安达信会计事务所的不轨行为应负其责。这些服务公司既为大公司提供审计服务，同时，又为同一公司提供管理咨询，从中获得丰厚的报偿。实际上，会计公司与大企业的利益纠缠到了一起。公司股市行情的升降，会直接影响到它们的收入。当企业状况恶化，利润下降，甚至亏损时，它们的收益也会减少。因此，它们与企业经理一起炮制假账，制造企业的表面优良业绩假象，欺瞒世人。还有人认为，这种丑闻的发生，投资公司的股市分析师也应负责。这些人中，有些"经验不足"，随时可能误导投资者，但更重要的是，他们个人也投资于股票，特别是他们得到的酬金，有很大部分是来自他们为之效劳的公司和银行客户。公司股票上涨，作为客户的银行受益，这些股票分析师们也按比例获得更多收入；反之，他们的这份"酬劳"也将化为乌有。因此，他们就不惜说谎，对明明走到破产边缘的公司作出有利的评说，坑害投资者。还有人认为，这些大公司之所以如此胆大妄为，与它们在政界有后台不无关系。这些都是有道理的，但之所以如此，显然是有更深层的根源，即美国经济制度和企业管理制度的根本弊端。

(摘自《当代国际垄断——巨型跨国公司综论》，
上海财经大学出版社 2002 年版)

第六部分
世界经济与中国

我国经济改革、开放和发展的若干国际比较

目前,我国正在致力于深化改革,扩大开放,加速发展,争取提前实现原定本世纪末的战略目标。世界其他国家,不论发达资本主义国家,或是发展中国家,俄罗斯、独联体其他国家,东欧国家,也都在集中力量于本国经济问题。它们也在进行经济调整和改革,努力扩大对外经济活动,促进本国经济的发展。事实上,自从冷战结束以后,世界各国展开了新一轮的经济拉力赛。由于各国具体条件不同,战略方针和政策着重点不同,实际效果也不大相同。这里拟对我国的改革、开放和发展的某些方面,与其他一些国家作一比较。这也许可使我们从中获得一些有益的启示。限于篇幅,比较只能是粗略的。

一 经济发展速度和有关问题

在经济发展方面,将以我国经济发展速度,以及与之有关的问题为重点,进行一些比较。与之比较的国家,则主要选择西方发达国家和亚洲新兴工业化国家(地区)。

第二次世界大战后,西方国家所力求达到的发展战略目标是稳定增长,充分就业,收支平衡,物价稳定。这显然是从战前大危机和大萧条中吸取教训后确定的。可是,战后近半个世纪的实际情况表明,对西方国家来说,这些目标只不过是一种理想,从没有全面实现过。20世纪五六十年代的大约20年内,西方国家的经济增长较快,年平均增长率为4.5%。日本更加突出,它的国民生产总值年平均增长率曾达10%左右。这在资本主义发展史上是罕见的。当时西方经济的较快增长,有对大危机和战争破坏的补偿因素起作用,此外,美国对西欧国家和日本的援助与大量投资,世界贸易的逐步自由化等,也是重要原因。当时,西方各国奉行凯恩斯主义,不断扩大财政开支,放松信贷,促进企业投资和居民消费,对经济的发展,也起了不小的促进作用。当时,西方国家通货膨胀较低,就业不断增加,失业不太严重。这20年时光,被称为西方发展的"黄金时期"。但是,即使在这一时期,西方经济也远不是稳定的,它多次被周期性危机所打断。危机年份,生产下降,失业大增。此外,60年代下半期,西方世界货币体系发生动荡,屡次爆发激烈的美元危机。

进入70年代,西方国家通货膨胀率开始上升。1973年底,发生第一次石油危机,西方经济受到严重冲击,从此,西方世界经济陷入生产停滞、失业严重、通货膨胀恶化、物价猛涨的困境。1973—1982年10年间,西方国家的国民生产总值年平均增长率约为2.8%,通货膨胀率年平均在10%以上。个别国家(英、意等国)个别年份(1975—1976年)通货膨胀率曾高达20%以上。这是西方经济的"滞胀"时期。这种特殊困难的出现,除了由于前一阶段那些有利因素已经减弱消失或走向反面和石油冲击之外,人们还把它归咎于政府长期实行凯恩斯主义政策,造成财政赤字扩大和信贷膨胀加剧。为了对付"滞胀",西方各国都煞费苦心，寻找对策。

进入80年代，西方国家的经济方针政策有所改变。以英国首相、保守党人撒切尔夫人和美国总统、共和党人里根为代表声称摒弃凯恩斯主义，实行货币主义和新自由主义，一方面，紧缩货币，以控制通货膨胀；另一方面，减少政府对经济的干预，减少税收，以刺激投资。结果，通货膨胀被压制在低水平上。多数国家的通货膨胀率在3%—5%之间，有的国家，如联邦德国和日本，物价上涨率几近于零。但是生产停滞的状况并没有改观。整个80年代，西方各国国民生产总值年平均增长率只有2.9%。日本仍然最高，也不过4%。与此同时，政府财政赤字连年扩大，国债大幅度增加。到90年代，西方国家发生一次新的经济衰退，衰退从1990年中开始，一直持续到1994年。衰退期间，工业生产下降，失业人数大增。美国失业率现在仍约为6.2%，失业人数仍有850万以上。欧洲国家失业现象更加严重，欧共体12国的失业率最高曾达11.8%，现在仍然在10%以上，失业人数超过1500万。

由此可见，半个世纪的各个时期，西方国家均未全面实现它们最初提出的经济发展目标，不是经济不稳定甚至长期停滞，就是通货膨胀恶化，或者是收支不平衡，或者是失业人数大增。甚至是这些问题同时并存，互相交织。现在西方经济衰退基本结束，经济将进入新周期的增长阶段，这个阶段将可能持续到本世纪末。但根据各方面预测，这段时期内，西方国民生产总值年平均增长率仍不会高于80年代，最多也只能达到3%，严重的失业、财政赤字和国际贸易失衡以及金融市场动荡等问题，都难以根本解决。

把我国经济发展情况与西方发达国家进行比较，显然，自从我国实行改革开放以来的15年间，我国经济以高速度增长，年平均增长率达9%，为西方国家增长率的3倍。近两年来，我国经济更是突飞猛进，达到13%以上，与陷入衰退的西方经济，更形成鲜明的对照。但是，比较经济发展时，不仅要看到增长速度，还要看到其他方面，至少要看到通货膨胀、失业、经济效益等重要方面。因为这些方面与增长速度是互相关联、互相制约、互相影响的。

如果从这些方面来进行对比，我们发现，自从80年代以来直到现在，西方经济的发展形成了两低两高的模式，即低增长率，低通货膨胀率，高失业率，高效益。这种模式，今后仍将保持下去。而我国则与之相反，形成了两高两低模式，即高增长率，高通货膨胀率，低失业率，低效益。这里主要谈谈两个关系问题，一个是经济增长速度与通货膨胀的关系问题，另一个是速度与效益问题。

关于经济增长速度与通货膨胀的关系问题，我认为，不能笼统地说，速度高就必定要促进通货膨胀发展和物价上涨。但二者毕竟有一定连带关系，它们在特定条件下，互相影响，互相制约。西方国家的方针是，它们力求提高增长率，但又必须把通货膨胀控制在可接受的低水平上。没有一定的增长率不行，因为这将影响经济规模的扩大和实力的增强，也将导致失业增加，社会的不稳。所以在发生经济衰退或增长停滞时，它们就实行扩张政策，促进经济增长。但如果经济增长过快，就容易导致"过热"，通货膨胀压力增大，物价上涨过快，也会影响经济的稳定增长、居民群众的不满和社会的不安。所以西方国家力求二者兼顾。结果，在西方国家目前的具体条件下，就形成了两个3%的关系。即力求经济增长率达到3%或更多，同时力求把通货膨胀率压低到3%或更低。当二者不可兼得，有失去平衡的倾向时，则宁肯增长更慢些，也要把通货膨胀控制住。因为它们在70年代和80年代初,曾吃过严重通货膨胀的苦头,当时曾把通货膨胀作为"头号敌人"。从那以后,它们对通货膨胀一直保持特别警惕。例如近两年来,德国虽然处在深重的经济衰退之中,但由于财政赤字过大,通货膨胀率接近4%。它们认为必须防止通货膨胀的进一步发展,就坚持实行高利率政策,加以控制。又如美国在这次经济衰退过去之后,1993年下半年经济开始较快回升,第四季度增长势头更猛,为了预防过快增长引发通货膨胀,于1994年2月到5月连续4次提高银行短期利率。实际上,这时美国的通货膨胀率并没有超过3%。

我国是发展中国家,与发达国家相比,有发展阶段的不同和发展水平上的巨大差距。我们要尽快缩短这个差距,没有一定的高速度是不行的。同时我国也有条件可能以更快的速度发展经济,但如果我们单纯追求高速度,超过一定限度,同样会引发严重的通货膨胀。这样,经济就不能持续快速增长,而可能发生大起大落。从我国的实际情况和过去的经验看,我们的经济年增长率以8%—9%为宜,通货膨胀率也必须控制在两位数以下。当前大致说来,我们的目标是两个9%,如果通货膨胀率更低些,那当然就更好。

另一个特别值得注意的问题是增长速度与经济效益的问题。西方国家经济增长速度虽低,但它们特别注意提高效益。对资本主义国家的企业来说,获取最大利润是它们的直接目的,也是它们发展的动力。为此,在当前科技进步一日千里和市场竞争激烈的情况下,它们莫不千方百计地通过改进管理,采用先进技术设备和工艺,降低生产成本,降低原材料消耗,提高劳动生产率和单位投入产出率,提高产品质量,推出新产品,以增强竞争力,占领更大市场,谋取最大利润。例如,自从1973年第一次石油危机以来,西方国家采取各种措施,减少单位产值的石油消耗,取得了很大成绩。到今天大约 20 年来,西方国家的国民生产总值大约增长 1 倍,但石油消耗量增加不多。又如,在这次经济衰退中,美国一些大企业带头,又进行组织机构的调整,它们宁可关掉赢利低或不赢利的企业,缩小公司规模,同时改进管理体制,减少管理层次,实行管理信息化,裁减管理人员,尽管这样做会增加失业,也在所不惜。

我国的情况则不同,我们的速度虽高,但效益低下;产值数额虽大,但资源投入同样很大,资金、原材料、能源和劳动力大量消耗,特别是国有大中型企业效益更低,大量企业长期严重亏损。

事实上,我国经济与西方相比,属两种类型。我们的经济基本上还是粗放型、数量型、速度型;而它们则属集约型、质量型、效益型。我们的增长速度,主要还是靠高投入,而不是靠提高技术水平和管理水平,据估计,科学技术因素在我国生产增长中所占的比重大约为 20%,而在西方发达国家,这个因素所起的作用约为 60%—70%。造成这一巨大差异的原因也是多方面的,这里不展开分析。

综上所述,西方国家的经济效益高,通货膨胀率低,但经济的增长率也低,失业问题严重,它们要解决这些问题是困难的;我国的经济增长率高,但经济效益低,通货膨胀率高。这在我国,也要经过极大的努力才能解决。我国提出的经济持续、快速、健康发展的方针,是可以实现的。客观的根本途径,一是深化改革,真正建立起社会主义市场经济的新体制;二是转型,从粗放型转向集约型,把经济增长速度真正建立在提高效益的基础之上。而与此同时,必须在观念上有一个大转变,即不把经济社会的发展只归结为提高增长率,而必须把增长率和通货膨胀、经济效益以及其他许多重要方面综合考虑。

再看一看东亚一些国家（地区）的情况。韩国等"四小龙"从20世纪60年代以来，经济持续高速增长，中间虽有曲折，但是短暂的。近20年来，它们的国民生产总值年平均增长率在8%左右；泰国、马来西亚、印尼等东盟国家，从80年代中期以来，经济也持续高速增长，近10年来，国民生产总值的年平均增长率也在8%左右，但它们的通货膨胀率并不高。例如，1985—1992年，新加坡的通货膨胀率年平均只增长2.7%；马来西亚也只有2.8%；韩国为6.8%；泰国为5.8%；印度尼西亚较高，为8.8%。这些国家的失业率一般较低。与此同时，它们的经济效益也不断提高，特别是新兴工业化国家和地区，通过产业结构的不断升级，大力发展科学技术研究和开发，发展教育事业和人才开发，提高劳动者素质，改善管理，积极参与世界市场竞争，不断提高竞争力和经济效益。如今，它们的经济现代化已逐步接近发达国家水平，经济也已经基本上转变为效益型的了。看来，这些国家和地区的经济发展，已形成一种与西方国家不同的模式，即快速增长，较低的通货膨胀率，高效益，低失业。这种模式，显然比西方为佳。它们之所以能做到这一点，除了客观条件外，主要还在于它们的发展战略方针较为适当。这个问题值得我们注意研究。

二 经济改革和调整

80年代以来，世界掀起一股经济改革和调整浪潮。这一浪潮席卷西方国家、前苏联东欧国家和广大亚洲拉美发展中国家。中国的经济改革，也应看做是这个世界改革浪潮的一部分。

世界各国的经济改革和调整，有一些共同点：（1）努力寻求政府对经济的宏观调控与市场调节二者之间更适当的关系。对大多数国家来说,是进一步减少国家对经济的干预,放宽经济政策,更充分地发挥市场机制的作用,发展市场经济;(2)除中国等社会主义国家外,大多数国家都对国有企业实行私有化或民营化,鼓励私人经济的发展;(3)对产业结构进行调整,根据本国具体条件,发展具有最大优势的产业。对许多发展中国家来说,力求实现产业结构的多样化,推进产业结构升级;(4)大力实行外向战略,千方百计扩大出口,吸引外资,使国内市场与世界市场更密切地结合起来。简而言之,各国这次改革的共同方向是市场化、自由化、私有化和外向化。

但由于各国具体情况不同,各国进行改革的基础和出发点不同,具体的方式、方法、步骤、重点、深度也各异。我国的改革,与其他国家相比,更有自己的特点。最根本的特点是,我国的改革是从旧的计划经济体制转变为社会主义市场经济体制,这与资本主义国家、前苏联东欧国家的改革有根本性质的不同。但是,我们仍不妨把我国的改革与它们作一些比较,从中或可得到一些启发。

首先看看西方发达国家的改革。西方国家的经济是发达的市场经济,它们经济改革的主要内容是政府宏观经济方针政策的调整。前面已经说过,20世纪五六十年代西方国家普遍实行凯恩斯主义政策,不断用扩大财政开支和放宽货币信贷刺激经济增长。70年代,西方发生经济滞胀,为了摆脱这一困境,特别是遏制过高的通货膨胀,西方国家从凯恩斯主义转向货币主义和新自由主义,紧缩货币,减少国家对经济的干预,降低税率,以便一方面控制通货膨胀,另一方面刺激投资和生产的增长。这是西方经济方针政策的一次大调整。实际结果是,通货膨胀确实受到了控制,但经济增长缓慢,政府财政赤字扩大,国债增多,居民收入没有多少增加。90年代初,发生又一次经济衰退,生产下降,失业大增,政府束手无策。美国总统布什竞选连任失败,克林顿上台,又重新着手进行经济政策的调整。他把削减财政赤字作为其中心目标,计划到1998年,削减财政赤字5000亿美元,即削减一半。办法是减少军费开支,增加高收入者个人所得税和某些公司的利润税,征收新的能源税等等;与此同时,又增加政府用于发展教育和培训的开支,以增加就业;也增加用于科技研究与开发的开支,实行"信息高速公路"计划,以保持科技领先地位,促进产业升级,提高劳动生产率,加强国际竞争能力;对外,则对其贸易伙伴,首先是日本施加压力,要求它开放国内市场,以减少对外贸易逆差;与加、墨共同建立北美自由贸易区,以与欧共体相抗衡;同时,力求争取在亚太地区的主导地位等等。

日本与美国不同,政府对经济的调控和引导作用一向较强,对国内市场保护也较强,这次日本受衰退冲击严重,政府频繁更迭,加上外部压力加大,不能不进行一些改革和调整,方向是适当开放国内市场,扩大国内市场需求。为此,强调改善居民生活条件,发展住宅建设和公用事业建设;另一方面,日本为了加强竞争力,提高效率,重振经济,还面临产业结构的调整,除汽车、家用电器等产品外,还必须努力开发高新技术产品,找出新的生产领域。同时,对企业过去长期实行的一整套管理体制,包括终身雇用制等,也在酝酿进行改革。

欧洲失业严重,效率相对低下,竞争力较弱,这些弱点在这次衰退中,暴露得更加明显。人们普遍认为,这与过分庞大的社会保障制度有关。近十多年来,欧洲国家的社会保障开支迅速增加,国家财政日益难以承受,也产生了一些消极的社会后果,如削弱了对人的激励机制,养成一些人的懒汉惰性。现在西欧各国都企图对这种庞大的社会保障制度进行适当调整,虽然这绝非易事。此外，西欧国家还努力采取措施，改变科技相对落后局面，发展高科技，调整产业结构。

除了经济方针政策的调整外，从80年代以来，西方还广泛进行国有企业的私有化。这是由英国前首相撒切尔夫人带头发动的，后波及西方各国。结果，英国国营企业在国民生产总值中的比重从70年代末的16%下降到80年代末的5%。即使美、日，本来国有企业不太多，但也对一些企业实行了私有化。如美国在1987年已将联合铁路公司"民有化"，日本也将具有百年历史的日本电话公司、日本国铁、日本烟草专卖公司等大型国营骨干企业转为民营。到了90年代，西欧又掀起新的私有化浪潮，各国竞相提出新的私有化计划。据统计，目前，西欧各国提出的私有化项目总金额约3500亿马克，至少占这些国家国内生产总值的2%，预计将广泛在通信、能源、原材料供应、交通和金融这五个方面进行私有化。西方实行广泛的私有化，其目的一是为了提高效率，二是为了减轻政府财政负担，三是为了扩大据说是"得人心"的股东制。

西方发达资本主义国家与我国国情大不相同，社会制度不同，发展水平不同，改革的方向不同。但我们从它们的做法和经验中也可以得到一些启示：它们的经验表明，市场不是万能的，政府也不是万能的，它们各有自己发挥其特殊作用的领域。问题是如何适当地把二者结合起来。这是西方时刻注意求得解决的重要课题。二者的结合并不是一劳永逸的，因为经济在不断发展，一个时期的方针改革，在当时虽然可能获得一定的积极效果，但又会带来新的矛盾和问题，最终产生某些意料不到的消极后果，又需要重新进行调整，另辟蹊径。总之，经济改革和调整，不是一时的，而是长期的任务。

再看看前苏联和东欧国家的经济改革情况。苏联解体和东欧剧变后，经济上实行自由化、市场化、私有化。在做法上，企图"一次到位"，在短时间内完成经济体制大转轨。为此，有些国家，以俄罗斯为代表，采取了所谓"休克疗法"，全面放开价格，企图一举实现国有企业的私有化，完成向市场经济的过渡。但这种做法，因不符合这些国家的实际情况，也违反经济改革和发展的客观规律，导致经济的更大混乱和破坏，生产大幅度下滑，如1989年至1993年，按照积累价值计算，俄罗斯的国内生产总值下降45%，保加利亚下降41%，乌克兰下降37%，罗马尼亚下降32%（1992年），广大人民群众实际收入下降，贫困加深。实践证明，"休克疗法"是不成功的。

西方国家，国际经济组织和俄罗斯等国领导人自己都已承认了这一点。它们已放弃这种做法，实行较为稳健的"新方针"。但另一方面，几年来，这些国家的旧体制已被废除，向新的市场经济的转轨也有了不同程度的进展，市场机制开始不同程度地起作用。有的国家，如波兰、捷克、匈牙利等国，当前经济已越过下滑的谷底，开始重新增长。俄罗斯在付出巨大代价、经济大幅度下滑后，现在也出现稳定迹象。

这些国家都急于实现全面私有化。各国为推进私有化，都采取了一些措施，包括由政府发放给居民一种特殊的证券，在俄罗斯叫做"私有化证券"，在捷克是"投资券"，匈牙利称"补偿券"。这些国家的"私有化"虽然至今仍远未达到它们预期的目的，但也有了一定进展。俄罗斯，在"小私有化"方面，到1993年底，私有经济成分在所有制结构中所占的比重，已达三分之二，但"大私有化"（涉及大中型工业企业），已实现私有化的还不多。东欧国家的私有化，走得比俄罗斯远些。如匈牙利今天私营成分已占国内生产总值的一半以上，它们的生产效益大都较好，生产和出口在增长。

俄罗斯等国在破除和摒弃高度集中的计划经济这一点上，与中国是相同的，但它们是在放弃社会主义之后进行改革的。它们的方向是私有化和自由市场经济，并且采取了"休克疗法"，这些都与中国不同。我国坚持社会主义，改革从我国国情出发，从农业开始，逐渐全面展开，采取渐进方式，未造成经济的破坏，相反，促进了经济的快速发展和人民生活水平的提高。但是，采取渐进方式，不等于总是慢慢来，小步走。目前我国的改革已到了关键时刻，必须采取有力措施，加大改革力度，争取到20世纪末基本上实现向社会主义市场经济的转变。

20世纪80年代，多数发展中国家的经济陷入空前严重的困境。许多国家发生债务危机，出口收入锐减，大量资金外流，国家财政困窘，赤字扩大，通货膨胀恶化，经济停滞。这10年，发展中国家国民生产总值的年平均增长率只有2.8%，低于发达国家。不少发展中国家的经济增长率低于人口增长率，以致人均国民生产总值绝对下降，贫困加深，困难和危机迫使发展中国家从改革中寻求新的出路。

80年代发展中国家进行的改革，迄今仍在继续。这次改革，比过去任何时候都更广泛、更深刻，而且带有战略性、全局性。虽然各国的具体情况多种多样，但在改革的方向和若干重要方面，有其共同点，即实行自由化、私有化、外向化。人们普遍认为，发展中国家的这次经济改革和调整，带有明显的自由主义色彩。这种自由主义的改革，首先由拉丁美洲一些国家发动，后迅速波及亚洲和非洲，从而使经济改革浪潮真正具有了世界规模。

在亚非拉广大地区，许多国家都把取消和减少对经济的管制、放宽税收、实行私有化、面向世界市场，看成是促进经济发展、实现现代化的必由之路。例如，在拉美，被视为改革"先锋"的智利，"政府已不再干预国民经济生活"。迄今为止，智利已对500多家国有企业实行了私有化。墨西哥、阿根廷、秘鲁、巴西、委内瑞拉、哥伦比亚等国紧随其后,各有不同进展。在亚洲,过去印度的"政治哲学"认为最好的经济是政府所有,受政府管理,由政府来调整经济。但从80年代中期,印度就开始实行改革,大大放松了规章制度的束缚,降低了进口壁垒和关税,发展市场经济,"要企业学会竞争"。为此,印度着重进行农业改革和金融改革,实行国营企业私有化,大力实行对外开放。巴基斯坦也开始了类似的改革进程。即使在缅甸,经济制度也"已从中央控制转变为市场经济,而且取得了初步成功"。中东各国政府"现在正接受经济改革和经济自由化。这个地区的几乎每一国政府都公开宣称它致力于扩大私人部门的作用,对国有公司实行私有化和消除货币政策的扭曲"。在辽阔的非洲大陆,类似的改革之风也开始吹到每一角落。

在发展中国家的改革中,私有化也是值得特别注意的一个问题。过去,多数发展中国家国有成分占有重要地位,但由于许多国有企业管理不善、亏损严重,成为国家的沉重包袱;有的还实际落到了官僚集团手中,成了他们发财致富和贪污腐化的温床。人们认为,唯一的出路就是实行私有化。发展中国家私有化运动的特点是:来势猛,行动迅速,规模广泛,遍及各个行业和部门;超越政治倾向和意识形态的差异,各种政治派别,几乎无不赞成私有化,尽管它们在具体做法、步骤、规模和程度上,还存在分歧和争论。正如阿根廷总统梅内姆所说:"全世界还从没有过如此迅速和彻底的私有化进程。"

迄今不少发展中国家的经济改革已初见成效,经济摆脱了80年代那种困难和危机局面,开始较快增长。

许多发展中国家,与我国除了社会制度不同之外,经济发展大体处于相同阶段。它们在国内外各种因素的决定下,采取自由主义的改革路线，并取得一定成效。这是因为，这些国家本来就是沿着资本主义道路前进的，市场经济的因素已经存在。而中国的改革，是从旧的高度集中的计划经济向市场经济转变，其难度要大得多。问题在于：首先，我国的国有经济成分在经济中所占比重要大得多，而我们不能通过私有化，对国有大中型企业进行改造，而要在保持其公有制性质的前提下，以新的形式，转变其经营机制，建立现代企业制度；其次，在旧的体制下，我国政府除制定指令性计划和用行政手段对经济直接进行管理外，几乎没有其他宏观调控手段。现在，政府职能要进行根本转变，从过去的直接管理转为间接宏观调控；再次，在旧的体制下，我国的市场基础十分薄弱，现在要培育和发展全国统一的市场体系，不仅是消费品市场，而且包括生产要素市场；最后，我国过去处于对外封闭或半封闭状态，经济体制与世界市场很不协调，妨碍着我国对外经济贸易关系的发展，必须进行改革，使我国外经外贸体制逐步符合世界市场规范，使国内市场与世界市场接轨。所有这些都是我国改革需要着重解决的重大问题，也是我们的困难所在。然而，如果我国在这些方面取得成功，最终建立起社会主义市场经济体制，则我国的经济改革和经济体制，将在世界上独树一帜，具有深远的世界历史意义。

三　对外开放问题

如果把对外开放理解为一个国家的经济从内向的或封闭的转为面向外部世界市场，那么，对于西方发达国家来说，基本上不存在这个问题。因为资本主义自从18世纪中叶产业革命以来，就已形成世界市场。从那时以来，各先进资本主义国家，不断开展对外经济活动，把国内市场与世界市场愈加紧密地联系起来。

生产和资本国际化程度不断提高,世界市场不断扩大,以至到了今天各国经济成了世界经济不可分的组成部分。在这两个半世纪的历史过程中,不同时期、不同国家也曾实行贸易保护主义,对外高筑贸易壁垒,但这并不妨碍它们对外开展经济贸易活动。因此,并不意味着它们的经济不是对外开放的。资本主义经济,从本质上说,就是世界性的,它要求不停顿地开拓世界市场,而自我封闭或停止开拓外部市场,割断与世界市场的联系,经济就要窒息、萎缩和走向死亡。所以,就各国来说,只有开放程度的不同,不存在开放或不开放的问题。

我国在实行改革开放以前,经济基本上是封闭的。所以对我国来说,确实有个对外开放问题,而我们要与之发生联系的世界经济和世界市场,是由发达资本主义国家占有主导地位的。为了看清我国对外开放中存在的问题,有必要认识当前世界经济和世界市场的发展特点。

第二次世界大战后,国际劳动分工体系更加扩大和加深。在此基础上,世界各国的经济联系比过去大大加强,世界市场更加迅速扩大。在这个过程中,还有其他一些因素起作用。如资本主义世界头号大国美国极力倡导和推行自由贸易,战后建立的关贸总协定等国际经济组织为发展多边贸易而作出了努力,跨国公司有了空前的大发展等等。尽管在这半个世纪过程中,特别是20世纪70年代末以来的15年间,新贸易保护主义盛行,有的国家,如日本,国内市场难以进入,西欧国家建立了欧共体这样的一体化组织,对外有一定的排他性。但是,恰恰是这一时期,生产和资本国际化更进一步加深,国际经济活动全面迅速发展。具体表现如下:

1. 世界贸易的增长大大超过世界生产的增长。这种现象,在20世纪前半期并不存在,战后时期,不仅一直存在,而且很突出。80年代以来,世界生产和世界贸易的增长速度都放慢了,但后者仍大大高于前者。一项统计表明,1983—1990年世界生产年平均增长3%,而世界贸易年均增长9%。进入90年代,西方世界发生经济衰退,生产几近停滞,世界贸易也放慢了,但后者仍保持一定的增长,1991年世界进出口增长3%,1992年增长4.5%,1993年增长4.5%,1994年预计增长5%。这表明,世界市场仍在不断扩展,各国经济的发展也在越来越大的程度上依赖对外贸易和世界市场。据统计,1980年,世界贸易额占世界国民生产总值的比重是28%,1992年,这一比重已提高到33%左右。

2. 形成了一个完整的、发达的世界市场体系,包括商品市场、劳务市场、资本市场、金融市场、技术市场、信息市场、劳动力市场等等。而且其中各种市场的规模都在迅速扩大,其速度多高于商品市场,即世界商品贸易的增长。例如劳务贸易(包括银行业、保险业、运输业、电信业、技术转让、旅游业等等)就比商品贸易增长更快,其数额已近整个世界贸易额的三分之一。金融活动规模的扩大尤其迅猛,1989年世界资金流动额高达102万亿美元,约为当年世界贸易额的20倍。

3. 对外直接投资迅速增长。1983—1990年期间,流向海外的直接投资额年平均增长29%,比同期世界贸易增长快两倍。80年代最后3年的对外直接投资流量相当于70年代初的10倍。随着对外直接投资的增加,跨国公司在国外的企业的生产和销售额迅速增长,目前海外子公司的销售额已超过世界出口额。

国际经济的上述新发展与跨国公司的新发展是分不开的。因为世界、经济和世界市场上的行为主体是跨国公司。上述各种国际经济活动主要都是由跨国公司进行的。例如,世界贸易的大约三分之一是跨国公司的内部"贸易"(即跨国公司母公司与子公司之间、子公司与子公司之间的贸易），还有大约三分之一是跨国公司之间的贸易。这样，世界贸易的大约三分之二掌握在跨国公司手里；世界劳务贸易几乎全部为跨国公司所控制，世界对外直接投资的80%以上、世界技术转让的90%以上是由跨国公司进行的。

近20年来，跨国公司的新发展，主要表现在以下几方面：

1. 跨国公司数目增多，据联合国有关机构统计，70年代初，世界跨国公司约有7000家；到90年代初，已增加到35000家，它们控制的海外分公司达170000家。虽然这些跨国公司中，巨型公司是极少数，但它们占支配地位。如当前300家最大跨国公司就占全世界生产性资产的25%。绝大多数跨国公司是中小公司。这说明中小公司只要具备一定条件，也能越过国界，进行跨国经营。

2. 20世纪五六十年代的跨国公司主要是美国的大公司；70年代，欧洲的公司成为跨国公司；80年代，日本大公司也成了跨国公司；80年代下半期以来，新兴工业化国家（地区）以及印度、巴西等国的大公司也跨越国界，进行跨国经营，跻身于世界跨国公司的行列。

3. 从跨国公司的经营活动涉及的产业部门看，除了制造业之外，越来越多的跨国公司向服务部门投资，如银行业、保险业、房地产业、交通运输业、通信业等等。

4. 跨国公司的"国际性"进一步加强。这是指跨国公司的国际"业务"在它们全部业务中所占的比重不断提高。虽然各公司的这个比重很不一样。但一般说来，大跨国公司，国外业务量占全部业务量（如国外销售额占全部销售额）的比重少的约三分之一，有的约为二分之一，高的达五分之四以上。如美国通用汽车公司的国外销售额占其全部销售额的31%，而美国以经营电脑为主的国际商用机器公司的这个比例则高达61%。

5. 各跨国公司在激烈竞争的同时,还加强合作,特别是在高技术产品的研究开发方面。因为当代高技术十分复杂,高技术开发耗资巨大,任何跨国公司单干都有困难,于是它们就互相合作,结成跨国公司"联盟"。如日本东芝公司同美国摩托罗拉公司于1987年在日本设立了东北半导体公司(各出资50%),在微型处理机和高清晰度电视机用半导体方面进行合作,做到"两家的强项和弱项得到互补"。

以上国际经济和跨国公司的新发展,是在近15年来资本主义世界出现的一些新情况下发生的。这些新的情况是:发达资本主义国家的经济增长缓慢,国内市场处于饱和状态,各国都大力加强国际竞争力,竞相开拓外部市场;新贸易保护主义盛行,这一方面对世界贸易的发展产生阻碍,另一方面又推动了对外直接投资和各种劳务贸易的发展;80年代以后,西方国家普遍实行新自由主义经济方针,放宽政府对经济的干预,金融投机之风大盛;区域一体化趋势加强,各区域一体化组织内部贸易和投资等活动受到鼓励,迅速发展。

由于上述经济国际化的新发展,通过完整的、发达的世界市场体系和跨国公司,在世界范围内形成了一张巨大的、无所不包的经济关系网。各国都被网罗在内。各国经济不仅互相依赖空前加强,而且互相融合,互相交织,你中有我,我中有你。这种情况,有人称之为全球化。全球化的发展,在各地区之间是不平衡的。各国首先利用地缘经济优势,加强本地区的经济关系,乃至建立地区经济集团。

再看看广大发展中国家对外开放的情况。发展中国家为了促进生产的发展,实现工业化,实行了不同的发展战略。在处理内外经济关系方面,有的国家和地区,如东亚的韩国、新加坡,我国的台湾省和香港地区还在 60 年代初就率先实行出口导向的发展战略，取得了显著的成效。它们通过这种外向战略，已完成工业化，成为新兴工业化国家和地区。目前，它们正在着重发展技术密集型产业，出口商品中技术含量高的高档产品比重提高；它们不仅继续吸引外资，同时也开始进行对外投资，且其数量不断增加。而其他发展中国家，有的长期自我封闭（如缅甸和非洲的一些国家），有的则只实行进口替代发展战略（如拉美一些国家）对外开放程度不大。当时，对多数发展中国家来说，这方面的障碍之一，是对发达资本主义国家和跨国公司心存疑虑，只看到它们进行剥削和可能对本国不利的一面。在 80 年代，发展中国家经济发展遇到特殊困难和挫折，迫使它们改变战略方针。大多数国家在大刀阔斧地进行经济改革的同时，也改变对外经济战略，往往实行以出口导向为主的战略。据此，它们放宽进口限制，降低关税，放宽或放弃外汇管制，采取各种鼓励出口措施，改善投资环境，对外资实行种种优惠政策，大力吸引外资。

近 15 年来，我国在对外开放方面取得了重大进展和成效。我国的对外贸易年平均增长 17%，高于世界贸易的增长速度一倍以上。目前我国的出口额占国民生产总值的比重约为 20%，高于美、日等发达资本主义国家。我国引进外资，也取得了显著成绩。特别是近两年来，世界一些著名的大跨国公司，也开始纷纷到中国投资。

但是，与西方发达国家的对外经济关系达到的规模和水平相比，与世界经济和世界市场的迅速发展相比，我国还有不小的差距，逐步缩短和弥补这些差距，是我国今后进一步扩大开放的努力方向。

1. 我国的对外贸易占国民生产总值的比重虽然已不低，但我国出口商品的结构尚待进一步调整。过去，我国出口商品结构已发生了很大变化，制成品占出口总额的比重已从 1978 年的 47% 上升到 1992 年的 80%。但至今，我国出口的制成品，仍以劳动密集型和低附加值产品为主，高档次的技术密集型产品不多。这说明，我国商品的竞争力，主要还是依靠劳动成本低的优势，而不是依靠技术和质量。长此以往，竞争力必将会减弱。出路是进一步调整出口商品结构，增加技术含量大的高质量产品的出口。

2. 除商品贸易外，我国还需要大力发展服务贸易，包括银行业、保险业、交通运输、通信、旅游等等。

3. 我国在大量吸引外资的同时，也应逐步促使企业进行跨国经营，发展我国的跨国公司。目前我国在海外开办的企业有 2400 多家，中方投资额为 18.5 亿美元，尚处于起步阶段。我国虽然资金不足，应大力引进外资，但也不妨积极创造条件，逐步增加对外投资，以便利用国际劳动分工的优势，提高我国在世界经济中的地位和作用。

4. 我国到目前为止，虽然已形成经济特区、沿海开放城市和开放地带，沿江、沿边、沿线的全方位对外开放格局，但对外开放的活动，主要还集中在东南沿海地区。中部、西部广大地区仍过于滞后，这种状况也要逐步改变。

5. 适应经济全球化和地区化不断加强的大趋势，我们应以积极而妥当的方式，参与区域经济合作，特别是华南经济圈、东北亚经济圈、环渤海经济圈的建立。

6. 我国在对外贸易体制、外汇体制等方面的改革，已有了很大进展，为了实现国内市场和世界市场的接轨，积极参加多边贸易活动，争取早日恢复我国关贸总协定缔约国地位尚需进一步作出努力。

对外开放与经济体制改革和经济的发展这三者是互相促进，

又互相制约。在这三方面，我国已取得的重大进展和巨大成就，以及在国际比较中我国的强点和弱点、成绩和差距，都带有历史阶段性的特点。我国是一个发展中国家，实行改革开放不过15年，今后还有更长的路程要走。但我们的方向是正确的，所采取的方针、政策是适当的、有效的。只要我们保持清醒的头脑，坚持不懈地努力工作，一定会不断取得新的更大的成绩。

（1994年4月在中组部主办的全国市长研讨班上所作报告的修改稿）

经济增长方式从粗放型向集约型的转变

当前，我国经济面临着两个转变，一个是从计划经济向社会主义市场经济的转变，这通常称为经济体制的"转轨"；另一个是经济增长方式从粗放型向集约型的转变，它可称为经济方式或生产方式的"转型"。这两个转变都是经济发展的内在要求，是大势所趋，是历史的必然，因此，都必须完成。这两大转变互相联系，互相促进。但它们又是不同的两个问题，可以分别进行考察。关于前一个转变，即经济体制的转轨问题，学术界已多有探讨；而另一个转变，即经济方式"转型"问题。虽早已提出，并已引起人们的注意，但研究尚嫌不够。本文拟就此问题，结合外国的经验教训，谈一些看法。

一 两种不同的经济增长方式

粗放型和集约型，是两种不同的经济增长方式或生产方式。粗放型经济的基本特点是生产要素的大量投入，但产出相对较小，产出与投入之比不高。具体地说，就是大量投入资金，大量使用劳动力，大量消耗原材料和能源，但创造的附加价值相对不大。这种生产方式，由于不断大量追加投入，产值的增长也可能较快，但经济效益和经济质量不高。所以这种类型的经济，也可说是速度型的或数量型的，这种类型的再生产，也称为"外延式"再生产。集约型经济方式与此不同，其特点是投入较少，而产出相对较大，产出投入比率较高，经济效益和经济质量也较高。这种类型的再生产是"内涵式"再生产。

当然，这两种经济方式的划分，并不是绝对的。即使是粗放型经济，在数量增长的同时，通常也有效益的提高，但从总体上和基本特征上看，它是粗放的；同样，集约型经济，在效益提高的同时，也必然有一定数量的增长，但它基本上是集约型的。

从生产发展的历史看，有一个从粗放型向集约型转变的过程。以发达资本主义国家来说，大致可以确定，它们在工业化时期，经济基本上是粗放型的。那时，它们都进行大规模投资，大量开采和消费各种原材料，生产数量不断增长，生产在广度上不断扩大。但到19世纪末期，多数发达资本主义国家先后完成工业化后，就开始向集约型经济转变。20世纪前半期，由于两次世界大战和30年代大危机的严重破坏，这些国家的经济发展和向集约型转变的进程也不能不受到严重影响。第二次世界大战结束后不久，这些国家的经济得到恢复，新的科技革命兴起，发达资本主义国家的经济迅速完成了向集约化的转变。战后半个世纪内，这些国家的经济增长速度，总的说来并不太高，但劳动生产率和经济效益却大大提高，在经济的增长中，科学技术因素所起的作用越来越大，估计目前在发达国家经济的增长率中，有70%或更高的比重归于科学技术。至于大多数发展中国家，它们尚处于工业化过程之中。一般说来，经济是粗放型的。

我们很难找出一个简单而又确切的方法，来对经济的粗放程度或集约程度加以衡量；也很难找到一种适当的科学的标志，对二者加以区分。但大致可以采用单位产值所耗费的资金、劳动力、原材料和能源（或反过来，单位资金、劳动力、原材料和能源消耗所创造的产值）这样的指标体系，对各个国家加以对比。这种指标比较简明，也有可比性。

首先，让我们看一些国家的人均国内生产总值的对比。人均国内生产总值，从支出方面看，它是一年内全国每人平均分摊的各种支出（个人消费开支、企业投资支出、政府财政支出）；从生产方面看，则是一年内全国每人平均所创造的产值，因此，它也可以看做是劳动生产率指标。

人均 GDP（1993 年） （美元）

国别	人均 GDP	国别	人均 GDP
中国	490	法国	22490
印度	300	德国	23560
巴西	2930	美国	24740
韩国	7660	日本	31490
英国	18060		

资料来源　世界银行：《1995 年世界发展报告》。

再来看一些国家国内生产总值与所消耗的能源之比的情况：

国内生产总值与消耗能源的对比（1990 年）

国别	GDP（亿美元）	能源消费量（亿吨标准燃料）	二者之比（美元/1 吨标准燃料）
中国	3649.0	9.22	395.8
美国	53922.0	24.82	2172.8

续表

国别	GDP（亿美元）	能源消费量（亿吨标准燃料）	二者之比（美元/1 吨标准燃料）
日本	29428.9	5.12	5747.8
德国*	14882.2	3.42	4351.5
法国	11907.8	2.23	5339.8
英国	9751.5	2.87	3397.7
印度	2545.4	1.78	1430.0
全世界	222988.5	102.85	2167.0

* 联邦德国

资料来源　根据世界银行《世界发展报告》和联合国《能源统计年鉴》计算。

除上述指标外，还可以对一些国家消耗每吨钢所生产的产值，使用每一单位投资所生产的产值等等指标加以对比。为节省篇幅，暂且从略。仅从以上二表，就可清楚地看出，发展中国家和发达国家的经济，分别属于不同类型。发展中国家每人平均产值比发达国家低得多；它们每消耗 1 吨能源所生产的产值也比发达国家低得多。当然，每一种经济类型，都有程度的不同。因此，不妨把每种类型再分为两组。如同是粗放型经济，又可分为最粗放的和较粗放的；同是集约型经济，又可分为较集约的和高度集约的。

应该说明，采用这类指标虽然简便，但并不十分准确，只能作为参考。问题在于这些指标的计算中，都使用国内生产总值这一指标，而各国的这一指标统计口径不尽相同。更重要的是，把各国的这一指标用同一货币单位（如美元）来表示，换算时使用的汇率不同，结果必然与实际情况有相当出入。但无论如何，也不至于把两种不同类型的经济互相混淆。如中国经济无论如何都是粗放型的。虽然，中国是个大国，各地区经济发展很不平衡，东南沿海各省份，在经济快速增长的同时，经济效益也有明显的提高，在经济转型的过程中，走在全国的前列。但从整体来看，我国经济无疑还是粗放型的。

二 粗放型经济的问题

如上所说，在经济发展的历史上，有一个从粗放型向集约型转变的必然过程。为什么是必然的呢？为什么在经济发展的前期，它是粗放的，而后，在一定时期和一定条件下，才转变为集约型的？这并不难理解。任何国家经济的发展都需要具有一定的资金积累，科学技术基础，拥有必要的劳动力，取得一定的原材料和能源，此外，还需要有一定的管理能力。在经济发展的初期，如目前大多数发展中国家，一般说来，拥有劳动力和自然资源，但缺乏资金、技术和管理经验。它们只能凭借劳动力和原材料在生产中的投入，发展劳动密集型、原材料密集型或能源密集型的产业，而且只能使用传统的或初级的技术从事生产。资金不够，则靠借贷或从国外引进资本。这样的生产，自然是粗放型的。由于这些国家经济落后，它们迫切要求加快发展步伐，一般都实行"追赶战略"。这样，就不断尽量增加投入，一味追求产值和产量，提高增长率，粗放型经济也就延续下来。可见，发展中国家在其发展的一定阶段，其经济的粗放性是不可避免的。在一定意义上说，这也是必要的。因为落后国家的发展，当然需要经济有较快的增长和经济规模的扩大。否则，它们也只能停留在原地，不能前进。实际上，经济的粗放发展，是发展中国家从落后走向先进，从农业国转变为工业国，从传统经济走向现代化经济所必然要经历的一个阶段。我们只能要求发展中国家在粗放发展的同时，逐步提高效益，为经济向集约型转变准备条件，而不能要求它们超越这个阶段，"一步登天"。

但是，必须认识到，发展中国家不能满足于粗放型经济，不能长久不变地停在原有的粗放水平上，年复一年地只追求数量的增长和只进行外延式再生产，而必须逐步提高效益，把产值的量的增长放在提高效益的基础上，并适时从粗放型经济向集约型转变。因为粗放型经济在较高的产值、产量、增长率（有的国家增长率也不高）的背后，隐藏着一系列消极后果和多方面负面效应，它的发展是有限度的。从长远看，它也是没有前途的。这些消极后果和负面效应如下：

1. 由于粗放型生产大量消耗原材料和能源，即使是自然资源丰富的国家，那些绝大多数非再生性资源也会逐渐减少，且不说在粗放型生产中，难以避免对自然资源的掠夺式开发和破坏，这就更加快了自然资源的枯竭。仅从这一点来说，粗放型生产总有一天会走到山穷水尽、难以为继的地步。我国是个大国，自然资源总量是不小的。但由于人口众多，每人平均的资源很有限，在世界各国中，排在绝大多数国家的后面。最近世界银行创造出一种衡量国家财产净值的新方法，把一国的财富，看做是人力资源、生产出来的资产和自然资源的总和，再除以该国人口总数，得到的数字就是该国人均财富。以这样的方法计算，那些自然资源多而人口少的国家，如澳大利亚和加拿大，人均财富就多；其次，那些自然资源并不多，但生产出的资产多的国家，如日本、瑞典等，人均财富也名列前茅。我国人均自然资产少，生产出的资产也少，只有人力资源多。总计我国人均财富仅 6600 美元（1990 年），在世界各国中排在第 162 名。在这 6600 美元中，自然资源只占 3%，而世界平均为 20%。这种财富的概念及其计算方法是否十分科学合理，尚待研究。但不管怎样，我国人均拥有的自然资源很少，而我国的生产规模很大，并正在迅速扩大，这二者之间的巨大不平衡将成为我国经济发展的根本制约因素，解决的方法只有从粗放型经济转向集约型经济，舍此没有其他途径。

2. 粗放型经济，由于消耗大量原材料、能源和劳动力，产品未经深加工，这就必然加重对交通、运输、电力、供水等基础设施以及原材料供应的压力，造成基础设施和基础部门的长期紧张，成为制约生产增长的另一重要因素。

3. 粗放型经济中，由于生产技术和管理水平不高，经济效益低下，为了保持经济的快速增长，唯有依靠大量投资，大量增加劳动力。这样，总供给与总需求之间易于失去平衡，在追求高增长率的同时，易于引发严重的通货膨胀，造成经济和社会的全面紧张，甚至发生经济的大起大落。

4. 在粗放型经济结构中，以劳动密集型、原材料密集型、资本密集型产业为主，其产品附加价值一般不高，在国际市场上的竞争力主要不是靠产品质量高，而是靠劳动力成本低。在这种情况下，出口量虽然可能不小，但相对来说，出口实际收入不一定高。

5. 目前发达国家高科技不断发展，产业结构不断升级，管理不断改进，经济效益和竞争力不断提高，经济实力不断加强。相比之下，发展中国家的粗放型经济，尽管其产值增长可能比发达国家更快，但经济质量、效益、劳动生产率、竞争力等，与发达国家的差距仍可能扩大，从而使发展中国家在国际经济关系中，难以摆脱对发达国家的依附地位。

6. 粗放型经济，由于劳动生产率水平不高，劳动者的收入也不会有较快增加，劳动人民的生活难以大有改善。

总之，由于粗放型经济的特点是大量投入，而产出不高，经济效益低下，因而产生了上述那些弱点和负面效果。虽然这种经济增长率在一定时期内可能相当高，但从长期的战略观点看，是十分不利的，必须适时向集约型经济转变。如若不然，到一定限度，这些负面效应必将日益严重和表面化，经济发展就可能陷入难以解脱的困境。由于长期保持粗放型经济不能改变而大吃苦头的实例不是没有的。最突出的就是前苏联。前苏联的经济长期内基本上是粗放型的，虽然它也掌握某些高精尖技术，但主要用于军工生产，民用生产技术落后，再加上经济体制僵化，管理不善，妨碍生产力的发展，生产浪费极大，产品档次不高。这些严重弊病早已存在。对此，前苏联领导者并非没有觉察。还在20世纪60年代末70年代初，前苏联就提出了改变粗放经济为集约化经济的任务，并曾为此作出一系列决议和决定，但如同经济体制改革一样，这个经济转型，直到苏联解体，仍然未能实现。苏联解体的原因是多方面的，论者提到最多的是经济体制改革的失败，但除此之外，经济转型的不成功，也是一个重要原因。这二者结合在一起，对前苏联的经济起了"促退"作用，与发达资本主义国家的经济技术差距愈益扩大，人民生活也得不到应有的改善，引起了人民的不满和社会的不稳，终致发生政治剧变和联盟解体，苏联的教训值得深刻记取。

三　生产方式的根本性变革

经济不发达的国家在一定发展阶段，经济必然是粗放型的，这是由它的客观条件所决定的。这个道理上面已作了阐述。但是，这并不是说人们不能进行努力，采取适当的、有力的战略措施，缩短粗放型生产延续的时间，促使经济尽快从粗放型向集约型转变。

要实现经济的转型，最根本的是要进行经济体制的改革。在我国，则是从旧体制转变为新的市场经济体制，充分发挥市场对资源配置的作用，同时加强和完善政府对经济的宏观调控，使企业管理走上科学化轨道。这样，才能不断提高劳动生产率和经济效益，经济才能逐步从粗放型向集约型转变。本来，改革就是为了解放和发展生产力，就是为了提高经济效益，促进经济现代化，并在此基础上改善人民的生活。所以离开体制改革就谈不到经济的转型。试看那些从粗放型经济向集约型经济转变比较成功的国家，如韩国、新加坡等，莫不是不断进行经济体制的改革和完善。

但是，经济方式的转型和经济体制的转轨，毕竟是两件事，它们要解决的矛盾不同，不能混为一谈。不能认为只要进行体制改革，就自然会实现经济从粗放到集约的转型。为了实现"转型"，在进行经济体制改革的同时，还必须在以下几方面作出特殊的努力。

1. 大力促进科学技术的研究与开发，并注重先进科技成果在生产中的应用。这是提高劳动生产率、降低生产成本、减少单位产品原材料消耗、提高产品质量的关键，是生产现代化的关键。我国的科学技术事业发展很快，在某些重要领域已接近或赶上了国际先进水平。但总的来说，特别是先进科技成果在生产中的应用和推广方面，还远远落后于发达国家。当然，我们可以也应当引进外国的先进技术，但如果本国的科技力量薄弱，对外国技术也难以很好地加以利用、消化和创新。总之，不大力发展本国的科技事业，不掌握先进的生产技术，经济的集约化是谈不上的。

2. 十分重视发展教育和培训事业，提高劳动者的素质，培养出大批高水平的专业人才，包括科学家、工程师、设计师、经济师和其他专家。因为生产是人来进行的，科学技术的研究、开发和应用也是要人来进行的。人是生产力中最活跃的因素。而现代化的生产需要的是具有现代化的意识和才能的人。同样的工作，让受过高等教育的人来承担，其效果与只有初等文化水平的人自然大不相同。更何况现代生产过程中，有些工作岗位绝不是普通的工人所能胜任的。我国的教育事业虽有了长足发展，但距客观形势要求还相差很远，劳动者素质也并不高，如美国成人中，受过高等教育的人约占45%，日本大致也是这个水平，而我国只占3%—4%，相差甚远。我国的科学家和各类专家人数也远远不敷需要。而我国每年用于教育的开支仅占国内生产总值的2.5%，这个比重在发展中国家中也是低的。这种情况如不改变，经济转型也是不可能的。

3. 注重提高经济管理水平。这里既包括各级政府从事经济工作的干部，也包括企业经济人员。生产率和经济效益的提高，除了采用先进科学技术成果和提高劳动者素质外，就是提高管理水平。现代化经济和现代化生产的管理是专门的科学，要求掌握这门科学的有才干的专家来担任。我国近十多年来改革开放的重大成果之一，是在各级政府以及国营企业、乡镇企业和其他企业中，涌现了一批新的、专家型的经济工作干部和企业家，他们是我国经济从粗放向集约转型的实践者和推动者。但是，这还很不够，还必须进一步提高管理水平和进一步扩大合格的管理人员队伍。这是实现经济转型的重要条件之一。

4. 要制定和实行适当的产业政策，在促进各类产业协调发展的同时，重点发展技术密集型和知识密集型产业，特别是发展高技术产业。目前发达国家正在掀起新的科技革命高潮，正在高科技的研究开发和高科技产业的发展方面展开激烈的竞赛。信息高速公路的建设，电子计算机的普遍应用，航空航天领域的开拓，生物工程的发展，新材料的发现，都在促进全新产业的形成。我国也应努力建立和发展这些新产业，使我们既有劳动密集型产业，也有资本密集型产业，同时又有技术密集型产业，包括高技术产业，从而使我国产业结构既多样化、多层次化，又不断升级。这是我国生产现代化的要求，也是经济从粗放向集约转型的要求。

5. 在全国实行产业多样化和不断升级的同时，各地区还必须按照各自的实际条件，逐步实行生产的相对专业化。地区生产专业化分工，是生产现代化的必由之路和必然结果。各地区都有自己的特殊性和不同条件，都应充分发挥本地区的优势，并在此基础上形成有本地区特色的产业结构，以与其他地区进行分工合作。只有这样，无论从全国看，或从各地区看，生产效益才都能提高，从而逐步改变生产的粗放性，向集约型经济转变。我国地域广大，各地区情况差别极大，如果不找出自己的优势所在，只是盲目地"上项目"，别的地区生产什么，自己也跟着生产什么，结果，既无规模效益，也无质量效益，产品只能是成本高，质量低，这不仅是粗放型生产，而且是极大的浪费。

6. 不断扩大对外开放，使国内经济逐步与世界经济接轨，让企业不仅面向本地区市场和国内市场，而且面向世界市场，在世界市场的竞争中去经风雨，见世面。另一方面，继续大力引进外资，特别是吸引那些能带来高技术的大型跨国公司的投资，给予外商以"国民待遇"，让本国企业与它们进行平等竞争。这些，对我国当然是一种很大的压力，甚至有很大的风险，但它却能促使我国各级政府和企业都加倍努力，锐意进取，奋发图强，提高质量，增进效益，加强竞争力，从而加快经济从粗放向集约的转型。

为了促进经济的转型，除以上几方面的努力外，最重要的是必须在人们的思想观念上有一个大转变。因为在发展中国家中，粗放型生产仿佛有一种"惯性"，在人们的思想观念中，也似乎有一种"惯性"，认为把产值、产量搞上去，保持高增长速度，才是最重要的。而进行这种粗放型生产，也比较容易取得成绩。而要向集约型经济转变，则要困难得多。不仅如此，有些人与实行集约型经济的要求不相适应，或者不具备实行集约型经济的条件，他们思想保守，不知道采用先进科学技术成果和实行科学管理方法的重要性和必要性，不懂得必须在提高效益和质量的基础上求发展，这些人对长期保持粗放型生产的负面效应和消极后果，也没有深切的理解和感受。所有这一切，无形中就形成了对经济转型的巨大阻力。克服这种阻力，就必须改变人们的思想观念。我国经济体制改革的步步深入，就伴随着人们思想观念的巨大改变。同样，从粗放到集约的转型，也需要有人们思想观念的大转变。改革开放以来，我国把经济工作作为各项工作的中心。目前，则应以效益和质量的提高为中心，并对效益和质量要求，提出一套科学的、明确的指标，把它放在数量指标的前面。检查和评定经济工作成绩，首先要看这些效益和质量指标的完成情况。总之，要从走惯了的老路转上新路，必然会有不小的困难，需要花大力气来克服。

（原载《经济评论》1995年第6期）

经济全球化与我国经济发展中若干战略性问题

我国 20 年的改革开放，取得了伟大的成就，也使我国经济日益密切地与世界经济结合起来。在 21 世纪即将来临之际，世界经济正处在大动荡、大调整和大转变之中，这种动荡、调整和转变，在很大程度上都与经济全球化相关联。因此，我国今后经济发展中的一些重大战略性问题，固然必须从本国的实际情况出发，但也须从世界经济形势的特点出发，特别是从经济全球化不断加强的角度，来正确认识和妥善处理。

经济全球化，意味着各民族国家经济互相密切依赖，结合成全球经济的整体。这个过程的根本动力，是生产力的新飞跃，其标志，就是 20 世纪 70 年代以来，以信息技术为中心的高科技的突飞猛进。生产力的新飞跃，导致国际分工的进一步深化，世界市场在深度和广度两方面的开拓，世界贸易、世界金融和世界资本的流动加速，规模空前扩大。例如，世界商品出口总额已从 1980 年的 20038 亿美元增加到 1995 年的 51448 亿美元，1998 年估计已近 7 万亿美元。同期，世界对外直接投资额从 520 亿美元增加到约 4000 亿美元。在经济全球化过程中，经济的信息化和自由化起了重要促进作用。

经济全球化是世界经济发展的新阶段，它本身又是一个历史过程。目前，这个过程尚远未完结，21世纪将是经济全球化进一步大发展的时期。

应当指出，在当代经济全球化过程中，发达资本主义国家占有主导地位。这是因为，美、欧、日等发达国家的科学技术水平领先于世界其他国家；其市场高度发达；经济信息化和贸易、投资自由化，也主要是由这些国家所推动的；这些发达国家在世界经济（国民生产总值）中，约占四分之三以上；它们在世界贸易、金融和对外投资中，同样占有重大份额；跨国公司绝大多数是这些国家的；这些国家在国际经济组织中占支配地位，世界经济贸易运行的规则，主要是按它们的意志、从它们的利益出发制定的。因此，在当今的经济全球化潮流中，发达国家起着推动和主导作用，而广大发展中国家，在一定程度上说，是被卷入的。不管你愿意或不愿意，你必须面对它、接受它。当然，这并不是说，发展中国家在经济全球化中注定是被动的。它们有可能以积极的姿态，投身于经济全球化的大潮之中，利用其所提供的机遇，发挥自身的优势，加快经济的发展。事实上，90年代以来，发展中国家作为一个总体来看，在全球经济中的地位有所提高，其作用也有所加强。

经济全球化趋势出现后，其利弊问题，特别是对发展中国家的利弊问题，成了人们关注和热烈讨论的问题之一。起初，多数人都认为，经济全球化是生产力高度发展的结果，它反过来，又可能在全球范围内促进资源的有效（有人甚至说是"最佳"）配置，促进生产率的迅速提高和经济的普遍发展。因此，它具有极大的积极作用。但是，人们很快就发现，经济全球化，除了对各国的发展提供一定机遇之外，还有可能带来巨大的风险和挑战。

特别是在当前不公正、不平等、不合理的国际经济旧秩序仍然存在的情况下，对于发展中国家来说，应在抓住机遇、利用其有利条件的同时，更应警惕和尽可能避免其可能带来的不利方面。这些不利方面，简而言之，就是经济全球化使发展中国家在全球市场竞争中处于不利地位；以出口初级产品为主的发展中国家，很容易受市场价格波动的影响；出口制成品的国家，又可能受到发达国家以种种借口而实行的限制；本国市场的开放，还可能使新兴产业的发展遭受遏制；金融自由化，更可能使一些国家和地区遭受金融风暴的袭击。当然，经济全球化的利弊，它可能带来的机遇和风险，都只是"可能性"，要成为现实，需要一定条件。这种条件，主要在于各国本身经济素质是否健康、稳定，基础是否牢固，战略和方针、政策是否得当。

东亚地区近二十多年来经济的快速发展和1997年夏季所发生的严重金融危机，是经济全球化对发展中国家和地区可能带来的正反两方面影响的最新也是最明显的例证。二十多年来，东亚国家和地区，抓住经济全球化的有利时机，采取发展市场经济，实行对外开放，加强本地区内部和本地区与世界其他各地区之间的经济、贸易、科技合作的战略，大力促进出口贸易，大量引进外资和外国技术设备，并与本国廉价劳动力和高储蓄率、高投资率等优势相结合，促进了经济快速发展，经济水平迅速提高，国际经济地位不断加强。但是，随着时间的推移，为这种大好形势所掩盖着的一些消极因素也在发展，如经济结构的调整不力，出口产品竞争力下降，资本自由化步调过急，对外资缺乏应有的管理和控制，对金融系统的监管不严，对官商勾结、权钱交易、贪污腐败惩治不严，甚至任其发展等等。存在着这些严重的缺陷和"漏洞"，自然难以抵御世界性金融投机狂潮的冲击，一场来势猛烈的金融危机终于爆发。金融危机又转为全面性经济危机。多年来发展取得的成果损失惨重。东亚金融危机的冲击波又迅速扩散到全世界，我国也受到了严重的影响。我们应从东亚金融危机中吸取深刻的教训，对经济全球化可能产生的利弊有清醒和全面的认识，并从我国的实际出发，对一些具有战略性的问题，进行必要的反思。

1. 我国实行改革开放 20 年来，对外贸易以高于国内生产总值一倍的速度增长。目前，我国的出口总额已占国内生产总值的 20% 以上，这个比例在世界各大国中是很高的。今后我国在继续扩大出口的同时，应一方面大力调整出口产品结构，更多地出口附加值高的产品；另一方面，更应大力发展国内市场，特别应发展广大农村市场和中西部市场。这样，既可促进我国农业现代化、农村地区城市化和中西部相对落后地区的加快发展，缩小城乡差别和东部沿海地区与中西部地区的差别，又可使我国经济的发展更牢固地建立在国内外两个市场和两方面资源的基础之上，使经济发展获得更大和更可靠的推动力。

2. 我国 20 年来，积极引进外资，主要是外国直接投资。近几年来，我国每年引进外资的协议额均在 400 亿美元以上，是世界上仅次于美国的对外直接投资的大吸纳国。大量外资进入我国，弥补了我国资金的不足，为我国带来了新技术，促进了我国一系列新产业和新产品生产的发展和基础设施的建设，成为我国经济增长的另一大推动力。鉴于东亚金融危机的教训，我国在继续实行鼓励外资政策的同时，也应加强对外资的引导和管理，制止外商以各种方法逃税；鼓励外资投向高技术产业和帮助我国企业进行技术改造；鼓励外资更多地投向中西部地区；特别是继续控制短期资本向我国的自由流动。

3. 东亚金融危机，使我们更加深刻地认识到，金融是关系整个国民经济健康发展的关键部门。发展市场经济，不能不发展金融市场。我国金融市场尚远未充分发展。今后应把发展金融市场提高到战略高度来认识。但在发展金融市场的同时，必须加强对金融和银行体系的监管，使其不断臻于健全、完善；必须防止形成金融泡沫；必须对金融投机活动进行抑制。

4. 我国是一个发展中国家，我们当然希望逐步缩小与发达国家的差距，逐步赶上和超过发达国家。为此，就必须加快前进步伐，有更高些的增长率。但我国的战略目标，是在21世纪中期达到中等国家水平，不能不顾国力，急于求成，硬要实行超高速增长。从1979年到1997年，我国国内生产总值年均增长率高达9.8%。根据我国国内外实际情况，今后年增长率势必要低一些，在7%左右是较适当的。与此同时，我们应把工作的重点放在提高经济素质上。应看到，我国与发达国家的经济差距，主要是素质方面的差距，而为提高素质，就必须大力调整经济结构，促进产业结构的不断升级，提高劳动生产率和要素生产率，提高产品质量，提高经济效益，增强国际竞争力。

5. 目前，发达国家正在实行从工业经济向知识经济的转变。知识经济是更高级的经济形态，它与工业经济相比，具有一系列新的特征和优势。我国目前尚处在工业化的中期，我们必须完成工业化。但是，我们又不能走发达国家走过的老路，用一百多年的时间完成工业化，再用一百多年提高工业发展水平，然后才向知识经济转变。我们有必要也有可能在完成工业化的同时，着手发展知识经济。这是一种迎头赶上的战略。当然，这样做，要求我们付出更大的努力，主要是以更大的力量实施科教兴国战略。

6. 保障经济安全，是我国面临的又一个新的具有战略意义的课题。经济安全概念，在西方，早在80年代初就已提出。但过去我们没有认真考虑这个问题，缺乏经济安全观念。经济全球化越加强，保障经济安全的任务越迫切。事实上，目前我国经济发展中，早已存在着一系列可能危及经济安全的因素，如国有企业的大面积亏损，大量职工下岗，社会收入分配差距的扩大，地区经济发展不平衡的加剧，环境和生态的破坏，水资源的短缺，官商勾结和贪污腐败的蔓延，假冒伪劣产品的屡禁不止等等。这些消极和具有破坏性因素的滋长，不仅会严重威胁经济安全，而且会造成社会的不稳定。如果遭到来自外部的某种冲击，还可能引发深刻的动荡和危机。如何加强经济安全问题的研究，建立经济安全预警体制，采取必要措施，保障经济安全，是我国当前的一项重大任务。

（原载《理论视野》1999 年第 2 期）

对外开放与建设有中国特色社会主义

——中国"入世"之际的思考

我国实行改革开放已二十多年,这一时期,我国经济发展取得了伟大成就,举世瞩目。目前,我们正在跨入新的千年和新的世纪,我国即将加入世界贸易组织。"入世"将进一步促进我国的改革和对外开放,我国的对外开放将进入一个新阶段。此刻,从理论与实践的结合上,对有关对外开放与建设有中国特色的社会主义的一些基本问题,进行再探讨、再认识是有必要的。

社会主义是开放的体系

我国实行对外开放,绝不是一时的权宜之计,而是我国建设社会主义所必须实行的基本方针和基本政策。实行这种方针政策的具体措施、方法,不同时期可能不同,但作为基本方针政策,它是不会变的。

社会主义,无论是作为一种思想体系,或者是一种社会制度,都是开放的,开放性是社会主义的本质特征之一。无论是社会主义的经济、社会或文化,都是对外开放的,而不是封闭的。

以社会主义经济来说，它就应该是向世界市场开放，与世界市场接轨，与其他国家经济相互依存，与世界经济融为一体的。

在这一点上，社会主义与资本主义是一样的。资本主义也是开放的。只有封建主义才是封闭的。当然，社会主义的对外开放与资本主义也有本质的区别，即资本主义的对外开放，始终贯穿着资产阶级的"原则"和目标，那就是对外扩张，对他国进行侵略、控制、支配、压迫，以便开辟和扩大资本积累的源泉，使自己不断发财致富。而社会主义的对外开放，则以社会主义的原则作指导，即平等互利，以求得各国和全世界的共同发展。

社会主义为什么本质上是开放的？因为它和资本主义一样，都是由现代生产力所推动的，以现代大生产为基础的。封建主义则不同，它是以小生产为基础的、传统的农业社会，其经济基本上是自给自足的。这种低下的生产力和传统的社会经济，自然不可能是对外开放的。当然，在长期的封建社会，也并不是没有过对外交往。例如，中国汉朝就有过与西域的交往，并开辟了著名的丝绸之路；在封建社会鼎盛的唐代，更是对外交往频繁；明朝开国后不久，就有郑和七次"下西洋"的壮举。所有这一切，对发展中国与外国的经济文化交往，都起到了一定的促进作用。但这些活动，都只是一时的、局部的，不是经常的、一贯的、全面的，封建社会从总体上说，仍然是保守的、封闭的。这种情况，一直延续到清朝，并没有改变。其他国家在封建主义时期，也是一样。如欧洲，直到15世纪，仍是封建社会，虽也有对外交往，但没有对外开放。1492年，哥伦布远航到达美洲，比郑和下西洋晚了87年，当时支持他进行这次航行的西班牙，仍然是封建专制国家，其目的是到海外去寻找金银和其他财宝。新大陆的发现，为以后世界市场的形成作了准备，但世界市场的最终形成，是在以后几百年的事。

真正的对外开放,是资本主义制度建立后,特别是伴随着产业革命才有的。产业革命促进了现代大机器工业的迅速发展,先进的资本主义国家,首先是英国,现代工业(主要是纺织业)迅速发展,要从国外获得所需的各种原料,也要到国外去销售产品。这样,世界市场才真正建立起来。英国的国内经济才与世界联系起来。可见,对外开放,是生产力发展到一定高度的产物,是生产社会化扩大到世界范围的体现,是国内市场扩大为世界市场的结果。这是社会历史前进的必然,是合乎客观规律的现象,是不以人们的意志为转移的。

资本主义早期的对外开放,主要形式是发展对外商品贸易。不久,资本的国际流动也发展起来,先是信贷资本的海外投资,后是生产资本的海外投资,都不断扩大。到了今天,资本主义的国际贸易和国际资本流动、信息交流、科学技术转让、劳动力和人才的流动,都达到了空前的规模。资本主义经济的发展史,也就是不断对外扩张的历史,通过对外扩张,资本主义从不发达走向发达,从不成熟走向成熟,从低级阶段走向高级阶段。资本主义通过不断对外扩张,不断从外部获取巨额财富,获取其生命力的源泉,从而不断发展。

从资本主义对外开放的历史回顾中可知,对外开放有两个前提条件:一是生产力发展到一定的高度,这是最根本的条件;二是市场的扩大,超越国界,形成了世界市场,这是派生的条件。

社会主义是比资本主义更先进、更合理的社会制度。它同样是建立在先进生产力和现代大生产基础上的,同时,它又为生产力的解放和发展提供了更大的可能性。社会主义经济也应是市场经济,并融入世界市场。因此,社会主义也必然是对外开放的。

历史的经验教训

然而，社会主义国家，无论是十月革命胜利后的苏联，还是全国解放后的新中国以及其他社会主义国家，都是生产力比较落后，或是很落后的国家，但这绝不能作为自我封闭的理由，恰恰相反，它们更应当在可能的条件下，实行对外开放，以促进社会生产力的发展。俄国在十月革命胜利后，开始进行建设时，列宁曾提出过新经济政策，其中就包括对外开放的内容，例如，他建议实行租让制，"把一些矿山、森林区、油田等等租给外国资本家，以便从他们那里获得能加速恢复苏维埃大工业的补充装备和机器"[1]。他特别强调向外国学习，认为不学习外国（包括资本主义国家）一切有益的文明成果，就不能建成社会主义。他说："我们不能设想，除了以庞大的资本主义文化所获得的一切经验为基础的社会主义之外，还有别的什么社会主义。"[2] 他还认为，这一切不仅是必要的，也是可能的，因为"有一种力量胜过任何一个跟我们敌对的政府或阶级的愿望、意志和决定，这种力量就是世界共同的经济关系。正是这种关系迫使它们走上这条同我们往来的道路"[3]。但后来，苏联走了弯路。20世纪30年代，本来是苏联加快发展的最好时机，当时资本主义世界陷入大危机的深渊，资本家为了寻找出路，愿意与苏联发展经济贸易关系。当时苏联也从美国引进了一些先进技术，如福特汽车的生产线，建立起了汽车工业。但苏联并未把对外开放作为其基本国策。它发

---

[1] 《列宁选集》第4卷，人民出版社1972年版，第548页。
[2] 《列宁全集》第27卷，人民出版社1985年版，第285页。
[3] 《列宁全集》第42卷，人民出版社1987年版，第332页。

展对外经济关系，并不是一贯的，其基本倾向，仍然是只强调依靠本国力量，而且由于国内经济仍然是计划经济体制，仍然基本上是对外封闭的，缺乏创新力和竞争力，经济和科技的发展落后于西方。

苏联长期处于封闭状态，没有实行对外开放，与二战后东西方持续冷战有关，与西方国家对苏联的长期封锁有关，但也与苏联本身实行高度集中的计划经济体制有关。计划经济与市场经济是两种根本不同的体制，实行计划经济，排除市场发展的可能性，也就不能对外开放。除此之外，苏联长期实行自我封闭，更与其指导思想的偏差和错误有关。二战结束后，东西方冷战格局形成，在这种形势下，斯大林提出了两个平行的世界市场的理论，认为社会主义国家通过互助合作，可以实现共同经济高涨，不需要从资本主义国家输入商品。这种理论，一方面过高地估计了社会主义国家互助合作的作用；另一方面，引导社会主义国家集体与西方世界市场隔绝。诚然，二战结束后不久，苏联就建立了以它为中心的包括东欧国家在内的"经互会"。但经互会各成员国实行的都是计划经济，它们之间的相互关系，也是由计划规定的。它并没有形成一个市场体系，更不可能与世界市场接轨，它只能说是一个扩大的和集体的计划经济和对外封闭的体系。经互会虽然持续存在直到东欧剧变和苏联解体，但它对各成员国经济的发展，并没有起多大积极作用，各国经济依然落后，而且与西方发达国家的差距越来越大。

在这方面，我国也有深刻的教训。新中国成立前夕，毛泽东曾发表《论人民民主专政》，提出要与资本主义国家做买卖。但实际上，除了面向苏联之外，与西方的经济贸易关系很少发展。其客观原因，是以美国为首的西方国家长期实行对我国封锁的政策，企图扼杀我国；但也有主观原因，即对什么是社会主义，怎样建设社会主义,建设社会主义不能不实行对外开放等,缺乏深刻的、明确的认识,认为中国是个大国,靠自己的力量有可能建成社会主义。当时强调自力更生是不错的,但走到了一个极端,以致自我封闭,就成了偏差和错误,这种错误,在"文化大革命"的十年中,更达到无以复加的地步。20世纪五六十年代,正是世界经济大发展的时期,但我国在封闭状态下,不可能抓住这个时机,加快发展,结果,与其他一些国家相比,例如与韩国相比落后了一大截,更不用说与发达国家相比了。

党的十一届三中全会对过去那段时期的错误进行了纠正,确定了以经济建设为中心,实行改革开放的基本路线。从此,中国社会主义建设事业才走上了正轨。

邓小平同志总结了我国和外国建设社会主义的经验教训,建立了关于建设社会主义的完整理论体系,对外开放理论就是邓小平理论体系的重要组成部分。

邓小平同志在回答什么是社会主义,什么是马克思主义时,明确指出:"马克思主义最注重发展生产力","社会主义阶段的最根本任务就是发展生产力"。[①] "一切有利于发展社会生产力的方法,包括利用外资和引进先进技术,我们都采用。"[②] 他一再强调说:"要实现四个现代化,就要善于学习,大量取得国际上的帮助。要引进国际上的先进技术、先进装备,作为我们发展的起点。"[③] "三十几年的经验教训告诉我们,关起门来搞建设是不行的,发展不起来。"[④] 邓小平同志还对我国对外开放的国际环境、实行对外开放可能带来的问题以及在对外开放条件下,如何

[①] 《邓小平文选》第3卷,人民出版社1993年版,第63页。
[②] 同上书,第130页。
[③] 《邓小平文选》第2卷,人民出版社1994年版,第133页。
[④] 《邓小平文选》第3卷,人民出版社1993年版,第64页。

保证我国沿着社会主义道路前进等重要问题，一一作了精辟深刻的论述。

我国对外开放的国际环境

对外开放，不是对某个国家、某个地区的开放，而是对全世界全方位的开放。为了通过对外开放，获取我们所需要而我们自己又缺乏的东西，以促进我国经济的更快发展，首先就必须对我们的国际环境有清楚的、全面的认识。

纵观世界各国，它们都是在一定的国际环境中走出国门、走进世界的。时代不同，国际环境不同，对它们的影响自然也就不同。英国是最早走进世界的。当时它遇到的，都是些落后的国家和尚未开发的地区，英国殖民者虽然受到过一些抵抗，但总的说来，他们没有付出太大代价，就占领了大片殖民地，控制了整个世界市场。在英国之后走进世界的是法国、德国和美国。这些后来者所处的国际环境与英国当初已大不相同，主要是世界上已有了英国这样一个大帝国，它已占领了世界大部分领土和控制了世界大部分市场。法、德、美等国有可能从英国引进资金和技术，这对它们是有利的，但它们对外扩张，就必须面对英国的强大力量，与之进行斗争，这当然要作出极大的努力。但它们都在不同程度上取得了成功，最终赶上和超过了英国。在它们之后，又有俄国和日本开始进行改革、开放，向先进国家学习，走入世界。它们面对的国际环境更加复杂，主要是那些先进者已经把世界领土瓜分完毕，世界市场、投资场所和原料产地也都为它们所独占，然而，俄、日还是利用它们从欧美等先进国家学到的技术和管理经验，发展起来，成为那些先进国家的强大竞争对手。

第二次世界大战后，殖民地纷纷获得独立，成为发展中国家，它们面临着发展战略的抉择。最早采取外向型发展战略的，是东亚的韩国、新加坡以及中国的香港和台湾地区。当时正值二战后新的科学技术革命兴起、世界经济大发展的时期。这些国家和地区面向世界市场，有可能从西方吸收更多的资金、技术和生产设备，产品也有可能更多地进入这些国家的市场，从而大大促进了它们经济的发展和生产力水平的提高，在不太长的时间内，完成了工业化，成了新兴工业国家和地区。

我国的对外开放，是从20世纪70年代末开始的。从历史上看，大大晚于发达资本主义国家，也晚于新兴工业国家和地区。我国对外开放的国际环境，不仅与西方发达国家完全不同，与新兴工业化国家和地区相比，也并不一样。这是一个新的时代，也是一个新的国际环境。这个时代，世界的主要问题是和平与发展问题。二战后，美苏两个超级大国进行的冷战，到80年代，虽然双方仍在全力以赴，但均已显现精疲力竭的迹象，特别是苏联已难以支持。到80年代末，东欧剧变，随之苏联解体，冷战结束，世界和平与发展两大问题更加突出。虽然这两大问题并未完全解决，世界仍不太平，但世界和平已有了更大保障，各国有可能把更大力量集中于经济发展。这无疑对中国的经济建设十分有利。

当今的国际环境，从经济方面看，主要特点是经济全球化趋势的不断加强。经济全球化，并不是像有些人所说的那样，早已有之，而是80年代中期以后才开始出现的一种新现象。这时，有三个重大因素促成了经济全球化。一是经济信息化。80年代中期以后，个人电脑大普及，90年代初，因特网开始建设，并迅速铺向世界各地，通信卫星更是覆盖全球。信息化把世界各国、各地紧密地联系在一起，地球也似乎变小了，成了一个地球村。二是经济市场化。80年代后,中国以市场为导向的经济改革不断深入,对外开放不断扩大;东欧剧变和苏联解体后,它们向市场经济转轨,并力图与世界经济接轨;许多发展中国家也纷纷进行改革,发展市场经济,面向世界市场,过去世界市场那种人为分隔的状况已基本消除,形成了无所不包的统一的世界市场。各国经济都是市场经济,世界经济也是世界市场经济,实现了世界经济的市场化。三是经济自由化。第二次世界大战后,世界经济逐步趋向自由化。在这方面,西方国家,首先是美国从本国对外扩张的需要出发,大力推进经济贸易自由化。在推动贸易自由化方面,关税及贸易总协定(现世界贸易组织)也是功不可没。到80年代中期,关贸总协定已发动并完成了7轮多边贸易谈判。1986年开始的第8轮谈判,即乌拉圭回合谈判于1993年年底达成协议,通过这些谈判,各国关税已大大降低,非关税壁垒也已大为削减。虽然至今,各种名目的贸易保护主义仍然存在,但总的趋势是贸易自由化。此外,二战后金融管制也大大放松,资本流动也趋向自由化。经济自由化促进了各国间经济贸易的交往,使各国经济关系更加密切。

在以上各种因素的作用下,国际贸易、国际金融、国际直接投资、国际科技转让、国际信息交流的规模迅猛扩大,达到全球化程度。

但是,世界经济自从形成之后,就是少数资本主义国家占统治地位。十月革命后,世界上出现了社会主义国家,但世界经济仍然是由少数发达资本主义国家占主导地位。今天的经济全球化,仍然是西方发达国家占主导地位。这种主导地位,来自这些发达国家在科学技术特别是现代高科技方面的巨大优势;它们的经济规模在世界经济中占绝大比重;它们在国际贸易中的巨大份额;它们在国际金融和国际直接投资中的主体地位,以及它们的跨国公司的巨大实力和对全球经济的巨大影响力。到90年代，西方发达国家开始进入知识经济时代，这使它们在世界经济中的优势地位更加突出。

经济全球化是生产社会化在当今世界范围的新体现，从根本上说，它是生产力发展到今天这样空前高水平的结果；反过来，它又有可能促进生产力的进一步发展，从这一意义上说，经济全球化是有其历史的进步性的。

但是，由于经济全球化是由少数发达国家占主导地位的，这些国家有可能把经济全球化带来的利益，尽可能多地据为己有。当然，在它们中间，还要按科技和资本实力对这些利益进行分配。像美国这样的科技和资本实力最强大的国家，自当得到最大的利益。美国90年代以来经济发展出现过去少有的好形势，与它从经济全球化中得到最大利益是分不开的。

对包括我国在内的发展中国家来说，经济全球化既有利，也有弊；既是大好机遇，也带来严峻的挑战和风险。所谓利，就是在经济全球化条件下，各国经济依赖关系空前密切，发达国家对发展中国家的依赖性也比过去加强，主要是它们对发展中国家的市场依赖加强；在经济全球化条件下，国际商品和资本流动规模空前扩大，发展中国家有可能引进更多的外国直接投资和获得一定的信贷资本；有可能扩大国外销售市场；在经济全球化条件下，发展中国家有可能获得所需要的某些先进技术，有可能利用发达国家产业加快调整的机会，建立本国的某些新兴产业，甚至高技术产业。总之，发展中国家借助外部条件，发挥"后发优势"，促进发展的机会增多。而所谓弊，则主要是发达国家从它们的优势地位出发，对发展中国家实行歧视性政策，对发展中国家的商品出口设置种种障碍、壁垒、限制，甚至施加压力，进行制裁；它们还操纵某些商品，主要是初级产品和某些制成品的价格，使发展中国家受到损失；由发达国家所主导的金融市场，还时时掀起风浪，使发展中国家受到金融震荡的严重冲击，等等。发展中国家面对经济全球化的潮流，究竟能否抓住机遇，趋利避害，加快发展，关键在于自身经济是否健康，基础是否坚强，政策是否得当，措施是否得力。

我国自从实行改革开放以来，在党的正确领导下，取得了伟大成就，外贸不断扩大，到1999年，中国外贸进出口总额已高达3607亿美元；世界排名由1978年的第32位升为第10位；吸引外商投资不断增多，截至1999年12月底，中国政府累计批准外商投资项目341812个，合同外资金额6137.62亿美元，实际使用外资3078.51亿美元。最近5年，中国实际利用外商投资名列世界第二，仅次于美国；中国对外开放以来引进技术也是比较多的，据统计，自1979年至1998年，中国共引进技术27800项，合同总金额1054.8亿美元，分别相当于1950—1978年总和的32.9倍和8.8倍。这一切，对我国生产力的提高、工业化的进展、经济的快速增长、国民经济的技术改造、产业结构的调整和升级、国际竞争力的加强都起了重要作用。

但是，我国在经济全球化条件下，也遇到种种严峻挑战。这主要来自超级大国实行的经济霸权主义，以种种借口，对中国施加压力、限制和制裁，也来自世界市场的激烈竞争；还来自频繁发生的金融震荡和危机，特别是东亚金融危机的冲击。

然而，对中国来说，经济全球化的有利方面是主要的，我国实行对外开放，取得的积极成果是主要的。我们要取得更大的成果，要增强我国应付挑战的能力，也只有更充分地利用经济全球化的有利条件，进一步扩大对外开放，舍此别无其他出路。

加入 WTO 与建设有中国特色的社会主义

我国于 1986 年提出申请恢复我国的关贸总协定缔约国地位，1995 年 WTO 成立，我国又申请加入 WTO，到 1999 年 11 月 15 日，中美达成贸易协议，扫清了我国"入世"的最大障碍，"入世"即将实现。

我国为什么要加入 WTO？这应从 WTO 究竟是怎样的组织说起。

前面说过，世界经济是世界规模的市场经济，市场机制成为其运行的基础力量，市场自发力量在促进生产发展的同时，不可避免地带来混乱、失衡、动荡和危机，因而需要宏观调控。在一国内部，由各自政府进行宏观管理和调控，在世界范围内，也需要有一个国际协调机构，这就是 WTO。当然，WTO 与其他国际经济组织一样，并不是超国家组织，不是世界政府，它不过是由世界各成员国组成的国际经济协调组织。

WTO 的宗旨就是推进自由贸易、实行非歧视性公平贸易。其基本规则，包括自由竞争，排除行政干预和垄断；实行关税减让；非歧视性；取消数量限制；公平贸易；协商解决争端；各缔约国涉及对外经贸的政策、法令、条例、法规应有透明度。从 WTO 的这些基本原则看，它是公正的，对各缔约方都一视同仁，甚至对发展中国家还有特殊优惠的规定。但由于各国经济水平和竞争力相差悬殊，在同一规则面前，得失也不可能一样。然而，发展中国家加入 WTO，毕竟有可能利用享有的权利，争取应得到的利益，通过加强对外经济贸易关系，促进本国经济的发展。

对我国来说，加入 WTO 有以下积极作用：（1）有利于进一步扩大外贸出口。中国加入 WTO 后，可按照 WTO 的规则享有各成员国提供的最惠国待遇,有利于扩大产品出口,也可避免美国每年都由国会重新审议是否延长给中国最惠国待遇问题,还可减少其他成员国人为制造的、针对中国的反倾销起诉案,如再遇争端,可通过 WTO 争端仲裁机制来解决。(2) 有利于引进外资。中国加入 WTO,意味着中国进一步削减关税,从而使外商投资企业进口设备和原材料成本降低;中国加入 WTO,将加快给予外商投资企业国民待遇的进程,使外商企业与中国企业享有同等条件。这一切都将对外商投资产生更大的吸引力。(3) 有利于加强与发达国家建立更紧密的科技合作关系,更多地引进国外先进科技成果,促进我国高技术产业的发展和产业结构的升级。(4) 有利于促进我国经济实现两个根本转变。加入 WTO,使中国经济更快地与世界经济接轨,这对中国经济体制从计划经济向市场经济的转变和增长方式从粗放经营向集约化经营转变,都是一种新的契机,也是一种外部压力。(5) 有利于经济法治化建设。市场经济是法治经济。我国加入 WTO,一方面,国内经济立法要与国际经济立法和规则相协调;另一方面,要按 WTO 规则的要求,实行政策、法规、法令的公开化和增加透明度,这将促进我国经济立法的进程。(6) 有利于国内广大消费者。我国加入 WTO 后,国内市场竞争将更加激烈,广大消费者购买商品,将有更大选择余地,有可能买到更价廉物美的商品。

总之,我国实行改革开放,必然要加入 WTO;而加入 WTO,又将反过来促使我国进一步改革开放,使我国的改革开放进入一个新阶段,从而促进我国经济的发展。

加入 WTO,除有利方面外,也会有一些负面影响。首先,外国商品进口的增加,有可能影响我国国际收支的平衡。导致外汇储备减少,支付外债本息困难加大,进一步影响我国基建投资,影响我国经济安全。其次,外国产品大量进入我国市场,给我国某些产业部门带来一定的冲击,影响其迅速成长。某些效益不好的企业,尚未来得及通过改革实现扭亏,就可能被冲垮;在有些部门中,由于外国公司对主干企业控股不断扩大,有可能落入受制于人的境地。最后,中国加入WTO,在促进中国企业改革重组和产业结构调整的同时,也会造成相当数量员工失业。

我国加入WTO的上述有利方面和不利方面,还都是一种"可能性",要把获利的可能性变成现实,把受损的可能性减少到最小限度,关键在于我们对此要有清醒的认识、充分的准备和有效的措施。

我国加入WTO的上述有利和不利方面,还都只是从经济上看问题。除此之外,我国加入WTO,是一个重大的战略决策,因此,对其可能产生的影响,还必须从战略上加以考虑。

我国加入WTO,从战略上考虑,就是为了通过这一步骤,加快我国的发展,促进我国在21世纪中叶以前,实现第三步战略目标,使中国达到中等发达国家的水平,尽快实现工业化和现代化。这样,我国的综合国力就会显著增强,我国的国际地位和国际威望就会更大提高,我国也有可能为人类作出更大贡献。

西方国家对待中国加入WTO问题,除从它们现实的经济利益进行估量之外,也从战略上加以考虑。以美国来说,美国有一派力量,包括工会和国会中的反华势力,极力反对和力图阻挠中国加入WTO,他们认为,让中国"入世",中国某些商品大量进入美国市场和美国资本更多地向中国投资,会影响美国某些产业部门的就业,但除此之外,更重要的是,他们唯恐中国"入世"后,中国经济力量更加强大,有朝一日会构成对美国的威胁。美国另一派观点与此相反,极力主张让中国"入世",认为这对美国的农场主、工业企业、银行家和投资商都有利。但除此之外,他们也从战略上考虑,认为让中国加入WTO,就可能把中国纳入以西方为主导的世界体系之中,就有更大的可能对中国的改革施加影响,有更大可能向中国的经济、政治、社会、思想、文化等各领域进行渗透,一句话,加强对中国的西化和分化。

中国"入世"即将成为现实。我们应对"入世"后将面临的新问题以及"入世"后可能受到的各种影响,有清醒的认识。我们认为,中国的"入世"是大势所趋,对中国利大于弊,对WTO各成员也同样是利大于弊,中国"入世"对中国和WTO各成员都是双赢。对于西方国家可能对我们加强西化攻势,只要我们党和国家的机体是健康的,我们对外来的东西有鉴别取舍的能力,对消极的东西有抵制的能力,我们就会在社会主义的道路上胜利前进。邓小平同志曾多次要求我们更加开放。例如1987年,他在一次讲话中说:"我们要继续开放,更加开放。因为我们的承受能力比较大,加上我们有正确的政策,即使有一些消极的东西也不会影响我们社会主义制度的根本。"[1] 在1989年5月,他又说:"我们要开放,不能收,要比过去更开放。不开放就发展不起来。……总之,改革开放要更大胆一些。"[2] 在我国即将"入世"时,重温邓小平同志的这些讲话,使我们受到更大的鼓舞,对社会主义的信念更加增强。

(原载《世界经济与政治》2000年第6期)

---

[1] 《邓小平文选》第3卷,人民出版社1993年版,第202页。
[2] 同上书,第297页。

作者主要论著目录

一 专著

1. 《第三世界论》（独著），世界知识出版社1993年版。

2. 《当代资本主义的新发展》（独著），经济科学出版社1998年版。

3. 《当代国际垄断——巨型跨国公司综论》（独著），上海财经大学出版社2002年版。

4. 《西欧政治经济概论》（主编），高等教育出版社1987年版。

5. 《西欧社会保障制度》（主编），中国社会科学出版社1989年版。

6. 《当代资本主义世界经济发展史略》（主编），社会科学文献出版社1991年版。

7. 《世界格局与中国发展战略》（主编），江西人民出版社1993年版。

8. 《当代资本主义论》（主编），社会科学文献出版社1993年版。

9. 《有中国特色的社会主义与当代世界》（主编之一），世界知识出版社1997年版。

10. 《世界经济学新编》（主编），经济科学出版社2000年版。

11. 《经济全球化、地区化与中国》（主编之一），中共中央党校出版社2000年版。

12. 《经济全球化新论》（主编），中国社会科学出版社2005年版。

13. 《经济学与经济政策》（译

著),作者英国阿·凯恩克劳斯,商务印书馆1990年版。

二 论文

1.《"人民资本主义"的谬论与美国的现实》,《经济研究》1960年第7—8期。

2.《美国国民经济军事化及其后果》,《经济研究》1962年第4期。

3.《美国垄断资本集团的种族歧视》,《新建设》1963年1月。

4.《国家垄断资本主义是资本主义发展的新阶段》,《世界经济》1978年第1期。

5.《对第二次世界大战后主要资本主义国家经济发展的一些看法》,《世界经济》1980年第1期。

6.《怎样理解"帝国主义是垂死的资本主义"》,《北京大学学报》1980年第2期。

7.《国家垄断资本主义与资本主义国家经济的发展》,《红旗》1980年第10期。

8.《读布哈林的〈帝国主义与世界经济〉》,《世界经济》1981年第2期。

9.《从战后美国政府干预经济的实践看里根政府的经济政策》,《世界经济》1981年第5期。

10.《关于当代资本输出的若干理论问题》,《北京大学学报》1982年第1期。

11.《对帝国主义的垂死性的认识》,《中国社会科学》1983年第5期。

12.《发展中国家的经济社会发展战略及其调整》1983年第5期。

13.《新的技术革命与西方经济的发展》,《社会科学战线》1984年3月。

14.《评"依附论"》,《北京大学学报》1985年第6期。

15.《关于福利国家的一些认识》,《西欧研究》1986年第1期。

16.《新技术革命与现代资本主义经济的发展趋势》,《世界经济文汇》1986年第1期。

17.《对未来的抉择》,《未来与发展》1986年第1期。

18.《产业结构与经济发展战略》,《学习与研究》1986年8月。

19.《开展长期未来研究,放眼二十一世纪》,《未来与发展》1987年第1期。

20.《论当代资本主义世界结构性经济危机》,《中国社会科学》1987年第3期。

21.《对资本主义基本矛盾的再认识》,《中国社会科学》1989年第1期。

22.《第三世界国家发展道路的再思考》,《现代经济文化》1990年。

23.《发展中国家的债务、资金外流和贸易条件》,《PUGWASH北京会议论文集》1991年。

24.《科技革命新高潮与资本主义经济若干结构性变化》,《管理世界》1991年。

25.《世界格局的变化与第三世界》,《世界经济》1992年第1期。

26.《欧洲货币危机与西方经济形势》,《FOREIGN AFFAIRS JOURNAL》1993年3月。

27.《我国经济改革、开放和发展的若干国际比较》,《经济评论》1994年第6期。

28.《现阶段发达资本主义国家的经济发展模式》,《经济社会体制比较》1994年第6期。

29.《西方大国经济发展不平衡的新变化》,《管理世界》1994年第4期。

30.《发达资本主义国家经济的重大变化》,《经济学家》1994年8月。

31.《世界经济全球化、地区化与中国的发展机遇》,《管理世界》1995年第1期。

32.《论经济全球化》,《中国社会科学》1995年第1期。

33.《"后发资本主义"刍议》,《太平洋学报》1995年第3期。

34.《经济增长方式从粗放型向集约型的转变》,《经济评论》1995年第6期。

35.《两种不同社会制度国家之间的关系》,《当代世界与社会主义》1996年第1期。

36.《经济全球化的新发展和问题》,《世界经济》1996年第11期。

37.《半个世纪世界经济发展的若干启示》,《经济评论》1996年第5期。

38.《西方经济改革和经济模式的变化》,《经济社会体制比较》1997年第1期。

39.《资本主义百年回眸》,《高校社会科学研究和理论教学》

1998年第5期。

40.《西方经济信息化中的结构性问题》,《世界经济与政治》1998年第5期。

41.《当前资本主义发展的两种趋势》,《太平洋学报》1998年第1期。

42.《当代资本主义的新发展》,《中国社会科学》1998年第1期。

43.《发展中国家应适应全球化大趋势》,《WORLD ECONOMY AND CHINA》1998年第2期。

44.《论经济地区化》,《太平洋学报》1999年第2期。

45.《经济全球化与我国经济发展中若干战略性问题》,《理论视野》1999年第2期。

46.《对外开放与建设有中国特色社会主义——中国"入世"之际的思考》,《世界经济与政治》2000年第6期。

47.《从经济全球化看当代资本主义的本质和趋势》(笔名月异),《求是》2000年第7期。

48.《当前全球企业兼并热潮评析》(笔名月异),《求是》2000年第2期。

49.《关于世界经济学研究对象的一些意见》,《世界经济》2000年第3期。

50.《世纪更迭看世界经济——特点和问题》,《世界发展状况》2001年5月。

51.《当代资本主义发展中的若干问题》,《当代思潮》2002年12月。

52.《经济全球化与世界社会主义的前景》,《理论视野》2003年第2期。

作者年表

李琮,男,汉族。籍贯:河北省丰润县。

1928 年

1月10日,生于辽宁省锦州市。随父母到河北省唐山东铁路(今京沈路)沿线车站后封台和石门站度过童年。

1936 年

随全家到天津,入觉民小学读书。

1937 年

"七七事变"爆发后,随家回故乡河北省丰润县西欢坨村,在本村和新军屯镇小学上学。

1940 年

举家迁唐山市。在唐山扶轮小学上学,至小学毕业。同年秋,考入唐山市丰滦中学(现唐山市第一中学)。

1940—1946 年

在唐山市丰滦中学读初中和高中至毕业。初中时喜爱文学,高中时偏重理科。

1946 年

夏,报考唐山交通大学、天津北洋大学、北平师范大学、北平清华大学,均以优异成绩被录取。入清华大学电机工程系。

12月底,参加北平学生抗议美军强奸北大女生的"抗暴"大游行。此后,积极参加北平历次学生运动,直至1948年秋清华园解放。

1948 年

加入"民主青年联盟"。

1949 年

8月17日加入中国共产党。

1950 年

5—6 月，在北京石景山发电厂进行毕业实习。

7 月，参加在原辅仁大学礼堂举行的新中国成立后北京首批大学毕业生集会。周恩来总理会见全体毕业生并讲话，要求毕业生服从组织分配。

9 月，被分配到北京俄文专修学校第 16 班，学习俄文三年。

1953 年

7 月，俄专毕业后，被分配到国家计划委员会"专家联络工作室"做俄文翻译工作，任翻译组副组长。

12 月，与季丰结婚。她是江苏人，中共中央编译局翻译。

1956 年

7 月，随李富春副总理率领的政府代表团赴莫斯科，为代表团翻译，在苏联约一个月。

10 月，调至国家计委世界经济局做研究工作，主要研究美国经济。

1957 年

夏，在《光明日报》发表"关于美国经济危机"一文，是本人发表的"处女作"。

1958 年

7 月，任中国科学院哲学社会科学部经济研究所资本主义经济研究组组长（计委世界经济局合并到中国科学院哲学社会科学部经济研究所，成为该所的一个研究室）。

夏，应邀赴石家庄，为河北省党校全体师生作"关于资本主义经济危机"的学术报告。这是本人第一次作学术报告。

1960—1962 年

参加中宣部组织的高等学校教材编写工作，本人参加世界经济教材编写组。

1963 年

春，与其他几位科研人员联名上书中宣部副部长周扬同志，建议加强国际问题研究，从速成立世界经济研究所。

11 月，被指定参加"中国科学院哲学社会科学部第四次学部委员扩大会"。会后毛泽东主席和中央其他领导同志于中南海接见全体与会人员，并合影留念。

1958—1963 年

先后在《经济研究》、《新建设》、《人民日报》发表有关美国经济问题的文章若干篇。

1964 年

6 月，世界经济研究所正式成立，本人被任命为该所发达资本主义研究组组长。

9月，与全所人员一道，赴辽宁省金县大孤山公社，参加"四清"运动。

1965 年

5月，"四清"工作结束。与新来所的青年大学生一起留原地劳动锻炼半年，被指定为劳动锻炼队队长。

1966 年

"文化大革命"开始不久，被"揪出"，住"牛棚"半年。

1969 年

年底进入学习班。不久，随学部全体人员下放干校，先后在河南信阳息县和明港两地，两年后回北京。

1977 年

中国社会科学院成立。次年，被任命为中国社会科学院世界经济研究所副所长。

1978 年

发表《国家垄断资本主义是资本主义发展的新阶段》一文。引起学术界对这一问题的重视和讨论。

1979 年

9月，率三人代表小组出席在埃及开罗召开的世界未来学第六次代表大会。回国后，根据于光远副院长指示，筹建中国未来研究会。

参与讨论制定世界经济研究工作长期规划的工作。

10月，参与接待英国学术院代表团的工作。代表团受到邓小平同志接见，后代表团赴西安、上海、苏州、杭州和广州访问，本人全程陪同。

在中国社会科学院研究生院第一届硕士生班主讲帝国主义论和国际经济关系。

12月被评定为研究员。

1980 年

年初，中国未来研究会成立，任副会长。当年7月，参加中国未来研究会代表团，应邀赴加拿大多伦多参加世界未来研究大会。

由外交部和中国社会科学院联合推荐，并由联合国秘书长提名，任联合国"发展规划研究会"委员，是我国在该委员会内的首任委员。

8—12月，作为中国社会科学院访问学者，在美国进行学术访问四个月。是中国社会科学院最早出国的学者之一。在美访问了有关政府部门、科研机构和著名高等院校，与多位学者和官方人士进行了学术交流。

被北京大学聘为特邀教授,讲授世界经济。

11月,参加联合国发展规划委员会的工作组,自纽约赴曼谷,与"亚太经委会"的专家举行研讨会。

1982年

调至中国社会科学院西欧研究所任副所长。1985年后,任该所所长。

1983年

3月,参加"北京南南会议"筹备工作,任大会副秘书长,并在会上发言。

夏,参加联合国发展规划委员会工作组,赴智利首都圣地亚哥出席拉美经委会会议。

5月,在《中国社会科学》杂志上发表《对帝国主义的垂死性的认识》。对这一传统论点提出质疑,引起一些学者的反对。胡乔木同志对此事作出批示。本人坚持自己的观点,并致函该杂志编辑部,申述个人意见,获多数学者的支持和赞同。

9月,应邀赴前南斯拉夫参加南北关系国际研讨会。

1984年

受日本经济学家京都大学教授市村真一先生邀请,赴日访问,在大阪和东京等地作关于中国经济改革和对外开放问题的报告多次。

与宦乡副院长一起赴斯里兰卡,出席东南亚发展国际研讨会。

1985年

率西欧所代表团赴联邦德国和法国进行学术访问。

4月,应意大利国际经济交流中心邀请,赴意大利那布勒斯,为该中心组织的国际青年学员讲习班作关于中国经济改革开放问题报告三次。后出席该市企业界、银行界及学界举行的欢迎晚会。后访问罗马的一些学术单位。

1986年

参加国家社会科学规划领导小组和国家社科基金会下的国际问题专家组。每年开会评选基金资助项目。1990年后,任该组副组长直至2000年。

作为中国人民对外友好协会理事,参加由柴泽民同志率领的该协会代表团,访问荷兰、联邦德国和法国。

1987年

主编《西欧政治经济概论》,由高等教育出版社出版。

11月,应邀赴比利时布鲁塞尔,

访问欧盟总部，同时出席比利时皇家科学院与中国三科学院（中国科学院、中国社会科学院及中国医学院）院长和学者演讲会。本人以"中国与西方"为题，在大会作演讲。

应英国学术院邀请，从布鲁塞尔赴伦敦进行学术访问一个月。在格拉斯哥大学举行的学界和企业界人士集会上作报告，介绍了中国经济形势和前景。

发表《论当代资本主义世界结构性经济危机》一文，刊载于《中国社会科学》1987年第3期。

1988年

调回中国社会科学院世界经济与政治研究所任所长。

为纪念十一届三中全会十周年，中宣部、中共中央党校、中国社会科学院联合发起全国论文评选。本人提交《对资本主义基本矛盾的再认识》一文，被评为优秀论文。当年年底，出席纪念大会，并在人民大会堂颁奖大会上接受奖状和奖金。

1989年

《对资本主义基本矛盾的再认识》一文刊载于《中国社会科学》1989年第1期，后译为英文发表。

发起创办中国社会科学院"第三世界研究中心"，任理事长。

主编《西欧社会保障制度》一书，由中国社会科学出版社出版。

5月22日至6月8日，参加由胡绳院长率领的中国社会科学院访苏代表团，在莫斯科与前苏联科学院商谈双方学术交流问题。本人专门访问苏联科学院世界经济与国际关系研究所，与该所所长普里马克夫会谈，并达成双方学术交流协议。后代表团访问了列宁格勒、里加、基辅和新西伯利亚。

应邀赴日本北海道，出席在札幌市举行的东北亚发展与合作问题国际研讨会。此后，又连续两次出席该研讨会。

1990年

开始作为博士生导师，先后带博士生三批，共八人。

应美国威斯康星州麦迪逊大学邀请，赴该校作题为《当代资本主义结构性经济危机》的学术报告，并为学生讲课。其间，还访问了夏威夷大学。

翻译英国经济学家阿·凯恩克劳斯所著《经济学与经济政策》一书，由商务印书馆出版。

1991年

率领由七人组成的中国社会科学院经济学家代表团赴英，参加由英国伦敦经济学院举办的两国学者研讨会，就中国经济发展和中英经济合作问题进行讨论。会后访问英国剑桥、牛津等著名大学。

主编《当代资本主义世界发展史略》一书，由社会科学文献出版社出版。

参加世界科学家"PUGWASH"北京大会，提交论文《发展中国家的债务、资金外流和贸易条件》，载该会议论文集。

10月1日，国务院批准享受政府特殊津贴待遇。

1992 年

应美国哥伦比亚大学邀请，在该大学作关于中国经济改革和对外开放问题的报告。后又应夏威夷东西方中心主任奥克森博格邀请，在该中心作报告，并与夏威夷大学中国留学生十余人座谈。

应邀赴日本，出席东京企业界和学界人士演讲会，在会上作《地区主义与日本的未来》的学术演讲。

1993 年

独著《第三世界论》一书，由世界知识出版社出版。

主编《当代资本主义论》，由社会科学文献出版社出版，该书获中国社会科学院1995年优秀成果奖。

赴美参加由美国大西洋理事会主办的东北亚问题国际研讨会。

被推举为第八届全国政协委员。先后三次参加全国政协视察团，赴山西、湖南、甘肃进行视察，两次参加考察组，先后赴温州、杭州、南京、扬州、苏州、上海，对民营企业和进城农民工培训问题进行调研。

1994 年

4月23—30日，应越南社会科学和人文国家中心邀请赴越南访问，与越南学者就当代资本主义的发展问题进行交流研讨。

1995 年

发表专论《论经济全球化》，刊载于《中国社会科学》1995年第1期。同年发表专论《"后发资本主义"刍议》，刊载于《太平洋学报》1995年第3期。

主编《世界经济百科辞典》，由经济科学出版社出版，获国家优秀辞书奖。

1996 年

应韩国统一部研究院邀请赴汉城出席朝鲜半岛形势问题国际研讨会。

1997年

《有中国特色的社会主义与当代世界》，由世界知识出版社出版，本人为该书两主编之一。

1998年

第八届全国政协委员任期届满，1999年1月离休。

独著《当代资本主义的新发展》一书，由经济科学出版社出版，获国家优秀图书提名奖。

2000年

《经济全球化、地区化与中国》一书，由中共中央党校出版社出版，本人为两主编之一。

主编《世界经济学新编》一书，由经济科学出版社出版，该书于2002年获第四届吴玉章优秀著作奖。

2002年

独著《当代国际垄断——巨型跨国公司综论》，由上海财经大学出版社出版，该书获2004年中国社会科学院优秀成果二等奖。

2005年

主编《经济全球化新论》，由中国社会科学出版社出版。

2006年

8月，被授予中国社会科学院荣誉学部委员称号。

现任中国世界经济学会顾问，中国国际经济关系学会顾问。